◎中国学前教育研究会"十三五"课题研究成果
◎幼儿园教师必读书目《成长在路上——幼儿园新教师必读》姊妹篇

为师之道

——幼儿园教师专业能力提升指南

何桂香 等著

中国农业出版社
农村读物出版社
北京

图书在版编目（CIP）数据

为师之道：幼儿园教师专业能力提升指南/何桂香
等著.—北京：中国农业出版社，2022.8（2022.12重印）
ISBN 978-7-109-29761-6

Ⅰ.①为… Ⅱ.①何… Ⅲ.①幼教人员－师资培养－
研究 Ⅳ.①G615

中国版本图书馆 CIP 数据核字（2022）第 137085 号

为师之道：幼儿园教师专业能力提升指南
WEISHIZHIDAO：YOUERYUAN JIAOSHI ZHUANYE NENGLI TISHENG ZHINAN

中国农业出版社出版
地址：北京市朝阳区麦子店街 18 号楼
邮编：100125
责任编辑：孙利平
版式设计：杨 婧 责任校对：吴丽婷 责任印制：王 宏
印刷：北京中兴印刷有限公司
版次：2022 年 8 月第 1 版
印次：2022 年 12 月北京第 2 次印刷
发行：新华书店北京发行所
开本：700mm×1000mm 1/16
印张：22.5
字数：540 千字
定价：68.00 元

本书各章作者

第一章： 何桂香　宫亚男　齐　钰

第二章： 何桂香　宫亚男　王　莹

第三章： 何桂香　张文杰

第四章： 何桂香　周立莉

第五章： 何桂香　刘　婷　张　霞

第六章： 何桂香　白　戈　叶奕民

第七章： 何桂香　韩　鸹

前　言

四季轮回，人生百年。在岁月的长河中，我们希望每一天都活得有趣、有爱、有意义。"生如夏花之绚烂，死如秋叶之静美"是我们追求的一种生活状态。那么，在工作中，我们能否享受到职业的幸福，让每一天都过得有趣、有爱、有意义，则取决于我们的心态、思维方式、做事的风格和专业能力。

作为幼儿园教师的你是否曾有这样的感觉，满怀欣喜地"闯入"幼儿的世界，却事与愿违地陷入每天的忙碌之中，对自己的工作有过彷徨、困惑甚至犹豫，自己适合当老师吗？怎样成为一名优秀的教师？怎样在职业中找到价值感和幸福感？这可能是每个幼儿园教师都曾扪心自问的成长历程。教师的职业让我们有了很高的起点，然而幼儿教师的工作又是那么的琐碎和平凡。怎样做一名优秀的教师，不仅需要勤奋和努力，更需要用智慧去化解工作中一个又一个的难题。

结合幼儿园教师的工作内容和工作特点，我们汇集了优秀教师的实践智慧，为一线教师工作提供可以学习和借鉴的支持策略，对于提升教师的职业认同感、提升实践能力都将起到很好的引领作用。此书的特点体现在以下几个方面：

一、内容全面，策略具体

本书基本涵盖幼儿教师工作的全部内容，从教师实践工作的特点出发，为教师答疑解惑、巧妙支招。从自身适应工作到幼儿的习惯养成、从沟通交流到教学设计、从开展主题到文案写作……一个个生动的案例、一个个锦囊妙计一定会让你从容应对繁杂的工作。因为所有解决问题的方法都源于教师的实践智慧，细细品读，你一定会学有所获。

二、研究幼儿，以学论教

我们的教育对象是幼儿。研究幼儿的年龄特点和活动方式是我们工作的基础。希望教师在工作中，除了考虑自己如何"教"，也要考虑幼儿如何"学"。教师要经常问一问："如果我是幼儿……""幼儿为什么会出现这样、那样的问题？"换位思考幼儿喜欢什么样的方式、幼儿在学习过程中会遇到什么问题、怎样做才能帮助幼儿获得新经验，多从幼儿的角度考虑问题，你会多一份对幼儿的理解，从而让活动变得更有趣、方法更灵活、指导更有效。

三、研究过程，有效互动

师幼互动的质量决定着幼儿的发展。师幼互动的目标性、针对性和有效性是教师工作的一大难题，怎样做到、做好，确实不是一件容易的事儿。教育过程是一个精心打磨的过程，更需要教师巧妙设计，灵活引导。活动中，每个环节需要落实什么目标，重点是什么，需要怎样引导……这些都需要教师不断推敲和细化，做到心中有数，才能充分发挥每个环节的作用，从而引导幼儿发展。

四、研究方法，因材施教

"教无定法，贵在有法。"教师要胜任工作，就要有巧妙的方法，我们的教育对象有共性的年龄特点，也有个体差异，需要教师能够敏锐地关注幼儿的差异，因材施教，才能使每个幼儿在原有水平上得到发展。这个方法没有固定的结论，要因时、因事、因人而异，需要教师随时关注幼儿的兴趣、需求和发展状况，用适宜、有效的方法引导幼儿发展。同时，关注不同领域的学科特点和关键经验，方法适宜，引导才能有效。

五、梳理经验，以点带面

成长的历程是积淀的过程。每天点滴的经验积累都会是自己成长的财富。因而教师要养成良好习惯，无论是对幼儿的生活游戏、还是教育教学、亦或是环境创设、家园共育等，每一项工作都要随时积累经验。教育是相通的，当你能够做到触类旁通，以点带面时，你的羽翼也会日渐丰满。不断的积累经验会让你在工作中面对困难和困境时做到游刃有余，"海阔凭鱼跃，天高任鸟飞"。

这本书可以说是《成长在路上——幼儿园新教师必读》的续集或者说是姊妹篇。《成长在路上——幼儿园新教师必读》从出版至今已有十余年，再版十余次，深受广大教师的喜爱。这本书在原有书目内容的基础上，结合现在时代发展和对教师专业能力的要求重新编写。受众群体是从事学前教育工作的不同群体。学前教育师范院校的教师、学生可以用来了解幼儿园实践工作的内容和具体做法；教科研人员可以把此书内容作为教师专业培训的依据；骨干教师可以参照书中的经验，优化活动过程，进一步提升专业能力；青年教师可以把它作为工具书，推敲活动细节，从书中学习和借鉴经验与方法。

参与本书编写的教师全部是幼教精英。作者团队由北京市特级教师、区优秀教研员、市区学科带头人和骨干教师，以及优秀的业务指导者构成，她们有扎实的理论储备，也有丰厚的实践经验。书中的案例有慧心巧思，也有妙笔生花。相信这本书，一定能成为教师们实践工作的好帮手。

无论你在工作中是什么角色，都需要思考在前，智慧做事。愿书中优秀教师的实践智慧，能够带给我们更多方法，让我们共同在研究学前教育的路上，用智慧播撒幸福的种子，精心培育，静待花开。

感谢中国农业出版社少儿文教分社张志社长、孙利平编辑为此书出版所做的努力，感谢北京教育科学研究院早期教育研究所苏婧所长对此项工作的支持，感谢我的两位恩师梁雅珠老师和郎明琪主任的指导和帮助，感谢所有参与编写的幼儿园和老师们，因为有你们，此书才得以顺利出版。研究的路上，我们继续一路同行。

北京教育科学研究院早期教育研究所　何桂香
2022 年 3 月

目　录

新时代的教育环境下，"爱与自由"的理念深入人心。当我们把"自由"还给孩子的同时，千万不要忽视了规则的重要意义。自由和规则就像硬币的两面，缺一不可，所谓"没有规矩，不成方圆"。常规培养的能力是幼儿教师组织好保教工作的前提和根本。常规培养都包含哪些内容？有哪些方法？让我们从成熟的教师身上，认真学习常规培养的智慧。

幼儿园犹如一片自然之林，良好的沟通犹如温暖的阳光、清新的雨露，滋养着每一个人，润泽人们的心田，丰盈人们的情感，架起人与人之间的桥梁。智慧的教师能够通过沟通与幼儿建立良好的师幼关系，赢得家长的信任与支持，增进与同事之间的感情，很快在工作中打开局面。

第四章　精耕细作——教学活动设计与实施的智慧

教学活动就像是日常工作中需要精心培育的一粒粒种子，在教师的辛勤劳作下，深卧在土壤中，吸收充足的养分，成为支持幼儿有效学习的常用方式。高质量的教学活动可以帮助幼儿在主动学习中建立新经验、获得有意义的发展。每一次教学活动都需要教师在了解幼儿、了解学科特点和教育规律的基础上，精耕细作地设计、组织，才能发挥其教育价值。本章展示了涵盖五大领域的25篇优秀案例，设计新颖，内容丰富，形式多样，引发幼儿积极参与、主动探索并大胆表现。希望能对教师们的实践工作有所启发，有所受益。教师们在学习、借鉴中举一反三，进一步创新和发展，砥砺深耕，履践致远。

第五章 育树成林——开展主题活动的智慧 ⋯⋯⋯⋯⋯⋯⋯⋯ 217

当一个个活动生发成为苍天大树之时，"主题活动"的生成就像是在绿树成荫的环绕下，枝繁叶茂，纵横交错。很久以来，老师们都在努力做出"从幼儿的生活经验和兴趣需要出发，五大领域活动相互渗透并有机结合，促进多元表达和整体发展"的主题活动。能开展如此庞大、全面的主题活动，需要教师具备较好的发展意识和课程意识，既要尊重幼儿独特想法，又要实现五育并举，难免会提前设计好主题网络，再紧锣密鼓地逐一进行。既然这也是开展主题活动的一种方式，我们不妨用多元视角、多种方式生成主题活动。在本章，我们将和教师们一起，探寻在关注幼儿兴趣、需要的基础上，设计清晰、自然又丰富、有趣的主题活动方法和策略，从而积累融会贯通的教育智慧。

第六章 枝叶扶疏——文案写作的智慧 ⋯⋯⋯⋯⋯⋯⋯⋯⋯⋯ 255

各种各样如树影婆娑般的计划、总结、观察记录、反思等，如枝叶交错在各个学年、学期，甚至一日生活中，让很多教师有所畏惧。本章提供了日常文案书写的案例，如果你将文字作为成长路上的亲密伙伴，有了实践的积累与沉淀，有了迎难而上的勇气，有了智慧的写作方法，相信你会文思如泉涌、下笔如有神。

世界是公平的。播下的种子会在春雨滋润下生根发芽，会在夏日普照中枝繁叶茂，会在秋风瑟瑟中收获静美，会在冬雪皑皑下坚强生命。让我们在日积月累中获得一种温暖，获得前所未有的感动，获得教育智慧的生长。

第一章

环境育"苗"——适应工作的智慧

对于刚刚走出校门、走上幼儿园教师岗位的你来说，来到一个陌生的环境，你的角色、身份悄然发生了变化。岗位的适应、交往的压力是否会让你感到些许束手无策？从事新工作的兴奋之余，你是否会紧张抑或彷徨？该如何快速适应新的工作环境，顺利地完成角色转换？让我们在这个新奇而又充满困惑的阶段，共同迎接成长的挑战，积累适应工作的智慧。

刚入职的你面对新环境的一切也许忐忑不安。虽然在学校里学习了相关的学前教育理论，但是如何调整自己的心态、做好从学生到教师的角色转变，这将在一定程度上决定着你是否能顺利适应新的工作岗位。

一、调整心态，正确认识自身角色

在这段适应期里，你是不是也有过以下这些感受或表现呢？

• 对一切都充满好奇，孩子们都很可爱。但是，有一些幼儿让我不知所措。自己对工作充满热情，但又不知道该干些什么。

• 感觉幼儿园环境很艺术，幼儿的作品天马行空，老师们心灵手巧，能将废弃的物品摇身一变，改造成艺术品。

• 我想在工作岗位上一展身手，对自己的期望值很高。然而，当真正开展工作时，突然发现自己需要学的东西太多了。

• 家长工作是我认为最头疼的事儿。家长会质疑我，能照顾好他们的宝贝吗？家长也从不找我沟通，这让我很沮丧！

• 在组织活动时，孩子们很投入，只要我停下来，他们就开始乱糟糟了，害得我总是不停地说话、不停地组织活动，一天下来，身心俱疲。

• 组织活动前，心里会忐忑，不知道这样的提问，孩子们能听懂吗？这样的活动，他们能感兴趣吗？

• 会产生自我怀疑。园长和同事会喜欢我吗？我说话，孩子们会听吗？我能带好一个班级吗？

从学生到教师的身份转变需要从调整心态与认识自身角色做起。不必恐慌,大家也都经历过新教师的彷徨与焦虑,但这种感觉会随着时间的流逝与自身阅历的增加日趋减少。你要善于自我规划与调节,第一年只要努力工作,熟悉幼儿园一日工作流程就行。只要你用心,大家都看在眼里,纵然这期间会有一些问题,园领导与同事们也会以包容的态度对待你,班里的孩子们会永远喜欢你。

(一)调整心态,换位思考

刚参加工作的你充满激情地投入到热爱的幼教工作中,但理想往往与现实有差距,比如说辛苦做的环境,领导不满意让重新弄,自己的建议不被同事采纳,家长不理解你的工作等。这些挫折也许会在刚开始工作的阶段时常出现,如何化解这些"不如意",学会调整不良情绪呢?

1. 学会调整心态

凡事都是有利就有弊,要多关注好的一面,先调整好心态,再处理事情,才能让事情往好的方向发展。例如,当领导指出你创设的环境不适宜幼儿发展时,应该感激领导及时指出,使你更加明确了幼儿的年龄特点与环境创设的意义,否则不适合的内容会阻碍幼儿发展,影响幼儿常规的培养,到时候追悔莫及。记住,态度决定一切。在家,你也许是小公主,可以什么事情也不操心。但在工作岗位上,你是幼儿教师,作为新教师一定要积极、主动,做到眼中有活、眼疾手快,积极承担班级工作。同事们都喜欢勤奋、能干的伙伴。对于自己不确定的事儿,一定要虚心请教。这样,你在不断进步的同时,才会得到领导和同事们的认可和赏识。

2. 学会自我反思

自我反思是成长的助推剂。遇到挫折时,要反思自己的不足,欣然接受他人的建议。比如,由于自己准备得不够充分,组织幼儿活动时场面失控,甚至进行不下去的时候,领导会给你一些指导性建议、甚至批评。有些批评也许让你难以接受,但其实每次遇到挫折都是一种历练,都是一次成长的机会。反思自己的不足,找出问题的关键,分析原因,并结合他人的建议做出改进,才是你最应该做的。你可以写反思笔录,将反思过程写在里面,来帮助自己认清自身优势和不足,才能对自己的工作做出正确的判断,进而不断进步。

3. 学会将心比心

要学会将心比心、换位思考问题。有些矛盾产生的原因就是因为每个人只站在自己的角度去看待问题。比如,离园时,家长发现自己孩子的鞋穿反了,找你了解情况。你却说晚上离园太忙了,没有顾得上。家长也许就会有怨言。你也许会认为这是一件小事,是家长小题大做。那么换位思考一下,如果这个幼儿是你的孩子,她反穿着鞋出来时,你会有怎样的感受?换个角度想一想,家长的"刁难"也是在督促你成长。心胸开阔一些、将心比心，互相理解才是解决问题的最好方式。

（二）准确定位，明确角色

幼儿教师是幼儿成长过程中的引路人。教师工作中的点点滴滴会对幼儿一生起着至关重要的奠基作用，要帮幼儿"系好人生第一粒扣子"，首先要明确自己的定位，为成为一名优秀教师不断努力。

1. 多层次认知

作为新教师，你要有准确的认知，正视自己的社会角色、所处状态、工作环境等，只有正确认识自我，才能树立正确的价值观、教育观，从而勇敢地面对工作中的各种压力，最大限度地发挥自己的主观能动性。

（1）幼儿身心健康的守护者。

幼儿年龄小、正处于身心发育的关键阶段，需要教师细心照顾，并通过多种活动引导幼儿提高自我保护能力，防止受到伤害的同时，保证他们的身体健康。此外，要尊重幼儿的权利、尊重他们的需要和感受，平等地对待每一位幼儿，让他们感受无微不至的爱，守护他们的心理健康。

（2）幼儿学习发展的支持者。

幼儿的一日活动离不开游戏，游戏是幼儿园的基本活动。教师首先是幼儿的玩伴。和幼儿一起玩的同时，你会多一份对幼儿的理解与包容。在游戏中，观察幼儿的表现、解读幼儿的行为，为幼儿的学习与发展提供条件与支持，通过材料投放、环境创设、适时指导、梳理经验来促进幼儿的学习与发展，同时，也不断积累自己的工作经验。

（3）家园共育中的合作者。

对于幼儿的教育，绝不是家长或者教师单方面的责任，需要幼儿园和家庭的通力合作。所以，你需要扮演好合作者的角色，用真诚的态度、扎实的专业知识、有效的策略与家长沟通，争取家长的配合，赢得家长的信任，最终促进幼儿的发展。

2. 多维度学习

（1）求教老教师。

要想获得进步，你就要积极、主动地向老教师求教。主动地去观察、模仿老教师的指导语，学习她们处理问题的具体方法，学习她们带班的技巧，多听、多看、多问、多思考，不会的地方要多请教。

（2）把握幼儿年龄特点。

把握幼儿的年龄特点是幼儿教师的基本功，也是带好班的基础。你需要掌握每个年龄段幼儿的基本特点，在此基础上，了解幼儿个体的特点和需求，从而采取更适宜幼儿的活动方式，选取适合幼儿发展的活动内容。这也是你从事幼儿教师工作的必修课。

（3）多学习、多积累。

在实践中，你会有强烈的学习愿望和较高能力提升的需求，愿意参与学习培训和交流。社会在进步，教育也在不断发展。这就要求我们要树立终身学习的意识，不断汲取学前教育前沿知识与经验，通过阅读、观摩、研修、讲座等多种形式的学习，积累理论知识和实践经验，促进自身专业发展。

3. 多角度思考

思考、钻研在专业发展的每个阶段都是相当重要的。遇事一定要不断思考、改进，不断积累、总结经验。在这种循环往复的过程中，逐渐提高专业素养，这对于新教师来说是至关重要的。你如果善于思考，那么成长的速度就会比他人快。通过思考，可以让我们做出正确的选择，做出正确的决定。

4. 多方面尝试

成人的学习也是基于亲身体验获得的，可以学习其他教师的成功经验，尝试着模仿、实施，比如，教育活动的组织、游戏区的指导、生活常规的培养等方面的带班经验，经过不断尝试后可以按照自己想法进行创新，在过程中不断完善，在多方面体验中获得成功。

有的教师常常说没有机会展示自我，其实机会是自己争取的。你可以尝试邀请园长或其他教师看你的活动，给你专业的指导与建议，找领导汇报自己的思想，向其他教师请教困惑，帮助其他教师等。这些都会让他人对你有新的认识，从而发现你的长处。尝试给自己创造机会学习、展示自我、突破自我。

二、坚定信念，尊重、爱护每位幼儿

坚定的职业信念是你立身、立业的根基。作为幼儿教师，热爱幼儿是教育的根本，要有高度的事业心和责任感，把教书育人看作是最光荣的终身事业。

（一）坚定职业理想与信念

学前教育质量关系着社会发展和民族、国家的未来。幼儿教师是幼儿人生道路上的引路人。也许，你刚刚参加完新教师入职宣誓，对于幼儿教育工作满怀憧憬与热忱。那么，接下来要做的就是化信念为行动。树立崇高的理想与信念，以关怀、接纳、尊重的态度和幼儿交往应成为你的职业追求；尊重幼儿个体差异，用适当的方式给予指导应是你的工作目标。作为幼儿教师，始终以职业道德规范为准绳，葆有爱心、耐心、细心、责任心，才能在教育的路上走得更长、更远。

（二）蹲下来与幼儿沟通

你的老师或者同事可能说过这样一句话："站在儿童的视角看问题。"这就要求你要蹲下来与幼儿沟通。这里面包含两层含义：一是行为上的"蹲下来"，成人的身高比幼儿高很多，你可以尝试和幼儿转换角色，蹲下来仰视成人是什么感觉？如果你蹲下来和幼儿交流，他又是什么感受？蹲下来的动作会让幼儿感觉舒适与放松，蹲下来之后的沟通内容也容易让幼儿接受；二是心理上的"蹲下来"，蹲下来这一动作背后的含义是平等与尊重，这意味着成人不是高高在上的，而是和幼儿一样平等的，蹲下来也更容易了解幼儿的感受、倾听幼儿的想法。比如，幼儿犯了错误，不要急于批评他，试着蹲下来和他一起看世界，了解他的真实想法，耐心地给予指导，才会拉近你和他的距离，两个人的心才会连在一起。

（三）平等、公正地对待幼儿

来到幼儿园，见到那么多可爱的孩子，有长得白白净净的、有眉眼清秀的、有文文静静的，这里面肯定有你偏爱的类型。见到你特别喜爱的幼儿时，你会忍不住和他多说说话，让他亲一下。也许你的这样一个"偏爱"，会让旁边的幼儿羡慕，会让他感到老师的爱是有差别的！其实，每个幼儿都非常需要老师的关怀，渴望老师的爱。所以，请记住，一定要平等、公正地对待每个幼儿，分给每个幼儿一样多的爱。你平等地对待和尊重幼儿，其实也是一种榜样教育，也是在实现你对教育事业的承诺。

此外，幼儿的世界非常单纯，不要随意逗弄孩子，因为他们会当真。比如，看到喜欢的幼儿说"晚上跟我回家吧"，或者说"爸爸、妈妈晚上不接你了，你和我走吧"这样的话。可能第二天，幼儿会害怕得不敢来幼儿园了。所以，你要规范自己的言行。一个谈吐优雅、打扮得体的老师，才能得到家长与幼儿的尊重和喜爱。为人师表是你工作最基本的准则。

三、换位思考，热情、适度地对待家长

作为教师，与家长沟通是日常工作的重要内容。良好、有效的沟通会让你的工作事半功倍。因此，要提前做好功课，用心、真诚地与家长沟通，赢得家长的信任与尊重。

（一）适度的热情最关键

家长对新教师的接纳程度不同，有些家长觉得你年轻、经验不足，但不用害怕，你温柔的外在形象、友好的态度和专业的指导会给你加分的。自己的穿衣打扮、言行举止一定要得体，符合幼儿教师的职业规范，这样才能建立家长信任你的第一步。此外，无论什么时候都要保持微笑与良好的心态，让幼儿和家长时刻感受到你的温暖。但你也要保持适度的热情，过分的热情和把自己姿

态放得很低都会适得其反。和家长们保持适当的距离，避免给自己造成不好的影响。坚定又不失温度才是你的最佳状态。

（二）换位思考最有效

"横看成岭侧成峰，远近高低各不同。"这句诗告诉我们，面对同一事物，从不同的角度去理解，会产生不同的观点。同样，家长和你站的角度不同，看待一件事的观点也会不同。那么，学会换位思考，站在家长的角度与其进行有效沟通，就显得尤为重要。要本着尊重家长，和他们交朋友的心态。看见年纪大一些的家长，要把他们当成自己的叔叔、阿姨；看见年轻的家长，要把他们当成自己的朋友。你在与他们沟通的时候，就不会刻意去想到底该怎么说了。

将心比心，试想"假如我是孩子""假如是我的孩子"，我会有什么感受？我会怎么做？这样，你就会更加理解家长的一些反应和行为了。比如，面对孩子的分离焦虑，很多时候孩子在里面哭、家长在外面哭。家长不停地给你打电话，询问孩子的情况。你会觉得家长"小题大做"。如果你真的将心比心，就会理解家长的心情。你可以在方便时给家长发一些幼儿情绪愉悦游戏的照片，让家长的心安定下来。要相信真诚的付出肯定会有回报，学会换位思考，家长会更加理解你、接纳你。

（三）主动沟通是法宝

有的时候，家长不主动找你沟通，并不意味着家长不想知道幼儿的在园情况。你可以主动与家长沟通，架起家园沟通的桥梁。主动的沟通，一方面可以让家长详细了解幼儿在园表现；另一方面，在与家长沟通的过程中，你也会更加了解幼儿的家庭教养情况。当你和家长沟通时，多一份赞赏和肯定，多一些建议和指导，他们会露出会心的微笑，也会对你多一份信任。

记住，真诚、主动的沟通能起到事半功倍的效果，与家长建立良好的关系是你开展班级工作的前提与保障。

（四）细心关照最重要

面对不同的个体，你要学会对幼儿从穿衣、进餐、饮水、午睡、排便等方面进行细致入微的照顾，观察了解幼儿的游戏、学习情况，关注幼儿的需要和兴趣。在面向全体幼儿的同时，注意关注个别幼儿，如近期身体不舒服的幼儿、有过敏体征的幼儿、有特殊需要的幼儿，在一日生活中给予更多照顾。这样的细心关照，不仅体现了你对幼儿细致入微的爱，也反映出你的专业技能，家长会更加全面、细致地了解幼儿的在园情况，也会更加信任、支持你的工作。

四、主动沟通，以真诚和包容的态度对待同事

在幼儿园里，很多工作需要团队的配合。同事关系的好坏不仅影响着你的

心情，更对你的工作质量、幼儿发展等起着不可小觑的作用。

（一）主动沟通

完成了一天的工作之后，你会发现，你在幼儿园和同事相处的时间比跟家人在一起的时间还要长。如果同事关系相处不好，你也许会陷入很大的困境之中。主动沟通是你拥有良好人际关系的敲门砖。同事关系其实很简单，要把同事当作朋友一样相处。你可以主动向同事请教带班时的问题，拉近彼此的距离；你也可以主动分享自己心里最真实的感受，拉近彼此的关系。例如，在工作之余，可以与同事分享生活趣事，找到对方的兴趣点，促进同事之间的关系，使其向积极、稳定的方向发展。

（二）悦纳包容

同事们的成长经历、求学背景、脾气秉性各不相同，在与不同的同事相处时，都要学会悦纳、包容和理解。要知道，工作中的点滴进步都离不开领导和同事的支持与帮助。因此，当他人指出你的不足时，要想着对方是为自己好，欣然接纳他人提出的意见，自己才能不断进步；当发现同事身上的闪光点时，也不要吝惜你真诚的赞美，学会欣赏别人，你会发现自己也会更加愉悦；给同事提建议时，尽量站在对方的角度考虑，说话要委婉；对待不同岗位的同事，要以诚相待，不能区别对待；懂得尊重他人，才会赢得他人的尊重。

《幼儿园教师专业标准（试行）》中指出，作为幼儿教师应遵循 4 个基本理念：

1. 师德为先

热爱学前教育事业，具有职业理想，践行社会主义核心价值体系，履行教师职业道德规范，依法执教。关爱幼儿，尊重幼儿人格，富有爱心、责任心、耐心和细心；为人师表，教书育人，自尊自律，做幼儿健康成长的启蒙者和引路人。

2. 幼儿为本

尊重幼儿权益，以幼儿为主体，充分调动和发挥幼儿的主动性；遵循幼儿身心发展特点和保教活动规律，提供适合的教育，保障幼儿快乐健康成长。

3. 能力为重

把学前教育理论与保教实践相结合，突出保教实践能力；研究幼儿，遵循幼儿成长规律，提升保教工作专业化水平；坚持实践、反思、再实践、再反思，不断提高专业能力。

4. 终身学习

学习先进学前教育理论，了解国内外学前教育改革与发展的经验和做法；优化知识结构，提高文化素养；具有终身学习与持续发展的意识和能力，做终身学习的典范。

让我们将其作为自身专业发展的依据，爱岗敬业，大胆开展保教实践工作，主动参加教师培训，逐步提升专业能力，用良好的心态积极面对实际工作中的各种挑战，向着优秀教师的目标努力、努力、再努力。

（本章由何桂香、宫亚男、齐钰著）

第二章

培根固本——常规培养的智慧

新时代的教育环境下，"爱与自由"的理念深入人心。当我们把自由还给孩子的同时，千万不要忽视了规则的重要意义。自由和规则就像硬币的两面，缺一不可，所谓"没有规矩，不成方圆"。常规培养的能力是幼儿教师组织好保教工作的前提和根本。常规培养都包含哪些内容？有哪些方法？让我们从成熟的教师身上，认真学习常规培养的智慧。

常规是保证幼儿园一切活动顺利开展的前提。一个班的常规好不好，直接关系到幼儿的成长和教师组织一日活动的质量。良好的生活常规是开展其他一切活动的基础和保障。

一、为什么要重视常规培养

《幼儿园教育指导纲要（试行）》（以下简称《纲要》）中指出，要"建立良好的常规，避免不必要的管理行为，逐步引导幼儿学习自我管理"。可见，幼儿园常规培养的目的在于使幼儿有规律地生活和学习，有秩序地参加各项活动，养成良好的生活、卫生和行为习惯，逐渐适应集体生活。常规的建立，对于幼儿身心健康发展及班级保教工作质量提升都具有重要意义。

（一）培养良好习惯

良好的习惯伴随人的一生，对人的发展具有重要意义。幼儿正处于逐步形成生活习惯的阶段，建立良好的常规有助于幼儿形成健康的生活方式，养成良好的生活习惯、卫生习惯、行为习惯和学习习惯，有利于幼儿的身心发育，并对其今后的身心健康产生重要的影响。

（二）提高自理能力

幼儿在走向独立的过程中，要从学习生活自理能力开始。幼儿要逐步学习和掌握独立进餐、盥洗、如厕后的自理、穿脱衣服和鞋袜、整理生活用品与学习用品等，这些是幼儿开启自我服务的基础。建立良好的生活、学习常规有助于幼儿提高生活自理能力。

（三）建立良好秩序

常规并不是一条束缚幼儿活动的"绳索"。事实上，它能促进班级活动秩序井然的开展，有助于形成和谐、温馨的氛围，使幼儿感到轻松、快乐；同时，它也是保证各项活动顺利开展的基础和前提。

（四）确保幼儿安全

保证幼儿生命安全是保教工作的首要任务。幼儿活泼、好动，喜欢探索，自我保护意识较弱，建立必要的常规能够帮助幼儿学习和掌握基本的安全知识，提高自我保护能力。

二、常规培养包含哪些内容

常规培养包含生活活动常规、游戏活动常规、学习活动常规以及文明礼仪常规等4个方面。

（一）生活活动常规

生活活动是幼儿园一日生活得以顺利开展的重要环节，主要包括入园、进餐、饮水、盥洗、如厕、睡眠、排队等活动，幼儿在生活活动中能够发展生活自理、与人交往、自我保护等能力，逐步养成良好的生活习惯。根据生活活动的主要内容，可以把生活活动常规归纳为：入园、进餐、饮水、盥洗、如厕、睡眠、穿衣、整理等内容。

1. 入园

入园环节是幼儿园一日活动中十分重要的环节，也是幼儿在园一日生活的开始。晨间接待幼儿来园的时间非常紧张，既要和家长进行沟通，又要组织好幼儿，有时再碰上个别幼儿闹情绪，还要及时地安抚。对于幼儿而言，入园时的好心情可以让他们保持一天愉快的状态。对于家长而言，孩子入园时是否愉悦，也会影响到他们一天的心情。那么，怎样才能让"入园"变得轻松、有序呢？

＊**常规要求**

（1）喜欢教师和同伴，愿意上幼儿园。

（2）能够带齐需要的生活、学习用品，懂得不带危险物品来幼儿园。

（3）接受晨检，懂得将身体不舒服的感觉告诉保健医及老师。

（4）能主动、有礼貌地向老师问好，和家长说"再见"。

（5）按顺序完成来园的常规活动，如洗手、漱口、搬椅子、晨间活动等。

＊**问题及对策**

（1）难舍难分——缓解情绪，不要太强求

幼儿学会向老师问好并不难，难的是和家长说"再见"。一些幼儿每天早上会在幼儿园门口不停地嘱咐家长"你就站在这儿，你别走""下午第一个来接我"，就是不说"再见"这两个字。因为这两个字，往往能勾起他们对父母的依恋。面对这样的幼儿，教师可以先不要求其说"再见"，要帮助幼儿减轻分离焦虑。另外，教师可以通过情景表演的方法，在角色游戏中，引导幼儿逐渐学会问好、说"再见"。

（2）情绪不好——情绪带动，转移注意力

中、大班的幼儿也会在晨间入园环节因为某些小事发脾气、闹情绪，比如没有穿上自己中意的那件衣服、早上没有睡醒就被叫起。如果幼儿情绪比较激动，可以请家长安抚好幼儿的情绪再送进来。教师也要用自己的积极情绪感染幼儿，亲切地与幼儿打招呼、蹲下来抱一抱他、摸摸他的头，都能缓解幼儿的不良情绪。也可以尝试用幼儿感兴趣的事情转移其注意力，如"快到自然角和咱们班的小蜗牛问个好吧"，"昨天，你拼的火箭特别棒！今天，你想用乐高搭什么呀"等。另外，在教育活动或日常生活中，教师可以通过情绪带动、材料吸引、活动引导等方法帮助中、大班幼儿学会控制自己的情绪，建立基本的任务意识；通过一些儿歌或歌曲来激发小班幼儿的良好情绪。

（3）记不住要做啥——活动激发，培养任务意识

入园环节，经常会看到一些幼儿因为忘记带各种各样的东西而回头埋怨家长、甚至不愿进园。面对记不住任务、丢三落四的幼儿，教师可以和幼儿一起将来园后需要做的事情用图画或照片的形式记录下来，制作成提示图，布置在环境中。幼儿可以在开展晨间游戏前，对照提示图，检查自己是否有所遗漏。中、大班还可以开展"新闻播报员""天气预报"等活动，由易到难地培养幼儿的任务意识。

（4）经常迟到——主动沟通，环境激励

面对经常迟到的幼儿，教师要与家长主动沟通，让家长了解准时来园的重要性。为鼓励幼儿准时来园，教师可以通过环境创设来激励幼儿。如创设"今天，我来了"环境墙饰，鼓励幼儿准时来园，并在墙饰上以贴小红花、打钩或写名字的方式进行打卡，为"全勤小明星"颁发自制小奖状，用这样的方式激励幼儿。

（5）坐着发呆——组织晨间活动及锻炼

教师可以组织幼儿开展丰富而有趣的晨间活动，如指导幼儿进行力所能及的劳动，为幼儿提供便于收整的玩具材料，如拼插玩具、拼图、迷宫、翻绳等，方便幼儿安静游戏，减少幼儿的消极等待。也可以组织适宜的晨间锻炼，但需要注意晨间锻炼不能太剧烈，帮助幼儿养成良好的锻炼习惯。同时，教师应注意培养幼儿听到音乐信号后抓紧时间收整玩具、盥洗的习惯。

（6）"家长里短"问不停——礼貌答复，再约时间

有些家长喜欢与教师长谈，常常谈起来就忘记时间。家长的心情可以理解，教师也不好意思直接拒绝，可是早上时间有限。这时，教师可以礼貌地说："我也挺愿意和您沟通的，但现在不能和您聊了，孩子们在等着我。晚些

时候，我再和您详细说。""您说的事情，我领会了。我再花时间进行细致了解，尽快给您答复，请您放心。"但对于家长的心情和需求，教师要尊重和理解。可以单独再找时间与家长对话。开家长会的时候，也可以抓住机会向家长说明情况：早来园环节，幼儿和家长都比较集中，不适宜进行长时间的谈话。如果家长想和老师沟通，可以和老师另外约时间。

附儿歌：

早起锻炼身体好

早起锻炼身体好，

高高兴兴来做操。

一臂距离站站好，

点点头，弯弯腰，

踢踢腿，蹦蹦跳，

坚持锻炼我最棒！

（宋春雷）

2. 点名

对于不同年龄段的幼儿采取不同的点名方式，能发挥不同的教育价值。教师可以通过这个环节增进与幼儿之间的感情，帮助幼儿熟悉其他幼儿的名字，激发幼儿的来园热情等。"一日生活皆教育"，开启你的教育智慧，让点名环节赋予教育意义和幼儿发展价值。

＊**常规要求**

（1）能够用好听的声音积极应答。

（2）喜欢用不同的方式表示自己来园了。

（3）注意关注班级的出勤人数，愿意关心未到园的幼儿。

＊**问题及对策**

不敢回答、不愿回答——换种方式来点名

小班幼儿初入园，当老师叫到他的名字时，常常不敢回答；还有的幼儿不注意倾听，听不到老师在叫自己。游戏化的点名活动能有效地吸引小班幼儿主动参与。如，用一首愉快的歌曲来开启一天的点名环节，教师可以根据实际情况改编幼儿喜欢的一些歌曲，师幼之间采用歌曲问答的方式来点名。也可以通过传球、做动作等游戏方式让点名环节变得生动、有趣起来。

对于中、大班幼儿，点名往往成了程序化的活动，幼儿会感到没有新鲜感。教师可以结合幼儿年龄特点，采用多种点名方式。如，中班可以通过报数的方法统计班级人数。大班数数可以从一个一个地数，到两个两个地数、再到五个五个地数等成组数数。还可以采取小组统计的方法，先统计小组人数，再进行汇总。除了集体、小组的方式，教师可以和幼儿一起设计"出勤统计表"。幼儿来园后，在自己的名字后面打"√"，表示自己来园。可以每月统计出勤小明星，进行表扬和奖励，既鼓励了幼儿积极来园，又将数学统计的经验渗透其中。

3. 洗手

洗手是盥洗环节中最频繁的一项活动。幼儿饭前便后、活动前后都要洗手。在宽松的氛围中，掌握正确的洗手方法，是教师重点培养幼儿的常规内容。

＊ **常规要求**

（1）能够按"七步洗手法"正确洗手；穿长袖衣服时，知道卷起袖子。

（2）知道洗手的好处，饭前便后、手脏时能主动洗手。

（3）知道有序排队去洗手；等待洗手时，知道站在合适的地方。

（4）洗手时不玩水、不湿衣袖，知道节约用水。

（5）会正确使用毛巾，能够将手擦干。

＊ **问题及对策**

（1）洗手方法不正确——儿歌、墙饰巧引导

教师可以借助墙饰环境、趣味儿歌等多种方式帮助幼儿掌握正确的洗手方法，如，将"七步洗手法"的洗手步骤和方法编成短小、有趣的儿歌，通过反复说儿歌强化记忆洗手的方法。也可以在盥洗室创设墙饰"小手洗干净"（图2-1），以"七步洗手法"为内容，将洗手步骤以图文并茂的形式呈现，引导幼儿清楚地观察和学习科学的洗手方法。教师也可以参与幼儿的洗手活动，和幼儿一起边说儿歌边用"七步洗手法"的方法洗手，增强幼儿洗手的趣味性。

图 2-1

（2）洗得不认真——提示、引导，定规则

中、大班幼儿掌握了正确的洗手方法后，会出现不认真洗手的现象，往往洗手成了"例行公事"。针对幼儿洗得不仔细、冲得不干净的情况，教师要耐心地给予动作示范和语言提示，并及时表扬和鼓励幼儿在洗手过程中的进步表现。然后，可以和幼儿一起讨论"不认真洗手的后果"。还有的幼儿喜欢边洗

边玩，可以通过讨论活动、环境创设帮助幼儿认识到水资源的珍贵，强化幼儿的节水意识。在此基础上，让幼儿自己制订规则，如"不能在盥洗室打闹、玩水"，大家共同来遵守。另外，可以发挥值日生的作用，请值日生进行检查，同伴之间互相提醒、帮助。

（3）洗手时太拥挤——分组进行，有秩序

盥洗室的空间无法容纳全体幼儿一起洗手。教师可以采取分组洗手的方法，减少消极等待、保持盥洗室的安静、有序。此外，可以在盥洗室的地面上贴上排队的标志，如小脚丫、小箭头等，引导幼儿站在标志上排队洗手。

（4）毛巾团成团儿——细致指导勤提醒

针对小班幼儿不会擦手的情况，教师可以用好玩的游戏引导幼儿学习正确的擦手方法，如"翻烙饼"游戏，将毛巾当成烙饼，平铺在一只手上，去擦另外一只手的手心、手背、手腕，然后翻烙饼，再擦另一只手。中、大班幼儿有时着急游戏，会潦草地擦手，把毛巾团成一团儿。这时，可以发挥值日生的作用，请值日生检查本班幼儿擦手是否规范。

附儿歌：

七步洗手歌

一二三四五六七，干净小手在哪里？

饭前洗洗小小手，七步洗手要牢记。

打开水龙头，冲湿小小手，

关上水龙头，按下小泡泡，

搓搓小手心，搓搓小手背，

搓搓手指缝，小手交朋友，

搓搓大拇指，指间跳跳舞，

搓搓小手腕，打开水龙头，

泡泡冲干净，小手香喷喷。

（王　爽）

擦　手　歌

摘下小毛巾，

打开放手心。

擦完手心擦手背，

手腕也要擦干净。

挂好小毛巾，

小手变干净。

4. 进餐

幼儿在园要吃三餐两点，即早、午、晚餐及上、下午的加餐点心、水果。

进餐是一日生活中的重要环节。良好的进餐常规（图 2-2），既能帮助幼儿养成文明的进餐习惯，又关系到幼儿的营养摄入和身体健康。

＊ 常规要求

（1）会正确取餐具：将勺/筷子放在碗里，一只手的大拇指压勺/筷子，双手端碗回座位。

（2）会正确使用餐具（一手扶碗，一手拿勺/筷子，小班幼儿会使用勺进餐，中、大班幼儿会使用筷子进餐），进餐姿势正确（身体坐正，双脚放在自己的椅子前面，胸脯贴近桌子）。

图 2-2

（3）能安静、愉快地进餐，做到细嚼慢咽，吃饭时不发出较大声音。

（4）懂得干稀搭配、不挑食、不偏食。

（5）进餐时能够保持桌面、地面的清洁，做到"三净"（餐具、桌面、衣服都干净）。

（6）用正确的方法表示自己的用餐需要（如，举手代表添饭、双手合起来表示要添汤）。

（7）餐后能主动整理桌面（小班幼儿在教师提示下进行），送碗、擦嘴、漱口。

（8）能够按照正确的方法擦嘴。

（9）擦嘴后，能将用过的纸巾放到指定的垃圾桶里。

＊ 问题及对策

（1）独立进餐困难——用游戏化的语言鼓励幼儿

初入园的幼儿，在进餐时常有坐着不动、等着教师喂的情况。也有的幼儿进餐技能欠缺，不会正确的拿勺等。教师可以通过游戏化的语言鼓励幼儿进餐，帮助幼儿不断习得进餐技能、养成良好的用餐习惯。例如，"看看谁最棒，能往'大山洞'里送东西""我们都是跳跳虎，谁的牙齿最厉害"等。此外，面对吃得较少的幼儿，在给幼儿盛饭时，可以少盛勤添；吃完后，征求幼儿的意见再添。

（2）偏食挑食——多种方式来引导

面对偏食、挑食的幼儿，教师可以灵活采用多种方式来引导，帮助幼儿逐渐养成良好的进餐习惯。其实，很多幼儿对于不喜欢的食物都有抵触心理。教师可以给饭菜取个童趣的名字，激发幼儿的食欲。如，太阳饼（玉米饼）、虾皮哥哥和紫菜妹妹（紫菜虾皮汤）等。幼儿不爱吃的菜要先盛、少盛，逐步纠正幼儿偏食的现象。教师要以自己对饭菜积极的态度影响幼儿。"老师最喜欢吃菠菜了，我的口水都流出来了。谁和老师一样喜欢吃？"此外，还可以通过教育活动向幼儿介绍食物的营养,使幼儿了解挑食的危害;创设"食物金字塔"的墙饰,帮助幼儿了解膳食营养的知识;通过儿歌、谜语等文学作品,激发幼儿对食物的兴趣。引导幼儿向不挑食、吃饭香、桌面干净的幼儿学习,及时发现幼儿的进步并予以表扬。

(3)用不好筷子——玩中学,鼓励引导

很多中班的幼儿用不好筷子,怎么夹也夹不上来时,心里别提多着急了。帮助幼儿掌握使用筷子的正确方法,需要一个过程。中班幼儿刚刚开始学习使用筷子时,教师可以为幼儿示范拿筷子的正确方法,在"益智区"投放各种质地、长短不同的筷子,不同大小和质地的毛球、泡沫块等,鼓励幼儿玩"夹夹乐"或者"夹豆比赛"的游戏,引导幼儿在游戏体验中掌握使用筷子的技能。也可以在"小餐厅"投放筷子,供"小客人"就餐使用。需要注意的是,中班初期进餐环节可提供筷子和勺供幼儿选择,逐渐过渡到使用筷子,不必做统一硬性的要求。

(4)饭菜撒满桌——公盘来解决

幼儿进餐时,经常将饭粒撒得到处都是,桌子上、地上、自己身上都有。教师要注意提醒幼儿"小胸脯贴近桌子""不做漏嘴巴的大公鸡",还可以用诗歌《下巴上的洞洞》引导幼儿不掉饭菜,保持衣服、桌面、地面的整洁。此外,为幼儿提供一个公用垃圾盘,放在桌子中间,供幼儿放骨头和不小心掉在桌上的饭菜等,让幼儿逐渐学会自己收拾、整理桌面。

(5)碗摆得乱七八糟——贴个标志

幼儿送碗时,经常出现因碗码得太高而摇摇晃晃的情况。教师可以在收放餐具的桌子上贴上标志,如按照餐具摆放的顺序,粘贴盘、碗、勺的标志,引导幼儿学习自己收放餐具。可以和幼儿讨论并设计"5个小碗是一家",引导幼儿将碗5个一组地摆好,在这个过程中,也强化幼儿巩固5以内点数的经验。

(6)擦不干净嘴——儿歌、环境常提示

餐后擦嘴环节,一些幼儿把纸巾放在嘴巴上,抹一下就完事了;或者把纸放在嘴上吹着玩,还很开心。擦完嘴巴后,嘴巴上还是会油光闪现,像个馋嘴的小花猫。怎样让幼儿学会正确的擦嘴方法,不当"小花猫"呢?教师可以将擦嘴的步骤和方法编成小儿歌,在日常生活中多提示,帮助幼儿掌握正确的擦嘴方法。也可以用环境提示幼儿。例如,在擦嘴的地方贴几面小镜子和"小鸡擦嘴"的图片(图2-3),创设"鸡妈妈找宝宝"的环境,可以顺势引导幼儿,"小鸡宝宝只有把嘴巴擦干净,鸡妈妈才能找到它呀"。通过游戏化的

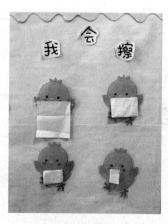

图 2-3

口吻，使幼儿对擦嘴这件事感兴趣。

附儿歌：

好 宝 宝

小手枪，"叭叭叭"，
拇食中指捏勺把。
椅子放平身坐正，
靠近饭桌汤不洒。
绿青菜，红大虾，
啊呜啊呜吃掉它。
不挑食，不剩饭，
细细嚼，慢慢咽。
餐后收拾少不了，
我们都是好宝宝！

（宋春雷）

吃 饭 歌

不说笑，不打闹，
细嚼慢咽吃得好。
不挑食，不剩饭，
光盘行动我骄傲。

（齐　钰）

小筷子，本领大

小小筷子本领大，
宝宝吃饭都靠它。
小手稳稳拿住它，
不乱敲，不乱打，
不让饭菜满桌撒。

擦 嘴 巴

小小纸巾双手拿，
对准嘴巴轻轻擦。
擦擦折，擦擦折，
折成一块小饼干。
照照镜子看一看，
嘴巴擦得真干净。

5. 漱口

漱口能够帮助幼儿保持口腔清洁，许多小班幼儿不会用正确的方法漱口，常常将水咽下去，或者没有让水在口腔里反复冲洗，就吐出来，起不到清洁口腔的作用。怎样让幼儿对"咕噜咕噜"这件事感到有趣，注意保持口腔卫生呢？

* 常规要求

（1）掌握正确的鼓漱方法，能够接适量的漱口水漱口。

（2）懂得漱口能清洁口腔。

（3）漱口后，能对准水池吐出水。

* 问题及对策

（1）不会漱口——多示范、多体验

教师可以组织幼儿到盥洗室，示范正确的漱口方法：喝一口水，含在嘴里，闭紧嘴巴，鼓起两腮，让水在口腔里反复漱 5 秒，低下头，轻轻吐出水，如此反复 3 次。然后引导幼儿说一说，老师是怎么漱口的，让幼儿知道漱口时，要让水在嘴巴里发出"咕噜咕噜"的声音。在此基础上，可以将漱口的方法编成儿歌，帮助幼儿巩固。

（2）不爱漱口——做个小实验

有些幼儿急于游戏，会有不爱漱口、不认真漱口的情况出现。教师可以引导幼儿做个小实验，将漱完口的水储存在透明的玻璃瓶中，引导幼儿发现漱口水里的食物残渣，让幼儿认识到不认真漱口对牙齿的危害。还可以引导幼儿照镜子，观察漱口前后口腔内的变化，感受漱口后口腔的清洁和舒适，通过反复练习，养成自觉漱口的好习惯。

附儿歌：

漱 口 歌

手拿小水杯，

喝口清清水。

鼓起腮，闭上嘴。

"咕噜咕噜"吐出水。

漱口与擦嘴

饭后接杯白开水，

喝进去，鼓起嘴，

吐出饭菜残渣来，

再把小嘴擦干净。

6. 喝水

幼儿喝水是家长普遍关心的问题。幼儿的饮水量直接关系着他们的身体健康，喝适量的水，能够保证幼儿不上火。但很多幼儿因为不喜欢喝白开水、沉浸在游戏中、对喝水的重要性缺乏认识等原因，导致饮水量不足。因此，教师要根据不同年龄段幼儿的身心发展特点，采取适宜的引导方法。

❋ 常规要求

（1）懂得喝水对身体健康的好处。

（2）喜欢喝白开水，逐步做到主动饮水。小班幼儿能在老师的提醒下饮水。

（3）知道正确拿水杯的方法，保持水杯的清洁。

（4）接适量的水，尽量避免将水洒在地上。

（5）口渴了，能够主动接水喝。

（6）养成安静、有序喝水的好习惯。

❋ 问题及对策

（1）不喜欢喝水——游戏引导

很多初入园的小班幼儿都不喜欢喝白开水。教师可以组织与创设幼儿感兴趣的游戏，引导幼儿喜欢喝水。比如，教师可以拿起自己的水杯和幼儿一起"干杯"，或者对幼儿说："这是谁喝水的声音？'咕咚咕咚'真好听！快让老师听听你喝水时的咕咚声。"

有的中、大班幼儿主动喝水的意识也不够，教师需要注意引导幼儿充分发挥喝水的主动性，通过充分地讨论，形成班级喝水规则，增加幼儿主动喝水的次数。

（2）饮水量不够——用环境来激励

幼儿常常想不起来主动饮水。教师组织集体喝水时，有的幼儿也只接一点儿水。教师不妨用环境来提醒、激励幼儿主动饮水。如，将幼儿的照片制成一只只可爱的小鸡形象，准备许多小水杯图片。幼儿喝一杯水，就可以拿一张小水杯图片，粘在自己的小水柱上（图2-4）。既能激励幼儿，也便于教师掌握

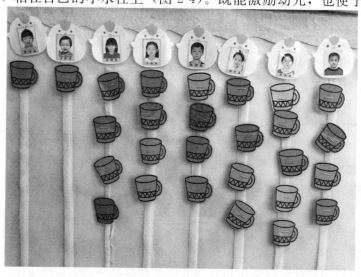

图 2-4

幼儿的饮水量。教师还可以引导幼儿讨论"喝水少会对身体造成哪些影响""出现哪种情况要多喝水,如生病了、嗓子疼、出汗多、小便发黄、大便干燥等",并把讨论的内容制作成小书,供幼儿翻阅。

附儿歌:

多喝白开水

小水杯,手中拿,

"咕咚咕咚"喝水啦!

每天多喝白开水,

不爱生病笑哈哈。

(张燕华)

排 队 接 水

小小水杯手中拿,

我要轻轻捧好它。

一手拿着小耳朵,

一手扶着大肚皮。

接水时候排好队,

你不推来我不挤。

打开龙头缓接水,

不多不少刚刚好。

手捧水杯慢慢喝,

饮水多多身体棒。

(王 爽)

7. 如厕

不同年龄段的幼儿在如厕环节的表现和需求各不相同。如厕环节的常规培养有助于帮助幼儿提高生活自理能力,养成良好的生活和卫生习惯。初入园的幼儿往往不适应幼儿园的蹲厕,在集体生活中因为紧张而尿裤子;中、大班幼儿则可能因为贪玩憋尿而尿裤子等。教师需要根据幼儿的年龄特点,给予有针对性的指导和帮助。

＊ 常规要求

(1)懂得在园如厕是一件正常的事儿,不紧张、不拒绝。

(2)有便意时能自主如厕,告诉老师,及时排便。

(3)逐渐学会自理大、小便,避免将大、小便便到便池外(小班末期学习自己擦屁股,中班开始能自己擦干净,不浪费纸张)。

(4)便后知道冲水、洗手,并将衣服整理好。

(5)初步了解大、小便与健康的关系。

＊ 问题及对策

（1）不会擦屁股——家园配合共培养

"老师，我拉完了。"很多中、大班的幼儿不会擦屁股或者擦不干净。一是在家里家长包办、代替得较多，使幼儿缺少练习的机会；二是幼儿嫌脏，不想自己擦。其实，学会自己擦屁股，需要反复实践。教师可以用形象的语言教给幼儿具体的方法："擦的时候，纸要展开，把纸对准肛门，从前往后擦，然后把纸对折一下，再擦一次，将用过的纸扔掉，换一张干净的纸，再擦两次，直到纸干净了，就可以了。"同时，要与家长沟通，在家里让幼儿自己尝试擦屁股，家园配合共同培养，逐渐提高幼儿生活自理能力。

（2）不敢上厕所——鼓励支持扶一下

很多小班幼儿不敢在园如厕，一些中、大班幼儿也会出现不愿在园大便的情况。创设一个轻松、愉悦的如厕环境，能够有效安抚幼儿的紧张情绪。可以在厕所的墙壁上贴一些有趣的图片，使幼儿感到放松。有的幼儿在家里习惯使用坐便器，不敢迈坑，不敢使用蹲坑，担心会掉下去，教师应教给幼儿迈坑的方法，需要的话，可以扶一下幼儿，告诉他"老师陪着你"，使幼儿逐渐适应蹲坑。幼儿将大、小便不小心弄到外面时，也会紧张。这时，教师不要批评幼儿，可以在便坑旁贴上小脚印图标，告诉幼儿踩着小脚印上厕所，避免再出现类似的情况。也可以借助一些有趣的绘本故事，如《是谁嗯嗯在我的头上》，让幼儿觉得大便是一件有趣的事情，从而不再畏惧在园如厕，帮助幼儿养成良好的排便习惯。

（3）总是尿裤子——尊重、爱护多关注

对于总是尿裤子或者拉裤子的幼儿，教师要态度和蔼地进行安抚，消除幼儿的紧张和不安。千万不要批评幼儿，尤其不能在集体面前谈论此事，保护好幼儿的自尊心。同时，注意掌握幼儿的生理规律，在户外活动、集体教育活动之前，提醒全班幼儿小便，尤其是容易尿频的幼儿，要多提醒、多关注。秋冬季，对于穿脱衣物有困难的幼儿，要及时给予帮助，避免其拉、尿裤子，帮助幼儿逐渐养成自主如厕的良好习惯。

附儿歌：

擦屁股（一）

妈妈夸我本领大，
大便完了自己擦，
脏纸放进纸篓里，
站起用力把裤提，
衣服掖进裤子里，
便后记住要冲水，

最后把手洗干净。

擦屁股（二）

卫生纸，手中拿，

从前往后轻轻擦，

折一折，再擦擦，

屁股干净都靠它。

擦屁股（三）

小手拿起卫生纸，

整整齐齐对折好，

身体向前弯一弯，

纸巾放到身后边，

从前往后向上擦，

折叠一下再擦擦，

脏纸扔进垃圾桶，

屁股擦得真干净。

（王 爽）

8. 午睡

午睡是幼儿园一日生活中不可或缺的重要环节。高质量的午睡能让幼儿的身体得到放松和休息，精力充沛地迎接下午的活动。教师应采取温馨、有趣的方式，培养幼儿良好的午睡习惯，充分发挥午睡环节在幼儿成长发展中的重要作用。

＊ **常规要求**

（1）做好如厕等睡前准备。

（2）引导幼儿逐渐学会自己脱衣服，将衣物叠好，整齐地放在指定位置（上衣搭在椅背上、裤子放在椅子上、鞋子放在椅子下面）；上床前，将拖鞋摆放整齐。

（3）入睡时，保持睡姿正确（侧卧或仰卧），不俯卧或蒙头睡。不玩东西，不吮手指。

（4）能够逐渐独立入睡，不影响他人，睡醒后不打扰同伴。

（5）按时起床，安静穿衣，不拖拉、不等待，学习整理床铺。

＊ **问题及对策**

（1）入睡困难——陪伴过渡

很多小班幼儿对幼儿园的睡眠环境不适应，需要有成人陪着才能入睡。教师要对这些幼儿多加陪伴，每天表扬他的进步，鼓励其尽快入睡，然后逐渐过渡到独立入睡。如，从坐在床边陪伴过渡到远距离的陪伴；从长时间陪伴过渡到短时间的陪伴。对于依恋家长不能入睡的幼儿，允许幼儿带一张家长的照片或自己喜欢的玩偶，让幼儿得到心理安慰。对于一些分离焦虑严重的幼儿，教师要与家长协商，从半日来园逐渐过渡到全天。此外，也可以用幼儿喜欢的游戏方式转移其注意力，通过"我的小床""枕头宝宝"等活动，帮助幼儿建立与睡眠环境的亲近感。

（2）抱着玩偶睡——让它一起"睡午觉"

不少幼儿刚入园时，有抱着毛绒玩具睡觉的习惯，教师应在保证安全、卫生的前提下，允许幼儿这样的行为。在这种依恋物的陪伴下，幼儿会增强在环境中的安全感。待幼儿逐渐适应幼儿园午睡环境后，可以请幼儿为自己的玩具找个家，让它一起"睡午觉"，或者把它放在幼儿能看到的地方，让玩具看着自己入睡。

（3）不会叠衣服——儿歌游戏来引导

围绕幼儿在脱、叠衣服时遇到的问题，教师可以将叠衣服的方法编成生动、形象的儿歌，引导幼儿在游戏化情境中学习叠衣服的方法，如"小衣服，躺平了，两扇大门要关好，左臂弯一弯，右臂弯一弯"，借助游戏化的语言，引导幼儿掌握叠衣服的正确方法。中、大班可以开展"争做小能手""整理小妙招"等活动，提高幼儿自我服务能力。

（4）不良习惯怎么办——转移注意力

有的幼儿有睡觉咬手指的习惯，教师可以握住幼儿的手陪他入睡，或者引导幼儿说"睡觉啦，锁门啦（小手合起来），把锁放在枕头下"。对于趴着睡、咬被角的幼儿，可以说"小脸和枕头是好朋友（侧身睡），两只小手是好朋友（握一起），和你的小手捉迷藏（藏被子里）"。有的幼儿精力旺盛，教师不要强求幼儿必须入睡，否则会让幼儿产生心理负担，可以对幼儿说"睡不着没关系，闭上眼睛，休息一会儿"。喜欢窃窃私语或者自言自语的幼儿，可以提示他们"睡觉了，关门了（不说话）""猫妈妈在找宝宝呢，快别出声了"。

附儿歌：

小宝宝要睡觉

小被子，整理好，
乖宝宝，要睡觉，
上床之前要小便，
这样才能睡得好。

好宝宝要睡觉

小猫睡觉静悄悄，
不说话来不吵闹。

我学小猫来睡觉，
老师夸我好宝宝。

娃娃睡觉

树叶轻轻摇，
小鸟低低叫，
屋子静悄悄，
娃娃睡觉觉。

我会穿套头衫

套头衫，我会穿，
分清前后仔细看。
双手握住衣后片，
前片紧贴我胸前。
伸头钻过小山洞，
好像飞机钻云天。
小翅膀，快打开，
我是小小飞行员。
拉拉衣服整整袖，
对着镜子仔细看。
前后左右都整好，
看我会穿套头衫！

穿 秋 裤

先把外衣撩起来，
秋衣抻平塞进去。
拇指插进秋裤里，
双手拽住往上提。
前前后后都提好，
看我不露小肚皮。

穿 套 头 衫

一件衣服四个洞，
宝宝钻进大洞洞，
脑袋钻进中洞洞，
小手伸出小洞洞。

穿 鞋 子

两只小鞋，
一对朋友。

穿错生气，
噘嘴歪头。
穿对微笑，
点头拉手。

穿 裤 子

穿裤子，要记牢，
分清前后很重要。
裤前开口有裤兜，
双手拎起小裤腰，
呜——
脚丫火车钻洞了。
钻出山洞快站好，
拽住裤子提到腰。
前后左右都整好，
我的裤子穿好了！

叠 裤 子

衣服放平排整齐，
先将袖子抱一起，
再把腰儿弯一弯，
小小衣服叠整齐。
两条裤腿并一起，
裤腰裤腿对整齐，
再向中间折一折，
小小裤子叠整齐。

系 鞋 带

两个头儿换一换，
一个头儿向下钻，
换一换，变成船，
一个圈，两个圈，
换一换，钻一钻，
美丽的蝴蝶结出来了。

9. 离园

离园是幼儿在园一日生活中的最后一个环节，是幼儿身心放松做好离园准备的阶段。教师要抓住离园环节的教育契机，实施有效的指导，让幼儿一天的生活在快乐和有序中结束。

* 常规要求

（1）能够按顺序地将自己的物品整理好。

（2）能自主选择便于收放的玩具安静地玩玩具；离园时，能将玩具放回原处。

（3）教师叫到自己的名字时，主动与教师、同伴道别。

（4）跟随家人离园，不跟陌生人走。

* 问题及对策

（1）消极等待，不知道做什么——自选玩具，安静游戏

晚饭后，教师可以根据不同年龄班幼儿的特点，开展一些有趣的离园活动，减少消极等待，使离园有序而有益。可以鼓励幼儿自主选择一些易于收放的手头玩具、阅读绘本故事等。对于中、大班幼儿，教师可以适当给幼儿留一个小任务带回家，比如调查统计、亲子小实验等，提高幼儿的任务意识，帮助他们做好学习准备。

（2）玩具散落，丢三落四——逐渐培养

小班幼儿的整理意识较弱，又急于见到家长。因此，离园整理环节，经常是玩具散落一地，衣服穿不整齐。教师可以引导小班幼儿："小朋友们要回家了，玩具也要回家，快把玩具送回家。""小朋友们快把衣服整理好，让爸爸、妈妈看看，谁最漂亮?"教师要逐一检查，帮助幼儿整理好衣服，更要检查一下幼儿是否有穿反鞋的现象。

中、大班幼儿经常忘带自己的物品，比如，落下个帽子、少了只手套，被家长接走后，又折返回来找东西。教师可以用语言提醒幼儿，鼓励幼儿做事认真、仔细，培养幼儿有序整理的意识和习惯。

附儿歌：

离　　园

离园音乐已响起，

提好裤子穿好衣。

爸爸妈妈都来了，

小朋友们队站好。

等着老师把名叫，

我和老师来拥抱，

抱过之后说"再见"，

老师夸我"好宝宝"。

（宋春雷）

（二）游戏活动常规

游戏是幼儿园的基本活动。在游戏过程中，幼儿可以不断建构学习经验，

获得积极的游戏体验。教师应培养幼儿主动参与，注重幼儿个性与品质的发展。游戏活动常规是指在游戏活动中，"幼儿必须遵循活动规范的要求，这些规范涉及室内、室外游戏活动的场地、玩具材料等。"根据游戏活动场地，把游戏活动常规分为室内游戏常规和户外游戏常规。

1. 室内游戏常规

适宜的室内游戏常规是幼儿参与高质量游戏的基础，能够帮助幼儿有序地参与到游戏中，并在游戏中保持积极的状态与良好的专注力，不断建构新经验的同时，获得积极的情感体验。

    ＊ **常规要求**

（1）自主选择区域，有序进入区域参与游戏。

（2）与同伴友好交往、轻声交流，不乱跑、不打扰别人。

（3）有序、安全操作区域游戏材料，不破坏、不乱丢玩具材料。

（4）游戏结束后，能整理好玩具、材料，根据玩具柜上的标识将玩具、材料送回玩具柜。

    ＊ **问题及对策**

（1）游戏太吵，相互干扰——动静分区

室内游戏时，一些幼儿会十分兴奋，尤其是在表演区、角色区游戏的幼儿，难免有音量过高的时候。游戏太吵就会相互干扰，尤其会影响在图书区安静阅读、科学区专注探究的幼儿。那么，优化区域游戏设置可以让幼儿在潜移默化中接受环境的正面暗示，在自由、宽敞、舒适的基础上，可以把区域进行动、静区分，避免动静掺杂在一起而影响幼儿的游戏质量。此外，教师也要和幼儿在讨论、协商的基础上，制订班级游戏公约，以图画、符号的形式呈现在墙饰环境中，并在游戏中随时轻声提醒。

（2）玩具、图书乱摆放——标识来解决

有的小班幼儿玩完玩具、看完图书随手一放，没有送回原位。教师除了随机地提醒外，还可以制作一些直观、醒目的玩具标识，贴在玩具筐、玩具柜上，提示幼儿"将玩具、图书送回自己的家"。中、大班还可以创设墙饰"我们的约定"，在与幼儿讨论班级游戏规则的基础上，达成共识，请全班幼儿共同遵守。

（3）争抢玩具——材料做调整

幼儿在区域游戏时，往往容易出现争抢玩具的现象。教师首先要从材料投放上找原因，进行适当的调整。比如，对于小班幼儿来说，他们还处于独立游戏、平行游戏的阶段，与玩具、材料的互动多于与同伴的互动。因此，教师要根据小班幼儿的年龄特点，提供种类少但数量多的玩具、材料，比如，在娃娃家中，多投放几个娃娃，就能避免幼儿为争抢玩具而发生冲突。其次，对于中、大班幼儿，教师可以通过情景再现、讨论等方式，引导幼儿自己协商解决问题，学会轮流和分享。

附儿歌：

玩 玩 具

小小玩具真有趣，
天天跟我做游戏，
你玩小熊布娃娃，
我搭积木造机器，
轻轻拿，轻轻放，
不摔不扔要爱惜，
不争不抢多快乐，
做完游戏放整齐。

玩具送回家

小汽车，洋娃娃，
一起游戏过家家，
小朋友们笑哈哈。
小玩具，爱护它。
做完游戏送回家，
收拾玩具我会啦！

2. 户外游戏常规

户外游戏是幼儿在园生活中非常重要且深受幼儿喜爱的游戏活动。培养幼儿良好的户外游戏常规，能够在确保幼儿户外游戏安全的前提下，促进幼儿身体动作、意志品质、交往能力等多方面的发展。

＊ 常规要求

（1）听到排队信号后，能以较快的速度安静地站成一队或几队。

（2）能调整自己的位置，逐渐将队伍排整齐。

（3）能按指令参与活动，在游戏场地中注意自我保护。

（4）按照指定规则和要求进行游戏，正确使用器材等，不推搡、不乱跑，不扰乱活动秩序。

（5）活动中有问题或身体不适，能及时告知老师。

＊ 问题及对策

（1）排队"九曲十八弯"——找标记，巧引导

幼儿从不会排队到快速地排好队，需要教师采取多种方法引导，逐渐培养。幼儿初学排队时，受生活经验及空间方位感发展的限制，很难排成一排。教师可以在地面上贴一些标志，如在地面上贴一条直线或贴一些小圆点，还可以将

直线当成飞机跑道，幼儿扮作飞机，站在跑道上，双臂打开。教师和幼儿一起说："大飞机，伸翅膀。"还有一些趣味游戏可以用来组织排队，集中幼儿注意力。如"火车就要开"游戏，教师说："嗨！我的火车就要开，谁来坐？"幼儿回答："我来坐。"教师请幼儿逐一上车，后面的幼儿轻轻地拉着前面幼儿的衣服。可以分别组成几列火车，也可以组成一列火车。人到齐后，教师和幼儿一起模仿火车起动的声音排队往前走，逐渐过渡到引导幼儿松开手，一个跟着一个走。

附儿歌：

小朋友来站队

1、2、3、4、5、6、7，7、6、5、4、3、2、1。

小朋友们动作快，大家一起来站队。

先稍息，再立正，半臂间隔来看齐。

我们大家准备好，看看哪队先站齐！

（2）材料、器材随意摆——幼儿示范来提醒

活动过程中用到的材料和器械能够辅助幼儿进行动作训练，提高动作的灵活性。有的幼儿没有按照要求操作器械或使用材料，主要原因还是没有掌握材料的使用步骤和方法。这个时候，教师应该抓住问题，及时开展随机教育，如，可以通过同伴的示范来强化材料的使用方法，帮助其他幼儿正确使用材料和器材，鼓励幼儿一物多玩、一物多用，创造性地变换材料和器械玩法，以达到锻炼的目的。

（3）有需要，不敢说——细心关注多照料

体育游戏中，教师要细心观察幼儿表现，及时发现幼儿身体不适或因动作不规范导致运动损伤，及时采取相应的措施。如果遇到幼儿有问题，但又不敢说，教师要多观察幼儿状态，及时发现状况，也可以在活动中提示幼儿相互关注，发现同伴有问题或不适，及时告知老师。

（三）学习活动常规

学习活动常规，包括集体教学活动及小组学习活动中的常规。培养幼儿良好的学习活动常规，有助于促进幼儿良好学习习惯的养成。

＊ **常规要求**

（1）能够安静地倾听教师及同伴说话，不随意打断别人。

（2）活动中积极发言，愿意表达想法，敢于提问。

（3）爱护物品和学具，操作完成后有序整理和放回原位。

（4）主动交流，善于与同伴合作、分享。

（5）学习时较为专注，不边学边玩，认真完成学习任务。

（6）握笔姿势、书写姿势正确。

（7）养成良好的坐姿：双脚自然并拢，平放，双手自然摆放，后背靠在椅

背上，眼睛看着老师。

❋ 问题及对策

（1）不认真听，边学边玩——复述一下吧

面对学习活动中不认真倾听、边学边玩的幼儿，教师可以在幼儿注意力不集中时，请他回答简单的问题，也可以请幼儿复述前一位幼儿的回答，并及时给予肯定，集中幼儿注意力的同时，帮助他快速地融入到活动中，更好地养成专心听讲的习惯。

（2）握笔、书写姿势不正确——家园合力来帮忙

除了日常区域活动或自主活动中引导幼儿学习握笔和书写姿势外，还可以尝试联系家长，让家长在家里辅导幼儿巩固练习，如，引导幼儿练习写自己的名字等。

（3）任务意识不够强——每天留个小任务

任务意识是学习常规的重要内容，可以利用集体教学活动之外的时间培养幼儿的任务意识。幼儿能做的事情，要放手、放心地让他们去做。如，可以以"值日生"的方式培养他们的任务意识，做一些简单的事情，如，用餐时帮助老师给小朋友分餐具；晚离园环节帮老师给桌子和椅子排排队；午睡起床后，自己整理被褥等，这些事情幼儿都很感兴趣，要适当地分配给幼儿一些小任务，让他们亲身体验、亲力亲为，从而培养任务意识。

（4）小自由——玩中学好样

幼儿刚入园，不习惯坐在小椅子上，喜欢自由地走来走去。教师可以用一些小游戏逐渐引导幼儿坐在小椅子上听老师讲话。如，幼儿当葡萄籽，小椅子当花盆。教师为小葡萄籽浇水，比一比哪盆小葡萄长得最好。教师只为种得好、长得直的葡萄籽浇水。教师走到坐好的幼儿旁边亲昵地拍一拍他们的肩膀，摸一摸他们的耳朵。被摸到的幼儿都美滋滋的，没被摸到的幼儿也会马上坐好了。教师可以继续说："浇过水的葡萄籽发芽了，长出了藤，结出了两颗又圆又大的紫葡萄（指眼睛），快让老师看一看，谁的紫葡萄又圆又亮。"

（5）姿势不正确——多提醒，多鼓励

发现幼儿坐姿不正确时，教师要多提醒，多鼓励。如，"谁是老师眼睛里最精神的孩子""照相机里谁的样子最好看""谁的窗户（眼睛）最明亮"等。也可以将正确学习姿势的图片布置在班级环境中，发挥环境育人的作用。

附儿歌：

学 好 样

走路要学小花猫，脚步轻轻静悄悄。

不要像那小螃蟹，横冲直撞真糟糕。

坐着要学小白鹅，挺起胸膛精神好。

不要像那大龙虾，驼着背儿弯着腰。

（四）文明礼仪常规

幼儿园礼仪常规教育是指在幼儿园中进行的，以在园幼儿为教育对象，以使幼儿逐渐形成健康向上的认知、情感、意志和行为为目的，将传统礼节、礼貌等教育内容渗透于幼儿生活的各个方面，主要包括问候、交谈、同伴相处、仪表仪态等。

1. 问候

作为礼仪之邦，中华民族一向重视礼仪教育，让传统美德一代又一代地传承下去，就必须从幼儿时期开始养成良好的文明礼仪常规。而文明礼仪常规，要从问候开始。

＊ **常规要求**

（1）见到认识的人，能主动打招呼、问候。

（2）问候时应停下脚步，注视对方，表现大方。

＊ **问题及对策**

（1）不敢打招呼——积极鼓励，多表扬

很多幼儿因为害羞不敢打招呼。这时候，教师应该多鼓励幼儿大胆问好，也可以在来园时做好示范，主动跟幼儿打招呼，并提示幼儿积极回应，循序渐进地引导幼儿养成主动问好的习惯。同时多利用班里的家长资源和客人教师资源，引导幼儿能大方地与人交流。

附儿歌：

问 好 歌

你好，你好，点点头。

你好，你好，笑一笑。

你好，你好，拍拍手。

啦啦啦啦，啦啦啦啦。

我们都是好朋友。

点点头，笑一笑。

拍拍手，笑一笑。

啦啦啦啦，啦啦啦啦。

我们都是好朋友。

（2）不知道称谓——故事渗透

有的幼儿因为不知道怎么称呼对方，所以不打招呼。这时，可以通过绘本故事来渗透常用的称谓，如，绘本《中国人的称谓》可以很好地帮助幼儿理解称谓，读完故事还可以和幼儿一起画称谓树型图，引导幼儿理解家庭成员的关系和称谓。

2. 交谈

在与他人的交谈中认真倾听，积极回应，能够体现出良好的交谈常规。幼儿在与人交谈时，常常急于表达自己的观点，容易忽视别人的表达，或者打断别人的交谈，过高声调，过快语速，都是不礼貌的行为。

＊ **常规要求**

（1）愿意与他人交谈，不随意打断别人。

（2）与人交谈时，要看着对方的眼睛，别人对自己讲话时，能注意倾听并做出回应。

（3）会用礼貌的方式向长辈、老师表达自己的要求。

＊ **问题及对策**

（1）随意打断——故事表演

幼儿在活动中总是打断其他幼儿的谈话。教师可以借助文学作品或者表演区开展礼仪故事表演，引导幼儿在故事情境或者表演情境中发现问题，提出解决问题的方法。通过讲解、表演、观察与互动的过程，帮助幼儿理解打断别人说话是不礼貌的行为，要及时调整和改正。

（2）声音过大，语速过快——复述两遍

很多幼儿急于表达自己的观点，容易大声说话。交谈过程中，语速过快，导致交谈效果不佳。这时，教师可以提示幼儿慢慢说话，语速适中，并把之前的话慢一点儿复述一下，把话说清楚。在复述的过程中，提示幼儿关注自己的语速和音量，并用好听的声音和别人交谈。

3. 仪表、仪态常规

仪表、仪态不仅关系到幼儿的形象，更重要的是能够体现幼儿的精神面貌，甚至关系到人际交往。那么，幼儿仪表、仪态包括哪些方面的内容呢？

＊ **常规要求**

（1）着装干净整洁、大方得体、自然舒适、方便穿脱，不穿过于宽松或过于紧身的衣服。

（2）讲究个人卫生，小手、小脸保持干净，定期修剪指甲。

（3）端正坐、立、行的姿势，抬头挺胸，自信大方。

＊ **问题及对策**

（1）指甲（头发）过长——小儿歌来提示

学习讲卫生的小儿歌，定期提醒幼儿修剪指甲和头发。

附儿歌：

讲 卫 生

小朋友，讲卫生。

两只手，洗干净。

剪指甲，好习惯。

防疾病，真健康。

洗脸又刷牙

太阳笑眯眯，我们起得早。

手脸洗干净，刷牙忘不掉。

清洁又卫生，身体长得好。

学 礼 仪

好宝宝，学礼仪。

穿和戴，需得体。

面整洁，衣朴素。

重节俭，不攀比。

（2）低头弯腰——小士兵排排站

幼儿没有形成良好的走路姿势，需要教师在一日活动中随时提醒，可以提示幼儿要像小士兵一样排排站，如，请几名幼儿一起排排站，挺胸抬头，站得笔直，每天练习并巩固站姿和走路的姿势，强化姿势正确的重要性，鼓励幼儿保持良好的精神面貌。

附儿歌：

练 站 姿

昂首挺胸两肩平，

两腿并立手放松，

目不斜视看前方，

站得直，站得正，

身板硬朗我最行。

三、如何轻松培养幼儿常规

在日常工作中，我们可以通过一些方法来培养幼儿的常规，引导幼儿养成使其终身受益的生活习惯、学习习惯。让我们一起来看看，轻松培养幼儿常规的方法和策略有哪些。

（一）常规培养的基本方法

教师要根据各年龄班幼儿的发展水平、能力、经验和学习方式等方面的差异，灵活运用多种教育方法，在生动、有趣的活动中，建立良好的班级常规。

1. 渗透教育法

常规培养中，教师要有渗透教育的意识，将常规教育渗透在幼儿一日生活各环节中。教师要做有心人，在一日生活中捕捉对幼儿实施常规教育的契机，引导幼儿在具体情境中感受规则的重要性。此外，教师要努力营造适宜的精神环境,让自己的言行举止和情绪表现中蕴含着常规教育的价值,潜移默化地影响幼儿。如,教师见到来访客人主动问好,就是对幼儿文明礼仪常规的渗透教育。

2. 榜样激励法

榜样激励法是教师运用具体形象的方法,对幼儿的具体行为及时地鼓励和激励,对幼儿良好的行为加以强化,使幼儿感受到自己的优点和进步,同时使其良好的行为得到巩固和发扬。如,教师对准时来园的幼儿进行表扬,从而激励其他幼儿以那些准时来园的幼儿为榜样,用同伴的力量带动其他幼儿准时来园。再如,有的幼儿总是依赖教师喂饭,当发现幼儿逐渐能够自己吃饭时,要及时在集体面前进行表扬,强化其良好行为。

3. 故事情景法

故事深受幼儿喜爱,对幼儿常规培养能起到潜移默化的作用。针对常规实施中常常出现的问题,可以运用给幼儿讲故事的方法,帮助幼儿了解、认识常规。如,针对饭粒撒在桌子上和洗手不认真的情况,通过给幼儿讲解《大公鸡和漏嘴巴》《农民伯伯种粮食》和《蛔虫大战》的故事,让故事感染幼儿,使幼儿明白要爱惜粮食,了解洗手洗不干净的后果,促进幼儿养成良好的生活、卫生习惯。

4. 环境提示法

环境提示法是将班级的常规要求用绘画作品、照片、图示、文字符号等形式展现在幼儿面前,提示幼儿遵守常规的一种方法。教师要精心设计物化环境,将幼儿常规隐于其中,引导幼儿自觉遵守。如,幼儿进餐后常常忘记需要做的事情,教师可以将送餐具、擦嘴、擦桌子、漱口几件事情用照片记录下来,展示在环境中,从而提示幼儿按顺序做事。

5. 儿歌巩固法

儿歌巩固法是指寓常规培养于朗朗上口的儿歌之中,使一些常规要求在反复的儿歌诵读中,达到巩固的效果。如,在幼儿洗手环节中,教师可以鼓励幼儿边说儿歌边洗手。这样,既可以让幼儿熟练地掌握洗手要领,又可以把握动作的先后顺序。

附儿歌:

洗 手 歌

吃饭之前要洗手,

轻轻拧开水龙头。

先把小手打打湿,

再用肥皂搓搓手。

搓手心,搓手背,

甩甩小手真干净。

6. 商议讨论法

商议讨论法是教师和幼儿针对班级常规中存在的问题，共同分析、讨论、调整常规的方法，较适合中、大班幼儿。如，离园整队时，幼儿容易出现打闹、推搡的情形，教师针对这个问题和幼儿一起分析其中存在的危险，共同制订离园的常规要求。

幼儿常规教育与培养方法的选择需要教师细致观察幼儿需求，深入剖析存在问题的影响因素，进而综合、灵活地运用多种方法，使幼儿在主动、积极、快乐的情绪情感中，逐步建立起良好的常规。

（二）常规培养的具体策略

幼儿常规的培养需要教师的智慧引领，更需要教师的策略支持。

1. 共同商讨规则，注重榜样示范

蒙台梭利曾指出："良好的纪律不是取决于教师，而是取决于每个孩子的精神生活所产生的一种奇迹。这种纪律绝不是靠命令、说教以及常为人们所称道的惩戒性的措施所能得到的。"因此，应该让幼儿参与制订常规，只有幼儿自己制订的常规，才容易被他们所接受。在班级中，教师可以和幼儿共同讨论，哪些行为是被大家接受和赞赏的，哪些行为是不允许的，尽量让每个幼儿都有参与讨论、表达的机会，大家共同制订集体遵守的常规。

此外，教师应注重自身的榜样示范，大家共同制订的班级常规，教师也要认真遵守。比如，教师要养成轻声讲话的习惯，边拍手边大声喊"安静"的老师，是无法培养出轻声讲话的孩子的。

2. 创设适宜环境，建立和谐关系

环境对一个人的发展极其重要。幼儿期的幼儿可塑性极强，受环境的影响很大。幼儿的常规教育也需要具备良好的幼儿园环境。幼儿园环境分为物质环境和精神环境。这两种环境都为幼儿常规教育的发展提供了良好的基础。

教师可以充分利用物质环境资源对幼儿进行常规教育，如创设洗手墙饰，强化幼儿用"七步洗手法"来洗手；擦嘴墙饰提示幼儿餐后用纸巾擦嘴，并且折成"小饼干"，用后扔进垃圾桶；阅读区创设爱护图书墙饰，渗透逐页翻书、不撕扯图书等阅读习惯。环境是一种隐性教育。因此，环境布置得合理，也能潜移默化地提醒幼儿自觉遵守班级常规。

此外，教师应当与幼儿建立和谐、融洽的气氛，创设良好的精神环境，让幼儿感受到被教师尊重、理解。在这种氛围下的幼儿才能更好地掌握常规。教师要充分认识到在活动中作为幼儿的引导者、观察者，发现常规问题，要从幼儿角度分析原因，与幼儿一起协商解决办法，告诉幼儿为什么要遵守这一常规，不能一味地强制其遵守。

3. 巧用游戏方式，易于幼儿理解

游戏作为幼儿一日生活和学习的重要载体，也是常规教育的重要途径。含有一定规则的游戏有利于幼儿对规则的理解，促进幼儿的社会性发展。比如说常规中按类别收拾玩具。幼儿可能对分类和有序不能很好的理解。这时，教师就不能抽象地解释和说明，教师可以在建构区游戏结束后，组织幼儿玩"送玩具回家"的游戏。"请小朋友们将手里相同的玩具放在一个筐里，给它们分分类，再送它们回家。"此时，幼儿就能理解"分类"是什么意思了。长此以往，分类整理玩具的常规自然形成。

4. 细致观察幼儿，适时调整常规

常规绝不是一成不变的，需要教师细致观察幼儿，根据幼儿的发展情况适时地进行调整。例如，小班学期初，教师组织幼儿排队时，通常会用小儿歌来引导。等到学期中时，教师会发现，一个手势就可以提示幼儿整齐地排好队。教师应善于捕捉幼儿常规教育不同阶段的问题，把握常规教育时机，及时与幼儿协商、调整、制订适宜的常规要求。

5. 家园共同配合，巩固良好常规

家庭是幼儿生活学习的一个重要场所，幼儿在幼儿园里所受的一切教育都需要与家庭教育相结合，这样才会更加牢固。教师在常规教育的过程中，如果仅重视幼儿在幼儿园的常规教育，而忽略了家庭这个因素，那么幼儿良好的常规就难以形成。因此，幼儿园和家庭在幼儿的常规培养上应保持一致，例如自理能力，在幼儿园能自己做的事情应让家长配合，让家长在家里也支持孩子自我服务，保持家园教育的同步，并在日常生活中注意及时强化幼儿这些常规知识。此外，作为专业的幼儿教育者，教师可以通过家长会、家访、面对面沟通等形式向家长传授正确的行为习惯、规则培养策略，提高家长对幼儿的常规教育意识，树立正确的教育观念，从而促使幼儿常规的养成。

"在幼儿园里，我学会了很多很多。比如，把自己的东西分一半给小伙伴们；不是自己的东西不要拿；东西要放整齐；饭前要洗手；午饭后要休息；做了错事要表示歉意；答应小朋友或别人的事要做到；学习要多思考，要仔细观察大自然。我认为，我学到的全部东西就是这些。"——诺贝尔物理学奖得主卡皮察简短的一段话道出了常规教育对幼儿时期的重要性。常规教育是幼儿园素质教育乃至整个基础教育重要的核心内容。以上一些常规培养的窍门只是起到抛砖引玉的作用，只有亲自尝试才能发现其中的奥秘。希望教师们能在此基础上不断探索，寻找并积累更加有效的方法。

（本章由何桂香、宫亚男、王莹著）

第三章

万物滋荣——沟通交流的智慧

幼儿园犹如一片自然之林，良好的沟通犹如温暖的阳光、清新的雨露，滋养着每一个人，润泽人们的心田，丰盈人们的情感，架起人与人之间的桥梁。智慧的教师能够通过沟通与幼儿建立良好的师幼关系，赢得家长的信任与支持，增进与同事之间的感情，很快在工作中打开局面。

一、怎样与幼儿沟通

1. 又走神啦——面对不专注的孩子

日常带班中，我发现班级中总是有幼儿注意力不集中，小动作特别多，很难认真地参加活动。讲故事的时候，他坐在座位上晃椅子；做手工的时候，老师提的要求一个也没听见；同伴分享游戏时，他却一直盯着旁边鱼缸里的小鱼……这到底是什么原因呢？面对总是"溜号"不专注的孩子，教师应该怎么做呢？

（1）不感兴趣——了解幼儿的兴趣点

不知你是否发现，在一日生活中，教师观察到幼儿注意力不集中、走神、坐不住等情形，往往发生在集体活动环节。作为教师，不要一味地从幼儿身上找原因，应该学会透过幼儿的行为，反思自己的教育实践。我们都说"兴趣是最好的老师"。作为教师，在设计、组织活动时，要基于日常的观察及对幼儿年龄特点的分析，选择幼儿感兴趣的事物开展活动。只有这样，才能更好地吸引幼儿的注意力。当然，幼儿的兴趣是存在个体差异的。在设计活动时，我们要尽可能考虑得周全一些。

（2）方法不适宜——调整活动方式

除了反思活动内容是否符合幼儿的兴趣点，还要分析活动形式是否适合幼儿学习。幼儿是在生活和游戏中学习的，是通过直接感知、实际操作、亲身体验学习的。如果活动方式不适宜，幼儿同样会出现注意力不集中的情况。如，游戏分享环节，教师以讲解为主，幼儿看不到具体、直观的照片、视频或者作品；讲故事时，教师缺少与幼儿的互动；集体活动时，单一地采取教师演示的方法，幼儿缺少直接操作、探究的机会……因此，教师在设计、组织各项活动时，一定要基于儿童的兴趣、年龄特点和学习方式。

（3）身心不适——细心观察，耐心询问

有的幼儿并非经常注意力不集中，只是偶尔状态不好，教师就要排除幼儿身心不适的特殊情况。如，有的幼儿身体不舒服，皮肤痒或者感冒发烧等；还有的幼儿睡眠不足或者情绪不好等，这些都会分散幼儿的注意力。教师要细心观察，耐心询问，及时发现幼儿的不适，予以关怀、照顾。

（4）环境杂乱——减少干扰

幼儿年龄小，注意力集中时间比较短，且容易受周围环境影响。当幼儿做事时，成人总是打断、干涉幼儿，也可能会导致幼儿注意力不集中。在家庭生活中，很多孩子玩的时候，家长在旁边不停地指手画脚，希望孩子能按照自己的想法做事。还有的家长，在孩子专心做事时，一会儿送水，一会儿送食物，这样都会影响幼儿专注力的发展。在幼儿园中，当主班老师组织活动时，其他老师如果大声交谈或做一些分散幼儿注意力的事情都会影响幼儿集中注意力。因此，无论是家庭还是幼儿园，要尽可能为幼儿创造良好的环境，减少对幼儿不必要的干扰。

（5）感统失调——寻求专业指导

幼儿注意力不集中的原因有很多，排除一切外在因素，也可能和幼儿自身感觉统合能力发展有关。感觉统合是指将人体器官各部门感觉信息输入组合起来，经大脑统合作用，完成对身体外的知觉做出反应。有的幼儿因早产、剖腹产等原因，造成感统失调，注意力不容易集中，小动作也会特别多。除此以外，贫血、缺锌等也会导致幼儿注意力不集中。因此，教师切不可急于做出判断，要在多种情境下持续观察幼儿，综合幼儿注意力、动作发展、以及与家长沟通获得的相关信息，与家长共同分析原因，在专业人员的指导下及时介入，为幼儿提供适宜的帮助。

2. 幼儿园里的"自由人"——面对不遵守集体规则的孩子

班上有个小朋友，他聪明伶俐，可就是管不住自己，总是把教师提出的要求当成耳旁风。户外活动时，老师组织幼儿玩"老狼老狼几点了"的游戏，为了防止幼儿发生危险，老师要求幼儿在软地上跑，不要跑到硬地上去。可转眼间，他就像一只敏捷的小动物一样，在硬地上飞速地跑起来。午睡时，安静的睡眠室里总能听到他的说话声；集体活动时，他想参加就参加，不想参加就当"自由人"。面对不遵守集体规则，甚至不参加集体活动的幼儿，教师又该怎么办呢？

（1）个性使然——逐渐提高要求

同样的要求，有的幼儿很自然地就会遵守，但有的幼儿却觉得受束缚。如果教师一味地要求幼儿遵守规则，和其他幼儿保持一致，也许还会使幼儿产生逆反心理，影响师幼关系。试着在不违反原则的情况下，对他们适当降低一些要求，并对他们的点滴进步及时给予肯定，然后逐渐提高要求。你会发现，他们会逐渐学会调整自己的行为，遵守集体生活的约定。而对于根本就不参加集体规则的幼儿，可以尝试用他们感兴趣的话题吸引其主动参加，或者让这名幼儿在集体活动中承担任务，也可以由一名教师在旁边陪伴，从短时间开始逐渐延长时间。

（2）规则不适宜——动态调整

制订规则的目的并不是为了约束幼儿的行为，也不是为了方便教师管理，最主要的是为了保证幼儿一日生活更加科学、有序地进行，促进幼儿发展，而且规则本身也不是一成不变的。教师要密切关注幼儿遵守规则的情况，及时发现其中的问题，进而进行调整，使其更好地为幼儿发展服务，发挥其应有的价值。比如，教师要求幼儿在睡眠室要安静，不能讲话。可是幼儿穿、脱衣服遇到困难时，就需要同伴间互相帮助，这就需要言语的沟通与交流。当规则与现实发生冲突时，教师就要和幼儿一起讨论、制订新的规则。

（3）对规则不理解——师幼共同制订规则

有的幼儿对规则本身并不理解，一是不理解为什么制订这个规则，二是不理解规则的具体含义。因此，在制订规则时，教师尽量和幼儿一起商量，共同制订班级的各项规则，讨论没有规则会发生什么事情，使规则更加合理，方便幼儿活动。因为是幼儿自己参与制订的规则，所以印象会比较深刻，执行起来也就更容易遵守。另外，教师可以通过请负责人或"小老师"的方法，引导幼儿管理幼儿，促进其主动遵守。

（4）自由惯了——赢得家长的配合

有些家长片面地理解一些教育观念，认为孩子就应该自由自在、不受任何约束地成长，由此对孩子毫无要求，造成孩子从小缺乏规则意识。要想帮助孩子建立规则意识，教师首先应该做通家长的工作，赢得家长的配合，双方共同努力，才能收到良好的效果。

3. 我发火了——面对出现消极情绪的孩子

有的幼儿脾气特别火爆。洗手的时候，教师提醒他要用洗手液认真洗，他冲教师大喊："我用洗手液啦，不用你提醒。"户外活动时，他和别的小朋友撞在一起，摔倒了，躺在地上，大哭大叫："你把我撞倒了，你跟我道歉。"老师和小朋友安慰他好长时间，他也不肯起来。剪纸活动的时候，他一不小心把镂空的地方剪断了，就哭喊着把纸全撕了，扔在地上踩。每天带班，教师都小心翼翼的，不知道什么时候就会点燃这位小朋友情绪的导火索。面对情绪管理弱的幼儿，教师该怎样帮助他呢？

（1）说不得——转换方式，暗示激励

幼儿和成人一样，都有自尊心。有的幼儿对自己要求高，自尊心非常强，无论是被教师、还是被同伴当众指出自己的问题，都很难接受。面对他人的意见与建议，采取回避、否认的态度，情绪也容易激动。面对"说不得"的幼儿，教师要转换提示与建议的方式与口吻，采取暗示或者激励的方式。如，"某某小朋友洗手真认真，能对照'七步洗手法'把手洗得干干净净。""镂空的图案非常不容易剪，如果不小心剪断了，也没关系，多试几次，就会找到方法。"

（2）大哭大闹能达成心愿——关注情绪比关注问题更重要

在家庭教育中，我们常常看到这样一种现象，孩子提出要求，家长不答应，孩子就大哭大闹。家长缺少有效的引导方法，又心疼孩子，只好答应。久而久之，孩子就认为"大哭大闹能达成心愿"。还有的家长，面对孩子的情绪采取生硬打骂的方式，表面上孩子屈服了，但情绪问题并没有得到解决，遇到事情仍旧不能采取适宜的方式表达和宣泄自己的情绪，只会哭闹。作为教师，要积极地和家长进行沟通，对于幼儿的情绪问题形成科学、一致的认识。情绪并无好坏之分，关键是要引导幼儿学会用正确的方式表达、宣泄自己的情绪。当幼儿出现消极的情绪时，如愤怒、伤心、委屈……成人首先要安抚幼儿，让他知道，"我理解也接纳你的情绪"。相对于问题而言，平复、关注幼儿情绪更重要。幼儿的消极情绪不能得到缓解时，就好比缩进壳里的"小蜗牛"，会自动屏蔽成人所说、所做的一切。而平复情绪最好的办法就是引导幼儿让他知道"你是理解他的，在你这里，他的任何情绪都是被接纳的"。

（3）不会表达情绪——多种方式帮助幼儿宣泄自己的情绪

无论是成人还是幼儿，情绪表达和情绪管理都是非常重要的一课。作为教师，日常可以通过一些贴近幼儿生活、生动形象的绘本故事，引导幼儿认识各种情绪，学习表达自己的多种情绪。如，《我的情绪小怪兽》《生气也没关系》《没关系，没关系》《杰瑞的冷静太空》等。当幼儿情绪不好时，允许幼儿换一个环境平复情绪；做一些自己喜欢的事情来分散注意力；找一个角落，自己安静地独处一会儿……

4. 动手打人的背后——面对有攻击性行为的孩子

有的小朋友总是与同伴发生矛盾，基本上，每天都会有好多小朋友到老师这里告状。"老师，他抓我。""老师，他推我。"……幼儿间的矛盾甚至引发了家长之间的矛盾。为什么有的幼儿在与同伴交往时总是动手打人呢？作为教师，又该如何帮助这样的幼儿呢？

（1）遇到不顺心的事情——倾听心声，协商解决问题的方法

在集体生活中，不是所有的事情都能顺着自己的心意。比如，喜欢的玩具

没有拿到，别的小朋友不愿意和自己玩，排队的时候没有排在第一个……有的幼儿遇到这样的事情，就会向同伴发泄自己的情绪，甚至动手打人。面对这种情况，教师首先要及时制止攻击性行为，避免幼儿间造成伤害。然后，安抚好双方幼儿的情绪，待其平静之后，向双方幼儿分别询问原因，切不可不问原因就批评。在询问、倾听的过程中，教师要了解矛盾的焦点并向幼儿进行确认，如，"你们都想玩这个玩具。""你想和他一起玩，但是他不愿意，是吗？"接下来，教师就要和双方幼儿一起商量，找到双方都认可的解决冲突的方法。如果幼儿能够提出适宜的方法，教师要肯定幼儿会想办法；如果不能，教师可以提出相应的建议，引导双方进行选择。最后，冲突解决了，还要指出幼儿之前的行为是不可取的，是无法解决问题的。在一个个真实、具体的交往情境中，帮助幼儿逐渐积累解决同伴冲突的有效方法。

（2）错误模仿——家园沟通，为家长支招

在家庭教育中，有的家长面对孩子的一些行为，缺少科学的育儿方法，无奈、急躁时就会采取打骂、训斥、体罚的方式，久而久之，孩子也学会了用"武力"解决问题。因此，教师要及时与家长沟通，使家长了解孩子在交往中出现的问题，认识到同伴关系对幼儿的重要意义，及时调整家庭教育方式。另外，教师还要针对家长提出的家庭教育问题，为家长支招，凡事多和孩子商量，减少控制，事前和孩子达成约定，最后还要及时肯定、赞赏。良好的亲子关系有利于幼儿建立良好的同伴关系。

（3）不会交往——树立积极形象

越是交往有问题的幼儿越是渴望与同伴交往，又因为种种原因，造成同伴关系不好，被同伴排斥。于是，幼儿便以这种方式吸引同伴，同伴也就愈加排斥。教师要加强对这些幼儿的观察，经常和他们一起游戏、聊天，发现他们的闪光点，在集体面前树立他们的积极形象，逐渐改变他们在同伴心目中的形象，使他们感受到自己是被集体关注和认可的。当幼儿更多地体验到与同伴友好相处带来的快乐时，就会越发主动地调整自己的行为。

（4）表达不清——逐渐学会用语言沟通

有的幼儿语言表达能力发展相对慢一些，尤其是小班幼儿，语言表达能力有待进一步提升。他们与同伴发生争吵，又不善于用语言表达自己的想法和情绪，就会用动作解决问题。随着年龄的增长，语言表达能力逐渐发展，幼儿开始越来越多地运用语言与同伴交往，解决同伴之间的矛盾。教师要注意引导幼儿用语言沟通的方式协商解决问题。当幼儿有进步时，要及时肯定、赞赏，强化积极、正向的行为。

5. 做事慢悠悠——面对做事慢的孩子

班里有的幼儿无论是吃饭、穿衣，还是如厕、洗手，总是不慌不忙。别的小朋友要排队去户外活动了,他还没有喝完水;别的小朋友准备集体活动了,他还没有吃完午点。为什么有的幼儿做事这么慢呢?这其中又有哪些原因呢?

(1)性格使然——接纳与尊重

幼儿园是集体生活的场所,教师设计和组织活动要遵循幼儿一日作息时间进行。因此,对于做事慢的孩子,不仅影响其在集体中的生活,有时还会影响集体活动的节奏。尽管如此,作为教师,一定不能操之过急,要通过持续地、细致地观察,找到幼儿行为背后的原因,再思考适宜的教育策略。幼儿做事慢往往与性格有着直接关系,而性格是与生俱来的。教师首先要做到的就是接纳,接纳幼儿不同的性格特点、做事风格,按照每个幼儿成长的节奏实施教育过程。通过观察,也许你会发现,做事慢的幼儿往往很仔细、很细心、有耐心,在有些事情上,他们也许做得会很好。如果你能阅读一本叫作《安东尼的小平底锅》的绘本,你就会发现,作为教师读懂、接纳、尊重幼儿与生俱来的特点有多么重要。

(2)习惯有人帮——提高生活自理能力

有的幼儿做事慢,也许是因为养成了习惯。比如,幼儿穿衣服慢,家长看着着急,又怕孩子着凉,干脆把衣服拿过来,给孩子穿上。长此以往,孩子的动手能力得不到锻炼与发展,家长一边责怪孩子做事慢,一边仍旧代替孩子做事,孩子也就养成了磨磨蹭蹭、等着别人主动帮助的习惯。因此,教师要有促进幼儿长远发展的意识,不要只图短、平、快,采取包办、代替的办法,要耐心地从最基本的生活本领开始,帮助幼儿提高动手能力。同时,还要通过沟通和家长达成共识,帮助家长理解幼儿独立做事对于其自主意识及动手能力的发展具有重要意义。家园合力,共同帮助幼儿掌握自我服务的各项本领,激发幼儿独立做事的兴趣,幼儿有了兴趣、掌握了方法,自然也就不再磨磨蹭蹭等着大人帮忙了。

(3)注意力不集中——等一等,看一看

有时幼儿动作慢,实际上是幼儿年龄特点所决定的。幼儿年龄小,做事时容易被其他事物分散注意力,边做边玩。比如,边洗手边玩肥皂泡,边喝水边看活动室中的装饰物……从中,也不难看出,幼儿无时无刻不在观察、探索、学习。如果教师生硬地批评,他只会将自己的行为隐藏,然后趁你不注意,继续边做边玩。另外,也许你的制止,还会让幼儿错失一次学习与探索的机会。因此。当幼儿边做边玩时,教师要等一等、看一看,看看幼儿到底在做什么?在观察什么?探索什么?好奇什么?然后让幼儿知道你了解了他们的想法,你会为他们创造这样的机会,会为他们提供专门的时间。如果时间允许,那就先满足一下孩子们的好奇心也未尝不可。一日作息时间并非是一成不变、不可动摇的,一切还是要为幼儿的学习与发展服务。

（4）缺少自信——及时鼓励

有些幼儿因为不自信，担心做不好被批评，看上去就好像是磨蹭、动作慢。这就要求教师要有一双敏锐的眼睛，及时发现幼儿的困难，鼓励幼儿只要敢于尝试就是好样的，消除幼儿的后顾之忧，并适时地给予帮助和鼓励，树立幼儿的自信心。

（5）藏着小心思——发现"慢"背后的秘密

有的幼儿磨磨蹭蹭，其实背后藏着自己的小心思。比如，有的幼儿总是最后一个排队，其实是想和走在最后面的老师手拉手下楼；有的幼儿总是最后喝完酸奶，其实是想帮助小朋友们收拾装空酸奶盒的垃圾袋。作为教师，不仅要看到幼儿慢的行为，更要发现幼儿慢的真实原因。对于幼儿"慢"中隐藏着的一些小心思，要通过观察、倾听发现幼儿的真实想法。

6. 又来告状了——面对爱告状的孩子

"老师，叶子洗手时没用洗手液。""老师，他把我搭的房子踢塌了。""老师，贝贝和平平吵架。"……短短半天时间，有的幼儿无数次找老师告状。面对这样爱告状的孩子，应不应该理会呢？又应该怎样回应不同的告状内容呢？

（1）对规则有自己的判断——与同伴直接沟通

随着幼儿在园生活时间逐渐变长，幼儿的规则意识也逐渐提高，当幼儿发现其他幼儿的行为违反了教师的要求时，就会找教师告状，表达自己对这种行为对错的判断。教师要肯定幼儿能够判断出对与错，并鼓励幼儿遇到这样的事情可以直接告诉同伴。

（2）寻求教师的帮助——和幼儿一起分析解决问题的方法

有的幼儿来告状，实际上是与同伴交往过程中发生了冲突，不知如何解决，主动找教师寻求帮助。教师要了解幼儿在解决同伴冲突方面，从使用消极解决策略（如武力抢夺、威胁命令、互不相让）到使用中性解决策略，这其中就包括向教师求助。因此，我们要看到幼儿用告状的方式寻求教师帮助解决同伴冲突，也是幼儿社会性发展方面的进步。另外，在这个阶段，如果教师能够积极回应，耐心倾听幼儿遇到的问题，和幼儿一起商量解决问题的办法，适时地给予一些建议，帮助幼儿积累解决同伴交往问题的方法和策略，那么幼儿就会逐渐发展到使用积极的解决策略自主、协商地解决问题。

7. 我不会——面对胆小、不自信的孩子

班里有个小女孩，她在集体活动中很少当众发言，也不主动当众表演。于是，老师就想多给她一些锻炼的机会，可是每次老师叫到她，她总是说"我不会"。面对缺少自信、胆子小的孩子，老师应该怎样支持他呢？

（1）家长不让动——鼓励家长放手

现在的家庭，一家几口人围着一个孩子团团转。对待孩子，真是含在嘴里怕化了，捧在手里怕摔着，这儿也不让动，那儿也不让摸，日久天长，幼儿自然胆小怕事。到了幼儿园，"妈妈不让这个，不让那个"也就成了孩子的口头禅。因此，遇到这种情况，教师要及时与家长沟通，告诉家长"孩子是在活动中获得发展的"，限制过多就等于限制了孩子的发展。只要是为孩子好，家长肯定是能够接受的。

（2）没有信心——帮助幼儿建立自信

如果孩子生活在鼓励中，他就能学会自信。胆子小的幼儿大多缺乏自信。家长望子成龙、望女成凤的心情是可以理解的，但许多家长不了解幼儿的发展特点，让幼儿学习许多超越他们能力范围的知识，孩子掌握不了，难免被家长批评"这孩子怎么这么笨呀"！孩子经常听到这样的话，自然认为自己什么都不行，缺少自信。教师除了要让家长了解幼儿的学习特点和年龄特点外，还要帮助幼儿多体验成功，增强自信，告诉孩子"你能行"。

（3）天生胆儿小——顺应儿童的成长节奏

遇到那些谨小慎微的幼儿，教师不要给幼儿太大的压力，允许他慢慢地成长、改变。另外，仔细观察，你就会发现，胆小的幼儿也不是哪方面都胆小，有的幼儿怕在集体面前讲话，但看见昆虫时胆子却很大。每个幼儿身上都有闪光点，都有自己的爱好。教师要认真地观察幼儿，发现他的长处，并给予鼓励、肯定，给予他在小朋友面前表现自己更多优势的机会！

（4）总是独处——创造与同龄幼儿交往的机会

有的幼儿入园前，由于种种原因，很少有机会和同龄孩子一起玩耍。入园后，除了在园时间以外，也很少和同龄孩子在一起。总是独处，缺少与同龄幼儿相处的机会，这样的孩子往往比较内向，和同伴在一起也会缺少自信，在同伴交往中比较被动。教师要全面了解幼儿的家庭教育环境，分析原因，和家长一起共同为幼儿创造一个宽松、自主的环境，让幼儿有更多和同伴主动交往、发展各项能力、发现自己优点的机会，帮助幼儿建立自信。

8. 衣服没穿反——面对倔强的孩子

午睡环节起床时，小朋友们都在抓紧时间穿衣服，石头却坐在小椅子上，像是没睡醒，磨磨蹭蹭。小朋友们都穿完衣服，离开睡眠室了。他才走到老师面前，让老师检查衣服。老师一看，好不容易穿上了，裤子却是反的。"石头，裤子穿反了，快换过来。"他看了看，坚决地说："没穿反。""那你用手摸一摸，兜在哪里？"他摸了摸，自己也觉得很别扭，但仍旧坚持说"没穿反"。老师又说："那你一会儿怎么小便呀？"这时，他开始边哭边喊："没穿反，就是没穿反。"石头的拧脾气又发作了。面对如此倔强的孩子，老师该怎么办呢？

（1）这样能达到目的——共同分析性格中的利与弊

许多家长向老师介绍自己的孩子时，都会用到"倔强""拧"这样的字眼儿。其实，这与成人的教育方式有一定关系。面对幼儿的要求，家长不讲原则，一味地迁就，慢慢地，幼儿体会到"拧很有用"，家长会向他们妥协。因此，作为教育者，要帮助家长了解自己孩子性格中的优势和不足。如，倔强的孩子意志力一般比较坚定，做事执着，但交往中容易出现问题，比较偏激。从而赢得家长的配合，共同帮助幼儿。

（2）很难控制——延迟解决问题

倔强的幼儿一般比较情绪化，一旦引发消极情绪，就很难控制。如果硬来，只会让幼儿情绪更加失控。教师可以给幼儿一个台阶下，允许幼儿先按自己的意愿做事，然后，通过其他事情分散他的注意力，待其情绪好转时，再进行沟通。

（3）固有的相处模式——亲其师，乐其道

在工作中，教师常常会遇到这种情况，别的老师带班时，倔强的孩子似乎也变得很温顺，轮到自己带班就变成另外一副样子了。教师一旦对某个幼儿形成刻板印象，用固定的方式对待他们，就会形成固有的师幼相处模式。试一试，改变对那些拧孩子的看法，多发现他们性格中的优势，真心与他们相处，做他们的朋友。亲其师，乐其道，和孩子建立良好的师幼关系，相信孩子也会更加乐于接受你的教育。

（4）到了逆反期——多倾听孩子的想法

一般情况下，孩子在成长过程中会经历两个逆反期，第一个逆反期正是幼儿园阶段的4~5岁。这一时期，幼儿的自我意识增强，也是成长中的进步。对于处于逆反期的幼儿，教师切忌以硬碰硬，遇到问题时，要多倾听他们的想法，凡事要多征求孩子们的意见，发挥他们的聪明才智，引导他们思考解决问题的办法，切忌用命令的口吻要求他们。独断专行，只会让幼儿更加逆反。

9. 走到哪儿，跟到哪儿——面对"黏"人的孩子

"老师，你看我搭的房子好看吗？""老师，我想让你跟我一起玩。"户外活动的时间到了，小朋友们早就像一群小鸟似地四散飞走了，只有她拉着老师的手，老师走到哪儿，她跟到哪儿。看着无时无刻不围绕在老师身边的这个小女孩，老师真不知如何是好。怎样才能让"黏"人的孩子变得自主，能够融入同伴的生活呢？

（1）过度依赖——正确分析原因

有的年轻老师以为孩子总是围绕在自己身边，是因为孩子喜欢自己，其实不全是这个原因。孩子喜欢老师，不一定时时刻刻黏着老师。随着幼儿年龄的增长，幼儿的向师性也会逐渐减弱，他们更喜欢和同伴一起游戏、交流。如果孩子总是黏着你，也许是一种过分的依赖。教师应仔细观察，分析其中的原因。

（2）离不开成人——另一种陪伴

有的幼儿在家里习惯了时刻有成人陪伴。在幼儿园，老师不可能总是和他单独相处，孩子就会觉得不被重视，于是，想方设法引起老师的注意。这时，老师可以通过和孩子谈心，让孩子感觉到老师很喜欢他，只不过老师和爸爸、妈妈不一样，老师会用眼睛关注他，这是另一种陪伴。

（3）缺少同龄的朋友——融入集体，体验交往的快乐

有的幼儿交往能力比较弱，在同伴那里总是碰壁，感受不到与同伴交往的快乐，于是，便到教师这里寻求安慰。教师可以带他一起参与其他幼儿的游戏，帮助他积累交往经验，还可以找一个善于交往的幼儿经常和他一起游戏，使他逐渐喜欢上与小朋友交往和游戏。

10. 老师，我错了——面对知错不改的孩子

我们班有一个男孩子，憨厚、可爱，常常因为自己的粗心大意、动作莽撞出现一些小问题。每次，他都非常痛快地承认自己的错误，并主动表示自己的决心："老师，我错了，我下次一定不这样了。""老师，您原谅我吧！我改了。"认错归认错，却没见他改，因此，常常犯同样的错误。难道知错不改是孩子的年龄特点吗？还是老师的教育方法不得当呢？

（1）认错成习惯——和幼儿一起分析问题

无论是家长、还是教师，都容易犯一个错误，就是当幼儿做错事时，要求他承认错误，而且很看重认错的态度是否积极、主动。如果孩子嘴里不说出认错的话，成人一定不罢休，只有孩子嘴上认了错，成人才认定孩子是真知道错了。长此以往，孩子便熟知成人的心理，不管三七二十一，先承认错了，而至于"错在哪儿"，孩子并不清楚。对于这种认错成习惯的幼儿，教师要追问他一句"错在哪儿"，帮助幼儿分析这个错误对自己、对同伴有哪些不良影响。

（2）视角不同——换位思考，倾听孩子的想法

幼儿的世界不同于成人，这种不同也包含着"错误"的标准不同。比如，在孩子看来，书，除了可以看，还可以玩，而成人却将幼儿用书盖房子的行为当成一种错误去教育。既然孩子不觉得这有什么不妥，那么即使被教育多次，还是记不住。因此，不要责怪孩子"屡教不改"，试着站在孩子的角度上想一想，也许不是孩子错了，而是教师错误地理解了孩子。

（3）不知道怎么办——治标还要治本

知道了什么是"错"，"错"在何处，还是没有从根本上解决问题，治标还要治本。教师可以和幼儿单独谈一谈，给他机会，让他说一说，同样的问题，换个方法可以怎样做，并将自己的建议悄悄地渗透在与幼儿的谈话中，让他了解以后再遇到类似的情形可以怎样解决。

11. 真实还是假想——面对"说谎"的孩子

区域游戏结束了，有的游戏材料没有收，老师反复询问是谁没收，得到的答案却是"老师，不是我"。户外活动玩拍球游戏，孩子们争先恐后地到老师面前展示自己的本领，有的说能拍十个，有的说能拍二十个，结果最多的也不过五六个。午饭前，欣欣高兴地说："老师，吃完中午饭，奶奶就来接我。"于是，老师让他吃完饭以后，拿玩具边等边玩。可是，奶奶左等不来，右等也不来。打电话一问才知道，家里人从没说过早接的事儿。午睡前，老师提醒幼儿把外衣、外裤脱了，再上床，有个女孩子就是不脱外衣，她说是妈妈不让她脱衣服，怕她着凉。老师询问家长时，家长却说根本没有说过。孩子们是在说谎吗？教师该如何处理呢？

（1）担心被批评——反思自己的教育行为

孩子或多或少都有因某种错误被家长或老师批评的经历。当他们做错事时，就采取逃避的办法，任凭老师反复询问都矢口否认。因此，教师要反思自己的教育行为，同时也要向家长宣传正确的教育观念。孩子经验的积累、能力的提升，都是在反复地探索活动中获得的，那么，错误就在所难免。从某种意义上说，孩子正是在不断地犯错、不断地试误中获得学习与发展的。因此，对于幼儿因为犯错误怕被老师批评而编造的谎言，成人要表示谅解，鼓励幼儿敢于承认自己的错误。如果幼儿不愿承认，也不要强求。老师可以用语言暗示幼儿，告诉他，老师相信他一定能够改正等。只要幼儿知道自己所做的事情是不对的，而且愿意改正，也就达到了教育的目的。

（2）期待得到表扬——理解孩子的心理

幼儿希望得到教师的赞赏和奖励，希望自己被同伴羡慕。为了满足自己的心理需要，他们有时会编造一些"谎言"迎合教师。比如，教师要求幼儿回家时观察路上的汽车，有的幼儿明明忘记观察，却说自己完成任务了，希望得到教师的赞赏。了解了孩子这种说谎的心理，教师就不要随便给孩子乱扣"爱说谎"的帽子。就像成人一样，孩子也有自尊心，这时候，给孩子一个台阶下，未尝不是一个好办法。比如，孩子说不出具体的观察内容，教师可以说："是不是记不清楚了？没关系。今天回家的路上，你再仔细观察一下，明天再和大家分享，好吗？"

（3）把假想当现实——了解幼儿的年龄特点

孩子的世界充满了想象，而幼儿又常常将假想与现实混淆。明明自己做不到的事情却说自己能行；自己没有玩具，听到别人说有，就说自己也有；自己希望的事情，就说是家长答应的。如果因此就认定孩子爱说谎，那可就大错特错了。这是幼儿阶段的特点，成人要理解。随着年龄的增长，幼儿会逐渐分辨出假想与现实的区别。

12. 老师，我也去——面对起哄的孩子

"孩子们，安静了，你们想不想听昨天没讲完的那个故事呀？""想。"孩子们异口同声地回答。于是，老师开始讲故事了。可是，刚讲了两句，有个小朋友就喊着要去厕所，老师没有停下来，而是冲他点点头，示意他轻轻地去。可是，其他的小朋友也说要去厕所。老师觉得很奇怪，讲故事之前，明明已经提醒他们如厕了，这不是起哄吗？老师应该怎么处理类似的问题呢？

（1）缺少自主活动的时间——科学安排各种活动

作为教师，在设计、组织一日生活各个环节时，一定要注意动静结合，集体与自主活动相结合，满足幼儿自由、自主选择活动的机会。如果教师总是高压控制，形式单一地开展集体活动，幼儿缺少自主选择的机会，就会出现频繁离开集体的现象。另外，为了逐渐增强幼儿集体活动的意识，教师应该在集体活动前适当提一些要求。尤其是大班幼儿，为了帮助他们将来更好地适应小学生活，教师更要有意识地培养幼儿在分散活动时如厕的习惯，为集体活动做准备。

（2）喜欢凑热闹——暂且放下眼前事儿

幼儿喜欢模仿。因此，教师常常采取树立榜样的方法，激励幼儿向同伴学习。但并不是教师树立什么榜样，幼儿就模仿他。幼儿常常觉得谁做的事跟大家不一样，才是与众不同的，他们喜欢凑热闹，模仿一下。在他们看来，这是一件非常有意思的事儿，能给他们带来不少乐趣。好吧，如果眼前的事儿也不是什么非做不可的事情，那就暂且放下，让孩子们凑个热闹吧！

（3）考验人——考虑周全，提前提要求

现在的孩子都非常机灵，不同老师带班时会有不同的表现。比如，老教师带班时，他们很少起哄，那是因为他们知道老师有要求。而年轻教师带班时，就会起哄，考验一下老师。当然，这也不能怪孩子，只要老师在活动前考虑周全，并说清楚要求，不给幼儿钻空子的机会，自然就不会被孩子"欺负"了。

（4）无法吸引幼儿——选择适宜的活动

有时候，幼儿出现这种现象，是因为教师组织的活动不能引起他们的兴趣。幼儿不感兴趣，就会找理由做别的事情。因此，教师在设计活动时，所选择的教育内容、组织形式、操作材料要适合不同年龄班幼儿的特点，使幼儿积极参与，投入其中，自然就不会起哄了。

二、怎样与家长沟通

1. 我们很懂孩子——面对高学历的家长

班级中，高学历的家长越来越多，不仅如此，有的还从事着与学前教育相关的工作，比如心理咨询师、家庭教育指导师、亲子阅读方面的研究者等。高

学历家长往往在自己所从事的工作领域非常优秀，并且大多关注孩子的教育问题，会通过各种途径主动学习育儿知识。作为幼儿教师，面对高学历的家长，如何能自信、有底气地和他们进行沟通呢？

（1）有理论，缺少方法——扬长补短，资源共享

尽管高学历家长往往非常重视孩子的教育问题，会主动学习育儿知识，但是在具体操作层面，仍旧存在着这样或那样的困惑。教育理念转化为教育实践，也会存在一些问题。教师可以利用自身丰富的实践经验，对高学历家长进行具体方法层面上地指导，还要不断丰富专业理论知识。另外，教师还要学会充分利用家长资源，请从事与学前教育相关的家长利用自身优势，开展讲座与培训，向家长们宣传科学的育儿理念和方法。

（2）总是提意见或建议——对家长的意见和合理建议表示感谢

高学历的家长除了关注自己的孩子，对班级工作也总是有着自己的想法、善于发现问题，提出自己的意见和建议。家长提出的意见和建议，有时候确实是教师忽略的，而有时候也确实是不合理的。作为教师，要转变视角，家长关注幼儿园的工作、关注班级活动是好事。无论家长提出的意见与建议是否可取，教师都要对家长的这种主人翁精神予以肯定，让家长感受到幼儿园是开放办教育，以广阔的胸襟接受家长的监督和建议，而不要认为家长"事儿多"。在此基础上，对于家长不合理的意见与建议，教师要向家长解释清楚原因，对合理的部分可以采纳。

（3）认为幼儿园是"小儿科"——提高自身综合素养

家长中人才济济，硕士、博士学历的家长越来越普遍。幼儿教师的学历虽然普遍提高，但大多是后续学历，全日制学历为本科、硕士的还是相对比较少。作为幼儿教师，虽然是专业的学前教育工作者，在学前教育领域方面的理论知识和实践经验方面具有优势，但在综合素养方面还有需要提升的空间。有一些家长在与教师的接触中，也许会因为学历上的优势，在心理上会觉得比教师更高一筹，认为学前教师的专业就是"小儿科"，会有居高临下的感觉。因此。教师要通过继续深造、学习不断提高专业理论水平，同时，还要通过多种途径的学习，不断提升自己的文化素养和综合能力，提高个人修养和素质，不仅在教育孩子上能够指导家长，同时还要用自身良好的修养赢得家长的信服与尊重。

（4）以偏概全——给予专业、有针对性地指导

高学历家长往往对孩子的期望比较高，在教育理念和方法上容易以偏概全，出现两个极端。一部分家长为了不让孩子输在起跑线上，特别关注孩子的智力开发及知识的学习。在教养过程中，主要表现为给孩子报更多的课外班，有时甚至亲自上阵，辅导孩子学习。相对来说，容易忽视幼儿良好习惯、学习

兴趣和学习品质的培养。还有一部分家长容易片面地理解"玩中学""在游戏中学习""要让孩子自由成长"等理念，主要表现为忽视幼儿习惯及社会规则意识的培养，对教师提出的建议、幼儿园组织的活动不够重视。作为教师，要引导家长发现与调整自己的教育误区，给予专业的、有针对性的指导。如，介绍班级主题活动中幼儿获得多方面的学习与发展、分享幼儿在园的"学习故事"、开展有关幼儿学习品质、习惯养成等方面的沙龙、讲座等。

2. 没时间啊——面对不配合的家长

在实际工作中，教师常常会遇到这样的家长：开家长会、组织亲子活动几乎从不参加，即使来，也都是爷爷、奶奶或者保姆来；向家长反映孩子挑食的情况时，家长会说："不爱吃的，您就别给他吃了。他爱吃肉，您多给点儿肉就行了。"请家长利用周末休息的时间带孩子观察秋天的变化，或者搜集与主题活动相关的信息，有的家长也很少配合……面对这样不配合教育的家长，老师该怎样做呢？怎样才能赢得家长的配合呢？

（1）力不从心——换位思考，并采取多样化交流方式

当你埋怨家长不来参加幼儿园的活动、不帮孩子们收集资料、很少与老师见面沟通，并把他们视为"不配合、不支持"的家长时，你是否想过，这个年龄阶段幼儿的家长，一般都是三十来岁正当年，在单位正处于中流砥柱的位置，工作压力非常大。下班后，有可能还要带着工作回家，也许还有繁琐的家务以及需要照顾的老人等着他们。现在，很多家庭不止一个孩子，年龄大的孩子需要家长辅导功课，年龄小的孩子需要家长照顾饮食、起居，陪伴玩耍。因此，有些家长的"不配合、不支持"也是出于无奈，实在是力不从心，分身乏术。作为教师，可以通过调查问卷，了解每一位家长在哪段时间方便来园参加家长会和亲子活动，根据家长的具体情况安排好时间。另外，教师可以采用多样化的交流方式，比如，可以通过单独约谈、家访、家长园地、家园联系册、电话、短信、班级微信群等多种方式和手段，与不能经常来园的幼儿家长保持沟通，使家长有更多的渠道了解幼儿园的工作，进而积极配合。教师在为幼儿布置任务时，一定要考虑幼儿的能力、水平是否能够独立完成，如果需要家长的配合，也要考虑家长实际情况，不要硬性规定。

（2）不了解教师的目的——多种途径帮助家长了解活动背后的意义

有些家长不了解幼儿园开展活动的内容及意义，以为幼儿园每天就是玩，配不配合无关紧要。特别是有的活动不是以知识、技能为主要目标，更加关注幼儿情感、能力和品质方面的发展。有些内容，家长不易直接看到显性的结果。在这种情况下，教师可以通过家长会、班级微信群、家长园地等途径，展示幼儿近期主要活动及学习发展目标，还可以在家长园地中增设"最新动态""请您配合"等栏目，多种方式帮助家长了解幼儿园活动的目标与内容，并能

一步步参与到活动中来。在半日开放活动前，教师可以先发给每位家长一份半日活动计划，计划中详细写清幼儿半日生活各个环节的教育目标，使家长了解幼儿园的教育是生活化的，是包含在生活各环节中的，孩子的教育是需要家园密切配合的。通过亲子活动和家长观摩、家长助教等活动，让家长在参与、体验中，感受孩子在活动中获得的发展，了解家园配合教育的重要性和必要性。对于家长配合完成的亲子作品、带来的活动材料，可以以作品展示或活动介绍配合照片的方式及时反馈，表示对家长配合、支持教师工作的感谢，提升家长参与活动的积极性。

（3）要求不合理——转变观念，赢得家长的支持与配合

有的时候，不是家长不想配合，而是教师请家长协助完成的事情实在是超出了家长的能力范围。比如，有的教师让家长和孩子一起制作一个布娃娃，带到幼儿园。别说孩子了，就是妈妈们，又有几个会做针线活儿的？作为教师，要清楚家长和教师在幼儿教育中各自的位置和作用。教师不是给家长布置任务的角色，家园之间是合作对幼儿实施教育的关系。教师要转变视角，赢得家长对教育工作的配合。同时，教师对家长的支持与配合也要表示真诚的谢意。教师给幼儿布置的小任务，尽量是幼儿可以独立完成的，家长可以帮助幼儿搜集、准备材料等。另外，教师应掌握家长的工作性质、家庭资源和家长特长等相关信息，布置任务时因人而异。在不便于全班家长配合的情况下，可以充分发挥家长资源优势，让有特长的家长多发挥作用。这样，家长不仅不会觉得是负担，还会自愿参与。

（4）家园理念不同——用专业赢得家长的信任

家长的教育素养因人而异，有的缺乏正确的教育观念，会认为"挑不挑食没什么大不了""孩子受了欺负就要还手"；有的家长能注重学习和了解新的教育理念，但是缺乏正确的教育方法，会存在"我也知道孩子的情况，但是没办法"这样的问题；还有一些家长知识水平较高，认为教师的建议太"小儿科"，就不予理会……这就需要教师不断学习，积累经验，并针对不同的家长，给予不同的家教指导，用专业的方法帮助家长解答育儿难题，逐步提升教师在家长中的信度，使家长逐步认同教师的看法，并主动配合教育。随着社会的进步，家长的育儿水平普遍提高，教师也要放下架子，鼓励家长参与幼儿园教育，多肯定家长好的教育方法，积极采纳家长的合理化建议。这样做，不但可以帮助教师拓宽思路，而且调动了家长的积极性、主动性，使家长愿意主动参与家园共育活动，感受到自己的价值，产生成就感，有利于形成教育合力，促进家长对幼儿园工作的配合。

（5）家园关系不融洽——建立合作伙伴关系

部分教师不能正确认识教师与家长之间的关系，在与家长交流时，对家长

的教育方式指手画脚，让家长心里很不舒服。因此，家长不愿意配合教师的工作。教师要调整心态，多换位思考问题，正确理解教师和家长之间的合作伙伴关系，与家长平等对话，共同商讨符合幼儿特点的教育方法。

3. 我家孩子就想当排头——面对家长的不合理要求

"天太冷了，别让孩子出去参加户外活动了。"

"昨天，老师请我家宝宝当了一次排头，他可高兴了，以后天天都让他当排头吧！"

"我家孩子就喜欢吃肉，不爱吃的菜，您就别给他吃了。"

"孩子需要补钙，把钙片放到幼儿园，老师，您想着每天给她吃钙片啊！"

"孩子还没好，还在咳嗽，我给他带药了，老师，您想着给他吃啊！"

……………

家长的要求合理吗？作为教师，该如何处理家长这样的要求呢？

（1）缺少专业知识——讲清利害关系

一些年轻的教师，自己没有孩子，也没有抚养过孩子，但她是一个专业的幼教工作者。有的家长虽然有了孩子，但他们并不是专门学习、研究幼儿教育的，有时就会因为缺少育儿常识，出现一些观念或者行为上的错误。有些家长提出的不合理要求往往是因为他们不懂、不知道，而不是成心为难老师。因此，作为幼儿教师，要向家长讲清楚这些做法对孩子的不良影响，同时积极帮助家长出主意、想办法，解决家长在育儿方面的难题，家长也就很容易接受教师的建议了。

（2）只关注自己的孩子——介绍幼儿园和家庭生活的不同

有的家长没有考虑到幼儿园生活和家庭生活的不同，眼中只有自己的孩子，对老师提要求时，根本没考虑自己提出的要求在集体条件下是不可能实现的，还一味地埋怨教师，对自己的孩子照顾不周，不能满足孩子的要求。这就需要教师通过多种形式和渠道，引导家长了解教师的工作是面向全体幼儿和家长的，让家长理解教师工作的辛苦和不易，对教师的无理要求也会逐渐减少。

（3）对教师缺少尊重——从幼儿角度说明问题

虽然时代在进步，幼儿教师的社会地位有了显著的提高，但仍有一些家长以旧的观点看待幼儿园教师的工作，认为教师其实就是阿姨，家长提出任何要求都应该满足，这些都是教师应该做的。对于这样的家长，教师的态度要不卑不亢，使家长了解幼儿园是专业的教育机构，教师与家长是平等的，两者是合作关系。另外，对于不合理的要求，教师一定要从为孩子好的角度说清楚不同意的理由，从而说服家长放弃自己的想法。

（4）不了解幼儿园的各项制度及活动目的——多渠道积极宣传

有的家长提出一些不合理要求，是因为对于幼儿园各项工作制度缺少了解。如，幼儿园规定，幼儿不能带药、包括保健品来园。作为教师，要对幼儿园各项制度做到心中有数，并且通过多种渠道积极向家长进行宣传，使家长能够主动遵守并配合。对于班级开展的一些活动，如值日生、升旗手、主持人等活动，如果家长不了解活动的目的及规则，也可能会按照自己的理解提出一些不合理的要求。教师要鼓励幼儿担任讲解员，使家长了解这些活动需要采取轮换或投票选举的方式，保证每个小朋友都有锻炼、展示的机会。

4. 我们老人可管不了——如何与隔代的幼儿家长沟通

幼儿园里，教师每天都会面对隔代幼儿家长，有爷爷、奶奶，有姥姥、姥爷，由于年龄的差距，在教育观念、方法策略上往往会出现很大差异。有时候，教师会感到他们没有年轻的家长容易交流，还容易产生一些小的误会。怎样与隔代家长进行沟通、交流呢？

（1）"隔辈疼"——理解长辈的心情

中国有句俗话叫作"隔辈疼"，这句话是有一定道理的。已经步入晚年的老人们将自己全部的爱都给了自己的儿女，如今，儿女长大成人，他们又将这份爱转移到了孙辈身上。许多老人为人父母时，因为当时的条件、环境较差，自认为亏欠儿女，现在生活条件改善了，就想在孙辈身上进行弥补，自然也就更加疼爱孙子、孙女。作为教育者，要充分理解老人的这种心情。

（2）心有余而力不足——从细节之处照顾老人

有些老人，不是不理解老师的良苦用心，只是自己年事已高，心有余而力不足。因此，教师不要强求老人像年轻父母一样支持、配合工作，要酌情而定。另外，教师也要根据老年人的特点，在工作中更加注意细节。比如，出通知时，字写得大一些，方便老人看；跟老人交代事情的时候，语速慢点儿，音量稍大一些；需要使用手机填报一些信息时，在征得老人同意的情况下主动帮助操作。

（3）观念不同——与幼儿父母定期进行沟通

有些老人更多关注的是孩子的身体状况，认为不哭不闹、不生病就行了。当孩子出现一些不良的行为习惯时，老人往往不太关注。尽管有些老人会有一些陈旧观念，也许会对孩子有一定影响，但老师并不能因此责怪老人，要学会让老人接受新观念，在教育理念和方法上跟上时代的脚步。如果有些事情实在无法和一些老人说清楚，教师可以和孩子的父母谈，请父母协助一起做老人的工作。

5. 这事儿都怪我——面对护短儿的家长

在做家长工作的过程中，老师常常会遇到这样的情景：在和家长反映幼儿哪方面能力还需要提高时，家长就会为孩子寻找各种理由和借口，反复介绍孩子的优点，对缺点却避而不谈。还有的家长听老师说自己的孩子打了别的小朋友，就赶快说某某小朋友上回还打自己的孩子了。有的幼儿忘记完成老师布置的小任务，家长赶快说："这事儿都怪我。"是什么原因，使家长如此袒护自己的孩子呢？教师又应该如何和这些护短儿的家长打交道呢？

（1）担心孩子被批评——说明自己的初衷

有的家长之所以处处维护自己的孩子，不是因为他们看不到孩子的缺点和问题，而是担心教师会因此批评自己的孩子，不喜欢孩子。教师在和家长进行沟通时，如果发现家长有这种顾虑，一定要先说明自己的初衷，让家长感受到老师非常喜欢自己的孩子，而每个孩子都有自己的优点和不足，教师不会因为孩子出现了问题，就不喜欢孩子了，沟通只是想帮助孩子更好地成长。

（2）不能接受自己的孩子有任何问题——单独谈话，解除顾虑

有的家长自己非常优秀，喜欢争强好胜。当教师向家长反映孩子的一些问题时，自尊心强的家长自然很难接受。他们自认为自己很成功，孩子也应该和他们一样，处处比别人强才对。因此，教师和这样的家长沟通时，最好能避开其他家长，否则他们会有一种被批评的感觉，心中有所顾虑，自然也就不会坦诚相见。

（3）抵触教师告状——把握交流的艺术与分寸

有时候，家长之所以为孩子护短，与教师和家长沟通时的语气、态度有很大关系。试想如果你是家长，教师不分青红皂白，上来就说孩子今天又闯了什么祸，又出现了什么问题，你的心情也一定不好受，本能地反感教师说的话。如果教师能将告状变成谈心和交流，先介绍幼儿的进步和感兴趣的事情，再说说幼儿在班上的表现，和家长一起分析孩子出现这些问题有可能是哪些原因造成的。这时，家长就会感受到教师是理解孩子的，是在就事论事，而不是挑孩子的毛病。另外，还要和家长一起商量，可以采取哪些办法帮助孩子。那么，阻隔着教师和家长之间的那堵墙自然而然就会消失，家长也就愿意敞开心扉，无所不谈了。

6. 怎么又受伤了——孩子受伤后，怎样与家长沟通

区域游戏的时候，老师正在建筑区和孩子们一起游戏，忽然听到娃娃家传来一阵哭声，跑过去一看，原来是两个小朋友因为争夺一件玩具，打了起来，丁丁把豆豆的脸抓破了。虽然伤得不重，但几天前豆豆户外游戏时摔倒刚刚受了伤，老师该如何向家长解释呢？

（1）是能力和责任心的问题吗——放下心中的包袱，先处理好幼儿伤口

面对这种情况，也许教师会很紧张，很为难，担心家长质疑自己的责任心和能力，担心被领导批评。其实，幼儿天性好动，交往能力有待提高，动作发展还很不协调，这些都是幼儿容易发生磕碰、同伴间争执的客观原因。因此，

不要紧张，也不要慌张，放下心中的包袱，赶快请保健医为幼儿处理好伤口，弄清楚事情的始末缘由。

（2）家长能理解吗——实事求是，表达歉意

试想，如果你是家长，孩子高高兴兴来园，却没能平平安安回家，你也一定会非常心疼。因此，不要推卸责任，要在第一时间及时与家长沟通，将事情的过程仔细地讲给家长听，并表达自己的歉意，告知家长孩子的伤口已经做了处理，并无大碍，让家长放心，同时安抚家长的情绪。

（3）怎样处理呢——表达对孩子的关爱，加强安全教育

事情已经发生，教师应该做的就是尽快给孩子处理好伤口。如果孩子伤得不重，可以晚离园与家长见面时再向家长解释，如果很严重需要去医院，一定要赶快和家长取得联系，不要拖延。事后，教师还要根据情况，打电话询问孩子的恢复情况，或者到家中进行慰问，表达自己对孩子的关爱。同时，也要加强对班级幼儿的安全教育，活动前向幼儿讲清要求和规则。

（4）怎样尽可能避免事情的发生——培养幼儿的自我保护意识

尽管这些事情在所难免，但事后还是要仔细分析原因，发现工作中的问题，避免类似事情再次发生。比如，有的幼儿动作发展不够协调，上、下楼容易摔跤。教师可以让其排队时站在离自己比较近的位置，还要请家长配合，平时有意识地培养幼儿运动习惯，逐步提高动作的协调能力。对于那些经常因同伴矛盾而受伤的幼儿，在分散活动时，教师要多加关注，及时制止并引导。对于因班级设置不合理，幼儿拥挤、争抢、空间不适宜等造成受伤的情况，教师要及时调整班级设置，保证幼儿出入和拿取材料方便。同时，教师还要通过多种方式开展安全教育活动，培养幼儿的自我保护意识。

三、怎样与同事沟通

1. 不用帮忙——同事不信任怎么办

"王老师，我帮您做吧！"过几天，班里的王老师要做观摩课，看着她忙碌不堪的样子，赵老师特别希望能够给她一点儿帮助。可王老师却一口回绝了："谢谢你，不用啦！我自己慢慢做吧！"听了她的话，赵老师觉得特别尴尬。王老师宁肯让保育老师帮她，也不让自己帮忙，难道自己就这么让人不信任吗？

（1）不喜欢别人帮——不要过于敏感

有的老师处处追求完美，凡事喜欢亲力亲为，对他人伸出的援助之手，总是客气地回绝。因此，你不必因他人的个性而怀疑自己，也不要过于敏感，否则只会徒增烦恼，使你在和同事相处时产生隔阂。

（2）怕我做不好——扬长"补"短

你在日常工作中的优势与不足，同事早已看在眼里。相信他一定是用人之

长，对于你不擅长的，自然也就不敢放手让你去做。所以，你首先要对自己有一个正确的认识，擅长的工作要多承担，自己不足的地方也不要一味回避，相反，要多下功夫向身边的同事学习，取长补短，在实践工作中努力提升自己各方面的能力。

（3）工作态度不好——抓住机遇，认真对待

有时候，不被同事信任并不全是能力的问题，还和工作态度有关。比如，交给你的任务，你总是拖沓、凑合，采取应付的态度。那么，即使你再有能力，也不会被别人信任，领导也很难再对你委以重任。因此，一定要抓住每次机遇，认真做好每件事情，所有的积累和付出不是为别人，收获成长的是你自己。

（4）失去信任——事事有回音

人无信则不立。为人处世必须做到言而有信，才能取信于人。如果在工作中，答应别人的事情总是因为忘了做不到，反复几次，就会在他人心中形成不可信任的印象。因此，要想让他人信任自己，首先要讲信用，说到做到。如果有的事情确实完成不了，也要及时告诉同事，不要闷声不响一直拖沓；如果正在进行中，也要及时汇报事情的进展，让人放心。

2. 难道是我不对吗——面对同事的批评

开学前，各班都在布置环境，班长让王老师照着书准备一个"我爱吃蔬菜"的环境。王老师辛辛苦苦做完后贴在了墙上，班长却说颜色搭配不合适。户外活动做完操后，王老师让孩子们自由游戏，班长却批评王老师带班太随意，缺少计划。集体活动时，王老师带着孩子们唱歌，却因为弹琴不熟练，总是间断。活动后，班长提醒她，不能因为自己准备不充分，影响活动效果。进餐前，保健医进班检查桌面消毒，发现还有5分钟就要进餐了，王老师才刚刚消毒。于是，批评她没有遵守消毒常规。一天下来，王老师觉得心里非常不舒服，她该怎么办呢？

（1）是我太敏感吗——哪有不犯错的

人无完人，世人哪有不犯错的。自己做错了，又怎能阻止别人批评呢？有些人在批评中成长，有些人从此一蹶不振。面对批评，不要想"丢了面子"，而要想批评背后的问题，别人批评错了吗？如果没错，那就高高兴兴地接受，当成是老教师对自己的帮助和指点。虽然是批评，但大多数同事都是对事不对人，对于她们指出的疏漏和失误，应该表示感谢。

（2）确实违反了规章制度——牢记各项行为规范、规章制度

每个幼儿园都有自己的规章制度，比如"上班时间不许打手机""教师不能染指甲油"等。这就需要教师对园里的规章制度做到心中有数，时刻严格要求自己，牢记自己的角色和责任。

（3）没弄清原因——主动询问、请教。

试想你是一个班长，既要管理好一个班的工作、协调好一个班的老师、教育好一个班的孩子，还要带一个年轻教师，这就等于在众多的责任之中又多了一个责任，负担也更重了。因此，新教师要体谅同事，不要把他当同事看，就把他当成自己的师父，想着师父批评两句是正常的。不过，有些老师挨了批评，却不清楚为什么挨批评，或者具体错在哪里，以后再遇到类似的事情还是糊里糊涂，这样很不可取，建议新教师主动向同事请教，如，"为什么要这样搭配颜色呢？""户外活动都有哪些内容呢？""园里在这方面有什么规定吗？"知道得越多、越具体，就越能减少犯错误的几率。

（4）我真的不适合幼儿教师这个职业吗——职业生涯的必经阶段。

面对工作之初遇到的种种挫折和不顺利，也许你会对自己产生质疑，难道我不适合幼儿教师这个职业吗？不要急于否定自己，每个人都会经历从"菜鸟"到能独挡一面的转变。也许你曾经是一个各科成绩都非常优异的学生，但同样会经历这个转折期，这是每个人职业生涯的必经阶段。因此，不要失落，也不要委屈，勇敢地面对困难和挫折，勤于学习、善于反思、乐于积累，你会很快度过适应期，逐渐走向成熟。

3. 需要解释吗——被同事误会了怎么办

"张老师，户外操节的视频，你下载了吗？"张老师一阵紧张，因为她早就把这件事忘得一干二净了。实际上，吴老师已经说了好几次了，可她不是因为这个原因，就是因为那个原因，一直也没时间下载。"吴老师，真对不起，我又忘了。"张老师赶忙向吴老师解释。"算了，我自己搜吧！再不学，咱们班就来不及了！"张老师的心里很难受，她想吴老师肯定会误会自己。老师们之间总会产生这样或者那样的误会，怎样才能化解呢？

（1）我要主动解释吗——日久见人心。

年轻老师最担心和同事之间产生矛盾，怕被人误会。与同事朝夕相处，在一起的时间比和家人的时间还要长，误会也就在所难免。其实，并不是所有的误会都需要解释，如果自己觉得很坦然，就不必急于解释。只要以后多注意，相信日久见人心，大家会对你有一个正确的认识。

（2）需要立刻澄清吗——合适的时候再说。

有些误会需要当时解释，避免造成不必要的麻烦，影响同事关系。解释时，要实事求是，坦诚相见。有些误会不需要立刻去澄清，可以找个合适的时机，以一种更加自然的方式去说明。比如，一起外出开会或休息时，借着随意聊天的机会，回忆曾经发生的事情，将自己当时的情况讲述清楚。

（3）要不要道歉——错了就承认。

谁都有出错或者忘事儿的时候，如果真是忘记了，不要找理由解释，也不要推脱，主动向同事承认，并用行动改正。幼儿园工作琐碎繁杂，如果是经常忘事，那么"好记性不如烂笔头"，就拿个笔和本，把要做的事情记下来，以减少工作中的失误。当你尽职尽责地做好每项工作，被同事误会的机会一定会越来越少。

也许你心中还有十个、二十个甚至更多的问题需要解答。但是，你知道吗？最好的答案需要你自己去获取，本书只是引领你走好第一步。也许你还会碰到许多关于孩子、家长、还有同事的问题，希望你记住，无论是谁，他们都不会因你而改变，只有不断地反思自己，调整自己的教育行为，才能找到解决问题的最好方法。

（本章由何桂香、张文杰著）

第四章

精耕细作——教学活动设计与实施的智慧

教学活动就像是日常工作中需要精心培育的一粒粒种子，在教师的辛勤劳作下，深卧在土壤中，吸收充足的养分，成为支持幼儿有效学习的常用方式。高质量的教学活动可以帮助幼儿在主动学习中建立新经验、获得有意义的发展。每一次教学活动都需要教师在了解幼儿、了解学科特点和教育规律的基础上，精耕细作地设计、组织，才能发挥其教育价值。本章展示了涵盖五大领域的 25 篇优秀案例，设计新颖，内容丰富，形式多样，引发幼儿积极参与、主动探索并大胆表现。希望能对教师们的实践工作有所启发，有所受益。教师们在学习、借鉴中举一反三，进一步创新和发展，砥砺深耕，履践致远。

一、备课的智慧——未雨绸缪

备课的智慧体现在未雨绸缪。未雨绸缪，意为趁着天还没下雨提前修缮好门窗，比喻做事情要事先做好准备，预防意外的发生。教师备课的过程，是整个教学设计的准备过程，也是为有效实施教学活动未雨绸缪的过程。任何一门学科的教学都要有教学设计，这些教学设计都带有学科的特色、规范性的要求，整个教学设计的过程就是活动实施的准备阶段，它是提高教学效率的前提，也是教师每天都要进行的重要工作。充分的教学设计准备，为教学活动顺利实施提供保障。有经验的教师关注的不仅仅是完成教案的撰写，更重视备课过程中全面思考。年轻教师常为每天准备什么活动而发愁，既希望自己的活动能被幼儿喜爱，又不愿意花费太多精力在准备上。有经验的优秀教师对每天的备课都非常重视，深思熟虑。那么，备课到底应该如何理解、需要怎样准备、注意哪些问题呢？

1. 对备课的理解

在新的课程理念背景下，教师有效备课、提升教学实施能力是教师专业发展的重要途径。相对传统备课而言，现在的备课对教师提出了更新、更高的要求。备课不仅仅是完成一份教案设计，而是从整个课程实施的角度思考，需要在关注幼儿特有学习方式的基础上，明确教学目标，整合教学资源，丰富教学内容，完成教学设计，高质量地实施教学活动。

幼儿园的"课"与中小学的课有着本质的不同，幼儿园的"课"更强调幼儿主动参与的活动，是指以幼儿直接经验为基础的、能够让幼儿在活动中充分感知、操作、探索、体验、表达的一个个生动、有趣的活动。不仅包括教学活动，也包括生活活动、游戏活动和户外体育活动。幼儿园没有统一的教学大纲和教材，幼儿的兴趣、爱好和已有经验也各不相同，开展活动时不可预知的因素更多，相对来说，幼儿园教师备课的难度更大。因此，幼儿园教师备课要从整体思考，要依据幼儿年龄特点和各学科特点，将"备"目标、"备"幼儿、"备"环境、"备"选材、"备"方法有机整合，保证幼儿有效学习的一系列准备工作。教师在备课时精心设计，周密思考，才是上好一个活动的前提条件，要想活动"出彩"，备课是很重要的一环。备课越充分，对幼儿的发展价值越大，成功几率越高。教师看到幼儿在自己设计的活动中积极、主动地参与、不断获取新经验的时候，也能充分体验到自我价值感和对职业的认同感。

2. 备课备什么

幼儿园教师的备课包含着对课程的理解，在科学、正确教育观和儿童观的基础上进行，备课的内容包括对活动目标、活动中的幼儿、活动选材、过程与方法、环境与材料等几个要素的整体思考。

（1）备课要素一——活动的目标。

目标制订是否适宜，决定着教育活动对幼儿发展的价值。目标的制订如果过高，挑战性过大，超出了幼儿理解和接受的水平，教育活动容易成为教师单方授予的过程，难以激发幼儿在活动中的主动性，幼儿也会缺失成功的体验；目标的制订偏低，不利于促进幼儿新经验的建构，即使幼儿参与性很好，也会影响幼儿的发展。教师在制订目标时，要以《纲要》《3～6岁儿童学习与发展指南》（以下简称《指南》）为依据，将各领域发展目标和本班幼儿的实际水平有机结合。目标的结构要体现知识与技能、过程与方法、情感态度价值观等内容，并将三者有机结合。目标表述要从幼儿发展的角度出发，关注对幼儿主动感知、操作、体验、表达的引导。一次教学活动的目标不易过多，一般以2～3条为宜。目标中应突出领域核心经验，切忌过空、过大、过难。目标不要与活动内容相混淆，注重活动背后幼儿发展点的提炼，一定要和活动紧密结合。教师也应注意，目标虽然是预成的，但并非一成不变，教师可以根据幼儿在活动中的实际情况进行灵活、适当的调整。

（2）备课要素二——活动中的幼儿。

《指南》中特别强调"幼儿为本"的理念，教师在准备教育活动时，不能只对自己"教"的内容精心准备，更要对幼儿"学"的过程进行预判。教师要将"幼儿是活动的主人"这一观念记在脑中，养成在备课过程中及时了解幼儿、分析幼儿、判断幼儿的思维习惯。教师要学会站在幼儿"学"的角度去思考，可以尝试以下几个方面：

幼儿对什么内容感兴趣？

幼儿喜欢什么样的活动方式？

幼儿对要学习内容的已有经验是怎样的？

通过哪些途径来丰富幼儿前期经验？

幼儿的年龄特点和思维特点有哪些？

幼儿在活动中可能会遇到哪些难点？

活动中，怎样提问，能让幼儿理解并引发幼儿主动思考？

如何契合幼儿水平创设情境、提供材料，激发幼儿自主探究？

幼儿在本次活动中可能出现哪些差异？应怎样进行个别指导？

…………

（3）备课要素三——活动的选材。

由于幼儿园的课程没有相对固定的教材内容，教师要具备依据教育目标和幼儿实际情况选择适宜教学内容的能力。选材适宜，能够有效提升幼儿在活动中的参与度，引发幼儿兴趣和积极、主动的探究行为。

教师在备课时，选材内容可以尝试从以下角度思考：首先应具有生活化的特点，尽量贴近幼儿生活中熟悉的事物，以调动幼儿较丰富的已有经验；其次应能引起幼儿兴趣，符合幼儿年龄特点，多从幼儿能够接受和理解的内容上选择；同时也应具有创造性，选择的内容新颖并能吸引幼儿。

教师在确定选材之后，还要依据目标对选材进行分析，细化内容的重点，预设幼儿在活动中可能会遇到的难点问题，反复推敲内容的适宜性。在此过程中，充分挖掘选材对幼儿发展的促进作用，以发挥教育的最大价值。

（4）备课要素四——活动的过程与方法。

教师在备课过程中，对活动形式和方法的设计，要考虑适宜幼儿的学习方式。《指南》中明确指出："幼儿的学习是以直接经验为基础。教师要最大限度地满足幼儿通过直接感知、实际操作、亲身体验获取新经验的需要。"好的活动不是教师教会幼儿什么，而是通过适宜的学习方式引发幼儿主动学习，让幼儿在发现问题、探索问题、解决问题的过程中获得有益身心发展的经验。

在教学过程的准备中，教师要从活动整体结构去思考，从活动导入、活动组织到活动总结等环节，体现出合理性、层次性和递进性。在活动的导入环节，要重点关注如何引发幼儿兴趣，怎样调动幼儿已有经验；在活动的组织环节，要重点关注如何通过师幼互动突破难点，如何设计提问引发幼儿主动参与、积极感知与体验；在活动的总结环节，要重点关注如何为幼儿创设分享与交流的机会和条件，支持幼儿主动表达自己的发现，在共同讨论中提升新经验。教师要养成"站在幼儿的角度"思考的习惯，做到"心中有目标、眼中有孩子"，才能获得"让教育有发展"的这把金钥匙。

（5）备课要素五——环境与材料。

教育活动从课程实施的角度来看并不是独立存在的，离不开有准备的教育环境和活动材料的支持。由于幼儿的活动是需要充分的感知、操作和体验，因此，教师在备课过程中，要结合活动内容的需要，来思考环境的创设和材料的提供。教育环境既包括教室内的区角、墙饰、情境的设计，也包括幼儿园室内、外公共环境和周边社区环境资源的有效挖掘和利用。

活动材料既是活动目标的物化，也是幼儿学习的支持性工具。活动材料要根据教育目标、幼儿操作水平、幼儿兴趣等因素来选择。材料的质地要安全、卫生；材料的数量要满足全班每个幼儿的操作需要；材料的内容要能够支持幼儿观察发现、动手尝试、表达表现。

3. 备课时需要注意的问题

备课的成效取决于教师的儿童观、教育观、课程观。正确的课程观让教师在选择教育途径时，不仅关注集体教学活动，还要关注生活、游戏对幼儿发展的价值；正确的儿童观让教师在选择教育形式时，更加灵活地使用观察、探究、实验、操作等有助于幼儿与客观世界相互作用的手段；丰富的教育经验让教师更注重在了解幼儿、研究幼儿的基础上去实施适宜的教育行为。因此，教师在备课时应注意以下这些问题。

（1）从关注"教师如何教"转变为更多关注"幼儿怎样学"。

教师在备课时不仅要思考教学目标、教学方法，更需要思考幼儿在整个活动中的学习过程。如果教师过于关注活动按自己设计的进行，就容易在过程中忽视幼儿的感受和反应。因此，在备课时，教师应该更多分析自己的设计能否支持幼儿的主动学习。如在确定目标之前，要分析幼儿的现有水平，以确定难度适宜的目标；在活动引入部分要分析幼儿的兴趣点和关注点；在活动过程中，要研究如何提问能调动幼儿积极、主动地参与；在活动最后的环节要思考设置怎样的讨论与分享能引发幼儿梳理、提升、总结经验等。

（2）从仅研究"形式不断创新"转变为更多研究"对幼儿发展的价值"。

任何事情都是形式，是为内容本质服务的。脱离了对本质的探求，形式再多样，也没有了价值。教师的备课也是这样，如果过于追求形式化、创新性，可能让活动过程变为"走过场"，忽视了活动本身对幼儿发展的价值。幼儿园的教学活动，大班活动一般为30分钟，小班活动时间更短，如何在有限的时间内，为幼儿的感知、操作、体验等学习提供最有效的支持，才是备课的核心。如果一次活动使用猜谜语、手指游戏、唱歌、跳舞等多种形式，导致形式大于内容，表面上看，幼儿参与的积极性很高，但每个环节都蜻蜓点水，达不到促进幼儿经验提升和发展的本质效果。

（3）从仅考虑"材料的丰富性"转变为更多考虑"材料的支持性"。

适宜的活动材料能激发幼儿的活动兴趣，为幼儿提供更多感知、探究的机会。活动中的材料选择并非以"丰富"为标准，而应以能否支持幼儿在操作互动中获取新经验来选择。材料过多也会导致幼儿注意力分散。教师在备课时，要思考哪些材料既能引起幼儿兴趣，又具有更多探索空间，而不是仅限于幼儿的表面摆弄。

总之，备课应是精心准备、精益求精的过程。教师在对活动整体思考的基础上，做好方案准备、物质准备、知识准备和应变的准备。

二、说课的智慧——三思后行

说课的智慧体现在三思后行。三思而后行，出自《论语》，是指多次思考后再行动。说课作为一种新的教学实践，可以帮助教师更好地理解和掌握教育理论和课程的实质，促进教师的自主反思和行动研究。好的说课能把理论和实践有机地结合起来，是提高教师教学能力的一种有效途径。

目前说课的方式被教学研讨交流、教学效果评价、教师职称评定等广泛运用，能将教学设计说清楚，或将教学过程说明白，逐渐成为教师专业能力提升的基本功，也让教师越来越重视对自己说课能力的锻炼。

1. 对说课的理解

说课是指教师在备课的基础上，面对同行、教研员或专家，系统而概括地用语言描述自己设计或实施教学活动的过程，包括活动背景、活动目标、活动过程以及幼儿分析、重难点分析、教学方法分析、活动反思等的内容，以此阐述自己的教学观点和对课程的理解。由于说课的主要对象是同行，因此要将教什么、怎么教、为什么这样教、教的理论依据是什么等问题阐述清楚。

说课一般分为两种，一种是课前说，一种是课后说。课前说指表述的内容是教师的预设活动，还没有发生的教学活动，主要阐述教师依据幼儿特点和发展水平的设计思路，教育目标与活动各环节之间的关系，并预估教学效果；课后说指表述的内容是教师已经完成的教学活动，主要阐述目标与活动过程的实际效果，幼儿在活动中的表现和发展点，教育方法和形式的适切性，以及反思教学活动对幼儿经验提升的效果等。

无论课前说还是课后说，都是教师学习和灵活运用理论提高教学研究水平的机会。通过说课，可以帮助教师避免在备课时的主观臆想和感性，学会从理性上去审视自己的活动设计，更准确地把握教育目标与幼儿发展之间的关系，进一步提高教师的研究水平、写作能力和语言表达能力。

说课因其不同的目的,可以分为研究型说课、展示型说课、评比型说课等。

2. 说课说什么

说课的内容一般包括:说活动来源、说活动目标、说幼儿学法、说教师教法、说活动过程、说活动反思等。教师说课开始时,首先要表述清楚活动所属的年龄班和学科领域,随后再对说课整体内容进行有序表述。让听者了解活动的班级,可以审视活动与幼儿年龄特点、学习方式是否符合;说明学科领域,可以评价活动是否凸显了学科领域的核心经验。

(1)说活动来源。

教师说活动来源,可以清楚地表述活动产生的背景、意义和价值。活动来源的说明,可以包括对活动背景的分析、对幼儿近期关注事件的分析、对本阶段主题活动开展的介绍以及本次活动与主题活动的关系等。

(2)说活动目标。

目标是活动的出发点和归宿。教师说活动目标主要包括对目标依据的分析、对领域核心经验与本班幼儿发展水平的分析,然后清楚地表述活动目标的逐条内容,并充分体现出目标是围绕幼儿的认知、能力和情感3个方面制订的。

(3)说幼儿学法。

幼儿的学习方式不同于小学生的学习,注重以直接经验为基础,在感知、操作、体验的活动中不断形成新经验的学习方式。教师在说幼儿学法的时候,应结合活动设计的内容充分表达对幼儿适宜学习方式的理解和运用。如果是课后说,更应着重说明幼儿在活动过程中探索、发展、解决问题的过程和获得的新经验。

(4)说教师教法。

教师的教学方法有很多,随着教师对教育改革的深入实践,更多具有创新型的教学方法经常挂在教师嘴边。诸如谈话法、讨论法、情境体验法、实践练习法等,无论是哪一种方法,都需要与本次活动的目标、结构、内容实际相结合进行分析,让理论与实践相结合,用教学方法来说明活动的重点和难点是如何突破的,幼儿的反映如何,是否对幼儿获取新经验提供了有效支持等。

(5)说活动过程。

说活动过程是说课的重要部分,是指说教学过程的系统展开,表现为教学活动推进的时间顺序,怎样引入、如何开展、怎样结束,既能看出教师的教学理念、教学风格,也可以看出教学活动安排的科学性、合理性。说活动过程主要说明活动的整体实施过程,重点表述活动的结构如何围绕目标落实的、活动各环节的重点提问、幼儿能力培养的方法和途径的实际运用等。

（6）说活动反思。

说活动反思是指对活动实施过程的全面总结，是对活动组织得失的有效反思。首先，从活动的整体状态分析观念的落实，是否贯穿了新的课程理念，体现了科学的儿童观和教育观；其次，从活动结果分析目标的适切性，是否促进了幼儿建构经验；再次，从教学方法上分析效果，表述优势和问题，以及改进与发展；最后，对自己在教学和研究的发展还需要哪些提升等。

3. 说课时需要注意的问题

说课有别于备课和上课，教师在说课时应注意以下 4 个方面。

（1）说课不是"念"教案。

说课是在充分备课或者已经完成活动的基础上进行，教师在说课的过程中不是照本宣科地将教学设计念一遍，而是要突出"说"的作用。成功的说课，教师应按照自己的活动设计思路，有重点、有层次、思维清晰地讲述自己的教学分析、教学过程、教学策略和教学得失。

（2）说课不是讲课。

说课是教师面对同行或指导者讲述自己的教学思考和教学过程，而不是把听者当作幼儿来模拟讲课的过程。由于听者都是同行，教师的说课要体现出对幼儿、对活动目标、对教学方法等的深度剖析，突出重点，有理有据地表达自己的所思所想。

（3）说课要合理分配时间。

说课的时间要控制得当，不要过于详细、冗长啰嗦，也不要三言两语、草草完成。一般说课的时间是 10～15 分钟内完成。教师要根据时间的限定，合理地分配说课的层次和内容。

（4）说课既有理论高度，又要扎实落地。

说课应合理运用教学理论来支撑活动设计的目标、内容、方法和策略，教师应避免脱离实际的理论堆砌或空谈理论，也应注意不能表面化地就事论事来阐述自己的活动设计。总之，说课应经过教师反复、深入的思考后进行，说课时要条理清晰、层次分明、语言准确、富有感染力，体现出自己独特的见解。教师可以在日常教学实践中多运用说课来提高教育教学能力。

三、看课的智慧——静观默察

看课的智慧体现在静观默察。静观默察这个成语是出自鲁迅先生的《且介亭杂文末编·"出关"的"关"》，意思为不动声色，仔细观察。看课通常的说法是观摩教学，既要观得仔细，也要察得明白。看课时，仔细观察作课教师的教学过程，结合自身经验进行思考，是教师学习和借鉴他人经验、积累提升自身能力最直接的途径。

1. 对看课的理解

看课顾名思义是要在"看"上下功夫。教师在观摩教学的过程中，带着学习和借鉴的态度静静地观察并记录执教教师的教学过程。看不仅用眼，还要用心，要集中注意力，认真听、仔细看、勤记录、多思考。在不干扰教师和幼儿的前提下，学习和借鉴其教学风格、教学方法、教学特色。记录的方式也可以用多种工具辅助，如可以用录音、录像来配合手记，尽可能全地记录教学过程的内容，为看课后的自主反思和同伴讨论做好准备。看课活动不仅可以提高作课者的教学水平，也会促进听课者反思和研究能力的提高。

2. 看课看什么

看课顾名思义主要在"看"。同样的观摩活动，不同教师看后的思考深度和学习效果各有差异。俗话说："内行看门道，外行看热闹。"会看的教师，在教学的每个环节都能看到关乎成功与否的细节，一段师幼互动、一个提问，甚至教师的一个眼神，都能看出门道，分析出值得汲取的经验和应该注意的问题。年轻教师要多利用看课活动提升专业诊断的敏感性。看课可以从教育目标、教育环节、幼儿参与、教师引导、教学形式、活动材料等方面进行。

（1）看教育目标的达成性。

教育目标首先明确是什么班级、哪个领域，对应《纲要》《指南》中的发展目标，结合教育过程，来衡量目标制订得是否适宜。其次，要观察活动过程的重点环节是如何围绕目标达成进行的。目标若难度适合幼儿水平，幼儿在活动中会有积极的表现和新经验的获得。

（2）看教育环节的合理性。

教育过程是由各个小环节组成的。看课的时候，教师可以看活动中间的小环节设计是否围绕目标，层层递进。环节设计合理，能够引导幼儿由浅入深、由易到难地积极探索，不断发现问题和解决问题。

（3）看教师提问的引导性。

具有引导性的提问有助于目标的达成。在看课时，可以关注教师的提问是否符合幼儿理解水平，是否能引导幼儿积极思考，对活动重难点的突破是否有引导作用。看幼儿的回应如何，提问是否给幼儿提供了较多的思考空间，是否能帮助幼儿提升经验、引导幼儿发展等。

（4）看师幼互动的有效性。

教学活动过程是教师和幼儿双主体双向互动的过程。高质量的师幼互动首先具有和谐的氛围，幼儿敢于大胆表达自己的想法和做法；教师针对幼儿表现能敏锐地发现问题，根据幼儿的反映给予积极的回应和引导，支持幼儿通过自己的努力解决问题，获得成功的体验。

（5）看教学形式的适宜性。

教学形式是根据教学内容的需要来选择的，可以是集体开展的，也可以是小组进行的。看课时可以根据教学形式来判定是否满足每一位幼儿感知、操作的需要，是否为幼儿共同讨论创设了良好氛围。一次活动中的教学形式并非只有一种，可以根据活动环节的内容灵活调整。

（6）看活动材料的支持性。

幼儿的学习活动需要直观感知。因此，教师需要认真研究提供什么材料更合适。适宜的活动材料能有效支持幼儿的探索活动，满足幼儿好奇心和动手动脑、想象创造的需要。看课中，教师可以观察幼儿与材料的互动过程，判断材料是否支持了幼儿专注、坚持、不怕困难等学习品质的养成。

3. 看课时需要注意的问题

能准确地观察和分析一次活动的优点、特色和问题，是看课者专业能力的体现。教师在看课时应注意以下几个方面。

（1）看形式，不看本质。

看课的教师经验不同、关注点不同，看课的效果也不同。有些教师仅关注活动形式的创新和多样，忽视对教学效果本质的观察。看到某位教师用了诸多新的做法就认为值得学习，某位教师用的方法较少就认为不好。对教学成功与否的评价，不仅体现在形式上，活动是否有效、幼儿是否学有所得才是正道，应该整体地观察、分析。

（2）看表象，不看重点。

一次优质教学活动的观摩机会是很宝贵的。有些教师在看课过程中，认为只要保留教师的教案就可以了，把时间和经历都放在拍照班级环境、区域材料等。殊不知，教育活动的内涵不是用文字就可以完全表述出来的，特别是优秀教师的教案可能并不是详案，提问策略、师幼互动的智慧都保留在教学现场的教育行为中，很多随机提问都是现场完成的，很难预设在教案中。因此，不认真观察教学过程，仅关注教学环境的看课方式是得不偿失的。

（3）看教师，不看幼儿。

看课的过程不仅要看教师如何教的，还应重点看幼儿是如何学的。很多教师在看课时习惯坐在幼儿的后面，面对着教师。这样虽然能够清楚地看到老师的表情和动作，但却看不到幼儿的表情和动作。会看课的教师更愿意坐在教室的侧面，这样既能敏锐观察到幼儿和教师的反应，看清师幼互动的细节，又可以在幼儿进行小组交流的时候，看到更多小组幼儿的活动情况。

（4）忙于记录，不做思考。

看课时，适当记录教学过程的重点是有必要的，但更重要的是看、思、记综合进行。大部分观摩课都会将教案提前发给教师，可以在此基础上记录重点的提问和幼儿的回应，从而思考教师的提问、引导是否能有效激发幼儿主动探究，哪些方法、策略是值得借鉴的，哪里还存在问题是需要调整和改进的。仅做记录，不进行同步的思考，看课之后对自己的帮助可能事倍功半。

有质量的看课为有质量的评课做好准备。教师在看课的过程中，结合自己的专业认知和已有经验进行分析，互相学习、取长补短。在看课之前，教师应对所看内容的班级和学科有初步的了解，并适当储备相应的学科知识，看课时会更有针对性，效果也会更好。总之，教师要以谦虚、认真的态度去看课，善于运用看课的过程不断提高自己的专业辨析能力。

四、评课的智慧——提要钩玄

评课的智慧体现在提要钩玄。提要钩玄出自唐·韩愈的《进学解》："记事者必提其要，纂言者必钩其玄。"意思是指精辟而简明地指明主要内容。评课是教师在教研活动中的常用方式。评课为教师之间互相学习、切磋教法、研究教学提供了平台，把教师个人的经验变成集体的智慧。评课是在看课或说课之后，对教学活动进行总体评判，这就需要教师提要钩玄地将活动的优点、问题和建议充分表达出来。评课能调动教师的积极性和主动性，帮助和指导教师不断总结经验，提高教学水平。

1. 对评课的理解

评课又称为教学评价，是对教学活动的各要素（教师、幼儿、环境、材料、内容、方法）进行价值判断的过程，是教师优化和改进教育教学活动、提高自身教学能力的必要手段。评课包括自评和互评两类。自评是执教教师在活动完成后，对自己的活动组织依据一定的标准进行反思。互评是看课教师在观摩活动后，对活动的组织全过程依据标准进行分析和评判。无论自评、还是互评，都是对教学活动进行诊断和研究。评课的本质是评课者与执教者的平等对话和共同探讨。善于评课的教师既会把优点说够，给人以最大的欣赏和鼓励，又能把问题说透，给人以启迪，达到"评教相长"的效果。

2. 评课评什么

评课可以分为人、事、物3个维度进行。人的维度包括教师的教育观、幼儿的参与性、师幼互动等；事的维度包括教学目标、教学结构、教学效果等；物的维度包括环境创设、材料投放、资源利用等。

（1）从人的维度进行评价。

①教师的教育观。

教师的教育观是教学行为的灵魂，教育观的优劣不仅引导着教学行为的方向，也影响着教学效果的好坏。评课中，从教师的教育行为评价教育观是否正确，是否尊重了幼儿的年龄特点、学习方式和兴趣需要，是否给予幼儿最大可能的操作、探索机会，是否认真倾听幼儿并及时回应幼儿。教师要在教学活动中成为幼儿的支持者、合作者、引导者和促进者，那些习惯"灌输式""一言堂""自得其乐"而不关注幼儿情绪与反应的教学行为，只会让幼儿被动跟随教师的节奏，很难收到预期的教学效果。

②幼儿的参与性。

优秀的教师特别关注在教学活动中为幼儿创设积极、主动参与活动的机会和条件。评课中，要从幼儿能否成为活动的主体进行评价。然而，并不是教师让幼儿做，幼儿就愿意主动做的，教师应在对幼儿的现有经验和兴趣、爱好深入分析的基础上，为幼儿设计富有趣味性、情境性、挑战性的活动，满足幼儿发展的需要，帮助幼儿获得成功感，幼儿才会积极参与活动，成为活动的主人。

③师幼互动效果。

高效率的教学活动一定会呈现出高质量的师幼互动行为。在活动中，教师与幼儿"教学相长"，如果缺少教师的有效指导，幼儿的学习只剩下表面的热闹，如缺少了幼儿的主动发展，教学的价值也无从谈起。评课中，要对师幼互动的效果进行评价。教师是否为幼儿提供了独立探究、自我展示的机会，是否关注到幼儿出现的问题并及时回应支持与指导，是否通过提问引发幼儿质疑、深度思考等。

（2）从事的维度评价。

①教学目标。

评课时，评价教学目标是否适宜，可以从两个方面看：一是评目标的制订是否过高或过低。过高的目标，幼儿水平达不到；过低的目标，幼儿活动没发展。二是评目标是否达成。如没有达成，要进一步分析原因；如达成了，也要分析有哪些支持因素，值得以后教学活动中借鉴。

②教学结构。

教学结构确定了一次活动的教学过程和环节，评课中要关注教学结构的设计是否合理，是否体现了"感知——理解——巩固——应用——创新"层层递进式的推进过程。一般活动都有导入、展开、结束3个主要环节，如何开始活动、如何展开活动、怎样结束活动，都能看出教师的设计思路是否严谨、主线是否清晰、时间是否合理、过渡是否自然等。

③教学效果。

教学效果是看一次活动是否让幼儿发展获得最大价值，顺利达成知识、能力、情感态度等三维目标。评课中对教学效果的评价是一个综合的过程，可以从幼儿是否获得有益经验来反观，整体衡量教师的教学设计、教学组织、教师引导的有效性。

（3）从物的维度评价。

①环境创设。

幼儿园的课程实施中，单次教学活动往往是在综合主题活动的背景中产生的。因此，教育环境创设对教学活动的效果也具有积极的影响作用。评课中，教师可以观察班级内的主题环境、区域游戏环境创设，以此评价教育环境是否支持了幼儿活动前期经验的积累，是否满足幼儿兴趣和发展需要。

②材料投放。

评课中，可以通过活动材料的投放来评价教育活动的有效性。材料的投放并非越多越好，要看适宜性。好的活动材料能支持幼儿主动探究和积极思考，从而在感知、操作中建构有益经验。

③资源利用。

幼儿的学习离不开生活和游戏。因此，幼儿的学习场所也不仅仅局限于教室内，幼儿园和社区的公共环境也可以成为幼儿学习的场所，也可以成为被挖掘和利用的教育资源。评课时，教师可以关注与本次活动有关的教育资源利用是否支持了幼儿的学习。

3. 评课时需要注意的问题

评课本身是一种价值判断，是评课者根据自身教育理念、所掌握的教育理论对授课者和教学过程进行判断。教师在评课时应注意以下几个方面。

（1）注重理性分析，不要吹毛求疵。

对于同一场活动，因评课者自身素质不同，评价的结果也会有差异。评课应该是教师理论结合实际进行理性分析的过程，对活动组织的优缺点、成功经验、待解决的问题等深入剖析，从学理上找根源，从实践上指出改进的方法。生硬地堆砌理论、套用专业用词，脱离了教学实际的评语，是没有指导价值的；一味地放大问题、只说缺点、不提亮点和建议的评价，也不利于教师研究教学、互相交流的积极性。

（2）注重以果溯因，不要无据、随意。

一次活动无论是优点、还是问题，都值得评课者深度探寻背后的因素，从中总结出规律性的经验，丰富自己专业素养的同时，也帮助授课教师客观审视自己。评课者可以从现象探查本质，从表象分析规律，淡化旁枝末节，抓住主要、实质问题。不能凭借自己的"想当然"去做分析、评价，想到哪儿，说到哪儿，而不关注将真实的活动作为评价的依据。

（3）注重坦率、真诚，不要谨小慎微。

研究课、公开课是为教师之间交流教学思想、提升教学能力的交流平台，是授课者和评课者双赢的过程。评课者要从研讨的角度出发，善于挖掘授课者教学中的亮点，真诚地给予肯定，坦率地提出问题和建议，不能含含糊糊、遮遮掩掩、怕得罪人。充分肯定成绩，共同讨论问题，尽量将问题以建议的方式表达出来，才是一种互助、共享、正确、真诚的评课态度。

总之，评课是一门艺术，是一门学问。评好课要从看好课入手，认真倾听授课教师的自评，学会察言观色和敏锐判断，作出具有客观性、建设性、激励性的评价。评课是个"仁者见仁，智者见智"的过程，每个人的评价都有可供借鉴的地方，因此要以"欣赏他人、提升自己"为宗旨，"写尽八缸水，博取百家长"。

五、各领域优秀案例分享

 1.健康领域活动

♛ 活动一　小班健康活动——我会穿鞋

♥ 设计思路

小班幼儿刚来园不久，在家庭生活中被家长呵护较多，生活自理能力较弱，锻炼的机会少。很多幼儿表现出穿鞋不能分辨正反，分析原因发现：有的幼儿分不清正反，拿一只，穿一只，穿上就走；有的幼儿鞋子偏大，反着穿也没有感觉不舒服；有的幼儿穿鞋子时注意力不集中，观察不仔细等。教师利用小班幼儿好模仿、乐于观察并比较事物等特点，通过"找正反脚印"的游戏，引发幼儿观察比较鞋子正反的差异，对比穿反鞋和穿对鞋的不同感受，探索穿正鞋子的方法，设计了本次活动。

♥ 活动目标

1. 探索分辨鞋子正反及穿鞋的方法，乐于表达正反不同的穿鞋方式带给自己的感受。
2. 在探索穿鞋的过程中运用观察、比较来分辨鞋子正反，提高动手能力。
3. 愿意动手做事情，体验自主穿鞋的成就感。

♥ 活动重点

引导幼儿通过观察、比较辨别鞋子的正反，并用自己的语言表达出来。

♥ 活动难点

鼓励幼儿自主探索、观察发现鞋子内外侧的特点，认识鞋子的正反，学会正确穿鞋。

💗 活动准备

垫子，脚印贴图，各种童鞋，"小鞋架"卡片、正反鞋卡片若干，"镶嵌板"玩具，成人的鞋若干，《大鞋、小鞋》歌曲等。

💗 活动过程

一、活动导入

1. 出示脚印贴图，通过"踩脚印"游戏，引导幼儿发现一双鞋子正反不同的穿鞋方式时，出现的脚印形态不同，引发探索鞋子正反的兴趣。

师：看看地上的脚印，你发现了什么？踩一踩、看一看、玩一玩吧！

幼：是小朋友的脚印，因为是小的脚印。

幼：有的脚印是这样"开"的。

幼：这个脚印是反的。

幼：这个像我的鞋印。

教：哪些脚印像你穿的鞋印？哪些鞋印是反的？反的鞋印怎么变正确呢？试一试。一会儿，跟大家说说，你是怎样把鞋印变正的？

幼儿尝试后分享。

幼：我是撕下来（两个），摆对了再粘。

幼：我是撕下来（一只）挪到这边。

师：哦，取下两只比一比、摆一摆，正确了再贴；还可以撕下一只鞋印给它挪挪位置。看看还有反的鞋印吗？我们再检查一遍。

幼儿自由地对其他鞋印进行检查。

2. 出示大小、颜色不同的鞋印，进一步引导幼儿分辨与调整正反。

师：这次，地上不仅有小朋友的鞋印，还有其他人的鞋印。请你们找一找，反的鞋印在哪里呢？

幼儿自由地踩踩、玩玩，调整反鞋印。

3. 教师带领幼儿跟随儿歌玩"踩脚印"的游戏。

附儿歌：

踩 脚 印

1、2、3、3、2、1，

我和脚印做游戏，

你也踩，我也踩，

踩到小脚印快站好。（做一个自己喜欢的动作）

二、活动过程

（一）体验穿鞋，感知穿鞋的正反带给自己的感受。

1. 幼儿拿出自己带的鞋子，体验穿鞋的感受。

自主探索穿鞋：说一说，自己是怎样看出正反的？有什么好方法？穿对鞋子的感受是什么？

师：今天，小朋友们带来了自己最喜欢的鞋？看看自己的鞋和小朋友的鞋子，你发现了什么？

幼：我的是粉色。

幼：我的鞋上有艾莎的图案。

幼：我的鞋子是粘粘带（粘扣），他的没有。

幼：我的有鞋带。

师：请把鞋子摆正，让大家看一看，说一说，你是怎样看出鞋子正反的？

幼：这里（指着鞋头）是在一起的。

幼：粘粘带是在这边和这边的（指在外侧）。

幼：这个图案是在鞋子两边的（指在外侧）。

师：哦，原来小朋友们有这么多好方法分辨鞋子的正反。你们有没有穿反鞋子的时候，穿对鞋子是什么感觉，穿反了又是什么感觉？

教师鼓励幼儿试着将鞋子反穿，重点体验穿反鞋子走路不舒服的感受。

幼：穿反了扎扎的。

幼：脚的这里（指着脚面的部位）不舒服。

幼：感觉不好。

幼：穿反了，就不漂亮了。

幼：粘粘扣都挨一起了。

师：哦，你们都试过了，鞋子穿反了，真不舒服。

2. 将幼儿分享的方法编成小儿歌，强化幼儿正确穿鞋。

师：穿正鞋子对脚的健康有好处。老师把小朋友们刚刚说到的好方法编成了一首儿歌，咱们一起说说吧！

教师带着幼儿说两遍小儿歌。

附儿歌：

穿正鞋子的方法

两只小鞋头碰头，

好像一对好朋友，

小鞋扣，往外扣，

穿好鞋子到处走！

小结:每种鞋子都有自己的特点和样式,小朋友们穿鞋的时候,仔细观察,找找小图案在哪里,粘粘扣在哪里,希望每个小朋友都能发现自己鞋子的小秘密,穿对鞋子。

(二)通过"穿我最喜欢的鞋子"游戏,进一步感知、辨认鞋子正反及穿对鞋子的好方法,体验动手做事的成就感

1. 幼儿分享自己为什么喜欢这双鞋,穿鞋子时,有什么好方法。

师:我们带了好几双鞋子,说说你为什么喜欢这双鞋子?

幼:因为鞋子后面会闪亮光。

幼:因为有艾莎的图案,艾莎图案在两边就穿对了。

幼:我喜欢这个鞋子,它像小虫子。

幼:我不用看,穿进去就感觉是穿对了。

幼:我喜欢这双鞋子,因为有粘粘扣,每次粘粘扣在两边就对。

师:哇,你们好聪明呀!那我们穿上喜欢的鞋子玩游戏吧!

2. 穿鞋后,玩音乐游戏"鞋子也会踏踏响"。

教师带领幼儿跟随音乐做各种踏步动作游戏。

(三)活动延伸

1. 收集各种鞋子放在娃娃家,如娃娃的小鞋子、妈妈的高跟鞋、爸爸的大皮鞋、奶奶的软底鞋等,鼓励幼儿在活动区游戏中体验穿对鞋子,支持幼儿进行游戏体验。

2. 将幼儿分享穿鞋的方法转化为图画,张贴在生活墙上,进一步引导幼儿。

3. 创设"小手真能干"记录的墙饰环境,鼓励幼儿做力所能及的事情,体验成就感,如:继续探索如何清洁鞋子。

4. 创设"鞋子展"或"鞋子体验日",激发幼儿对鞋子的兴趣,引发关注。

♥ 活动反思

本次活动通过多种方式引导幼儿探索正确穿鞋的方法,如从"找脚印"游戏引入,引导幼儿发现一对脚印正反组合时的形态不同,尤其是鞋头部分的形态正反差异显著,引发了幼儿的积极表达,有的用语言表达、有的用手比划出一双鞋子正反的样子、有的边说边指着脚印……幼儿对鞋子的正反有了初步的认知,并充分调动了幼儿进一步探索鞋子正反的兴趣。之后,通过穿鞋体验游戏,让幼儿充分感知穿对鞋子和穿错鞋子的不同感受,引导幼儿用自己理解的方法说说如何正确穿鞋。教师将幼儿分享穿正鞋子的好方法转化为儿歌,支持幼儿后续日常穿鞋时迁移运用。在"鞋子也会踏踏响"的音乐游戏中,支持幼儿感受穿对鞋子踏步、走路很舒服。在活动延伸中，引导幼儿探索辨别不同种类鞋子正反的多种方法，进一步提高幼儿对鞋子正反的关注，探索如何能够穿正各式各样的鞋子。整个活动用游戏贯穿。幼儿对游戏非常感兴趣，参与性强，能够积极表达自己的想法和感受。

活动点评

小班幼儿处于具体形象思维的发展阶段，无论是生活、学习，都需要以直接经验为基础来建构新的经验。本次活动来源于小班幼儿生活中遇到的实际问题，注重小班幼儿年龄特点和学习方式。活动一开始就运用"一对小脚印"的形式，直观、清晰地展示出鞋子正反的不同形态，有助于引导幼儿通过观察来比较事物明显特征的学习方式。真实的穿鞋体验环节，为幼儿直接感受鞋子正反提供了支持，既满足幼儿探索的兴趣，又引导幼儿用自己的方式寻找正确穿鞋的方法。教师将幼儿分辨鞋子正反的方法随机编成朗朗上口的儿歌，也是对幼儿的鼓励和支持。另外，穿鞋的情景符合小班幼儿生活化的学习特点，充满趣味的音乐游戏丰富了幼儿对穿鞋的愉快情绪体验，激发了幼儿动手做事的意愿。

（案例提供：北京市西城区实验幼儿园　孙丽芳
案例点评：北京市西城区实验幼儿园　唐雨红）

活动二　中班健康活动——平衡小勇士

设计思路

在日常户外活动中，相对于跑、跳、钻爬类游戏，幼儿对平衡类游戏并不感兴趣。在进行走平衡木的体能测试时，幼儿不觉得好玩，反而有些害怕。平衡能力的发展是一切动作发展的基础。影响身体平衡的因素主要有身体重心移动、支撑面积大小等。幼儿年龄小，动作协调和重心控制都在发展中。在走平衡木的过程中，一旦掉下来或摔跤，会增加恐惧心理。在《指南》健康领域中，关于"动作发展"的第一个目标就是"具有一定的平衡能力，动作协调、灵敏"。因此，平衡能力的发展对于幼儿身体动作发展非常重要。基于此，教师设计了本次活动，带领幼儿在有趣、宽松的游戏中练习控制身体的平衡，体验平衡游戏的快乐。

活动目标

1. 尝试控制自己的身体保持平衡，在不同宽度及高度的材料上平稳地行走。

2. 探索在有一定间隔距离的材料上跨越行走并保持平衡的方法。

3. 乐于参与平衡游戏，体验与同伴合作游戏的快乐。

♥ 活动重点

能够在不同高度、宽度的材料上行走，掌握控制身体平衡的方法。

♥ 活动难点

敢于尝试在两个物体之间跨步行走，并探索保持平衡身体的方法。

♥ 活动准备

1. 经验准备：幼儿有走平衡木、单脚站立的经验。

2. 物质准备：平衡墩（图 4-1）、平衡木（图 4-2）、呼啦圈（图 4-3）、轮胎（图 4-4）；网球、报纸球、垫子；《海盗与船长》和《鲨鱼来了》的音乐；抽签纸条等。

图 4-1

图 4-2

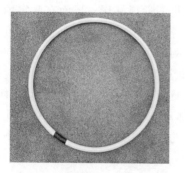

图 4-3

图 4-4

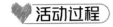 活动过程

一、热身运动，游戏"平衡小勇士集合"

师：小朋友们，今天，我们变身平衡小勇士，有重要的任务要执行。我是1号队长，执行任务前，大家先跟我活动一下身体。请每个人找到一艘自己喜欢的小船（平衡墩），我们做做准备运动。

师：小勇士们，你们都找到了什么样的小船？

幼：我找到了一个粉色的花朵形状的小船。

幼：我找到了一个像小桌子一样的小船。

师：接下来，请跟随1号队长进行执行任务前的热身准备。

教师带领幼儿做热身活动，活动身体的各个部位。从头部开始，依次活动头部、肩部、上臂、膝盖、脚腕等部位。

二、活动过程

（一）初步体验保持身体平衡的不同方法

1. 探索用身体不同部位在"小船上"（平衡墩）保持平衡的方法。

师：请小勇士们在小船上试一试，怎样才能让自己的身体保持平衡？

幼：双脚站在小船上，身体就平衡了。

幼：我单脚站在船上，也可以保持平衡。

师：除了站立保持平衡，还有别的方法吗？

幼：我用屁股坐在船上，手脚抬起来也可以。

幼：我试试，哎呀，不行呀！

师：小勇士们说了好几种方法，还有没有尝试身体其他部位的？试一试，一只脚、两只手在船上，可以不可以？

幼：可以。还可以手脚都不在船上的。

师：手脚都不在船上，是身体的哪个部位在船上呢？

幼：是肚子贴着小船，就像飞起来一样。（图4-5）

师：哇，你的想法真有创意！

幼：老师，我还可以一只手、一只脚保持平衡！

师：你们想出了那么多办法，那我们一起来试一试这些的动作吧！

教师边说儿歌边引导幼儿尝试。

图 4-5

附儿歌：

平衡小勇士

小勇士们本领强，

不怕风也不怕浪。

双脚站在小船上，

保持平衡我最棒。

2. 第一次游戏体验，运用在平衡墩上保持身体平衡的方法。

师：刚才，小勇士们学到了很多保持身体平衡的方法。接下来，请小勇士们到海洋中巡逻。听到警报声响起，就要赶快找到离自己最近的小船（平衡墩），站好。鲨鱼出现时，要保持身体平衡，一动不动。这样，鲨鱼就不会发现你了。

教师带领幼儿在场地内自由走动，当音乐《鲨鱼来了》响起，幼儿要快速站到一个平衡墩上。

师：刚才，在鲨鱼出现的时候，你是怎么躲避鲨鱼并保持身体平稳的？

幼：我站在小船的中间一动不动。

幼：我抱着双腿，坐在了船上。

幼：我单脚站在小船的中间不动。

师：小勇士们都有自己保持身体平衡的方法，而且都提到了不能晃动身体。你们觉得哪种动作最稳、最容易保持平衡呢？

幼：双脚站立。

幼：抱腿坐在中间。

幼：单脚站不行，总会摇晃，鲨鱼来了，一害怕就不容易站稳了。

小结：小朋友们说得真好！我们保持身体平衡的好方法就是要站在小船（平衡墩）的中间，站稳，不晃动身体，尽量降低身体的高度，也就是降低身体重心来保持平衡。

（二）第二次游戏体验，探索在跨越障碍的过程中保持身体平衡的方法

1. 创设游戏情境，介绍游戏玩法。

教师用材料创设带有情境的活动场地，每 3 个平衡墩摆成一列，共摆 3 列，作为障碍物；将网球、报纸球当做海胆宝宝，散放在障碍周围，呼啦圈当做冒险岛。（图 4-6）

图 4-6

教师要根据本班幼儿平衡能力和身高情况来放置平衡墩，两个平衡墩间隔距离不超过 30 厘米。

师：我们刚才已经练过本领了。现在，接到搜救任务，海胆妈妈的海胆宝宝们丢了，请小勇士们穿越障碍，到大海中寻找海胆宝宝，过程中不要掉进海里，听到警报声，说明会有一个最危险的动物（鲨鱼）出现在附近，请小勇士们将海胆宝宝保护好，立即进入冒险岛。

2. 出示 3 种颜色的纸条，用抽签的形式将幼儿分成红、黄、绿 3 队。

3. 玩游戏"搜救海胆宝宝"，总结跨越障碍并保持身体平衡的方法。

（1）游戏开始，幼儿站在平衡墩上迈步前行，保持身体平衡，不要掉下平衡墩，尝试去救海胆宝宝（用手捡起网球或报纸球）。

（2）当警报声响起后，幼儿要抱着海胆宝宝，跨进冒险岛（呼啦圈）中。

（3）游戏结束，与幼儿一起分享经验。

师：小勇士都特别棒，帮助了海胆妈妈。你们在跨越小船障碍时，遇到困难了吗？

幼：我觉得小船中间的间隔有点儿远，我有点儿害怕。

幼：我不怕，我就大胆地迈过去了。

幼：我第一次没跨好，就掉下来了。

师：那我们在跨越小船时，可以用哪些方法让身体保持平衡呢？

幼：我先站到小船上，然后从这个小船迈到另一个小船，走过去的。

师：跨越小船时，小勇士们使用了哪种方法让身体保持平衡呢？

幼：要双手伸平。

幼：脚要踩在小船的中间走过去。

幼：要先在一只小船上站稳，再一下迈到另一只小船上。

小结：你们的方法真好，两只小船中间有空隙，我们跨的时候要慢一些，站稳再迈步，迈的时候要快速通过。还可以双手伸直，保持身体平衡。最重要的是你们都很勇敢，有的小勇士不小心掉下来了，也能再次尝试。

（三）第三次游戏体验，能够在增加的平衡木上行走并保持身体的平衡

1. 在场地中增加平衡木，加大走平衡的难度，平衡木下面铺设垫子，起到保护幼儿的作用。

师：听说海底的路线发生变化了，咱们要穿越一条新的路线，去寻找海胆宝宝了。我们一起看看这条路线有什么变化吧！

幼：我发现路线中多了平衡木。

师：新路线增加了难度，小勇士们加油，迎接新的挑战吧！

2. 幼儿分组体验走平衡木，教师鼓励、指导，特别关注胆子小、平衡能力偏低的幼儿，做好保护。

3. 游戏结束后，讨论并分享经验。

师：小勇士们，这次，咱们增加了平衡木。你们在寻找海胆宝宝时，感觉怎么样？

幼：平衡木又细又长，我走的时候有些摇晃，还有些害怕。

幼：我走的时候一直伸直胳膊，慢慢地走。

幼：我就是很快走过去的，走快一些，能保持平衡。

师：小勇士们说的方法都不太一样。每个人可以根据自己的情况，分别试一试。

4. 教师鼓励幼儿再次尝试有平衡墩和平衡木障碍的路线，观察幼儿不同表现，适时给予鼓励、支持、保护和指导。

三、活动延伸

1. 增加平衡墩、呼啦圈、轮胎等障碍物，幼儿自由分散游戏。

师：我接到了搜救组发来的消息，海上的船又多了，还有新的轮胎障碍。我们保护海胆宝宝的路线增加了挑战难度，你们还敢去试试吗？

幼：敢！

师：老师相信你们一定有办法保持身体平衡，还能救出海胆宝宝，可以自由地尝试，同时也要注意安全哦！

2. 活动自然结束，幼儿可以自由选择继续挑战平衡游戏，也可以选择其他户外材料游戏。

♥ 活动反思

本次活动根据中班幼儿的年龄特点和动作发展现状，结合幼儿动作发展需求的不同制订了活动的目标，并在活动过程中围绕目标设计了由易到难的游戏体验，从单一的平衡墩保持平衡的体验，再到两个平衡墩之间、平衡木等材料的平移和跨越练习，支持幼儿通过亲身体验、模仿、自主探索获得保持身体平衡的方法，培养幼儿敢于尝试、不怕困难的意志品质。在观察并指导全体幼儿游戏情况的同时，能够关注平衡能力较弱的幼儿、肥胖的幼儿，进行有针对性地个别指导和保护，增加他们的运动频率。活动中，一直将平衡动作练习融入情境游戏中，幼儿参与活动的积极性高、主动性较强。每次游戏体验后，都会引导幼儿通过讨论积累经验，并在下一轮游戏中运用新学到的经验进行新的探索与尝试。本次活动还应注意游戏次数和游戏时间要适中，可以根据天气情况、幼儿运动后的表现（如出汗情况）等因素灵活调整运动强度和密度。

♥ 活动点评

教师能够通过日常活动观察幼儿在户外活动中的兴趣倾向和运动能力发展的状况，结合《指南》中幼儿健康领域发展目标，有目的地开展此次体育游戏活动。活动以"平衡小勇士"的游戏情境贯穿始终，且每个环节都富有挑战性，非常适合中班后期的幼儿，因此整个活动中，幼儿兴趣非常浓厚。活动设计环节清晰，层层递进。幼儿从"小船"上的单双脚站立、坐、趴等原地平衡练习到移动的平衡挑战，再到综合运用各种材料，穿插走一定间距的平衡，难度上逐步增加，不断激发幼儿挑战的愿望，最终成功完成了小勇士的搜救任务，大大提升了幼儿的成就感与自信心。再有，教师在每个环节游戏实践后，都有讨论、小结，这样可以让幼儿随时梳理方法、技巧，形成运动经验，促进同伴间相互学习，同时也可以做到动静交替。活动过程中，教师还在每一环节中增加了动感音乐的运用，很好地营造了户外活动的热烈氛围，对幼儿积极参与体育游戏起到了良好的促进作用。当然，此次活动中，教师在关注幼儿兴趣和动作练习的同时，还要考虑季节特点，以及一次体育活动中幼儿运动量的合理安排，这样才能达到科学、合理地促进幼儿体能发展的目的。

（案例提供：北京市海淀区美和园幼儿园　刘　丽
案例点评：北京市海淀区美和园幼儿园　齐春婷）

👑 活动三　大班健康活动——翻滚吧，蛋炒饭

💙 设计思路

在大班幼儿的日常活动中，教师发现只要有能躺下翻身打滚儿的地方，孩子们就会一起在上面滚来滚去，玩得不亦乐乎。教师根据幼儿的兴趣与发展需要，设计了关于侧滚翻动作的探索和练习活动。前期已和幼儿在游戏中一起探索和练习单人侧滚翻的基本动作，接下来，准备在游戏中一起探索和发现多人侧滚翻的动作与方法，并尝试和同伴一起合作进行侧滚翻的游戏，提高幼儿的合作能力。

💙 活动目标

1. 掌握侧滚翻的基本动作，并在练习中提升幼儿肢体的平衡、协调和身体的控制能力。

2. 喜欢迎接挑战，能与同伴一起探索和发现多种多人翻滚的方法，共同完成动作任务。

3. 愿意与同伴合作，体验一起克服困难、取得胜利的成功与喜悦。

💙 活动重点

拓展多人侧滚翻的动作，能较好地控制自己的身体，与同伴共同完成动作任务。

💙 活动难点

在与同伴合作探索和尝试多人侧滚翻的方法时，能根据情况随时调整，商量并讨论出适合的翻滚方法。

💙 活动准备

1. 经验准备：有单人侧滚翻的经验，并掌握侧滚翻的基本动作。

2. 物质准备：垫子若干，3段欢快的音乐，刮大风的音频等。

💙 活动过程

一、导入环节——热身活动

1. 幼儿跟随教师进入场地，排成一列纵队，入场慢跑热身，锻炼头部、肩部、腰部、上肢、下肢等身体各部位。

师：孩子们，今天，我们来做一粒小米粒，一起在垫子上绕圈慢跑，来活动活动我们的身体吧！

2. 引导幼儿自由散开，进行转圈游戏——龙卷风，练习和发展幼儿转圈动作。

师：小米粒们，调整一下呼吸，让我们休息一下。

师：你们还记得"龙卷风"的游戏吗？这个游戏是怎么玩的？

幼：听到音乐的时候一起玩游戏。

幼：风声响起时，随着风转圈。

幼：风声消失了，转圈停止。

师：你们的记忆力真好！我们跟着音乐和小伙伴们一起跳舞、做游戏，起风时，身体随着风转圈，风停后停止转圈。

师：现在，让我们一起随着音乐来玩"龙卷风"的游戏吧！

教师带领幼儿进行两次游戏。第二次游戏时，引导幼儿尝试用多种方法转圈。

二、活动过程

（一）自由练习，回顾和继续探索单人侧滚翻技能

1. 教师引导幼儿回顾和自由探索单人侧滚翻的方法。

师：小米粒们，刚刚在"龙卷风"的游戏中，老师看到有的小朋友用我们练习过的侧滚翻动作在地上转圈，很有趣。我们请他来展示一下，他是怎么在地上转圈的呢？

幼：躺在垫子上转。

幼：他用的是侧滚翻，在地上转圈儿。

师：对，他用的是之前我们玩过的侧滚翻，在地上转圈儿。他的身体是什么样子的？

幼：他的双手举在头顶上方。

幼：他的双腿、双脚并齐了，并且双手、双脚和身体是同时翻滚的。

师：他做的这个翻滚动作很不错，让我想起了之前咱们一起玩过的侧滚翻。现在，小米粒们也用侧滚翻的方法在地垫上翻一翻、滚一滚，看看你们有没有不一样的侧滚翻方法。

幼儿随音乐在地垫上自由翻滚。

2. 引导幼儿分享自己侧滚翻的方法，并总结出单人侧滚翻的翻滚方法。

师：你们发现了哪些侧滚翻的方法呢？

幼1：我有新发现。

师：那请你来展示一下。小米粒们，他的侧滚翻方法是什么？

幼1:他是双手抱住后脑勺来翻滚的。

师:这个方法很不错,谁还有新的发现呀?

幼2:我是把双手紧紧地贴在身体的两侧来翻滚的。

幼3:我是把双手放在额头,然后翻滚的。

师:哇,两个小米粒翻滚的方法不同,请你们一起来展示一下你们的方法吧!

师:谁还有发现不同的侧滚翻方法吗?

幼4:我和他们都不同,我的手臂在翻滚的时候是甩起来的。

师:那请你来展示一下,你是怎么在翻滚时甩手臂的?

小结:单人侧滚翻的方法有很多,可以双手举起来,放在头顶上方;可以双手抱住,放在后脑勺上;可以双手贴在身体的两侧;还可以双手抱拳,放在额头的前面;还可以双手随着身体翻滚时不停地甩起来等。在翻滚时,双腿并齐,头和身体同时翻滚。

(二)合作练习,探索多人侧滚翻技能

1. 探索双人侧滚翻的方法。

(1)引导幼儿自由结伴,两人一组,尝试和探索双人侧滚翻的方法。

师:刚才,小米粒们自己做的侧滚翻非常棒!那如果两颗小米粒一起翻滚,该怎么翻呢?

幼:可以手拉手,也可以抱在一起。

师:你都已经想到一些啦!那我们随着音乐,两人一组,尝试双人侧滚翻吧!

(2)教师请小组分享双人侧滚翻的方法,及时给予幼儿肯定和鼓励,并总结出双人侧滚翻的动作要领和注意事项。

师:小米粒们,你们是用什么方法进行双人侧滚翻的?哪组小米粒想来分享一下,你们一起翻滚的方法?

幼:老师,我们来。我们是抱在一起翻滚的。

幼:我们是手拉手一起翻滚的。

师:你们两组的方法不一样啊!那请你们两组一起来展示一下吧!(请两组幼儿来演示)小米粒们,这一组小米粒是面对面抱在一起进行侧滚翻的,他们一起用力朝一个方向翻滚。另一组呢?

幼:他们是双手在头顶上方拉起来,一起翻滚的。

师:你们还有不同的翻滚方法吗?

幼:有,我们的方法和他们的不一样。我们是一个人的手拉着另一个人的脚腕一起翻滚的。

幼:我们的也不一样,我们是在旁边手拉手一起翻滚的。

师：你们的方法真不错，快来和大家展示一下吧！

幼：老师，我们的翻滚方法和他们的都不一样。我们两个人脚勾着脚，一起翻滚的，你们来看一下吧！

小结：在做双人侧滚翻时，需要两个人找到舒适的位置躺下，身体摆正，双腿伸直，两个人一起向一侧翻滚。注意要做好保护，如果觉得不舒服，要立即告诉同伴，一起调整姿势。

2. 探索三人侧滚翻的方法。

（1）引导幼儿三人一组，尝试和探索三人侧滚翻的方法。

师：刚刚小米粒们两人一组，尝试和探索了双人侧滚翻的不同方法。如果三颗小米粒一起翻滚，该怎么翻呢？

引导幼儿自由结伴，尝试和探索三人侧滚翻的方法。

（2）教师请小组分享三人侧滚翻的方法，及时给予幼儿肯定和鼓励，并总结出三人侧滚翻的动作要领和注意事项。

师：在三人侧滚翻的时候，老师发现很多组的翻滚方法都不一样。谁想来展示，一起呀？

幼：我们来展示。

师：小米粒们看一看，他们三个人是怎么侧滚翻的？

幼：三个人抱在一起翻滚的。

幼：我们的和他们的不同，我们是两个人手拉手、另一个人去抓脚踝一起翻滚的。

师：那快来展示一下你们三人的方法吧！（请这组幼儿演示）哪组还有不同的方法吗？

幼：我们的和他们的不一样，我们是都抓的脚腕一起翻滚的。

师：都抓着脚腕吗？怎么翻滚呢？

幼：我们三个人躺成一条直线，一个人抓住另一个人的脚腕，然后一起翻滚的。

小结：三人侧滚翻，需要三个人商量好容易翻滚的方法，找到舒适的位置躺下调整好位置，再一起向一侧翻滚。注意要做好防护，如果觉得不舒服，要立即告诉同伴，调整姿势再翻滚。

（三）游戏体验，巩固技能。

1. 引导幼儿围坐在一起，休息片刻。师幼一起讨论"蛋炒饭"需要准备的食材，引出游戏——"翻滚吧，蛋炒饭"。

师：小米粒们经过翻滚变成了一粒粒米饭，那我们一起来做一道美味的蛋炒饭吧！谁知道蛋炒饭都需要哪些食材？

幼1：米饭、鸡蛋、火腿肠……

幼2：还有黄瓜、葱花呢！

师：炒饭有很多种食材。接下来，我们一起来玩"翻滚吧，蛋炒饭"的游戏。你想当什么食材呢？

幼：我想当鸡蛋。我想当小葱……

2. 教师介绍游戏规则，引导幼儿根据角色用单人侧滚翻、双人侧滚翻和三人侧滚翻进行游戏。

师：选好你想当的食材后，我们一起来了解一下游戏规则。

师：食材准备好后，开始炒蛋炒饭啦！先把油倒入锅里烧热，然后把鸡蛋们倒入锅里翻炒，再放入好吃的火腿、豌豆……一起翻炒，等都炒熟后，把米饭粒们一起下锅翻炒，加热，炒匀，最后在锅里放入香香的葱花调味，一起翻炒均匀，美味的蛋炒饭就炒好啦！

3. 引导幼儿选择食材并分组讨论：在游戏中用哪种侧滚翻的方法进行翻炒。

师：你们想用什么样的翻滚方法来翻炒呢？

幼：我想和我的好朋友辰宝做双人侧滚翻。

幼：我想和好朋友一起用三人侧滚翻翻炒。

师：那你们准备怎么翻滚呀？

幼：我们想两个人脚勾脚、另一个人拉住手腕一起翻滚。

师：这个想法不错，这是刚才没有想到的方法。

4. 幼儿分组进行游戏"翻滚吧！蛋炒饭"，教师观察并及时给予指导和帮助。

师：食材们准备好了吗？蛋炒饭要开始炒啦！

师：往锅里倒些油，将鸡蛋打在锅里，开始翻炒（鸡蛋组翻滚）；接下来，我们把黄瓜丁和火腿丁放入锅里翻炒（黄瓜丁组、火腿丁组翻滚）；菜快要炒熟了，我们要放进米饭了（米饭组翻滚），翻炒，翻炒，翻炒（幼儿做翻滚动作），最后撒上香香的葱花（葱花组翻滚），好吃的蛋炒饭就做好啦！

三、活动结束

1. 教师播放舒缓的音乐，引导幼儿做身体的放松运动。

师：美味的蛋炒饭出锅啦！今天的蛋炒饭真香啊，我们一起尝一尝吧！

师：请米饭们、鸡蛋们、葱花们……按4列纵队站好，我们一起来放松放松身体！

2. 师幼一起收放材料，整理活动场地。

四、活动延伸

在体育活动中，继续尝试和探索多人侧滚翻的方法。

活动反思

本次活动以情境游戏为前提，结合大班幼儿身体发展水平，在幼儿初步的合作意识基础上，设计了练习侧滚翻动作。情景化、游戏化的活动设计激发了幼儿主动参与动作练习、敢于尝试和体验的主动性。活动结构设计注重了由浅入深、由易到难的过程，通过多次实践练习，幼儿从掌握单人侧滚翻动作拓展到探索多人侧滚翻动作，锻炼身体动作的协调能力。在双人、三人侧滚翻中，尝试了与同伴合作，互相商量、配合完成动作，锻炼动作技能，培养勇敢、坚毅、果断、不怕困难等意志品质。本活动的准备还可以更充分，如准备更宽阔的活动场地，为幼儿提供更多自由探索和尝试的空间；在活动过程中，教师对个别幼儿的关注和指导应更加细致和有针对性，及时关注幼儿遇到的问题并给予启发和支持。

活动点评

本次活动符合大班幼儿身心发展特点，在活动中，充分满足了幼儿动作能力发展和社会性发展的需求。幼儿通过活动练习和拓展了单人及多人侧滚翻的动作，提升了他们肢体平衡、身体的协调和控制能力；在多人侧滚翻动作中，幼儿能与同伴之间共同合作，一起探索和尝试多种翻滚方法，克服困难，培养了大班幼儿能合作意识与能力。活动中，幼儿兴趣高，积极主动参与活动，能体验到体育活动的乐趣。活动过程中，教师较好地把握了活动内容与环节，环环相扣、自然过渡、逐渐深入；教师关注幼儿活动情况，并适宜地指导和帮助幼儿；注重幼儿基本动作的练习，每个环节结束后，通过与幼儿一起讨论来提升幼儿对动作理解、动作控制的经验，并在下一轮游戏中，引导幼儿运用新经验去解决遇到的问题。整个活动动静结合，运动量适宜。

（案例提供：中国人民解放军总医院幼儿园　王　宁
案例点评：北京市海淀区教师进修学校学前教育研修室　周立莉）

2. 语言领域活动

活动一　小班语言活动——看图讲述:《谁藏起来了》

设计思路

近期，孩子们特别喜欢在幼儿园的小院里玩"藏藏找找"的游戏，还喜欢阅读图书区的图书《谁藏起来了》,自发地谈论着图画书里的内容,并将图画书中的小动物图卡藏在图书区"丛林捉迷藏"墙饰环境中,翻一翻、找一找,主动找到老师和伙伴游戏,迫切地想要和他人交流,共同感受分享、交流带来的快乐。本次活动源于幼儿游戏的需求和自我表达的愿望,通过创设室内、外"藏藏找找"的游戏情境,引发幼儿运用语言讲述几种常见小动物的明显特征,尝试用完整地语言表达自己的发现,丰富幼儿词汇,发展语言表达能力,进一步延伸幼儿对各种动物特征的观察、感知和讲述。

活动目标

1. 喜欢参加语言表达活动,体验与他人交流的乐趣。
2. 了解动物外形特征,并能使用简单的形容词进行表达。
3. 通过观察动物外形特征,尝试用完整地语言表达自己的发现。

活动重点

能够通过观察用简单的形容词表达自己对小动物外形特征的发现。

活动难点

尝试用完整地语言表达自己的发现。

活动准备

1. 经验准备:幼儿对常见动物有初步的认知经验;阅读过绘本《谁藏起来了》;有玩"捉迷藏"的游戏经验。

2. 物质准备:

(1)操作材料:绘本中的动物形象图片、自制动物图片(突出动物局部特征)、动物玩具模型(突出动物轮廓)、光影幕布组合道具、手电筒等。

(2)空间场地:宽阔、安全的院落场地;小房子、花丛等布景道具。

活动过程

一、游戏"小院捉迷藏",激发幼儿乐于表达的情绪情感

1. 由绘本《谁藏起来了》引发幼儿参与"小院捉迷藏"游戏,寻找图画书中的动物朋友。(藏起来的动物图片参考绘本,没有外部轮廓,只有颜色和主要特征,利用颜色相同的特点藏在了院落各处)(图4-7)。

师:小朋友们特别喜欢图书区的一本书《谁藏起来了》。书里的小动物们想和你们一起做游戏,它们很调皮,藏在小院里,让我们一起找找它们吧!

图 4-7

2. 伴随欢快的音乐，幼儿来到小院里，自由寻找动物图片，将自己的发现与教师、同伴分享，体验交流的乐趣。教师注意观察幼儿，与未能找到图片的幼儿共同寻找。

师：你看见了什么动物？它们都藏在了什么地方？

幼：我找到了小猫！

师：你怎么看出来它是小猫呢？

幼：它有尖尖的耳朵，大大的眼睛。

幼：我看到了像水滴形的耳朵。

师：你觉得什么动物有水滴形的耳朵呢？

幼：是小狗吧！

幼：我这只小狗是在那个房子的门上找到的。

师：什么颜色的门呢？什么颜色的小狗呢？

幼：棕色的门，棕色的小狗。

师：小狗隐藏得可真好呀！小朋友们找到动物图片后，可以和身边的朋友说一说，你找到了什么动物？它是什么样子的？你是在什么地方找到的？

幼：我这个大象是在那边找到的。你找到了什么呀？

幼：小猫和大象。

幼：在哪儿找到的？

幼：我的小猫在红门上找到的，大象在钻钻筒上找到的。

幼：看！我们都找到了一样的大象。

3. 鼓励幼儿仔细观察图片，根据动物外形特征进行大胆猜想并表达自己的发现，出示绘本中的动物进行对比，与幼儿一起验证。

师：谁找到了这张图片？你们猜，它是谁呀？

幼：是小狗。

师：你为什么认为这是小狗呢？你是怎么发现的？

幼：因为它有长长的、像水滴形状的耳朵，有圆圆的眼睛。

教师出示绘本中的动物与图片进行对比。

幼：对啦！就是小狗。

教师与幼儿共同验证 2～3 个小动物即可。

师：小朋友们都说对啦！真的找到了书中的小动物。咱们班里也藏着许多有特点的小动物，一起去找找吧！

二、通过观察自制动物图片，感知动物特征并尝试讲述

1. 教师分层次出示自制动物图片，逐步引导幼儿认真观察动物的突出特征并讲述。（图 4-8～图 4-10）

图 4-8

图 4-9

图 4-10

①出示第一张（中间镂空的黑白条纹纸，斑马轮廓图藏在镂空的地方，突

出轮廓中的黑白条纹）。

师：小朋友们猜猜，这是什么动物？

幼：斑马。

师：你为什么认为它是斑马？

幼：我看到它是有条纹的。

幼：我看到它有黑色和白色的花纹。

师：你们看到它是黑白两种颜色的，身上有条纹的。什么样子的斑马藏在了这里？

幼：身上有黑白条纹的斑马藏在了这里。

师：她说得真好，小朋友们一起说一下吧！

幼：（所有人一起）身上有黑白条纹的斑马藏在了这里。

②出示第二张图片（长颈鹿花纹纸，长颈鹿轮廓图贴在花纹纸上，花纹底图与轮廓中图案能够拼接上）。

师：这是谁呀？

幼：长颈鹿。

师：小朋友们怎么发现是长颈鹿的？

幼：因为我看到它的身上一块一块的。

幼：我看到它的不规则图案了。

师：小朋友们一起说一说，什么样子的长颈鹿藏在了这里？

幼：（所有一起）身上有不规则图案的长颈鹿藏在了这里。

③出示第三张图片（猎豹花纹纸，猎豹独立轮廓图）幼儿自由猜想表达后，再出示动物图片验证。

幼：猎豹。

师：你怎么猜到这个花纹是猎豹呢？

幼：我知道猎豹的身上有小圆圈。

幼：我看到它的花纹上有大大小小的点点。

幼：我看到这个上面是有毛的。

师：一起看看，你们猜对了吗？

幼：真的是猎豹！

师：小朋友们能用清楚的一句话说一说吗？什么样子的猎豹藏在了这里？

幼：身上有大小点点花纹的猎豹藏在了这里。

师：这么多有特点的小动物都来到了咱们班，还有许多你们没有见到的小动物也要和你们玩捉迷藏。

2. 每组动物猜想、描述过程中，教师给予幼儿充分观察思考和自由表达的时间，引导同伴间相互讲述、丰富词汇，对幼儿主动表达给予肯定的鼓励，积极、有效地应答幼儿。

三、玩光影游戏"谁藏起来了"

挑选幼儿不常见的动物模型进行光影游戏，增加游戏乐趣，鼓励幼儿进一步尝试使用完整的语言讲述。

1. 教师请一名幼儿用手电筒打光、照射动物模型，其余幼儿通过观察动物影子轮廓猜想是什么动物，积极表达自己的猜想与发现。

（操作手电筒）幼：猜猜这是谁？

幼：鹿、犀牛、老鹰……

师：你是怎么发现的？

幼：因为我看到长长的像鹿角。

幼：像犀牛尖尖的犄角，是犀牛吧？

幼：我觉得它是一只长刺儿的剑龙。

师：小朋友们通过影子猜想的答案都不同。我们公布答案吧，看看到底是什么呢？

（操作手电筒）幼：长着尖尖犄角的犀牛。

师：刚刚小朋友用了一个好听的词语，长着什么犄角的犀牛？

幼：尖尖犄角。

2. 鼓励操作手电筒的幼儿和通过影子猜想动物的幼儿之间大胆交流表达，相互提问。对幼儿感兴趣的部分可多做停留，给予幼儿充分讨论、猜想、表达的时间和机会。

（操作手电筒）幼：猜猜它是谁？

幼：狗、大象、鸡……

幼：我觉得影子像公鸡的鸡冠。

幼：我觉得是大象，这个影子像大象的鼻子。

（操作手电筒）幼：公布答案啦！真的是有着长长鼻子的大象。

3. 鼓励幼儿进一步尝试使用完整的语言直观描述动物的外形特征。

师：小朋友说长长鼻子的大象。大象除了有长长的鼻子，还有什么特点？谁能用清楚、完整的话，说一说大象其他的特点？

幼：还有象牙。

师：对，那这个特点怎么清楚、完整地说一说呀？（肯定幼儿的语言表达，使表达更完整，丰富词汇）

幼：有尖尖的象牙的大象。

师：真棒！这句话说得好清楚。除了尖尖的象牙、长长的鼻子，大象还有什么特点？谁能用完整的一句话说清楚呢？

幼：大大的耳朵像扇子一样的大象。

师：说得真清楚，带着小朋友们一起说一说。（用鼓励的语言和行为，引导幼儿一起复述个别幼儿的完整描述）

幼：（所有人一起）大大的耳朵像扇子一样的大象。

四、活动延伸

游戏"谁的影子"，幼儿自主寻找玩具，继续进行游戏，根据影子的外形特征，讲述是什么事物。

活动反思

本次活动中，教师始终把尊重小班幼儿学习特点和把握语言领域核心价值放在首位。从活动的组织形式到教具的投放，为幼儿创设自由表达的空间，幼儿情绪高涨，兴趣浓厚，在快乐的游戏中体验与他人交流的乐趣，满足幼儿交往、表达的需求。幼儿能够主动观察，尝试运用清楚、完整的语言讲述动物的主要特征，提升了口语表达能力。

结合重点和难点，采用了以下策略来支持幼儿学习、实现活动目标：

1. 创设平等、宽松、自由的活动氛围，给予幼儿自由讲述的空间和机会，鼓励幼儿主动表达。如在活动中，教师鼓励幼儿随时表达自己的发现和感受，针对感兴趣的部分可停留讨论；创设幼儿好奇、想说的语言环境，激发幼儿自由讲述，且兴趣浓厚，复述短句积极、主动。

2. 设置层层深入的游戏情境，提供难度递增的学习材料，支持幼儿直观感知动物特征。活动中的 3 个游戏情境的设置，符合小班幼儿学习方式，在动静交替、不同形式的"捉迷藏"游戏中，猜想动物名称并讲述其主要外形特征。投放的动物形象依次为幼儿前期阅读绘本中熟悉的动物、幼儿常见的动物主要特征、幼儿比较熟悉的立体动物局部特征轮廓。这样的设计层层深入，充分调动幼儿原有经验，具有一定的挑战性。

3. 利用同伴资源，鼓励幼儿相互讲述与倾听，提升语言表达与理解能力。注重同伴之间相互分享，当幼儿说出"尖尖的象牙""不规则的图案"，能够比较完整地讲述出动物外形特征时，教师及时肯定、回应幼儿，并请幼儿一起尝试复述，说一说好听的词语，丰富幼儿词汇量。

活动点评

1. 活动设计游戏化。

结合小班幼儿的年龄特点和学习方式，利用幼儿喜爱动物、喜爱游戏、喜爱模仿的特点引导幼儿开展活动。幼儿在游戏体验中感到有趣、好玩儿，参与的兴趣、表达的欲望都很好地调动起来。

2. 师幼关系亲切、平等，尊重幼儿的个体差异。

教师能够用较为简单的问题，引发幼儿思考、观察和表达自己的发现。支持整体幼儿的发展，同时关注个体幼儿的需求，如给予幼儿的回应积极且及时，面对不善表达的幼儿能够给予操作的机会，提出直观问题，鼓励幼儿表达自己的发现。

3. 给予幼儿充分的空间、时间和材料，支持幼儿的语言发展。

本次活动不同于以往语言表达活动的形式，新颖、有趣，给予幼儿精神空间和物质空间，不局限，使幼儿的表达空间更加开阔。活动准备充分，将材料及环境结合运用，激发幼儿表达的欲望；不同层次的学具、教具逐步引导幼儿持续观察、有重点地观察，促使幼儿的有意学习得以深入。

4. 能针对幼儿在表达中出现的问题进行重点指导。

教师能够根据幼儿表达内容有意识地引导其细致观察画面，说出画面中动物的主要特征，幼儿在表达中提取关键的特征元素进行更加准确和重点描述。其他幼儿认真倾听该幼儿说明性的语言表达，通过同伴分享的方式学习如何更好地说明事物特征。

（案例提供：北京市西城区西四北幼儿园　于　瑾
案例点评：北京市西城区西四北幼儿园　何　鑫　陈　爽）

👑 活动二　中班语言活动——故事讲述：《兔宝宝的床》

💗 设计思路

《兔宝宝的床》故事内容简单，语言具有重复性，情节生动，充满了趣味性与想象力，同时，还传递出相互关心、帮助他人的教育价值。对于中班幼儿来说，简单、重复的故事情节是幼儿比较喜爱且容易理解的内容，能够激发幼儿的模仿兴趣与学习热情。故事中，可爱的动物与各具特色的床，为幼儿打开了想象的翅膀，更为幼儿提供了主动模仿、表达的语言情境。结合幼儿喜欢模仿、爱想象的年龄特点，用生动、有趣的故事激发幼儿参与讲述的兴趣，让幼儿在语言情境中模仿和学习故事角色的行为、对话，体会帮助他人的乐趣。

💗 活动目标

1. 喜欢听故事，能够根据故事画面讲出故事情节。
2. 理解故事中不同动物与它们的床之间的关系，能较准确地复述故事中的对话。

3. 愿意参与故事表演游戏，尝试用模仿表演的方式来表现故事的一些片断。

活动重点

理解故事主要角色与情节，能较准确地复述故事中的对话性语言。

活动难点

尝试模仿与表演故事中小动物的动作与语言，表现故事的一些情节片断。

活动准备

1. 经验准备：幼儿认识动物，能说出名称，了解动物的基本习性。

2. 物质准备：故事PPT（图4-11～图4-14）；故事角色图片：小兔、兔妈妈、蚂蚁、小甲虫、小熊、小松鼠、小姑娘等；故事角色头饰若干；与故事情节一致的各种"床"大卡纸：花瓣、树叶、椰壳、木床、帽子等。

图 4-11

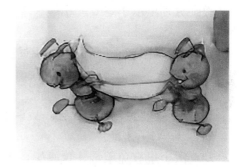

图 4-12

图 4-13

图 4-14

活动过程

一、导入环节

谈话导入,出示"兔宝宝"图片引入,激发幼儿参与活动的兴趣。

师:你们都在哪儿睡觉?你们睡觉的床舒服吗?

幼:睡在床上,盖着被子,很舒服。

幼:睡在沙发上,软软的。

师:看一看,这是谁?这只兔宝宝没有床,兔妈妈请大家想想,什么样儿的床才适合兔宝宝睡觉呢?一起来听听故事《兔宝宝的床》,你们再告诉老师吧!

二、活动过程

(一)教师播放 PPT,引导幼儿观察图片,并猜猜发生了什么事情

师:我们先来看看图片,兔妈妈告诉我们,兔宝宝没有睡觉的床,猜猜看,会发生什么事情?

教师分别出示小蚂蚁、小熊、小松鼠的图片,引导幼儿自由观察并猜测图片内容。

(二)教师播放 PPT,生动讲述第一遍故事,引导幼儿了解故事角色与内容

讲完故事后,教师引导提问:

1. 师:故事的名字叫什么?故事里面都有谁?

幼:兔宝宝的床。

幼:故事里有兔宝宝、兔妈妈,还有很多小动物。

幼:有小蚂蚁、有小熊……

幼:还有小姑娘。

2. 师:兔妈妈为什么着急呀?

幼:兔妈妈生了一个兔宝宝,可是,这个兔宝宝没有床睡觉。

幼:兔宝宝刚出生,需要一个舒服的床睡觉。

3. 师:有哪些小动物来帮忙了?它们是怎么帮忙的?

幼:有小熊、小蚂蚁、小松鼠,还有小甲虫。

幼:它们都是来送床的。

幼:有花瓣床、有树叶床、有木床,小松鼠带来的是椰壳床。

教师依据幼儿的回答,将动物的图片贴在黑板上。

（三）教师操作动物图片，再次讲述第二遍故事，引导幼儿理解故事角色
与对话

1. 师：兔宝宝没有合适的床，小动物们拿来了哪些床？

幼：小熊拿来了木床，送给兔宝宝，有些大。

幼：小蚂蚁拿来花瓣床，花瓣床太小了。

幼：小松鼠拿的是椰壳床，有点儿硬。

…………

2. 师：第一个来的是谁？它拿来了什么床？它是怎么说的？

幼：第一个拿来床的是两只小蚂蚁，它们抬着花瓣床来的。

幼：它们对兔妈妈说"让兔宝宝试试我们的花瓣床吧"。

师：小蚂蚁的床为什么是花瓣做的呢？

幼：小蚂蚁很小，花瓣有香味，它们喜欢用花瓣当床。

3. 师：又有谁来了？它拿了什么床？它是怎么说的？大家来学一学。

幼：小熊也来了，它搬来了大木床，它说"让兔宝宝试试我的木床吧"。

师：小熊为什么拿来了大木床？

幼：小熊胖胖的，很沉，大木床比较结实。

…………

师：小松鼠为什么拿来了椰壳床呀？

幼：小松鼠喜欢吃椰肉吧，啃完的空壳就可以当床了。

4. 师：最适合兔宝宝的床是什么？它是什么样子的？

幼：兔宝宝在帽子床里睡得香香的，帽子床是小姑娘的，小姑娘在帽子床
里放了棉花，棉花也是软软的。

小结：哦，你们发现了吗？小动物的床跟它们自己的生活习惯是有关
系的。

（四）师幼共同讲故事，鼓励幼儿模仿并表演角色间的对话

1. 师：大家都喜欢这个故事吗？我们一起来讲讲吧！你们当小动物，我
来当兔妈妈！请你们讲故事的时候，要说清楚，让兔妈妈能听到。

2. 师：两只小蚂蚁抬来了一张花瓣床，它们对兔妈妈说……

幼：兔妈妈，把我们的花瓣床让兔宝宝试试吧！

3. 师：小熊来了，它扛来了自己的……，它对兔妈妈说……

幼：小熊扛来了大木床，它对兔妈妈说"兔妈妈，把我的大木床让兔宝宝
试试吧"。

教师带着幼儿根据故事情节发展，以角色扮演的方式，鼓励幼儿重点说故
事中的对话。

4. 师：最后，小姑娘带来了什么床？她怎么对兔妈妈说的？兔妈妈又是

怎么回答的？

幼：小姑娘带来了帽子床，她对兔妈妈说"兔妈妈，早上好！我的帽子床送给兔宝宝，试一试吧"。

5. 师：兔妈妈为什么收下了她的床？其他动物的床哪里不太合适？你能说说原因吗？

幼：帽子床里面有棉花，软软的，很舒服；帽子床很合适，不大也不小，不轻也不重；帽子床还不会破，也不会硌到兔宝宝。

幼：小蚂蚁的花瓣床太小了，因为它们自己也很小；小熊的个子大，它的木床也很大；小甲虫的树叶床太软了；小松鼠的椰壳床太硬了。

小结：是的，小姑娘的帽子床不大也不小，不软也不硬，里面还铺满了软软的棉花，可舒服了；兔宝宝躺在上面，一会儿就甜甜地睡着了！小朋友们讲得真好，把小动物们的对话都说清楚了。

（五）分组开展情境表演游戏，鼓励幼儿和教师共同表演角色间的主要对话

出示动物头饰和大卡纸"床"，将幼儿分成 3 组，班上每位教师指导一组，鼓励幼儿自选故事中的角色，进行故事对话的模仿和表述。

1. 鼓励幼儿自选喜欢的角色。

师：老师来当兔妈妈，请小朋友们来当小动物。你们想当谁？一样的动物请坐在一起！拿好你们的"床"。想一想，一会儿，你们要和兔妈妈怎么说？

教师分别指导幼儿根据自己的喜好选择故事角色，戴上动物头饰，选择相应的大卡纸"床"。

2. 教师和幼儿一起玩故事讲述游戏。

3 组幼儿分别在教师的带领下，玩故事讲述游戏。教师当兔妈妈，幼儿扮演自选的小动物，表演给兔妈妈送床。

教师注意提示幼儿在模仿对话中发音、吐字清楚，说完整的话，并对个别幼儿进行特殊关注和引导。

教师要在这个环节营造宽松的游戏氛围，让幼儿在游戏表演中自然地表达。

三、活动结束

师：你们喜欢这个故事吗？这个故事里，每个动物都能把自己的床送给兔宝宝，想来帮助兔妈妈和兔宝宝，它们是互相帮助的好朋友。我们也要像它们一样，当朋友有困难的时候，也要用自己的能力帮助他！

四、活动延伸

师：小朋友们还想进行故事表演的话，可以到班级的表演区。老师会将这个故事里的小动物头饰都放在表演区里，欢迎大家来尝试表演其他的小动物！

附故事：

兔宝宝的床

兔妈妈生小宝宝了！小兔宝宝的毛雪白雪白的，眼睛鲜红鲜红的，好可爱啊！

可是，小兔宝宝没有床，兔妈妈有些发愁。

小蚂蚁抬来了花瓣床，说："兔妈妈！把我的花瓣床送给兔宝宝试试吧！"兔妈妈试了试，说："花瓣床太小了，不合适。但是还是要谢谢你，小蚂蚁。"

小熊扛来了木床，说："兔妈妈！把我的木床送给兔宝宝试试吧！"兔妈妈试了试，说："木床太大了，不合适。但是还是要谢谢你，小熊。"

小甲虫拖来了梧桐叶床，说："兔妈妈！把我的树叶床送给兔宝宝试试吧！"兔妈妈试了试，说："树叶床太软了，不合适。但是还是要谢谢你，小甲虫。"

小松鼠搬来了椰壳床，说："兔妈妈！把我的椰壳床送给兔宝宝试试吧！"兔妈妈试了试，说："椰壳床太硬了，不合适。但是还是要谢谢你，小松鼠。"

这时，小姑娘来了，她带来了帽子床，里面铺满了软软的棉花。小姑娘说："兔妈妈，早上好！我的帽子床送给兔宝宝试一试吧！"兔妈妈把兔宝宝放到帽子床里，帽子床不大也不小，不轻也不重，里面软软的真舒服！不一会儿，兔宝宝就睡着了。兔妈妈说："帽子床软软的，真舒服，我的宝宝睡着了！太谢谢你了，小姑娘！"兔宝宝终于有了合适的床，大家真开心呀！

——故事引自《婴儿画报》

♥ 活动反思

本活动内容对于中班幼儿来说是新授的故事，由于故事内容较为简单，含有较多重复的对话与情节，因此，在活动中，教师主要采用了两种教学方法分层次地引导幼儿建构对故事的理解与表达。

在故事理解方面，教师以视听结合的方式支持幼儿完成了对故事的完整欣赏，通过设置不同层次性的提问来加深幼儿对故事的理解，使幼儿对故事的认识由最初的故事脉落、主要角色，逐步理解了故事的情节发展，熟悉并记住了故事各个角色的语言与行为，建立了幼儿对故事的整体印象。在语言表达方面，教师通过支持幼儿讲故事、学习对话、故事表演游戏等方式，为幼儿学习故事角色的对话提供了多次练习机会，使幼儿在趣味化、游戏化的过程中，始终处于动脑思考与主动表达的状态。整个过程中，幼儿的表达不是机械重复，而是对故事内容的认真倾听、提问理解、对话模仿、表演游戏等幼儿喜欢的方式。幼儿通过学习并表达故事中这些较完整的长句，为今后参与故事表演、表达个人想法、续编故事等奠定了语言表达基础。

❤ 活动点评

首先，这是一节典型的中班故事讲述活动，故事选材非常符合中班第一学期幼儿的年龄特点和理解水平。故事中常见的动物角色以及重复性的故事情节便于幼儿理解与记忆，小动物为兔妈妈搬来了不同的"床"，又隐藏着4种动物的不同生活习性，这是中班幼儿能够理解的。除此之外，故事里每个小动物都主动地把自己的床送给兔宝宝，这种积极帮助他人、无私的精神作为故事的核心也是非常值得传递的。

其次，教学活动过程设计合理、巧妙。教师能够抓住故事的关键要素进行有针对性的提问，并在过程中引导幼儿利用看、听、说、表演等多种感官积极参与，做到动静交替，在引发幼儿参与活动兴趣的同时，通过反复倾听、层层递进的环节设计，帮助幼儿深入理解故事内容以及所传递的核心价值。

第三，教具丰富多样，有助于目标的达成。教师首先运用PPT课件呈现了故事大意，辅助幼儿初步理解故事大意；之后又采用动物图片进行二次讲述；最后用头饰和道具进行故事的完整表演，表演中道具数量充足，可以满足每个幼儿的参与，且教师鼓励幼儿自主选择，这也体现了教师对幼儿的尊重与信任。这些多样化的教具不仅可以帮助幼儿一遍一遍地深入理解故事，完成活动目标，同时还可以使幼儿的注意力保持高度集中，并积极参与、感受语言表达的快乐。

（案例提供：北京市海淀区美和园幼儿园　王晓岚

案例点评：北京市海淀区美和园幼儿园　齐春婷）

♛ 活动三　大班语言活动——仿编儿歌：新编《拍花萝》

❤ 设计思路

《拍花萝》是一本比较典型的儿歌游戏图画书。儿歌的内容风趣、幽默，语言节奏感强，读起来朗朗上口，大部分以动物作为主人公，但也有事物、人物穿插其中。儿歌中的内容既与生活相关，又充满了想象的色彩和趣味，能够激发幼儿更加大胆和积极地联想。本班幼儿非常喜欢唱读儿歌，对此儿歌较为熟悉。教师基于幼儿当前兴趣及水平设计了本次活动，通过引导幼儿观察和对比儿歌的句式特点、熟悉儿歌基本结构的学习方式来进行儿歌仿编的创作。

活动目标

1. 感受和理解《拍花萝》儿歌内容的有趣，发现儿歌句式的特点。
2. 尝试运用多样化的方式替换儿歌内容进行仿编。
3. 鼓励幼儿喜爱并参与儿歌仿编游戏，能够用图画和符号记录自己的想法，感受仿编儿歌的乐趣。

活动重点

在学会儿歌的基础上，发现儿歌句式特点和规律。

活动难点

尝试依据儿歌的句式特点，运用替换内容的形式仿编儿歌。

活动准备

1. 经验准备：幼儿已经阅读并熟悉《拍花箩》绘本，能够有节奏地进行朗诵。
2. 物质准备：图画书内页图片PPT课件、动物卡片、便利贴、马克笔、题卡、铅笔。

活动过程

一、导入活动

回顾图画书和儿歌游戏，感受儿歌的诙谐、幽默

1. 教师与幼儿共同说唱《拍花箩》儿歌，引发幼儿讨论。

师：你们觉得这首儿歌好玩吗？哪一句特别好玩？为什么？

幼：我喜欢这一句"你拍几呀，我拍三呀，三条鲤鱼滚下山呀"。鲤鱼不是在水里的吗，竟然滚下山了，真有趣！

幼：我喜欢"你拍几呀我拍七呀，七只野狼抱小鸡呀"。野狼抱小鸡，肯定会把小鸡一口吃掉的，真是让人担心呀！

幼：我喜欢"五只大熊打花鼓"那一句，笨笨的大熊爪子那么大，还要跳舞、打花鼓，会不会把鼓打破啊？

师：你们的想象力真丰富！每一句儿歌的场景，你们都能想到正在发生有趣的事情！

教师根据幼儿表达进行梳理小结。

小结：水里的鲤鱼竟然滚下山，凶狠的野狼竟然抱小鸡，笨拙的大熊边敲花鼓边跳舞，每一句都发生了让人意想不到的事情，才让这首儿歌读起来这么有趣。

二、活动过程

（一）寻找句式中的规律，感受儿歌的体裁特点

1. 引导幼儿关注句式中的数量关系。

教师播放 PPT，出示图片，请幼儿观察图片中的信息。

师：我也有最喜欢的一句想和你们分享，但是我忘了是哪一句了。图在这里，你能帮我想一想吗？

幼：这是"你拍几呀，我拍九呀，九只老虎喝老酒"那一句。

师：你是怎么知道的呢？

幼：图上有九只老虎呀。九只老虎，就是拍到九。

师：每一句都是这样吗？你们发现这个规律了吗？

幼：发现了！每一句都有数字，拍到几，就会有几个动物。

师：数字几在每一句中出现了几次？

幼：出现了两次，比如"你拍几呀，我拍一呀，一只蜗牛上楼梯呀"。

幼：我拍几，就会有几个人。比如拍到六，就会有六个老头卖烤肉。

师：那我明白了，原来《拍花箩》每一句都有数字，拍到几就会有几位主角出现。

2. 幼儿寻找后，教师将整体部分的文字提出，排列，进一步引发幼儿观察，通过观察发现规律。

师：儿歌里藏着许多秘密。现在，老师已经帮你们把每一句的儿歌列出来啦！

教师出示儿歌中间部分的文字。

师：这样看，这首儿歌，你还发现了什么？它们又有哪些相同的部分，哪些不同的部分？

幼：我发现每一句前面都是一样的，都是"你拍几呀"，然后"我拍"一个数字，最后都是用"呀"结束。

幼：我发现第二个数字后面跟着的字不一样，"三条""四方""五只""六个"。

师：真棒，你发现的这些词都是量词。不同的动物、物品用的量词不一样。

幼：我发现如果竖着看，第一句是"一只蜗牛"，第二句是"两只蚂蚁"，第三句是"三条鲤鱼"……，每一句都有一个动物或者人物或者物品出场。

幼：我发现每一句里面的主角都在干好玩的事情，每件事情都不一样。

师：太棒了，我们发现了这么多《拍花箩》的秘密。

（二）巩固儿歌句式，鼓励幼儿尝试替换词语

1.教师出示缺失主角的图片并提问。

师：既然每一句的主角都不一样，我们也可以试着换一换。像第一句，除了蜗牛，还有谁会上楼梯？

幼1：我觉得小狗也会上楼梯。

师：如果我们把"蜗牛"换成"小狗"，这一句会变成什么样儿？

幼1：你拍几呀，我拍一呀，一只小狗上楼梯呀。

师：好棒！恭喜你创作了一句属于你自己的《拍花箩》儿歌。

2.教师继续出示图片，并引导幼儿尝试替换事件。

师：野狼除了抱小鸡，还可以做什么？

幼2：我觉得还可以吃烤鸭。

师：听起来很美味，换完之后，这一句会变成什么样儿呢？

幼2：你拍几呀，我拍七呀，七只野狼吃烤鸭呀！

（三）游戏：拍花箩对对碰

教师引导幼儿观察自己椅子上标识的颜色及数字，讲解游戏玩法，并激发幼儿参与仿编游戏，感受创意组合的乐趣。

师：请红队每个小朋友来想一种你见过或者很喜欢的动物，蓝队每个小朋友来想一件你做过或者想做的好玩的事情。按照对应的数字，组合成一句《拍花箩》儿歌吧！

师：你拍几呀？

幼红1：我拍三呀，三只猴子。

幼蓝1：去滑雪呀！

师：你拍几呀？

幼红2：我拍四呀，四只大象……

幼蓝2：跳芭蕾呀！

每个幼儿都组合参与游戏，教师帮助幼儿进行简单的记录。

（四）提出挑战，引导幼儿尝试进行仿编创作

1.教师出示动物图片，揭示挑战任务。

师：我看到你们玩得很开心，很多小朋友还想继续仿编儿歌。因此，老师准备了一些动物图片，你们可以用自己喜欢的动物或者人物来当主人公，并为它们设计做一件有趣的事情。

2. 巩固儿歌句式，熟悉仿编方法。

教师出示例句，进行句式引导，让幼儿在黑板上填空，帮助幼儿梳理并表达仿编的儿歌。

师：通过之前的发现，绿色的括号里可以编什么呢？

幼：可以填自己想编的数字。

师：红色和蓝色的括号里可以放什么呢？

幼：红色可以编自己喜欢的主角，可以是动物或者人物。蓝色的括号里可以画为它编的好玩的事情。

师：那就请小朋友们开始自己的创作吧！编好后，可以和好朋友分享一下自己的作品。

三、活动结束

幼儿与他人分享自己创作的儿歌语句，并把自己的语句按照数字顺序尝试排列组合，粘贴在黑板上。

四、活动延伸

引导幼儿自由创作并为仿编儿歌设计动作和配图。

1. 分享幼儿仿编的句子，鼓励幼儿读一读，玩一玩，为自己喜欢的句子设计游戏时的动作。

2. 在区域活动中，可以鼓励幼儿使用泥工、剪贴、绘画、拓印等方式为自己仿编的句子配图。

附儿歌：

拍 花 箩

拍呀，拍呀，拍花箩呀，红草地呀，绿马车！

你拍几呀？我拍一呀，一只蜗牛上楼梯呀！

你拍几呀？我拍二呀，两只蚂蚁抬着大花瓣呀！

你拍几呀？我拍三呀，三条鲤鱼滚下山呀！

你拍几呀？我拍四呀，四方招牌没有字呀！

你拍几呀？我拍五呀，五只大熊打花鼓呀！

你拍几呀？我拍六呀，六个老头卖烤肉呀！

你拍几呀？我拍七呀，七只野狼抱小鸡呀！

你拍几呀？我拍八呀，八爪章鱼坐沙发呀！

你拍几呀？我拍九呀，九只老虎喝老酒呀！

你拍几呀？我拍十呀，十只青蛙跳进荷花池呀！

扑通！扑通！扑通！扑通！扑通！扑通！扑通！扑通！扑通！扑通！

活动反思

　　教师基于本班幼儿的经验水平和兴趣需要，设计了本节儿歌仿编活动。活动采用小组形式进行。这是本班幼儿第二次阅读此绘本，他们已经了解了儿歌内容。因此，教师用回顾、游戏的方式进行快速导入，使用联想式谈话的方式引导幼儿感受儿歌幽默的点——反差。接下来，使用观察画面的方式引导幼儿关注儿歌中的数字，发现数字的作用。数字作为拍花箩游戏推进中的重要线索，也是仿编中的要素之一。教师认为引导幼儿充分理解与关注非常重要。接下来，教师使用提取儿歌主体部分，引导幼儿观察儿歌句式规律；通过图文分离、颜色对应的细节设置，引导幼儿发现儿歌的结构特征。

　　教师通过罗列文字是帮助幼儿提取重要信息，通过横向发现、纵向比较，幼儿也达成了目标，解构了文学体裁构成的特点。在环节中，教师使用分组仿编、集体仿编等方式让幼儿理解、模仿儿歌，通过思考、加工，培养幼儿语言的组织能力。幼儿在活动中充分体现了敢说、想说、会说、乐于说。

　　仿编环节中，教师还引导幼儿使用填写纸条的方式表达自己的创作，纸条中也隐藏着颜色关联，隐形地帮助幼儿理解儿歌结构。幼儿通过填写，记录自己的创作。幼儿在仿编儿歌的过程中相互学习、积累经验。

活动点评

　　教师选择的文学作品具有语言的典型性、艺术性，非常适宜开展语言活动。本节活动中，孩子们对语言的学习有着很高的兴趣和热情，具有极高的参与度。教师设计的环节层层推进，针对重点、难点进行巧妙突破，使用游戏的方式使幼儿能够观察并理解儿歌的句式结构，并且成功地尝试替换代入自己的经验进行语言游戏，获得了成功和自信。

　　大班幼儿的年龄特点就是愿意迎接小挑战，用自己的方式解决困难。教师在环节设计中也注重为幼儿提供大胆表达、相互倾听的空间和机会。幼儿语言能力的获得需要"学""用"一体，不难看出，教师在活动中非常注重幼儿的思考与表达。使用题卡的设计方式，可以让幼儿记录并呈现自己的语言，也是比较适宜的。这个儿歌还有很多可以挖掘的教育价值，例如教师也可以针对不同量词的不同使用方法进行渗透，针对"押韵"开展一些相关的探索。

　　（案例提供与点评：北京市西城区三教寺幼儿园　张寅鹰）

♛ 活动四　大班语言活动——排图讲述:《好吃的骨头》

♥ 设计思路

《指南》指出，要为幼儿创设自由、宽松的语言环境。要经常和幼儿一起看书、讲故事，丰富其语言表达能力。本班幼儿处于大班初期，他们喜欢看图书、讲故事，能根据故事的部分情节或图书画面的线索猜想故事情节的发展，但在清楚而有条理地讲述及大胆想象方面的经验和能力有待加强。

本次活动主要通过《好吃的骨头》这4幅图片提供的线索，进行排图讲述。启发幼儿在观察、理解每一幅图意的基础上，分析图片内容之间的内在联系，将图片合理、有序地排列，创编故事情节并讲述故事内容，体验排图讲述、自主阅读的乐趣，提高幼儿逻辑思维、合理想象和连贯、完整讲述的能力。

♥ 活动目标

1. 细致观察画面，理解图片内容，尝试用多种方法排列图片，并按照不同的排列顺序讲述故事。

2. 能够用连贯的语言清楚、有条理地讲述，发展逻辑思维和口语表达能力。

♥ 活动重点

按图片的不同排序连贯地讲述故事。

♥ 活动难点

按不同排序想象合理情节并有条理地讲述。

♥ 活动准备

1. 经验准备：幼儿有排图讲述的经验。
2. 物质准备：《好吃的骨头》图片、故事小卡片、排图讲述板、黑板等。

♥ 活动过程

一、开始部分

教师出示图片，引出故事主题。

师：今天，老师给小朋友们带来了一幅图片。请大家仔细看一看，图中都有什么？

二、基本部分

（一）感知讲述对象并理解画面

1. 观察画面，获得对单页画面和讲述对象的感知。

①出示"小狗哭的图片"（图 4-15）。

图 4-15

师：你从图片里看到了什么？发生了什么事儿？

幼：我看到了一只小狗，它坐在草地上哭了。

师：你观察到了图片中很重要的内容。

师：小狗为什么会哭呢？

幼：小狗一定是找不到主人了，所以才哭了。

师：非常好，你能不能用一句完整的话，把你看到的和猜想到的说出来？

幼：小黄狗和主人出去玩。但是，它找不到主人了，就坐在草地上，大哭起来。

师：很好，你把这幅图变成了一个故事，给大家讲了出来。还有没有其他小朋友想试一试？

幼：一天早晨，小黄想去找它的好朋友小黑玩。可是，刚走到小公园，就摔了一个大跟头，疼得它哇哇大哭起来。

师：从他的讲述中，我听到了一个形容词非常棒，他用了"哇哇大哭"。

②出示"小狗看见骨头"的图片（图 4-16）。

图 4-16

师：从这张图片中，你又看到了什么？小狗的心情是怎样的？

幼：我看到小狗发现了一根肉骨头。

师：那它现在的心情是怎样的？

幼：它现在一定很开心，因为小狗最喜欢吃骨头了。

师：你是怎么看出来的？

幼：因为我看到小狗的嘴角上扬，是开心

地笑呢，眼睛都睁大了。

师：你能不能讲讲这幅图？

幼：小狗在公园里玩，忽然闻见地下有一股香味，它就用爪子刨，结果刨出了一根肉骨头，小狗开心地吃起来。

2. 引导幼儿自主排列图片并讲述。

师：刚才，小朋友们分别讲了两幅图中发生的故事。那如果把这两幅图排在一起讲一讲，可以怎样排？

幼：可以把小狗哭放在第一张，把看见骨头放在第二张。

师：刚才，小狗还哭呢，现在却不哭了，这中间发生了什么事儿？你能不能讲一讲？

幼：有一天，小狗到公园去散步。可是它没看到脚下有个石头，就被绊倒了。小狗疼得哇哇大哭起来，哭着，哭着，它发现绊倒它的不是石头，而是一根肉骨头，它就开心地吃起来。

师：非常好，我听到了一个很完整、很有创意的故事。

（二）排图讲述

1. 幼儿自主排图讲述。

（1）教师提示排图讲述的要求。

师：除了刚才小朋友们看到的两幅图片外，老师这里还有两幅图。请小朋友们仔细地观察图片内容，看一看，想一想，排一排，讲一讲，并给自己的故事起一个好听的名字。（图 4-17、图 4-18）

图 4-17

图 4-18

（2）幼儿自主排图讲述，教师巡回观察并指导。

教师为幼儿提供排图讲述板，幼儿自主将图片插入其中，根据图片顺序进

行创编讲述。（图 4-19）

图 4-19

教师通过个别提问的方式，引导幼儿依据画面线索讲出图片之间的内在逻辑关系。

师：你用小狗哭作为第一幅图，能不能讲讲你的故事？

幼：有一只小狗和妈妈走散了，它就大哭起来。这时，它闻到了肉骨头的味道，就趴在地上刨呀刨，刨出了一根肉骨头，然后……

师：你想一想，小狗刨出骨头以后想干什么去，为什么现在是在草地上，后面一下就跑到小桥上了呢？它要去哪里呢？

幼：它肯定是想把骨头带回家，给妈妈尝一尝。

师：嗯，很有可能。那骨头怎么又掉进水里了呢？

幼：肯定是小狗过桥的的时候，看到了桥下水里的倒影，吓了一跳，一张嘴，骨头就掉进水里了。

师：非常棒，你很有想象力。现在，你试着把这 4 幅图连起来讲一讲吧！

（3）集体分享交流。

请幼儿在集体面前进行排图讲述。

师：哪位小朋友愿意跟大家分享一下自己的故事？

幼 1：我的故事名字叫《肉骨头》。有一天，小黄狗叼着刚买来的肉骨头回家，在走过小桥时，小黄狗发现了水中还有一只小狗，也叼着一根肉骨头。小黄狗大声跟水中的小狗打招呼，结果它一张嘴，肉骨头掉进了小河里。小黄狗急得赶紧去追肉骨头。可是，河水太急了，很快就把肉骨头冲走了，小黄狗难过得哇哇大哭起来。就在这时，一只小松鼠跑过来说："别哭，别哭，我知道那边的草地里埋着肉骨头，快去挖吧！"小黄狗一听，赶忙跑到草地上，用爪子刨了起来，没一会儿，就刨出了一根大大的肉骨头，它开心地叼着骨头，回家了。

师：很精彩的故事呀！我听到了很多好听的形容词。小朋友们，你们喜欢他的故事吗？最喜欢他故事里的哪个情节？

幼2：我觉得故事中的小狗很有礼貌，还会跟水里的倒影打招呼。

幼3：我喜欢他故事里的小松鼠，要不是小松鼠，小狗就要饿肚子了。

幼4：我喜欢他的故事名字。

师：刚才，小朋友们都分享了自己为什么喜欢这个故事的理由。接下来，请小朋友们试着换一换图片排列的顺序，再讲一个不一样的故事。

2. 引导幼儿依据画面线索，重新排图讲述。

三、结束部分

请幼儿根据自己的排图顺序给同伴讲述故事，活动自然结束。

活动反思

教师结合《指南》中5～6岁幼儿语言发展要求，以发展幼儿口语表达能力为主要目的，设计了本次排图讲述活动。活动中，幼儿能较连贯、清楚地描述自己观察到的画面内容，同时能大胆想象、合理构思画面之间的联系，较生动地讲出与他人不同的故事内容。教师主要通过两种形式的提问突破重、难点，一是猜想性提问法，如"在图片中，你看到了什么？发生了什么事儿？狗为什么会哭呢？如果把4幅图变换一下顺序，还会发生什么不一样的故事呢？"引导幼儿仔细观察画面，理解图片内容，展开想象，尝试用多种方法排列图片，并按照不同的排列顺序讲述故事，突破了活动重点；第二是采用关键性提问法，如"刚才，小狗还哭呢，现在怎么不哭了"，突破了活动难点——按不同排序合理想象情节并清楚地讲述。

在之后的活动中，可以请幼儿将自己想象出来的故事情节通过绘画的形式进行表现，并结合原有图片进行排序，形成不同的自制故事书。鼓励幼儿与同伴分享，讲述自己创编的独特故事。

活动点评

1. 活动选材适宜。活动选取了《好吃的骨头》这一经典故事中的4幅图画作为主要教学内容，单页画面信息较丰富，适合大班初期幼儿进行单页画面的观察和理解，同时图画之间蕴含着一定的线索和联系，既有一定的挑战性，又为幼儿排图讲述留下了较大的想象空间。幼儿能够仔细观察画面，通过大胆想象对图片进行不同的排列，并用完整、连贯的语言进行讲述，发展了逻辑思维、创新能力和口语表达能力。

2. 活动过程故事化。在本次活动中，故事贯穿整个活动的始终，让幼儿在观察不同画面中不断猜想故事里到底发生了一件什么事儿。

3. 环节层次清晰化。本次活动中教师设计了由易到难 3 个阶段，从单页讲述到两幅图片排图讲述，再到第三、四幅图片完整排图讲述的活动过程，体现了逐级增加游戏难度，使幼儿始终保持积极思考的状态，得到不同程度的逻辑思维和口语表达能力的锻炼。

（案例提供：北京市石景山区杨北幼儿园　崔跃华
案例点评：北京市石景山区杨北幼儿园　宫亚男）

3. 社会领域活动

👑 活动一　小班社会活动——害怕是什么

💗 **设计思路**

孩子们非常喜欢玩"老鹰捉小鸡"的游戏，但在游戏的过程中，有的小朋友经常选择当老鹰，而不是小鸡。如果让他们当小鸡，他们就会选择不玩游戏，或只想站在鸡妈妈的身后进行游戏。而喜欢当小鸡的小朋友们也都不喜欢做最后一只小鸡，觉得排在最后的一只小鸡是一件非常害怕的事情。同时，生活中，有的小朋友表达"我害怕剪头发"，有的小朋友说"我害怕扎指血""我害怕自己睡觉"；还有的小朋友说"我什么都不害怕"等。设计此次活动，希望帮助幼儿了解害怕是每个人都会有的情绪体验，了解害怕是可以表达出来的，并且知道害怕时，可以向成人求助，学习一些应对害怕情绪的方法。

💗 **活动目标**

1. 能识别害怕的情绪，理解害怕是正常的情绪反应。
2. 初步了解应对害怕情绪的简单方法，尝试勇敢面对。
3. 愿意向成人表达自己的害怕情绪，遇到让自己害怕的事情时，知道寻求帮助。

💗 **活动重点**

了解简单应对害怕情绪的方法。

💗 **活动难点**

感到害怕时，能表达出来，学会寻求成人的帮助。

💙 **活动准备**

1. 经验准备：知道高兴、伤心、生气等常见表情。
2. 物质准备：

（1）操作材料：小鸡头饰；手电筒、剪影卡片（小鸡、床、钟表、猫头鹰、门等）；录音机（用于播放背景音乐及收录的各种声音）；情绪图卡（表情图卡、身体动作图卡）；收集箱（幼儿和家长一起绘画害怕的事物及缓解害怕情绪的方法）。

（2）空间场地：能遮光的、较宽敞的屋子。

💙 **活动过程**

一、活动导入

通过情景故事游戏"好黑、好怕"，引导幼儿简单识别害怕情绪。

教师布置较黑暗的环境，讲述《小鸡来来睡觉》的故事，随着故事的讲述播放钟表滴答声、上楼梯的脚步声、开关门等情境的声音。幼儿戴着小鸡头饰，共同体验故事情境。

（一）说一说：小鸡宝宝心里可能是什么感受

师：你听到了什么声音？听到这些声音时，你心里有什么感受？

幼：太可怕了，把我吓坏了。

幼：有打雷的声音。

幼：我感觉有点害怕。

（二）猜一猜：出示情绪图卡，请幼儿识别哪些是害怕的情绪（图4-20）

师：你觉得哪张图片可以代表你现在的感受？

幼：这个（指闭着眼睛、手捂住眼睛的图片）。

幼：蹲着的样子（指蹲在地上、低着头、抱着腿、缩成一团的图片）。

幼：打哆嗦的样子（指双手缩在胸前的图片）。

师：你有没有跟小鸡来来一样害怕过？你害怕的时候是什么样子的？请你学一学。

幼：我害怕剪头发，我会哭出很大的声音。

幼：我害怕一个人睡觉，躲在被子里面，不敢出来。

幼儿做动作，蹲着紧紧地抱住自己。

观察指导，启发幼儿根据自己的经验或刚才听到的故事，体察小鸡的身体感受，梳理害怕的情绪感受。

图 4-20

二、讨论害怕的情绪和应对方法

（一）出示害怕情绪收纳箱，初步理解害怕是正常的情绪反应

师：害怕的时候，我们可以说出或者表现出害怕吗？

幼：不可以，我们要勇敢。

幼：我会告诉妈妈。

师：（出示情绪收纳箱）小鸡来来收集了一些自己害怕的事情，我们一起看看都是什么，跟小朋友们害怕的一样不一样。

教师从情绪收纳箱中一一拿出害怕事情的图片。（图 4-21）

图 4-21

幼：我害怕天黑！

幼：我害怕剪头发！

幼：我害怕自己一个人睡觉！

幼：我害怕打针！

幼：我害怕一个人在外面玩！

…………

师:原来我们每个人都有这么多害怕的事情,害怕是正常的情绪。

(二)集体讨论、梳理,初步了解应对害怕的简单方法

师:遇到这些害怕的事情时,我们可以怎么做?做些什么事情,就不那么害怕了?

幼:天黑的时候,打开灯,变亮了,就不害怕了。

幼:害怕气球爆炸的声音,捂住耳朵,就不那么害怕了。

幼:要是害怕了,就和身边的人抱一抱,就不那么害怕了。

幼:我扎手指血的时候,就大声说"我勇敢",就不使劲儿害怕了。

幼:就喊"奥力给"!

…………

师:我们小鸡宝宝的办法真多呀!我们身边总是有大人的,老师呀、爸爸、妈妈呀,如果你害怕了,还可以做什么呀?

幼:可以大声说出来,大人知道了,会保护我们。

幼:可以抱着爸爸、妈妈和老师。

幼:可以跟老师在一起。

…………

师:原来小鸡们有这么多的好办法可以帮助自己缓解害怕的情绪和感受。

三、续讲故事,初步体验面对害怕的方法

(一)教师操作手电筒和剪影,续讲故事,引导幼儿了解是什么让小鸡的害怕的

师:我们想了这么多好办法。小鸡来来看到我们这么多的好方法,它决定打开手电筒,去找一找这些可怕的声音,到底是什么。让我们打开手电筒,帮它一起找一找、看一看,到底发生了什么事儿?

教师续讲故事,引导幼儿发现发出声音的物体是什么。

师:黑暗的时候,我们听到一些声音,不知道是什么,就会害怕。打开灯看看,就不害怕了。

(二)小结

师:小朋友们遇到害怕的事情不要紧,每个人都会害怕,爸爸会害怕,妈妈会害怕,老师也会害怕。在我们以后的生活中,还会遇到害怕的事情,可以告诉老师,告诉爸爸、妈妈,还可以继续画下来,放进我们的箱子里,请爸爸、妈妈和老师、还有小朋友一起想一想好方法,我们一定会帮助你、保护你的。

四、活动延伸

1.幼儿继续收集缓解害怕的好办法,放到班级的"情绪收纳箱"中。

2. 家园共育，针对每个幼儿具体的性格特点，和家长一起讨论呵护幼儿情感的好方法。

附故事：

小鸡来来要睡觉了

天黑了，小鸡来来要睡觉了。可是，它怎么也睡不着。于是它，喝了一杯香甜的牛奶，"咕咚、咕咚"。可它还是睡不着。于是，它又读了一本好看的故事书。可它还是睡不着。（播放收录的钟表声、猫头鹰叫声、风吹落叶声、上楼梯的声音、开关门的声音）呀！这都是什么声音啊？！

小鸡来来打开手电筒，发现原来这是钟表的声音、猫头鹰叫的声音、风吹树叶落的声音、妈妈上楼的声音、妈妈开关门的声音。知道了这些声音，小鸡来来不再害怕了。

❤ **活动反思**

1. 从活动视角方面，关注幼儿心理情感需求。

本活动视角更关注幼儿情绪、情感需求，教师关注幼儿对老鹰产生了害怕心理，迁移到幼儿在生活中害怕的事情之后，帮助幼儿了解害怕是正常的情绪体验，缓解幼儿害怕的情绪，建立积极的情感体验。

2. 创设情境，唤起幼儿原有经验。

教师自编了贴近幼儿生活经验的故事，故事的主人公是"小鸡来来"，而小班的幼儿戴上小鸡头饰，也认为自己是一只小鸡，能够让幼儿产生情感共鸣。以投影的形式呈现故事，激发幼儿参与活动的兴趣，帮助幼儿理解故事内容，体察小鸡来来的情绪感受。

3. 活动环节设计尊重幼儿年龄特点和学习方式。

游戏化是小班幼儿学习的主要方式，活动以小鸡游戏情景贯穿。当小鸡们要睡觉时，屋内的灯光全部关上，房间变黑，黑暗的环境营造了紧张、害怕氛围的同时，帮助幼儿身临其境地感受害怕的情绪体验。如当环境变暗后，幼儿说："好黑啊！好害怕啊！"而当出现声音时，有的小朋友紧张得要站起来，有的小朋友发出"哼哼"的声音，还有的小朋友直接大喊"好害怕啊"。而在活动的结尾，当幼儿了解到可以通过打开手电筒探明声音真相的方法缓解害怕情绪时，幼儿勇敢地打开了手电筒，寻找发出每一种声音的物体。幼儿在真实的游戏体验中感受缓解和调节自己情绪的过程及方法，逐渐感受到自己对害怕情绪可以控制，突破了自己对害怕情绪的认知，获得了积极的心理感受。情景游戏贯穿活动始终，符合小班幼儿的年龄特点，符合小班幼儿在游戏中的心理变化及需求。

♥ 活动点评

活动来源于幼儿日常的游戏及生活,着重关注小班幼儿社会情绪、情感发展。根据小班幼儿具体、形象思维的特点及学习方式,以多种方式激发幼儿主动参与,融合体育游戏、光影游戏、情境体验、故事贯穿、猜想验证等多种教学方式,在玩、说、做、思中逐渐引导幼儿形成对害怕情绪比较全面地认识,促进教学目标的达成。活动过程层层递进,为幼儿提供感受、体验与表达的机会。在多元情境中,激发幼儿情绪、情感体验,注重幼儿情感表达,接纳幼儿不同的情绪表现。

(案例提供与点评:北京市西城区三教寺幼儿园 孙兆雯)

♛ 活动二 中班社会活动——齐心协力向前走

♥ 设计思路

人际交往和社会适应是幼儿社会学习的主要内容,也是社会性发展的基本途径。4~5岁幼儿开始去自我中心化,愿意尝试和自己喜欢的人主动交往,但仍然缺乏交往技能。如我班幼儿在交往合作意识及能力上有一定问题,共同完成一件事时,经常会出现要求别人必须听自己的,总找别人的过失,造成争执不下、完成不了事情;或出现大家在一起不争论,但也不会合作的情况。教师根据幼儿直接感知、亲身体验、实际操作的学习特点,把握"以游戏为基本活动"的教育契机,注重幼儿在游戏活动中的社会感知、体验、实践及积极社会行为的固化。因此,设计了此次活动。

♥ 活动目标

1. 通过游戏活动体验互相协商、合作的重要性,在游戏中获得快乐。
2. 尝试与同伴协商、合作过程中,初步探索合作的方法,愿意共同解决问题。
3. 体验合作游戏的快乐。

♥ 活动重点

感知、体验合作的重要性,能尝试与同伴合作,共同解决问题。

♥ 活动难点

通过讨论能够梳理游戏中合作的多种方法并实践,体验合作成功的快乐。

♥ 活动准备

1. 经验准备：幼儿在生活中有简单合作游戏的相关经验；幼儿玩过往返接力游戏；幼儿在日常活动中对符号有一定了解，有用符号表现事物、想法的经验基础。

2. 物质准备：剪好洞的报纸、玩具筐、锥形筒、画架、记录纸、笔、《30人31足向前奔跑》视频等。

♥ 活动过程

一、导入环节

教师出示游戏材料（剪好洞的报纸），激发幼儿参与游戏的兴趣，引出活动内容。

师：今天，我们用报纸玩游戏。你们看这张报纸有什么不一样？

幼：报纸上有两个洞洞。

师：你们觉得可以怎么玩儿？

幼：可以两个小朋友拉着报纸一起跑！

幼：可以放在地上跳洞洞！

幼：还可以套在身上玩儿！

师：你们想出了这么多好玩的方法，听着都很有趣，我们可以分别尝试一下。我也分享一个新玩法，两个小朋友套着一张报纸向前走，看看哪组小朋友走得快，而且报纸还能保持完整，不被撕破。你们愿意挑战一下吗？

二、主要环节

（一）第一次体验游戏，在未讨论合作方法的情况下进行初步尝试

1. 引导幼儿进一步了解游戏玩法，在进行准备的同时有初步的合作体验。

师：请小朋友先找到一位小伙伴，两个人一组套上报纸，分成四队，站在起点线后准备，听到开始信号后出发，绕过前面的锥形筒返回，拍下一组小朋友的手后站到队尾，下一组小朋友再出发。

幼儿自由组合，有的幼儿在两人一起套上报纸时，就出现了撕破报纸的情况。

师：报纸不撕破也是挑战的要求，看看哪组小伙伴能保护好自己的报纸。

幼儿有了靠近伙伴的动作。

幼：离我近一点儿。

幼：你也离我近一点儿。

2. 幼儿在游戏行进中进行初步体验，感受并发现合作的问题，为后续讨论进行经验铺垫。

教师发出"开始"信号，孩子们争先恐后地出发了，多组幼儿的报纸因着急往前走，两人步调、速度不一致，而被撕破。教师在游戏过程中观察幼儿，如果出现合作问题，要进行相应的指导，使幼儿同步体验、感知如何相互配合。

师：看看小朋友们是怎么一起走的？哪组小朋友的报纸保持完整，还能一起走得比较快？

（二）体验后讨论，引导幼儿关注合作的方法

1. 鼓励幼儿不怕失败，能够坚持与同伴共同完成活动。

师：刚才，有的小朋友走的时候报纸破了，但他能及时发现，想办法与合作伙伴共同坚持走到终点，快鼓励他们一下！

2. 集体回顾游戏情况，引发幼儿对合作问题的初步思考。

师：小朋友们一起说一说，游戏后感觉怎么样？

幼：我们队是最快完成的！

幼：可是你们的报纸都破了！

幼：小秋走得太快了，我跟不上，报纸才破的！

幼：是你走得太慢了！

幼：我们两个手拉着手走，报纸只破了一点点，要是再慢一点儿就好了。

师：小朋友们能够发现游戏中出现的问题，这很好。这样，我们就能针对这些问题一起想出好办法来解决。怎么做，才能两个人套着一张报纸往前走，报纸保持完整，还能走得快一些呢？

幼：要走得慢一些。

幼：两个人的速度要一样！

师：怎样才能让两个人的速度一样呢？大家都来出主意、想办法吧！

3. 幼儿分两组，自由讨论，体验、商量合作的方法。主、配班教师分别倾听两组幼儿的想法，引导幼儿协商合作的方法并记录。

师：刚才说到合作的好方法，有的小朋友说速度一样很重要，怎样才能让两个人的速度一样呢？

幼：要两个人速度一样，可以一起拉着手走。

幼：我们平时做操、走队时，老师会喊'一二、一二'的拍子，小朋友们走得速度是一样的，我们也可以喊着拍子走。

幼：对，用这样的方法可以让我们的速度保持一致，报纸就不会破了。

师：是自己喊自己的拍子吗？

幼：要两个人喊的拍子一样才行。要不然，走的速度就不一样了。

师：这点确实很重要！快把它记下来，还有别的合作方法吗？

幼：两个人的距离应该近一点儿，这样能更好地"保护"报纸，可以这样……

幼儿贴着旁边的同伴，挽起对方的胳膊。

师：挽着小伙伴的胳膊吗？你们来试一试。

两名幼儿紧紧挽着胳膊，套上报纸，还自发地喊上了拍子，报纸一点儿都没破。

幼：这样好，速度也能一样了！

幼：搭着肩膀也可以的！我觉得两个人迈的步子也要差不多。

师：你们能从两个人的角度想到共同需要注意的问题，真的很棒！一会儿，可以跟另外一组的小朋友共同分享。

4. 幼儿集中分享讨论结果，教师帮助归纳、提升所记录的幼儿想法。标注两组记录中的共同点，鼓励幼儿想法与他人不同且适宜的方法。

请两组幼儿依据所记录的方法进行介绍。教师将共同点用同色的笔划线做标记，补充另一组不同的适宜方法：在套报纸的时候就都要小心，两人近一点儿，一起轻轻地、慢慢地套。

（三）第二次体验游戏，感受互相协商、合作解决问题的快乐

1. 教师鼓励幼儿运用商量好的方法再次体验，在前进中保持平稳，强化幼儿对协商、合作重要性的理解、对合作方法的积极实践。

请幼儿和自己的合作伙伴商量共同保护好报纸并能快速向前走的方法。

师：小朋友们想出了这么多的合作方法，要在游戏中试一试，感受一下效果哦！

幼儿有的相互挽着胳膊，有的相互搂着腰，还有的相互搂着肩膀，他们相互靠拢，一起喊着"一二、一二"的拍子向前行进。有的小组越喊越快，两人也一起加速，报纸始终保持着完整的状态。

2. 引导幼儿总结第二次游戏的情况，肯定幼儿在第二次体验活动中的进步，使幼儿获得合作成功的快乐体验。

师：这次游戏后，感觉怎么样？为什么第二次游戏比第一次进步大，走得快，报纸还能保护得这么好？你和合作伙伴一起用了什么好方法？（对应之前的讨论记录，引导幼儿说一说）

幼：我们相互挽着胳膊，紧紧贴着一起走，不分开，速度一样，报纸就保护得很好。

幼：对，我们还喊着拍子，要快一起快，速度一样，报纸就不容易撕破了。

师：原来你们用的都是我们大家共同合作想出来的好办法，解决了我们共同的困难。心往一处想、劲儿往一处使。两人套一张报纸，不仅走得快，还能保护好报纸。

三、结束环节

1. 观看《30人31足向前奔跑》的视频，感受团结、合作带给幼儿的体验，激发幼儿的合作意识。

幼儿第一遍观看时很专注。看到哥哥、姐姐比赛失败时，幼儿表现出惋惜的表情；看到哥哥、姐姐再次出发时，幼儿有些紧张；当哥哥、姐姐成功后，他们也高兴地欢呼！

师：哥哥、姐姐最后成功了没有？为什么中间的时候，哥哥、姐姐哭了？

幼：哥哥、姐姐第一次没成功，他们伤心了，所以哭了。

幼：他们不怕困难，一起努力，所以最后才成功的！

幼儿观看第二遍录像，并配合教师的讲解，重点落在哥哥、姐姐的步伐一致、速度一致，共同努力，不怕失败与困难，坚持获得了胜利。

2. 教师根据游戏及录像内容结合目标进行小结，并扩展至生活，强化、鼓励幼儿合作成功的体验。

师：我们通过游戏中的合作成功和哥哥、姐姐合作成功的事情知道，共同做一件事儿时，要先商量出好的合作办法，还要按照商量的方法一起努力去做，心里想着，大家一起把事情做好，这就叫齐心协力、共同合作！生活中还有许多事情需要大家合作完成。只要大家一起商量、共同努力、互相配合，事情就能完成得更顺利！

四、活动延伸

1. 鼓励幼儿在日常生活中主动、友好地与同伴交往，遇到困难时，尝试协商、合作解决。

2. 继续利用室内、外游戏时间开展体育合作游戏，如"两人三足""心有灵犀""合作采蘑菇"等游戏。

3. 家园配合为幼儿创造解决交往问题的机会，引导幼儿体验分享、互助、合作的快乐和意义。

❤ 活动反思

此游戏设计源于班级幼儿出现的社会交往问题及幼儿合作意识培养的关键期。4～5岁幼儿开始尝试和自己喜欢的人主动交往，能够逐渐站在他人的角度揣测他人的想法，也开始习得一些同伴交往中的技巧。教师借助需要进行合作的新游戏，引发幼儿在游戏探索中体验合作的重要性，从而促进合作意识、增强合作能力。教师给予幼儿充分地对比、体验、自主探索方法的空间。活动材料简单易得，但能够巧妙地起到促进幼儿对合作重要性及合作方法的直接感知，凸显了社会领域的教育价值，以体验带动幼儿对合作的亲身感知，从而增强合作意识，积累合作经验，这也体现了幼儿直接感知、亲身体验、实际操作的学习特点。

本次活动中，教师适时、适度地支持与引导，提高了此游戏促进幼儿社会领域发展的价值。开放性的引导问题给了幼儿自我分析、解决问题的机会，游戏小结中抓住幼儿亲身体验的意义与价值，挖掘了合作体验对于幼儿自主建构社会合作情感及认知的支持作用，并以此次活动为契机，将合作意识、方法引导幼儿延展至幼儿园一日活动及家庭生活中，有利于幼儿社会合作认知、积极行为的固化。教师还需要重视后续的随机教育，把握幼儿一日活动中有价值的社会性教育契机，鼓励幼儿积极的交往行为，从而引发新的社会交往体验、表达、实践与积极的意识行为固化；加强家园沟通，使家长进一步理解幼儿社会性发展对其成长的重要性，通过家园配合为幼儿创造解决交往问题的机会，引导幼儿体验分享、互助、合作的快乐及意义，促进幼儿社会性发展。

♥ 活动点评

此活动设计思路非常清晰、明确，能够结合本班幼儿实际发展情况来确定，科学地把握幼儿情感、态度、知识和技能等多方面的发展情况。以游戏为基本活动，注重幼儿身心发展和良好行为习惯的养成。同时，幼儿的年龄特点及学习方式也把握得非常准确，4～5岁幼儿开始去自我中心化，开始关注并尝试与同伴进行交往。"一日生活皆教育"，教师就是要多为幼儿创设共同游戏的多种平台，通过开展各种需要互动、合作的活动，让幼儿在活动中体验交往的乐趣，学习交往的技能，理解交往的基本规则，逐步形成对人、对己的正确态度。

在活动过程中，班级氛围是充分开放、自主的，投放的报纸材料是生活中常见的事物，与幼儿年龄特点、生活经验相适宜，易于幼儿接受和学习。内容设置围绕教育目标，形式和方法灵活多样，适合幼儿发展的特点和需要，体现了教师对《纲要》《指南》中幼儿发展及各领域精神的理解和把握。教师在活动中精心设置问题情境，提问有计划性、针对性和启发性。在幼儿发现问题、解决问题的过程中，抓住教育契机给予幼儿适时、适宜地回应与支持，有效地激发了幼儿主动参与的欲望，推动幼儿深入学习与探索。

教师在反思中也认识到，注重体验是幼儿重要的学习方式。在活动中，能够以幼儿自主探索"新玩具"玩法的游戏形式贯穿始终。在社会性发展中，理解规则的意义不能靠说教，需要以实际体验为基础。教师需要用发展的眼光来看待幼儿的学习与发展，充分认识学习的积累效应，在生活的点滴中培养幼儿良好的社会品质。

（案例提供：北京市海淀区唐家岭新城幼儿园　姚　艳
案例点评：北京市海淀区唐家岭新城幼儿园　吴燕利）

♛ 活动三　大班社会活动——小朋友之最

❤ 设计思路

大班幼儿在人际交往和社会适应方面，已经积累了较好的经验基础，不仅学习如何与人友好相处，也在学习如何看待自己、对待他人。他们会在很多活动中表达对自己的评价、对他人的看法，如"我最会讲故事""我最爱帮助人""我最喜欢画画""我跑得快""我跳绳最多"……这些都是适应社会能力不断增强、社会性健康发展的表现。教师也要为幼儿创设温暖、关爱、平等的集体生活氛围，建立良好的师幼关系和同伴关系，让幼儿在积极、健康的人际关系中获得安全感和信任感，发展自信和自尊。借助幼儿喜欢讨论"我在……最棒"的话题，引发幼儿对身边的小朋友产生关注和欣赏的美好情感，引导幼儿关注自己和别人在哪些方面最优秀，理解"最"的相对含义，学会积极评价自己和他人，因此，生成了本次集体活动"小朋友之最"。

❤ 活动目标

1. 能运用比较的方法知道"最"的含义，理解"最"的相对关系。
2. 能够正确、积极地评价自己，激发自豪感，形成积极自我认知。
3. 懂得欣赏他人，为他的优点和进步而高兴。

❤ 活动重点

能通过比较的方法了解"最"的含义，寻找自己的优点，建立自信心。

❤ 活动难点

在讨论过程中认识、欣赏自己的同时，也能够认可、欣赏他人，为同伴的优点和进步高兴。

❤ 活动准备

1. 图片准备：
（1）运动员类图片：射箭运动员张娟娟，乒乓球运动员马龙、孙颖莎，短跑运动员苏炳添，滑冰运动员武大靖，射击运动员杨倩；

（2）典型特点类图片：世界最高的人美国人罗伯特·潘兴·瓦德罗；最胖的人英国人保罗 508 斤；头发最长的人美国女子阿萨·最德拉，头发 16.7 米长。

（3）技能类图片：绘画作品最多的职业画家——西班牙著名画家毕加索，近 80 年的创作生涯中创作和设计 13 500 幅画；能够同时转起皮球最多的、创吉尼斯世界纪录的人。

2. 材料、工具准备：

《吉尼斯世界纪录》；实物投影仪；绘画工具。

活动过程

一、图片导入，展示"……之最"

1. 分享"运动员之最"。

师：老师这里有很多图片，请小朋友们看一看，他们都是谁？

教师用实物投影仪展示师幼共同收集的运动员类图片。

师：（出示杨倩图片）这位运动员是谁？她是什么项目的运动员？她获得了什么成绩？

幼：杨倩，她是射击运动员，是奥运会冠军，是世界上女子射击最棒的运动员。

师：对，她是 2021 年东京奥运会女子射击十米气步枪最棒的运动员。

师：（出示马龙图片）这位运动员是谁？他是什么项目的运动员？他获得了什么成绩？

幼：他是马龙，是乒乓球运动员，他是奥运会冠军，是世界上男子乒乓球单打最棒的运动员。

师：对，马龙是历史上获得乒乓球世界公开赛单打冠军最多的运动员。

师：（出示中国飞人苏炳添图片）他是谁？是什么项目的运动员？

幼：他是苏炳添，是一百米跑运动员。他是中国目前百米跑得最快的人，他是"飞人"，是中国首位闯入奥运男子百米决赛的运动员。

教师将收集到的运动员之最图片逐一展示给幼儿，引导幼儿说出他们是世界上该项目最棒的运动员。

师：刚才，大家看到的这些运动员都是什么样的运动员？

幼：都是世界上这个项目中最棒的运动员。

2. 外貌特点之最。

师：老师请小朋友们再看一些图片，请你们找找他们最突出的地方是什么?

教师逐一出示外貌类图片,引导幼儿观察并讲述。

师:(出示最高的人)这张图片上有两个人,矮一些的人和老师一样高,你们看另一个人?

幼:他的个子真高!

师:这是美国人罗伯特·潘兴·瓦德罗,他是世界上最高的人。

师:(出示最胖的人)这张图片上的人有什么特点?

幼:他太胖了!

师:对,他是世界上最胖的人。

师:(出示头发最长的人)这张图片上的人有什么特点?

幼:她的头发真长!

师:对,她是世界上头发最长的人。

师:老师请小朋友们看的图片上的人都是什么样的人?

幼:都是身体外貌的一个方面最突出的人。

启发幼儿知道外貌之最指的是用眼睛能看到的身体某个部位特征最突出的。

3. 技能之最。

师:请小朋友们看看这些图片,找找他们最特殊的是什么?

教师出示技能类图片,引导幼儿观察并讲述。

师:(出示毕加索)他叫毕加索,他是一位画家,他一生画了 13 500 多幅画,他是世界上画画最多的画家。

师:(出示转球人)他是一个美国人,他能用身体转动皮球,他最多一次用身体同时转动起 28 个球,他是世界上用身体同时转起皮球最多的人。

师:刚才这两个人属于哪方面最特殊呢?

幼:他们都有最特殊的本领。

二、活动过程:理解什么是"最"

1. 什么是"最"?

师:刚才,请小朋友们看看长得最高的人、最胖的人、百米跑得最快的人、头发最长的人、画画最多的人……他们都有一个……?

幼:都是最……的人。

师:什么"最"啊?

幼:就是和别人都不一样的。

幼:就是都比别人棒的。

幼:就是在他那种本领里数第一的。

幼：就是让别人都羡慕的，都比别人强的。

引导幼儿知道"最"指的是某方面超过所有同类的人或事物，是最突出的、特别的事物，在一定范围内无人能比的。

2. 怎样知道"最"？

师：怎样知道是某个方面之"最"呢？

幼：是通过比较知道的。

幼：是通过比赛知道的。

师：对，画画是不是画得最多，要通过数一数、比一比才知道。球打得是不是最棒，要通过比赛知道。跑得是不是最快，也要比比才知道。"最"是通过比较才能知道的。

3. 班级之"最"。

师：每个小朋友都有自己独特的地方，别人比不过你的地方，就是自己的"最"。请小朋友和同伴说一说自己之"最"。

幼儿以小组为单位，自由交流，互相说说之"最"。教师帮助没有找到自己之"最"的幼儿建立信心，发现自己优秀的地方，鼓励幼儿间互相欣赏。

师：好，每个小朋友都找到了自己之"最"。请你们向大家自豪地介绍一下吧！

幼：我皮肤最白。

幼：我在小朋友里个子最高。

幼：我年龄最小了，我今年不上学。

幼：我最爱劳动，做值日时，我特别认真。

幼：我跳舞最美。

…………

师：如果有相同之"最"，能行吗？

幼：不行，"最"只能有一个，有相同的就要比一比再决定。

师：对，是不是"最"棒的，一定要通过比较才知道。

师：如果有小朋友还不能确定自己的最棒、最好、最独特，我们来帮他找一找。

4. "最"会变吗？

师：小朋友们说了很多自己之"最"，最白的、最高的、认字最多的、讲故事最好听的、画画最多的、跳舞最美的、跑得最快的……这些"最"永远不变吗？

幼：不是，如果你不努力，别人努力了，就会超过你，别人就是最棒的了。

师：对，"最"是会改变的。最胖的人锻炼身体会变瘦，跑得最快的人不锻炼了,别人会超过他,讲故事最好的人骄傲了,别人更加认真、更加努力,也会超过他,成为最棒的。"最"是会改变的。

♥ 活动反思

大班幼儿能意识到并开始理解他人有不同于自己的情感、需要,重视成人、同伴对自己的评价,希望被同伴、群体接纳。因此,根据幼儿的个体差异,有针对性地为每个幼儿提供表现自己长处的机会,增强其自信心,从而带动其全面发展是本次活动的目标。

"小朋友之最"这一活动可以与主题自然地结合生成,也可以独立开展。这是一个帮助幼儿建立自我认知的内容。教师将"运动员之最"作为开始,很容易地使幼儿对"最"有了具体、形象的认识。接着,转到"外形之最"和"技能之最"上,使幼儿懂得"最"的范围是多种多样的,理解了"最"的含义,能用自己的语言进行解释。教师的组织有序、连贯,清楚地指导了"最"的含义、清楚地展示了运动之最、本领之最、外貌之最,知道最是通过比较得出的。如果幼儿受观察能力限制,对图片的细节观察得不仔细,对老师指导语理解有限,可以通过绘画过程中的师幼互动进一步理解,激发其表达与表现。

♥ 活动点评

教师在了解本班幼儿情绪情感、能力水平的基础上,激励每个幼儿发现并说出自己最优秀、最特殊的地方,在指导过程中体现出尊重、爱护幼儿,引发幼儿之间的欣赏之情,有针对性地肯定和表扬,让幼儿对自己的优点、特长有所认识并获得满足和自豪感。同时,不用幼儿的不足与其他幼儿的优点做比较,也使每个幼儿都能接纳他人、欣赏他人。

在引导幼儿表达、表现过程中,注重多元智能的发展,使幼儿敢于用自己擅长的方式展现自己之"最",获得群体的认同感和情感的升华。

(案例提供与点评:北京市西城区三义里第一幼儿园 刘 婷)

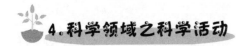

4. 科学领域之科学活动

♛ 活动一 小班科学活动——草莓

♥ 设计思路

教师在餐前故事环节分享了《爱吃水果的牛》的故事,幼儿纷纷说出了自己最喜欢的水果，提到最多的是草莓。草莓营养丰富，富含维生素 C，但是因其外皮很薄，容易受到损伤而氧化，所以幼儿园在水果加餐时一般不提供草莓。听完故事后，很多幼儿在吃水果时会问："什么时候吃草莓呀？"教师抓住幼儿的喜好，挖掘教育契机，生成了教育活动"草莓"。此次活动突破幼儿"只用眼睛观察"的原有经验，通过不同的感官体验游戏，发展幼儿观察、思考和表达的能力。

活动目标

1. 能够运用味觉、触觉等多种感官感知草莓的特征。
2. 尝试用词汇描述自己观察和体验的感受与发现，并大胆表达出来。

活动重点

通过多感官感知草莓的外部和内部特征。

活动难点

用描述性的词汇表达、讨论和分享观察水果的结果。

活动准备

1. 经验准备：幼儿在生活中见过、吃过草莓。
2. 物质准备：草莓、蛋糕盘、安全刀、眼罩、杨梅、圣女果等。

活动过程

一、导入环节

（一）观察与猜想，初步感知草莓

教师为幼儿出示切成小块的水果，激发幼儿参与活动的兴趣。

师：小朋友们猜一下，这些切成小块的水果是什么水果呢？（请幼儿看一看、猜一猜）

幼：是樱桃。

师：你为什么认为是樱桃呢？

幼：因为我看到是红色的。

幼：我猜是苹果。

师：哦，你从哪里猜到是苹果呢？

幼：苹果也是红的。

幼：不是，苹果切开里面不是红的。

幼：我看像草莓，我吃蛋糕的时候见过蛋糕上的草莓。

师：大家都有不同的看法，请小朋友们尝一尝，究竟是什么水果？

请幼儿品尝切成小块的水果。

幼：真的是草莓。

（二）品尝草莓，描述感受

师：草莓吃到嘴里是什么感觉的？（请幼儿品尝事先切好的草莓）

幼：是甜甜的。

幼：我吃的有点儿酸。

幼：我觉得是又酸又甜。

师：哦，酸酸的，甜甜的，很好吃。那咬到草莓时什么感觉呢？

幼：软软的。

幼：我觉得有点凉凉的。

幼：有小小的籽儿在嘴巴里，扎扎的。

师：小朋友们尝了草莓，还说出了对它的不同感受。接下来，我们仔细观察草莓，看大家都有什么新发现。

二、活动过程

（一）分发草莓，观察草莓的外部特征

师：大家觉得可以怎样观察草莓？

幼：可以闻一闻。

师：嗯，用小鼻子闻一闻，你闻到草莓是什么味道的？

幼：是甜甜的感觉。

幼：有奶油的味道。

幼：香香的。

师：小朋友们真厉害，用鼻子闻到了甜甜的、香香的味道，有点像奶油的味道。那除了闻，还可以怎样观察草莓？

幼：可以用手摸一摸。

师：有道理，小朋友们摸一摸你的草莓是什么感觉？

幼：我摸着疙疙瘩瘩的。

幼：我摸到上边有小点点。

师：真棒呀，我们摸到草莓身上疙疙瘩瘩的，有小点点。除了摸，还可以看看草莓的样子，你都看到了什么？

幼：我看到它身上有白色的小点儿。

幼：它像爱心。

师：草莓哪里像爱心呢？

幼：因为草莓一头尖尖，一头胖，像爱心。

师：哦，像这样把草莓尖尖的一头朝下放，圆圆胖胖的在上面，特别像一颗爱心，你观察得真仔细！

幼：草莓的颜色有点儿深，这里有点儿浅。

师：哪里深呢？可以给大家指指吗？

幼：这里尖尖的地方颜色深，圆圆的地方颜色浅。

师：嗯，我们发现了草莓身上颜色的小秘密，还发现了它的形状像爱心形。除了这些，还有什么不同的发现吗？

幼：它身上还有绿色的叶子。

师：小朋友们真厉害！我们用嘴巴尝、鼻子闻、手摸、眼睛看的方式发现了草莓这么多秘密。

（二）观察草莓内部特征

师：你们猜猜，草莓里面是什么样子的？

幼：浅浅的。

师：浅浅的指的是什么？

幼：颜色是浅浅的。

幼：里面是红红的。

幼：是有水的。

师：请小朋友们切开草莓看一看，里面是什么样子的？

幼：里面有白色的条纹。

幼：流出来红色的汁儿啦！

师：你是怎样切草莓的？你还有什么发现？

幼：我是这样切的（竖切），这里面有纹路，像树叶。

师：确实有点像。这是把草莓尖尖朝上放，然后竖着切的。我看到有的小朋友从中间横着切的。

幼：像红色的甜甜圈。

幼：我的盘子上染上了红色啦！

师：大家观察了草莓的外面，又切开了草莓的里头，看到草莓竖切有条纹，横切像甜甜圈，还会流出红色的汁儿。

（三）游戏"蒙眼找草莓"

师：老师手里有一个神奇的摸盒，里面有3种水果。请小朋友们蒙住眼睛，打开摸盒，用手仔细摸，感受一下，哪种水果是我们刚才观察的草莓。摸到草莓后，把它从盒子里拿出来。

教师事先将杨梅、圣女果、草莓放在摸盒里。

幼：老师，我摸到草莓啦！

师:你怎么感觉是草莓的?

幼:草莓外边的籽儿是小小的。圣女果是滑滑的。

师:那摸到杨梅是什么感受?

幼:杨梅有一点儿扎扎的。

三、活动结束

师:今天,我们发现了草莓的许多秘密,通过触摸感受到了草莓与杨梅、圣女果的不同,也尝到了好吃的草莓。草莓还有其他品种,我们下次再来试试其他的草莓吧!

四、活动延伸

教师和幼儿一起制作水果拼盘,边制作边观察杨梅、圣女果的典型特征。

❤ 活动反思

小班幼儿科学探究能力的特点是强调感知观察能力的培养,强调对事物外在特征的认知。小班幼儿多感官观察是获得事物性质和特征的一个重要途径。在活动中,教师充分调动了幼儿的不同感官,先从"尝"入手,请幼儿品尝切成块状的草莓,通过味觉的感知调动之前吃过草莓的经验,激发了幼儿的探究兴趣。

另外,教师采用蒙住幼儿眼睛的方式,让幼儿用触觉去感受草莓的外部特征,将草莓从其他类似水果中分辨出来,幼儿感觉新奇,乐于尝试。通过暂时"屏蔽"其他感官,放大了触觉的感受,幼儿注意力集中,加深了对草莓的认知。

本次活动还有需要调整和改进的方面,如进一步丰富分享方式,在本次活动中主要用到的分享方式是语言表达,对于小班幼儿来说,可以增添一些肢体动作等不同形式的表达,增加幼儿之间的互动性,有助于在活动后提升关键经验。

❤ 活动点评

观察活动是小班科学领域的一个典型活动,关键经验是运用多种感官感知、发现事物明显特征获得的。本次活动中,教师注重帮助幼儿运用多种感官感知喜欢的水果——草莓,引导幼儿根据探究的结果进行表达与交流,这是指向科学活动表达、交流能力方面的关键经验,即能运用描述性的语言大胆讲述自己在观察中的发现。由此可见,教师对小班幼儿科学领域的学习和知识储备比较了解,定位准确。

活动的设计来源于幼儿熟悉的绘本故事和生活中的讨论。活动一开始，教师通过引导幼儿观察切成小块的草莓，调动幼儿已有经验进行大胆猜想。在过程中，又遵循从整体到部分、由外到内的观察顺序，逐步引导幼儿观察到其颜色、形状、气味等方面的特征。最后通过摸盲盒的方式巩固已有认知，拓展关于水果多样性的新经验。整体活动结构非常完整。

教师在活动中的提问非常明确，如"你觉得可以怎样观察""你为什么觉得像爱心？哪里像爱心""你是怎样切的？你有什么发现"等，由此不难看出教师十分重视幼儿的思维参与，善于使用启发性的语言引导幼儿进行深入地观察与准确地表达。

（案例提供：中国科学院第三幼儿园　任润雨
案例点评：中国科学院第三幼儿园　邓力源）

♛ 活动二　中班科学活动——混在一起的粮食

♥ 设计思路

教师结合"秋天丰收"的主题活动，在班级的自然角给幼儿提供了很多粮食，供幼儿观察、比较，进行称量游戏。但玩了一段时间后，豆子、小米等很多粮食都混在了一起。《指南》中指出：教师要充分利用自然和实际生活机会，引导幼儿通过观察、比较、操作、实验等方法，学会发现问题、分析问题和解决问题。教师抓住幼儿日常游戏中的问题，利用自然角混在一起的粮食，设计了本次科学活动。活动中，教师准备了多种材料和常见的工具，让幼儿在开放的环境与氛围中通过多次操作，发现工具与其使用功能之间的内在联系，解决日常生活中遇到的问题。

♥ 活动目标

1. 乐于尝试使用工具将混在一起的粮食分开的方法，并将自己的发现主动表达出来。
2. 初步感知不同粮食与各种工具之间的关系，探索工具的合理使用。
3. 在反复操作实验中体验探索、发现、解决问题的成就感。

♥ 活动重点

通过反复操作，尝试将混在一起的粮食分离，感知不同工具的特点和作用。

💜 活动难点

探索工具与粮食之间的关系，能选择适合的工具解决分离粮食的问题。

💜 活动准备

1. 经验准备：幼儿在区域游戏中认识提供的粮食；对活动中提供的部分工具有过使用经验，如勺子、漏勺等。

2. 物质准备：勺子、叉子、漏勺、不同孔的筐、收纳盒若干，黄豆和小米的混合物，花生、黄豆和小米的混合物。

💜 活动过程

一、导入部分

（一）幼儿徒手分离黄豆和小米，引出工具

1. 提出问题，引发幼儿进行第一次尝试。

师：今天，老师发现了一个问题，想请小朋友们帮忙。咱们自然角的一些小米和黄豆被小朋友们玩得混在了一起，你们愿意帮忙把小米和黄豆分开吗？

师：大家有什么好方法把小米和黄豆分开吗？

幼：可以把黄豆捡出来。

幼：可以用勺子把小米舀出来。

幼：用手把黄豆挑出来也行。

2. 教师把装有混合黄豆和小米的透明收纳盒放在各组的桌子上，请幼儿用自己说的方法试一试。

师：大家把黄豆和小米分开了吗？

幼：分开了，我挑出 10 颗豆子。

师：大家的小手太厉害了。有什么方法可以更快地把小米和豆子分开吗？

幼：可以挑得快一些。

幼：可以用勺子。

幼：我试了用勺子，但还是会混着。

幼：还可以用筷子。

师：看来光用手太费劲儿了，我们试试其他方法吧！

（二）教师简单介绍工具的名称，引导幼儿观察工具的特点

教师出示不同孔的漏勺、筛子、勺子、叉子等各种工具。

师：老师带来了一些工具，大家看看是什么？猜猜它们能不能帮到我们。（教师出示勺子）这是什么？

幼：勺子。

师：（教师出示漏勺）这是什么？和勺子相比，它有什么不同？

幼：漏勺，它有孔，勺子没有孔。

师：（出示不锈钢漏筛）这个是什么？

幼：这个是大漏勺吧！

幼：这个上面不是圆形的孔，但是也有长条的缝儿。

师：这个是漏筛。你们仔细看看这上面的缝儿是什么样的？

幼：我知道这个是捞饺子、捞面条用的。

教师继续介绍其他工具，引导幼儿发现工具的特点。

二、活动过程

（一）将小米和黄豆两种混合物分开

1. 幼儿自选工具，探索工具的使用方法。

师：我们认识了这些工具，你们用这些工具试试，看看能不能把黄豆和小米快速地分开。

教师观察幼儿操作的过程，给幼儿充分的探索时间。在幼儿需要时，通过提问、操作等方式引导幼儿分析现象。

师：童童分出了这么多黄豆呀！你是怎么做到的？

幼：我把盒子晃一晃，黄豆都跑到上面了，然后用勺子把堆在一起的黄豆舀出来。

师：这个方法太厉害了，不过还是有小米混在一起。试一试，还可以怎样分得更彻底。

幼：我试试这个漏勺。（边说边拿起漏勺）

幼：这个漏勺的孔正好可以让小米漏下去，黄豆比较大，就漏不下去。

师：这个工具真好用！

2. 师幼共同总结分开小米和黄豆的方法。

师：这么短的时间，小朋友们就把黄豆和小米分开了，谁和大家分享一下你的好方法。

幼：我先用了勺子，把黄豆舀上来时还有小米。后来，我用的漏勺，一下就把小米漏下去了。

幼：我用了叉子，叉子也能把黄豆和小米分开，就是太少了。

幼：我用筷子夹，可是太慢了。我用了筐，可是黄豆和小米都漏下去了。

师：你用的哪个筐，拿来让大家帮忙看看，是什么原因。

幼儿拿来一个大孔筐，教师引导幼儿一起观察并分析这个工具的特点。

幼：我知道，这个筐的孔太大，得选小孔的筐。

师：看来，我们不仅要选择带孔的筐，还要根据黄豆和小米的大小选择不同孔的筐。

幼：我就用了小孔筐和勺子。勺子舀一勺，倒进筐里，黄豆留下，小米就漏下去了。

师：这个方法不错啊，两个工具搭配着使用。

幼：开始，我用筷子夹黄豆。后来，我用筛子了。我发现筛子漏得很快。

随着幼儿的分享，教师使用简笔画在白板上记录幼儿的方法，便于再次操作时供幼儿参考。

（二）计时挑战赛

师：接下来，我们玩一个挑战游戏，5 分钟内，看谁先把黄豆和小米分开？

师：你计划用什么方法？

幼：我想继续使用筛子。

幼：我想用勺子和漏筐一起。

幼：我想用漏勺。

师：小朋友们已想好要用的工具了！我们的挑战赛准备——开始。

挑战赛中，教师观察幼儿操作，引导幼儿可以用自己的好方法，也可以试试分享时别人提供的方法。

三、总结与分享

1. 引导幼儿分享自己选择工具及使用的经验。

师：你刚刚计划用什么方法？最后，成功了吗？

幼：我用的漏勺，舀一勺黄豆和小米，然后轻轻晃一晃，小米就快快地漏下去了。

幼：我用勺子把黄豆和小米装到漏筐里，用手搅拌，小米就掉下去了。

幼：我想用漏勺，可是被小朋友用了，我就用了勺子和小筐，也成功了。

师：小朋友们的方法都很好，还能根据需要随时调整使用的工具。

教师对于幼儿操作过程中的良好表现及时肯定与鼓励。

师：我看到有的小朋友虽然还有一些没有分完，但在过程中很认真，小米撒在桌子上赶快收拾好，然后继续挑战，这个习惯真的太棒了！我们用合适的工具，就能把混在一起的黄豆和小米分离。下次，在活动区，再遇到这个问题，咱们就可以自己解决了。

2. 提出新的挑战，引导幼儿后续在活动区继续探究。

出示花生、黄豆、小米混着一起的盒子。

师：我们解决了咱们班的问题，但厨房的叔叔们也遇到了类似的问题，就是混在一起的粮食更多了，你们看看。

幼：哦，比刚才的多了花生。

幼：这个盒子里是花生和黄豆。

幼：这个盒子里有花生、黄豆和大米。

师：是呀，小朋友们都有了使用工具的经验了，这些问题肯定难不倒你们。咱们可以去活动区继续尝试，还可以进行挑战赛，看谁选择的工具更合适、速度更快。

四、活动延伸

教师将材料投放到班级活动区，鼓励幼儿将没有分完的部分继续完成。还可以在活动区创设不同的问题情况，如将 3 种混合物或其他混合物分开，支持幼儿继续发现不同工具的特点，发现其使用方法。

♥ 活动反思

1. 此活动逐层推进，符合中班幼儿学习特点。

幼儿先是结合生活经验徒手分离，再尝试使用工具分离，最后到有目的地选择工具进行分离游戏。幼儿在多次操作中感受各种工具的使用特性。教师围绕重、难点进行个别指导与总结交流，引导幼儿通过分析现象解决问题。

2. 活动以幼儿为主体，注重学习品质的培养。

活动围绕目标进行猜想——实践——总结——再实践的探究路径。活动中，幼儿充分地与材料互动，与同伴互动，与环境互动。教师通过有效地提问、画图和符号记录等方式激发幼儿思考与交流。过程中，教师注重幼儿学习品质的培养；探索中，鼓励幼儿不怕困难、积极尝试、敢于创造。

♥ 活动点评

活动中，教师选择了"如何将小米和黄豆分开"这种实际生活中的问题，设计了此科学活动，提供生活中常见的勺子、小筐、漏勺等材料，有助于幼儿调动已有生活经验尝试解决问题。由此可见，教师真正立足幼儿生活，从幼儿已有经验出发，通过创设问题情境的方式引导幼儿一步一步解决问题。

活动过程中，教师创设了宽松、开放的环境，为幼儿提供充分的探究时间和对工具的探索，在自主操作、同伴分享、师幼交流中引导幼儿学习。整个活动中，幼儿在直接感知、亲身体验、实际操作中进行科学学习，有助于幼儿建立起对周围事物和现象的探究兴趣，也愿意进行主动探究。教师不仅关注幼儿科学经验的积累，更是对幼儿的探究精神、良好的学习品质进行分享与鼓励，好的学习品质和学习习惯会让幼儿受益终身。

（案例提供：中国科学院第三幼儿园　刘韧学
案例点评：中国科学院第三幼儿园　魏迎迎）

♛ 活动三　中班科学活动——摘高处的水果

♥ 设计思路

在主题活动"果园探秘"中，幼儿对采摘活动很感兴趣，也积累了一些采摘经验，当低处的水果摘完后，孩子们又产生了新的愿望——摘高处的水果。这一想法充分表现出中班幼儿好奇、好问、好探索、好挑战的特点。教师结合幼儿探究兴趣及发展水平，设计了本次活动，为幼儿提供探索、挑战的机会，进一步丰富采摘经验，发展初步的探究能力，最终实现成功摘到高处水果的愿望。

♥ 活动目标

1. 敢于尝试有挑战的事情，不怕困难，愿意积极想办法解决。
2. 大胆尝试各种采摘工具，探索工具的用法，积累使用工具采摘的经验。
3. 感受经过努力取得成功的成就感，体验劳动与合作的快乐。

♥ 活动重点

积极尝试使用工具，大胆探索采摘高处水果的方法。

♥ 活动难点

在采摘过程中，对工具的使用方法有新的发现，并愿意与同伴分享经验。

♥ 活动准备

1. 经验准备：
（1）有过采摘低处水果的经验，知道山楂、石榴、柿子的采摘方法。

（2）了解每种采摘工具的使用方法。

（3）幼儿有小组讨论形成初步探究计划的经验。

2. 物质准备：幼儿收集和自制的各种采摘工具，准备好的登高器材，胶带，剪刀，麻绳。（图 4-22、图 4-23）

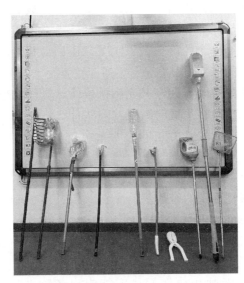

图 4-22

图 4-23

♥ 活动过程

一、导入环节

教师通过回顾之前的采摘活动，明确本次活动挑战的任务，引导幼儿共同梳理安全提示，调动幼儿参与活动的兴趣。

师：孩子们，我们一会儿就要去果园了，还记得我们的愿望是什么吗？

幼：要摘到高处的水果。

师：你们的这个愿望既有趣，又充满挑战性，老师也想赶快去试试了。出发之前，咱们先想一想，在采摘时需要注意些什么？

幼：拿工具时，我们要和旁边的小朋友说一下，"我要拿工具了，请躲开一点儿，不要碰到你了"。

幼：要注意树杈，不要划到自己。

幼：不要自己搬特别重的东西。

师：如果需要搬重的东西，可以怎么办呢？

幼：可以和小朋友说，"这个，我搬不动，你能跟我一起搬吗"。

师：互相帮助是个好办法。刚才说到的安全问题，大家都要记在心里。你们聪明而且能干，老师相信你们一定能想出各种办法成功摘到高处的水果的。

二、活动过程

（一）初步探索工具的使用（图 4-24）

教师鼓励幼儿自行选择一种工具，尝试摘到高处的水果。幼儿自由分组，尝试按自己的计划摘高处的水果。

图 4-24

湘湘坐在梯子上，手里拿着工具，瞄准了一个石榴，试了几次，都没有套住石榴。手拿小钩子的佑佑看到后，前来帮忙。

师：湘湘，你遇到什么困难了？

幼：我用这个工具钩住树枝了，但是刚一使劲儿，树枝就弹开了。

师：你可以再观察一下这两个树枝，钩哪根合适？

幼：石榴在这根树枝上，我想钩这根，但是树枝太粗了，钩不住呀！

幼：可以换一个工具，或者对准了突然拽。

师：磊磊说了一个方法，可以换个工具试试。

幼儿换工具后，一次挑战成功。

师：哇！成功了。遇到问题，你们能想办法，还能互相帮忙，你们太棒了！看来，选择合适的工具很重要呀！

（二）引导幼儿探索采摘工具的适宜使用方法

嘟嘟正拿着工具准备摘石榴，他尝试把钩子挂在石榴上，然后把石榴拽下来。

幼：老师，我担心这样拽，会把树枝拽折了！

师：确实不行，石榴摘下来挺好，可是树枝折了，明年就结不了石榴了，还有没有别的方法？

嘟嘟再次尝试，他依然把钩子挂在了石榴上，由拽变成了拧，只见他手握工具，转呀转，没几下，石榴就掉在了地上。已经熟透了的石榴掉在地上，摔成了几块。

师：哇，这个办法可以把石榴摘下来，你怎么做到的？

幼：我们就是用钩子钩住石榴，然后转转转，石榴就掉下来了。

幼：但是，你的石榴掉在地上摔坏了呀，这也不行吧！

幼：我再换个工具试试。

幼：要是有个兜子就好了，石榴掉下来，正好掉在兜子里，就不会掉在地上摔坏了。

师：是呀，想的办法是挺好的，但是能实现吗？

幼：我们有一种工具就是带斗的。

幼：但那个工具，摘柿子的小朋友在用呢，我们也去做一个吧！

师：好的，你们需要的话，可以去美工区做一下。

（三）支持幼儿修理采摘工具

摘柿子的一个小组在用力拽的过程中，用来套水果的塑料瓶和握柄断开了，他们准备一起修理工具。（图4-25）

幼：老师，我们这个工具坏了，需要修一下。

师：好的，咱们一起看看，怎么把它变得更牢固一些，需要什么材料呀？

图 4-25

咱们这儿有麻绳、剪刀、胶带。

幼：可以用麻绳绑，然后系个扣。

师：行，你们试试吧！要多绑几圈，才结实吧！

幼：嗯，我们多绑几圈，这样更结实。

幼：应该用胶带再缠几圈，麻绳一使劲儿就松了。

幼：那就先用麻绳绑，外边再用胶带多缠几圈。

师：厉害，这是双保险呀！这样肯定结实。

佑佑准备踩着轮胎去摘树上的柿子。他踩在轮胎上，站了起来，伸直了胳膊，想要摘到柿子，还是够不到。

幼：不行，不行，不够高！

幼：老师，我有办法啦！咱们把轮胎多摞几个，不就高了嘛！

几名幼儿一起找来了好几个轮胎，互相抬着摞在一起，轮胎逐渐变高了。（图 4-26）

图 4-26

师：你们真是大力士！互相帮助，真好。看看高度够不够吧！

幼：老师，我怎么爬上去呀？

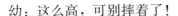

幼：这么高，可别摔着了！

幼：对呀，要扶好！

师：你们准备踩在哪里？这么高，爬不上去呀！

幼：用这个网子放在旁边，可以踩着网子爬上去！

师：好的，我来扶着你！

幼：我们来扶着轮胎，别塌了！

幼：浩浩，你胆子真大呀，都敢爬上去了！

幼：够着了吗？

幼：够到啦！有好多！我摘下来，你们接着啊！

师：你们真的太棒了，我都佩服你们啦！

三、活动结束

观看视频，分享、回顾探索用工具摘水果的精彩时刻。

（一）分享采摘过程中的发现与感受

师：小朋友们真能干，摘了这么多的水果！高处的水果，你们是怎么摘到的呢？

幼：我是用网子拽下来的。

幼：我是用雪球夹，转转转，拧下来的。

幼：我是用果果的工具，先套住，然后拧下来的。

师：用工具的时候，有什么发现吗？

幼：我发现修理工具时，用胶带多绑几圈，就会变得很结实。

师：那你们谁还用了她说的这个工具？感觉怎么样？

幼：我用这个工具套住，然后拧，摘了 3 个水果，很好用。

师：为什么她的这个工具很好用呢？

幼：因为上边塑料瓶的洞口大小合适，很容易套住水果。

幼：工具很轻，小朋友拿着也不累。

师：这次采摘的过程中，你战胜了哪些困难？

幼：本来有一个石榴，我摘不下来，后来解决了这个问题。我用网子套住水果，更用劲儿地拽，就拽下来了。

幼：我是跟嘟嘟配合，本来我套不上去，嘟嘟给我把树枝拉低，我套住水果，一拧就摘下来了。（图 4-27）

师：他们两个人合作后，很容易就战胜了困难。

幼：我是用钩子和磊磊配合的，我使劲儿拽低，磊磊拧。

师：原来小钩子这个工具可以将树杈压低，这样下边的小朋友就能摘到了。

图 4-27

（二）利用现场拍摄的视频资源共同回顾，体验劳动、合作带来的快乐

师：今天，老师用摄像机记录了你们摘高处水果的过程，里面有你们特别努力、高兴的瞬间，咱们一起来看一看。（图 4-28）

图 4-28

幼儿继续专注地观看视频，为视频里一起劳动、合作并为取得成功的同伴欢呼、鼓掌，活动自然结束。

四、活动延伸

1. 品尝美味的石榴：吃着自己采摘的果实，特别开心！

2. 分享果实：把果实分享给幼儿园其他班的小朋友。

3. 制作柿饼：柿子吃起来有些涩，用绳子系住柿子蒂，把它挂起来晾晒，做成柿饼。

♥ **活动反思**

活动中，教师通过多种方式与幼儿积极、有效互动，激发幼儿对探究活动的兴趣，引导幼儿主动思考，提高解决问题的能力，从而实现"用工具成功摘下高处水果"的愿望。幼儿前期已经知道采摘工具的使用方法，但是缺乏实践经验，所以在采摘过程中遇到了一些困难，比如如何调整工具上洞洞的方向，才能将水果套进去；有的水果结在高处的树枝上，长长的工具也够不到等问题。教师关注幼儿需要，给予幼儿自主探索的空间，通过及时地肯定和鼓励、将幼儿对话自然转述、亲身参与到采摘活动中等方式，鼓励、支持幼儿，形成合作探究式的师幼互动，帮助幼儿在解决问题的过程中积累经验。

活动中，通过同伴间的分享与交流，促进幼儿提升采摘经验。同伴经验是可利用的一个重要资源。在活动结束部分，创设轻松的氛围，幼儿通过示范、讲述的方式，积极表达自己在采摘过程中体验到使用工具、采摘方法、合作等方面的发现。最后，师幼一起重温了成功摘到水果的精彩视频，这种温馨、自然的形式，可以引导幼儿更加直观地学习他人的好方法，同时也为自己经过不断努力取得成功而感到自豪和满足。

活动点评

活动教育理念好，来源于幼儿的想法和需要，形成于教师的不断倾听、理解与支持，充分体现《指南》所倡导的核心教育理念，体现幼儿、教师的主动学习和发展。活动过程中，能够尊重幼儿的学习方式以及个体差异，灵活运用周边资源（园所环境、教师、幼儿），为幼儿提供自主、开放的探索空间，鼓励幼儿按照自己的想法大胆尝试、发现和表达，培养幼儿对周围环境的关注、对科学的态度以及初步的探究能力，充分展现出有能力、有自信的幼儿和教师。

（案例提供与点评：北京市西城区广安幼儿园　周　慧）

活动四　大班科学活动——小火箭发射啦

设计思路

在开展主题活动"神奇的月亮"过程中，幼儿对于探秘月球产生了浓厚的兴趣，经常一起讨论通过什么方式才能到达月球。在幼儿园的一次"百家小讲堂"分享活动中，有位小朋友提到了嫦娥五号火箭，孩子们开始对火箭发射产生了前所未有的兴趣，他们还在美工区自发地制作了简易的小火箭头，也产生了新的探究问题：如何能让小火箭发射出去呢？这个问题成了他们日常讨论的新话题。为了支持幼儿解决这个问题，教师生成了本次活动。

活动目标

1. 通过操作探究影响小火箭发射距离的多种因素。
2. 主动尝试让小火箭发射得更远的有效方法。
3. 在探究和发现的过程中体验成就感。

活动重点

通过动手操作实验，发现影响火箭发射远近的因素。

活动难点

大胆尝试用不同瓶子、不同力度发射小火箭，探索瓶身和力度对小火箭发射距离的影响，寻找火箭发射更远距离的方法。

活动准备

1. 经验准备：知道嫦娥五号火箭发射的过程，对火箭发射感兴趣；有进行自主操作实验的经验。

2. 物质准备：小、中、大瓶子各 30 个，起始线，装火箭的盒子，火箭头每人 5 个，大的记录纸、笔等（图 4-29～图 4-31）。

 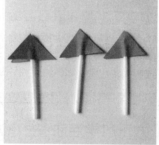 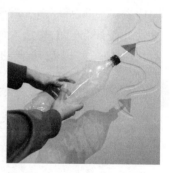

图 4-29　　　　　　　　图 4-30　　　　　　　　图 4-31

活动过程

一、导入环节

出示幼儿制作的火箭头，激发幼儿兴趣。

师：我拿来了小朋友们在美工区制作的小火箭头，怎么才能让这个小火箭头自己飞出去，你们想不想试一试？

幼：想！

师：那你们知道小火箭头是怎么发射的吗？

幼：我们可以用手呀！

幼：助推器可以帮助小火箭发射成功！

师：那助推器来自哪里呢？

幼：我们可以用瓶子制作一个助推器呀！

师：咱们一起试一试吧！

二、活动过程

1. 初步尝试，探索火箭的基本玩法。

教师为幼儿提供同样大小的瓶子。

师：老师给小朋友们准备了瓶子，用来制作助推器，请你们来试试吧！

教师播放轻音乐，创造轻松氛围，引发幼儿自由探索。

（1）幼儿自由探索，教师巡回指导。

幼儿把小火箭头装在瓶口处，试着通过捏瓶子让小火箭头发射出去。

师：在玩的过程中，你们发现了什么？

幼：我的小火箭是向上飞的。

幼：我把火箭头放上去，轻轻一按，火箭头就飞出去了。

幼：我的小火箭是直直地向前飞出去的。

幼：我发现用力按压瓶子的"身体"，小火箭头就发射出去了。

师：那你试了几次？

幼：我试了5次，都是用按压瓶子"身体"的方法。

师：有什么不一样吗？

幼：有时候，火箭头会发射得很远；有时候就在我的脚下。

（2）第一次探索结束，幼儿讨论、分享自己的发现。

师：在玩的过程中，你用什么方法让小火箭头发射出去的？

幼：我发现按压瓶身中间的位置，小火箭头就发射出去了。

幼：我是用脚踩瓶子的"身体"，小火箭头一下就飞出去了。

幼：我试着用双手按压瓶子"身体"的前面、中间、后面，都能让小火箭发射出去。

幼：我是用拳头锤击瓶身，火箭头就发射出去了。

师：小朋友们说了很多的方法，你们都是通过用力按压瓶身的方法让火箭发射出去的，每个人的方法还不一样，你们真棒！

2. 第二次尝试，探索影响火箭发射远近的因素。

教师为幼儿提供大小不一样的瓶子，大小不同的小火箭头。

师：这一次，老师给你们准备了两个不同大小的火箭，你们想不想再玩一

玩？接下来，请小朋友们两人一组，一起试试吧！（教师播放轻音乐）

（1）幼儿自由探索，教师巡回指导。

师：小朋友们，这次你们发现了什么？

幼：用大的瓶子发射小火箭头，能发射得比较远。

幼：我用的小瓶子，火箭头发射得也很远呀！

幼：我用大的瓶子按了半天，按不动，小瓶子用力按一下，火箭头就出去了。

师：你们怎么比较远近的？

幼：我们都站在一条线上，同时发射，这样比很公平。

幼：老师，我发现有的小朋友没有站在统一的起点上。

幼：老师，两个瓶子不一样，有大的、有小的，这比着也不公平呀！

师：一会儿，我们探索结束后一起讨论一下。

（2）第二次探索结束，幼儿讨论、分享自己的发现。

师：小朋友们刚刚玩得真开心，这次有什么新的发现？

幼：瓶子大小不一样，火箭发射得远近也不一样。但是，我们需要在同一起点上，才可以哦！

师：你们来试试，让大家都看一看。

幼儿自主邀请同伴，跟自己站在同一起点上，进行游戏探索。

师：好，这是你的发现。其他小朋友还有不同的发现吗？

幼：我发现了，瓶子虽然大，里面空气多，但是它发射得并不远呀！

幼：我用的是小瓶子，用了很大的力量按压，我的小火箭发射得比大瓶子的还要远。

师：小朋友们有这么多的新发现呀！你们发现了火箭发射的远近和瓶身的大小、使用的力度都有关系。大的瓶子一定发射得远，小瓶子一定就发射得近吗？

幼：不一定，要看用多大劲儿按瓶子。力气大就能发射得远，力气小就比较近。

幼：我发现慢慢压瓶子也行，要突然一下使劲儿按，就能发射得远。

幼：我用小瓶子，使得力气大，发射的小火箭也挺远的。有一次，比大瓶子还远。

师：我们有没有好办法，能让小火箭发射得更远呢？

3. 第三次尝试：探索如何让火箭发射得更远。

教师提供大、中、小3种瓶子。

（1）教师出示大、中、小3种瓶子。

师：小朋友们想不想挑战更难的玩法？老师这里有3个不同大小的瓶子，

你们再来试试，如何让火箭发射得更远吧！

幼：我想挑战。

幼：我也想挑战。

师：接下来，请小朋友们三人一组，来试一试吧！

（2）幼儿自由分组尝试，教师巡回指导。

师：你用什么方法让你的小火箭发射得更远呢？

幼：我选的是大瓶子，要用很大力气按压瓶子的"身体"，小火箭"嗖"地一下就飞出去了，而且特别远！

幼：老师，我发现了瓶子大小一样，火箭发射的远近不一定一样哦！

师：为什么？

幼：因为小朋友用的力气不一样吧！

幼：我还发现了我们3个瓶子同时发射，发射的远近是不一样的。只有用力，火箭头才可以发射得更远。

（3）第三次探索结束后，幼儿分享、交流经验，教师做简单记录。

师：我看到很多组的小朋友都玩小火箭发射比赛了。你们是怎么比的呢？

幼：我们都要站在统一的起点上比赛，这样能看清楚谁发射得远！

师：那你们发现让火箭发射得更远的新方法了吗？

幼：发现啦！

幼：要想火箭发射得远，我们就要用很大的力气去按压瓶身，不管瓶子的大小都是力气大就发射得远。

幼：我觉得要选择大的瓶子，因为大的瓶子里面有很多的空气，而且还需要用力按瓶子。

师：请你们来给大家示范一下，我们一起看看。

第一组：请3名幼儿用同样大小的瓶子进行实验，进一步讨论力度对火箭发射距离的影响。

第二组：请3名幼儿用3个大小不一样的瓶子进行实验，讨论不同大小的瓶子对火箭发射距离的影响。

由于力度不好测量，教师尽量选择身高、体重有较明显差异的幼儿进行尝试。

三、活动结束

师：小朋友们的发现真多呀！你们发现了火箭发射的远近和瓶身的大小、力的大小有关。也就是说，同样大小的瓶身、力的大小会应影响火箭发射的远近。同样力的大小，瓶身的大小决定火箭发射得远还是近。你们太厉害啦！发现了这么多，快给自己鼓鼓掌吧！

师：老师将小火箭投放到活动区内，有兴趣的小朋友可以在区域活动或者自由游戏的时候继续玩哦！

♥ 活动反思

"兴趣是最好的老师。"本次活动来源于孩子们对小火箭发射的探究兴趣。在整个活动中，孩子们都表现出积极参与的状态。幼儿通过逐步递进的操作活动，对火箭发射的方法及发射远近的影响因素进行了深入的思考和探索。第一次探索，孩子们知道了通过挤压瓶身，火箭头才能发射出去；第二次探索，他们知道了火箭发射得远近和瓶身的大小、力的大小有关系；第三次探索，孩子们发现使用同样大小的瓶子，力的大小决定火箭发射得远近；使用同样的力，瓶子的大小决定火箭发射得远近。3次活动体验趣味性强、操作性强，有效调动了幼儿参与活动、积极探索的主动性。材料投放与支持从简单到难，一步步开启了幼儿对火箭发射的探索行为，从而促进了幼儿在科学探究方面的深度学习。

在整个活动过程中，教师关注了幼儿的兴趣、年龄特点及幼儿的近期发展目标，活动形式遵循了大班幼儿的年龄特点，为幼儿小组探究式学习提供了条件，让幼儿在游戏操作的过程中，体验自主探索、操作的快乐和火箭发射成功的满足感。

♥ 活动点评

此活动是综合主题背景下的教学活动，活动内容既符合幼儿的兴趣，又与班级主题内容紧密联系。活动设计得巧妙、有趣，有效地激发了幼儿的活动兴趣。教师对幼儿的已有经验和发展水平分析到位，活动目标明确，重、难点清晰。活动准备充分，材料准备符合科学实验所需且比较精细，重要的是有幼儿的参与（火箭头都是幼儿日常在美工区制作的作品）。活动过程层次分明，层层递进，环环相扣。每一环节中，教师的关键提问和小结都聚焦核心经验，帮助幼儿梳理探究过程中的关键经验，注重对幼儿科学思维的培养。活动过程紧紧围绕幼儿直接感知、实际操作、亲身体验的需要设计，注重为幼儿反复操作提供支持，帮助幼儿建立系统的科学探究思路。教师的观察和指导很细致，能够关注个体差异，有针对性地进行指导。活动目标有效达成，幼儿在此次活动中有挑战、有收获、有发展。

（案例提供：中国科学院第一幼儿园　李　颖
案例点评：中国科学院第一幼儿园　牛文文）

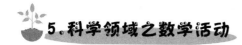

5.科学领域之数学活动

♛活动一　小班数学活动——袜子找朋友

♥ 设计思路

　　午睡起床后，小朋友们常常拿着小袜子，边摆弄边说："老师，你看，我的袜子像不像月亮?""我的袜子像个小手套。""我的袜子像彩虹！"幼儿对袜子充满了兴趣。他们还常常因为穿不好袜子而"发愁"，这是小班初期幼儿经常遇到的问题，自己的袜子常常会和其他小朋友的袜子混在一起，两只不一样的小袜子穿在小脚上会不舒服。给袜子配对找朋友成了班级幼儿当前生活能力方面需要解决的实际问题，也成了幼儿近段时间关注和谈论的主要话题。因此，教师和幼儿共同生成了本次教育活动"袜子找朋友"。

♥ 活动目标

　　1. 能够仔细观察小袜子，发现袜子的明显特征。
　　2. 尝试按照袜子的颜色、长短、花纹等进行配对。
　　3. 喜欢玩袜子配对游戏，感受集体游戏的快乐。

♥ 活动重点

　　仔细观察小袜子，发现袜子上面的颜色、花纹及袜子长短等的明显特征，能主动表达出来。

♥ 活动难点

　　能够按照袜子的颜色、长短、花纹等进行配对。

♥ 活动准备

　　1. 经验准备：幼儿观察过自己脚上的小袜子，知道小袜子、小手套等服饰都是成对的。
　　2. 物质准备：《小花妹妹晾袜子》故事 PPT、音乐《风的声音》、刮风的音频；特征明显不同的袜子 15 双，花纹相同、部分颜色不同的袜子 15 双。

♥ 活动过程

一、导入环节

1. 教师出示《小花妹妹晾袜子》故事 PPT，边讲边请幼儿观察，激发幼儿玩袜子游戏的兴趣。（图 4-32）

图 4-32

师：今天的天气真好，外面暖洋洋的。小花妹妹洗了好多袜子，洗完了将袜子晾好之后，就出去玩了。请小朋友们看一看，小花妹妹是怎样晾袜子的？

幼：小花妹妹把一样的袜子夹在了一起。

幼：夹在一起的袜子颜色是一样的。

幼：袜子身上的花纹也是一样的。

师：小朋友们观察得真仔细！大家再看一眼，夹在一起的小袜子还有什么也是一样的？

幼：它们是一样大的，两只小袜子是一模一样的！

小结：原来小花妹妹把小袜子一双一双地整理好，把一样的放在一起，夹在了晾衣杆上，每双小袜子的颜色是一样的，上面的图案是一样的，袜子的大小也是一样的。

2. 继续看故事 PPT，教师播放刮风的音频，幼儿观察大风把袜子吹跑的画面。（图 4-33）

师：哎呀，你们听，这是什么声音？发生了什么？

幼：大风把小袜子都吹掉了！

幼：大风来了！小花妹妹晾好的袜子都被吹乱了。

师：小花妹妹晾的袜子都是一双一双整理好的，刮来一阵大风，把袜子都吹乱了。小花妹妹很伤心，咱们一起帮帮她吧！

图 4-33

二、活动过程

（一）引导幼儿观察袜子（实物），发现袜子上面颜色、图案、花纹等的明显特征

1. 教师出示两只不一样的袜子（实物），请幼儿观察。

师：小花妹妹回来后，捡起了地上的两只袜子，准备把它们穿在脚上。小朋友们看看这两只袜子，你发现了什么？

幼：袜子不一样，不能这么穿。

幼：这两只袜子长得不一样呀，不是一双袜子。

师：两只小袜子哪里不一样？

幼：两只袜子的颜色不一样，一只是白色的，一只是灰色的。

幼：一只袜子上有红点点，一只袜子上没有。

幼：一只大，一只小，它们不一样。

小结：小朋友们都发现了，原来两只袜子的图案、大小、颜色都不一样，因此，它们不是一双袜子，是不能这样穿在脚上的。

2. 请幼儿给这两只不一样的袜子配对。

教师拿出很多双颜色、图案、大小不一样的实物袜子，引导幼儿观察、配对。

师：小花妹妹想请小朋友们帮忙找一找，和这两只袜子一样的好朋友在哪里，把它们放在一起，说一说，你是从哪里看出来的？

幼：我找到白袜子的好朋友，因为它们都是白色的。

幼：不对！它们颜色一样，但是这只袜子上有小猫，那只袜子没有！我找对了，你看，都是白色的、都有小猫，它们才是好朋友。

师：小朋友们都来帮忙找一找，看看袜子好朋友找对了吗？

幼：找对了，这两只袜子上面都有一样的花纹。

幼：老师，这两只袜子像一样的，都有圆点点的图案。

幼：咦？不对呀，这只是红点点，这只是黄点点。

幼：看我找的小袜子是好朋友，它们一模一样！袜口上都有小猫耳朵！

小结：谢谢小朋友们帮助小花妹妹找到了袜子的好朋友。我们在找的时候要仔细观察，先看看颜色是不是一样，再看看图案是不是一样，大小是不是一样，都一样了，才是真正的好朋友。

（二）操作游戏，提供不同的小袜子，幼儿在游戏中给袜子配对

1. 投放准备好的小袜子，请幼儿自由整理、配对。教师特意分层投放材料，将区别明显的袜子放在一起，区别不明显的袜子放在一起，支持幼儿体验不同难度的观察与探究。

师：老师这里也有很多放乱了的袜子。现在，就请小朋友们快去找一找袜子的好朋友，将它们放在一起吧！

幼：我和乾乾找到的就是袜子好朋友，它们都有波浪的花纹。

师：你们真棒！还有一些小袜子看上去很像，只有一点点不同哦！它们等了好久，都没有找到好朋友，请你们快去帮帮它们吧！

幼：快看！这个是袜子的好朋友吗？我找得对吗？

师：嗯，请你再仔细看一看，它们一样吗？

幼：是一样的吧？

幼：我都看出来啦，是一样的，都是红色的，脚尖和脚跟这里都是黄色的。

师：对呀，我们认真找一找小袜子同样的地方，就能找到一对好朋友啦！

教师观察幼儿操作游戏，及时给予鼓励和肯定。

2. 教师与幼儿共同检查配好对的袜子是否正确。

师：小朋友们都找到袜子的好朋友了吗？

幼：找到了！

师：你们用什么好办法找到的呀？

幼：我认真地观察袜子的图案和花纹是不是一样。

幼：我先看看颜色，再仔细找有没有一样的花纹，就找到了。

师：小朋友的办法真好！刚才，有的小朋友在找袜子朋友的时候，遇到了一个困难，我们一起来看看吧！

教师针对那些没找对袜子的情况，引导幼儿共同观察、分辨，解决问题。

幼：这是我找到的袜子朋友！（幼儿找到很相似的一对，但不是一双袜子）

幼：它们不是朋友。

幼：我觉得它们是朋友呀！

师：咦？小朋友们的想法不一样！让我们大家再来仔细地观察一下吧！小

袜子上有什么图案?

幼:小条条。

师:啊,都有小条纹,先看看它们的大小一样吗?

幼:我来比比,是一样大的!

师:再看它们的颜色,完全一样吗?

幼:它们袜口这里颜色有点儿不一样,一只有点儿深,一只是浅浅的。

师:哦,原来是这里不一样,小朋友观察得好仔细!我们在找的时候,要观察小袜子的每一个地方,就能帮助小袜子找到它的好朋友了。

三、活动结束

师:现在,每双小袜子的颜色、大小、花纹都一模一样,谢谢小朋友们帮助小袜子找到了袜子朋友。小朋友们都学会了帮小袜子找朋友的新本领,以后,咱们午睡起床穿袜子的时候,也要仔细观察自己的小袜子,不要跟旁边小朋友的弄混了。老师相信你们,都能做好这件事!

四、活动延伸

将不同的小袜子投放到活动区里,幼儿可以继续摆弄、观察,感知小袜子,不断尝试为袜子找朋友。

活动反思

本活动抓住幼儿生活中的教育契机,遵循小班幼儿喜欢游戏的年龄特点,巧妙地将教育目标寓于幼儿游戏之中,以情景为引子,以游戏为媒介,将数学活动与生活活动有机整合。教师在活动中注重为幼儿创设温馨、开放、宽松的游戏氛围,通过观察袜子——发现袜子的特点——帮助袜子找朋友等环节,引导幼儿进行袜子配对游戏,调动幼儿多种感官参与到游戏中来,满足幼儿动手操作的学习需要,激发幼儿参与活动的主动性。

另外,教师有意将实物袜子进行分层投放,分为能明显区分的袜子和有细微差别、较难区分的袜子,关注了不同层次幼儿的发展水平,激发幼儿挑战不同难度的探究需要。在指导中,能够引导幼儿将自己的发现表达出来,并关注幼儿的个体差异表现,当发现有的幼儿表现出不确定时,及时给予启发和支持,鼓励幼儿通过自己的再次尝试,获得成功体验。

活动点评

本次活动源于生活,符合小班幼儿的年龄特点。活动的生成源于教师对幼儿日常行为需求的观察与发现。如:在午睡起床后,幼儿出现袜子穿反了、穿同伴袜子等现象，及时捕捉幼儿需求，生成符合幼儿年龄特点的教育活动，促进幼儿生活能力、认知能力的有效提升。活动过程注重感知、体验，符合小班幼儿的认知特点。在活动过程中，教师创设了晒袜子、袜子找朋友等游戏，引导幼儿融入游戏情境中，通过亲自操作、体验，观察袜子的相同与不同进行袜子配对活动，在动手操作中解决生活中遇到的问题，让幼儿的数学学习源于生活，回归生活，解决生活中的问题。

活动材料关注层次性，满足幼儿的发展需求。在活动设计过程中，教师提供了颜色、图案、大小不同层次的操作材料，满足了不同发展水平的幼儿与材料有效互动的需求，支持每个幼儿在原有水平上经验与能力的提升。本活动与生活活动、区域游戏相结合，满足幼儿持续探究，形成良好生活习惯的需求。教师在关注教育活动过程的层层递进与有效推进的同时，关注在活动区投放"袜子配对"游戏材料，如在娃娃家中投放真实的袜子，并创设洗袜子、晾袜子、为娃娃穿袜子等游戏情景；在家中和爸爸、妈妈开展"穿袜子比赛"的打卡活动等，从而支持幼儿在生活中、游戏中获得持续的学习与发展。

（案例提供：北京市海淀区颐慧佳园幼儿园　张添铭
案例点评：北京市海淀区颐慧佳园幼儿园　杨　意）

♛ 活动二　中班数学活动——毛毛虫小姐的鞋

♥ 设计思路

最近，班里开展了与劳动有关的主题活动"中一班变形记"。幼儿对劳动非常感兴趣，积极尝试用各种方法把班级变得更加干净、整洁。但是，在整理拖鞋架时，孩子们有了不同的意见。有的幼儿把拖鞋一双一双地随意地摆在拖鞋架上，有的幼儿提出意见"这样随便放，每次都要找好久，才能找到自己的鞋子"；有的幼儿想把自己的拖鞋放在第一层，其他幼儿又不同意。在孩子们讨论拖鞋该怎么摆放的过程中，教师发现幼儿虽然想到要用分类的方法来整理拖鞋，但是对怎么分类还不清楚，部分幼儿还没有分类整理的意识。于是，基于幼儿解决生活中遇到实际问题的需要，教师借助幼儿喜爱的绘本故事情节，设计了本次数学活动"毛毛虫小姐的鞋"。

♥ 活动目标

1. 能够仔细观察、比较，发现鞋子的不同特征。
2. 能按照鞋子的不同特征对鞋子进行分类，并尝试说出分类的理由。
3. 喜欢玩分鞋子的游戏，感受数学在生活中的有用和有趣。

活动重点

尝试根据鞋子的特征进行分类。

活动难点

愿意尝试不同的分类方法，并说出分类的理由。

活动准备

1. 经验准备：幼儿阅读过绘本故事《毛毛虫小姐的鞋》；幼儿有在生活中观察、认识鞋子的经验。

2. 物质准备：幼儿操作材料人手 1 份（图 4-34）；教学 PPT 课件（图 4-35）；舞会音乐《兔子舞》；黄色和绿色的鞋柜（图 4-36）；绿色的双层鞋柜（图 4-37）；分类方式记录卡（图 4-38）；鞋子图示卡（图 4-39）。（幼儿园如果没有实物小鞋子，教师可用卡纸或者其他材料自制不同特点的鞋子代替使用）

图 4-34

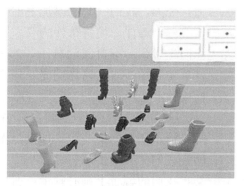

图 4-35

图 4-36

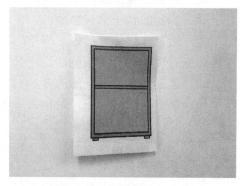

图 4-37

图 4-38 图 4-39

活动过程

一、导入环节：鞋子舞会

1. 根据鞋子相同处挑选舞伴，一起跳《鞋子舞》。

师：今天，我们一起来参加毛毛虫小姐的鞋子舞会。开始跳舞之前，小朋友们要找一个舞伴。挑选舞伴的要求是：舞伴的鞋子要和你的鞋子有相同的地方。你们先观察一下自己的鞋子，看看颜色、图案、样式等有什么特别的地方。音乐响起的时候，请你们先互相找一找舞伴，再一起跳《鞋子舞》。

播放舞会音乐，师幼一起跳《鞋子舞》。

2. 幼儿分享，介绍自己舞伴的选择依据。

师：请小朋友们说一说，你是根据什么找到舞伴的？

幼：我们的鞋子上都有这个小山一样的标志。

幼：我们的鞋子上都有鞋带，所以我们两个是舞伴。

幼：我们的鞋子前面都是圆圆的，像大贝壳一样，我们两个就当舞伴了。

幼：我们的鞋子都有粉颜色，我们就是舞伴了。

师：哦，你们都观察到了舞伴的鞋子跟你的鞋子有一样的地方，都有哪些一样的地方呢？都有粉颜色，是什么一样呢？

幼：就是颜色有一样的地方。

师：都有圆圆的贝壳，是什么一样呢？

幼：有一样的形状。

师：那都有小山标志是什么一样呢？

幼：是图案一样吧！

小结：小朋友们真棒！你们不仅找到跟自己鞋子有一样地方的舞伴，还能说出是什么地方一样。毛毛虫小姐也想让你们帮它找鞋子呢！

二、帮毛毛虫小姐找鞋

1. 观看 PPT 课件，观察毛毛虫小姐鞋子的特征。

师：毛毛虫小姐为了参加舞会，买了很多新鞋子。我们一起看一看，毛毛虫小姐都有哪些鞋子吧？

幼：毛毛虫小姐的鞋子有带翅膀的，还有的有鞋带。

幼：这一双鞋子上有高高的鞋跟，是高跟鞋。

幼：毛毛虫小姐有靴子，靴子上也有鞋带。

幼：它有蓝色的鞋子，还有粉色的鞋子。

幼：它有好几双靴子，靴子有的长、有的短。

师：靴子的哪里有长、有短？

幼：是靴子的筒有的长、有的短。

小结：小朋友们观察得很仔细，毛毛虫小姐的鞋子样式可真多，每一双鞋子都有不同的特点。

2. 继续观看 PPT 课件，初步尝试按照不同特征找鞋子。

师：毛毛虫小姐想穿一双高跟的、有带子的鞋子跳舞。可是，这么多鞋，它自己找不到，请小朋友们帮帮忙吧！

教师一边强调鞋子的特征，一边引导并等候幼儿观察、寻找。

幼：我找到了，毛毛虫小姐想穿的是这双鞋。（幼儿上前指着其中一双鞋子）

师：我们一起看一看，这双鞋是不是毛毛虫小姐需要的？

幼：是，它是高跟的，还有鞋带。

教师引导幼儿将找对的鞋子用图示记录在小黑板上。

师：还有谁能帮毛毛虫小姐找一找？

幼：这双鞋子也是毛毛虫小姐想穿的。（幼儿上前指着另一双鞋子）

师：我们一起看一看，这双鞋是不是毛毛虫小姐需要的，高跟的，有鞋带的？

幼：不是，这双鞋只有高跟，没有鞋带。

师：没关系的，我们再仔细观察一下。

教师继续引导幼儿观察、比较，并将符合特征的鞋子用图示进行记录。

小结：你们都是热心肠的小朋友，一边认真观察，一边想着要找的特征，帮助毛毛虫小姐找到了它想要的鞋子，它说"谢谢"你们呢！

三、帮助毛毛虫小姐整理鞋柜

1. 第一次整理鞋柜，尝试按照一种特征自由分类。

（1）出示鞋柜，引出分类整理的方法。

师：这次幸亏有你们的帮助，毛毛虫小姐才能这么快就找到自己想要的鞋

子。你们还有没有什么好办法，能让毛毛虫小姐下次自己快速地找到想要的鞋子呢？（幼儿自己想办法并说出来）

幼：告诉毛毛虫小姐要认真看。

幼：可以一双一双地找，不要着急。

幼：可以把这些鞋都摆整齐。

幼：可以把一样的鞋子放在一起。

师：你们的方法都特别棒！我这里有两个鞋柜，看看能不能用上。

幼：可以把鞋摆整齐，放在鞋柜里。

幼：可以把高跟鞋的放在一个鞋柜里，不是高跟鞋的放在另一个鞋柜里。

幼：可以把有鞋带的放在一个鞋柜里，没有鞋带的放在另一个鞋柜里。

出示每人一份的小鞋子操作材料，印有小鞋柜的纸，教师引导幼儿按自己的想法进行一种特征的分类。

（2）幼儿自由操作，初步尝试按照一种特征分类。

师：毛毛虫小姐的鞋子都在桌子上呢！你们试试有什么好方法帮它整理一下吧！

幼儿自由操作，教师巡回指导。

师：你用的是什么好方法呀？你想把高跟鞋都放在黄色鞋柜里，这双鞋呢？它是高跟的，还是平底的？

幼：它是平底的。

师：那应该放在哪儿呀？

幼：应该放在绿色鞋柜里。

（3）集体分享，引导幼儿表达自己的分类方法。

师：小朋友们都整理好小鞋柜了，我们一起分享一下吧！

幼：我是按照颜色分的，粉色的鞋子放在黄柜子里，蓝色的鞋子放在绿柜子里。

师：这个方法可真好，我们把这个方法记下来，还有不一样的方法吗？

幼：我按照高跟鞋和不是高跟鞋放的。黄柜子里都是高跟鞋，绿柜子里都是平底鞋。

师：又找到了一种新方法，你们谁和他的方法一样？

师：你们都是按照鞋跟高度的不同来整理的。我们把这个方法也记录下来，还有谁想来分享你的方法？

幼：黄色的柜子里放的都是有鞋带的鞋，绿色的柜子里放的都是没有鞋带的鞋。

小结：我们一起看看你们想到的整理方法，我们可以按照鞋子的颜色、鞋跟和鞋筒的高度不同、有没有鞋带等特征来整理。这下，毛毛虫小姐找鞋可方便多了。

2. 第二次整理鞋柜，尝试按照两种特征进行分类。

（1）出示两层鞋柜，讨论更有挑战的整理方法。

师：毛毛虫小姐还买了这种两层的鞋柜，人家告诉它，这样的鞋柜整理好鞋子更方便。小朋友们想想，应该怎么放鞋子呢？

幼：可以把刚才分好的鞋子再整理一下。

师：你刚才是按鞋子高跟和平跟分的，你想怎么继续整理呢？

幼：我可以把粉色的高跟鞋放一层，粉色的平底鞋放一层。

师：哦，这个好有挑战呀，可以试一试。我给小朋友们准备了好多两层的鞋柜，大家都可以试一试。

（2）幼儿操作，初步尝试根据两种特征进行分类。

教师巡回指导，鼓励幼儿在前次分类的基础上，依据两种特征观察鞋子，并将具有同一特征的鞋子放入双层鞋柜里。

（3）分享经验，鼓励幼儿清楚地表达自己的分类方法。

师：这个很难呀，我看有的小朋友也整理出来了，说说你的方法吧！

幼：我是先分好颜色，粉色的高跟鞋放在一起，粉色的平底鞋放在一起。然后蓝色的高跟鞋放在一起，蓝色的平底鞋放在一起。

幼：我是先看看有没有鞋带，有鞋带的高跟鞋放在一起，没鞋带的高跟鞋放在一起。

幼：我想按照靴筒和颜色分，但还没有分好呢！

师：没关系的，不着急。我们的活动结束后，没有分完的小朋友还可以到活动区继续试一试，一定能找到方法的。

小结：要放到两层的鞋柜里，首先要找到鞋子的两个特征，然后按照定好的两个特征去观察鞋子，就能把鞋子分类整理好啦！小朋友们真棒！

四、活动结束

教师：小朋友们分享了这么多整理鞋子的好方法，分得越细致，就越容易找到鞋子。毛毛虫小姐的鞋子是这样，咱们家里的鞋子也是这样。咱们班的拖鞋架怎么摆放，之前大家有不同意见，这次，我们可以去试试新方法了。小朋友们的家里也都有鞋柜吧，爸爸、妈妈和你的鞋子都要放在鞋柜里，如果像毛毛虫小姐这样乱放，也不好找。因此，我们可以把今天尝试的好方法，在家里试一下，看看是不是更方便啦！

五、活动延伸

1. 将操作材料投放在数学区中，引导幼儿继续探索更多的分类方法。

2.引导幼儿用自己的方式记录分类方法，并主动与同伴分享。

3.鼓励幼儿对家里的鞋子进行分类，体会数学方法在生活中的应用。

活动反思

本活动来源于幼儿在生活中发现的问题，借助幼儿喜爱的故事情景和操作游戏活动将数学学习的核心经验和幼儿的生活结合在一起，引导幼儿在生活中发现，在游戏中学习。教师先运用游戏手段，将幼儿带入到毛毛虫小姐的舞会情景中，随着故事情节的推进，幼儿开始观察鞋子——找鞋子——整理鞋子，环节层层递进，调动幼儿多感官参与游戏，在动手操作中感知、体验和发现。

活动过程中，教师关注了中班幼儿分类学习的水平，设计了两个不同难度的多角度分类，以一种特征分类为主，为幼儿创设实物操作、探究的机会，在活动最后环节又鼓励幼儿初步尝试了按照两种特征进行分类，引导幼儿体验到分类整理让生活更便捷的实际作用。教师还注重幼儿数学语言的表达，在每次操作游戏前后，教师都鼓励幼儿大胆表达自己的想法，借助图示的方式，引导幼儿说完整的数学语言，帮助幼儿将抽象的逻辑思维具体化、可视化，既增加了活动的趣味性，又提供了更多数学语言表达的机会。

活动点评

教师敏锐地关注到了中班幼儿的兴趣和数学教育的契机，设计了本次分类活动。数学有很强的系统性和逻辑性，方式、方法要是不合理，很容易变得枯燥无味。教师能从幼儿感兴趣的事件出发，结合故事情境，激发幼儿探究的兴趣，做到了数学活动源于生活，用于生活，对于幼儿感受生活中数学的有用和有趣起到了很好的支持作用。

教师把握住了中班幼儿学习特点和学习方式。幼儿喜欢的学习方式一定是以直接经验为基础的、能够多种感官感知的、能与材料充分互动的、符合幼儿理解水平的。给鞋子分类的实物操作支持了幼儿主动操作、大胆探究和积极表达。教师从幼儿熟悉的事物和可操作的材料出发，活动设计有层次、有挑战性；灵活运用数学游戏情境，支持了幼儿更好地理解数学、感知数学，激发他们对数学探究的热情，而眼、耳、口、手、脑等多种感官参与，最大限度地发挥了幼儿的身心潜能，让抽象的数学形象化、具体化，生动而有趣。

（案例提供：北京市海淀区富力桃园幼儿园　陈凯鑫
案例点评：北京市海淀区富力桃园幼儿园　张冰钰）

👑活动三　大班数学活动——一米有多长

💗设计思路

在幼儿园里，每年都会有体能测试，孩子们常常听到"投掷多少米""立定跳远1米"等表示距离的"米"，在公共环境中也常常看到"一米线"标识。幼儿对"米"这个词有了一定的了解和认识，也知道通过测量可以了解长短、高矮的结果。但是，一米到底有多长？什么样的测试方式可以帮助幼儿具体认识一米呢？在设计"一米有多长"的活动时，教师基于幼儿对"米"的模糊认识和对测量的粗浅经验，希望通过探究学习的方式，帮助幼儿习得相关经验，形成共同认知。

💗活动目标

1. 积极参与探究学习活动，体验发现的乐趣。
2. 掌握用自然物测量长度的方法。
3. 尝试运用多种材料或多种方法进行测量并正确记录、大方表达。

💗活动重点

探索使用适宜的材料或工具进行测量。

💗活动难点

能用数字、图画或其他符号记录测量一米有多长的方法。

💗活动准备

室内环境中各种游戏材料、学习用品，一米长的卷尺，1米长的纸条若干，记录表，照相机，电视及传输线。

💗活动过程

一、导入环节：引发对"一米有多长"的探究兴趣

1. 结合生活，提出问题。

师：小朋友们练习投掷，都投了多远呢？

幼：老师告诉我投了5米！

幼：老师，我投了6米！

师：你们的回答里，都有一个"米"字？还有哪些测试项目用到了

"米"呢？

幼：立定跳远，要跳 1 米以上，才算合格。

师：一米有多长呢？

幼：这么长！（用双手比划）

2. 对比观察，启发思考。

师：在体能测试里，常常用到"一米""几米"这几个词。大家还在哪里见过一米呢？

幼：医院里有一米线。买东西时，也要按一米线的距离排队。

师：那么你们看到的一米有多长呢？

幼：就是这么长（继续用手比划），有我的胳膊这么长！

师：朋友们的胳膊不一样长，那么比划出来的一米也不一样长啊？（教师与配班老师比胳膊的长短）

幼：有大人迈一大步那么长……

师：每个人迈的步伐都不一样，那么迈出来的一米也会不一样的。（教师与配班老师各迈一大步进行比较，引导幼儿发现每个人的步幅不一样）

幼：（两手围成椭圆形）有这么长……

师：就这么一比划吗？每个人都这样比划吗？那身体高矮不同，胳膊长短不同，这么一比划能准确吗？

幼：有桌子的长边这么长……（其他幼儿的表情表现出质疑、不相信）

二、认识一米尺，了解一米的长度

1. 一米尺什么样？

师：老师这里有一根 1 米长的尺子，它非常标准。请大家看看，说说你有什么发现？

幼：一米尺很直。

幼：上面有很多长的、短的黑线。

幼：有数字。

师：（带领幼儿指认刻度一起念一遍）1、2、3、4、5、6、7、8、9、10。

2. 一米的长度有多少？

师：老师的一米尺是你们比划的那么长吗？

幼：不是。我们比划得不标准。

师：有的小朋友说一米有大人的胳膊那么长，老师用一米长的尺子来量一下胳膊。（把胳膊伸直，与一米尺比较，结果胳膊比一米尺短）

师：结果怎么样？

幼：一米比胳膊长，我们比划的动作也不标准。

师：那么我们怎么展示一个标准的一米长度呢？用什么东西能很准确地摆出来呢？

幼：可以用积木摆，可以用书摆，可以用水彩笔摆，用图画纸摆，用水彩笔盒摆……

3. 幼儿自主探究，用多种材料摆放表示一米的长度。

（1）介绍材料和记录表。

师：老师为小朋友们做了很多一米长的纸条，大家比比看，标准吗？（用一米尺与一米纸比较，让幼儿明白一米纸很标准）

师：请小朋友们看看记录表，表中有 3 个格。第一个格里画出你所用的工具，在第二个格里画出工具摆放的方法，在第三个格里用数字写出摆了多少个。（出示记录表格，边指表格边讲解，然后将记录表分发给幼儿）

（2）大家一起摆一摆。

师：请小朋友们快速找到自己想用的材料，把一米纸放直，用选好的材料和工具顺着它摆出一米的长度来。数数能摆出多少个？你是怎么摆的？

幼儿取走一米纸条。教师提醒幼儿找一个可以平铺纸条又不影响别人的地方，先摆直一米纸，然后自取想好的材料、工具开始摆放。教师观察幼儿动作，指导幼儿把一米纸条摆直，可以借用透明桌垫或重物压住纸条，保证它是直的、平的，便于在上面摆放材料。

幼儿在建筑城地面上摆直一米纸，取出中长方体积木，对齐一米纸条的一端，一块积木紧挨一块积木地摆放，最后剩余一点儿白纸，取来小正方体积木把它摆满，一共摆了 4 个中长方体，一个小正方体积木。幼儿在记录表上画出中长方体积木和小正方体积木，在摆放栏内画出一个紧挨一个摆放的样子，在数量格内写出"4+1"……

幼儿在桌子上摆直一米纸，取来几个一样的水彩笔盒，与纸条的一端对齐后，开始摆放，最后剩余的部分用小印章代替摆满，然后在记录表内记录：水彩笔盒和小印章，一盒紧挨一盒，3+1。

幼儿在窗台上摆直一米纸，取来 A4 图画纸，一张张摆直，摆满 3 张 A4 纸，在记录表内画出 A4 纸、纸边紧密相接，写下数字"3"。

教师用照相机拍下方法正确幼儿的动作，并给予肯定。

幼儿在窗台上摆直一米纸条，然后找来露露罐，摆了 3 个后就没有了，又换成王老吉罐，摆了两个，就没有了，又换成啤酒罐，最后剩余纸条部分用瓶盖摆满。在记录纸上慢慢地画着这些东西，由于数量较多，有些数不过来了。

幼儿在窗台上摆直一米纸条，随意取来不一样的水彩笔盒，把水彩笔盒竖着紧密摆放，用笔盒的宽边来量。

幼儿把一米纸条摆在地上，取来围棋子，顺着纸条摆放，但围棋子是圆形，不容易紧密衔接，也不能准确地沿一米纸的边缘摆直，弯弯曲曲的。

幼儿把一米纸条摆在桌子上，一边已经出了桌子，取来剪子（不一样有长、有短）摆放，最后数出 21 把剪子，但没有摆到纸边。

···········

教师用照相机拍下这些摆法有问题、测量方式不准确的情景。

4. 共同讨论，分析问题，总结方法。

（1）展示几组摆放出现问题的照片，引发幼儿讨论。

师：（将照相机与视频线连接，请幼儿暂时停下自己的操作，一起观看大屏幕并分析照相机拍摄的摆放情景）请小朋友们看一下，这些摆出一米长度的做法中有什么问题？

①出示用露露罐、王老吉罐、啤酒罐、瓶盖摆放的照片。

幼：找的工具不一样，不标准；换了好几种，不好记录了。

师：（及时肯定幼儿的说法）小朋友们选择的材料应该是一样的，长短、大小都一样，这样准确、清楚，记录时也会很简单、正确，向大家介绍时也更加明白。

②出示竖着摆放宽度不一样水彩笔盒的照片。

师：这种摆法有问题吗？

幼：选用的水彩笔盒不一样宽，这样不准确。

师：对，这个问题跟第一个一样，都是选择的工具不统一、不标准，这样摆出来的结果也不标准，记录时会很不准确，也很复杂。

③出示用围棋子摆放不紧密、弯弯曲曲的照片。

师：请看这种摆法有什么问题吗？

幼：他选用的围棋子是一样的，这是对的。但是摆得弯弯曲曲的，不直，还有空隙，这样也不准确。

师：对，使用了一样的材料是很好的。但摆放时，应该再细心一些，棋子之间不能有空隙，还要摆直。这样摆，最后数出来的棋子数就不准确。

④出示用剪子摆放但没有与一米纸一端对齐的照片。

师：请小朋友们找找这种摆法有什么问题？

幼：剪子和纸条的一头没有对齐，应该把剪子的边和纸条的边挨在一起对齐的，摆到另一头不够时，可以用别的小东西代替。

师：对，标准一米纸的边一定要和材料的边对齐，就像两个小朋友站在一条起跑线上进行比赛一样，这样才准确、公平。摆到头不够时，可以用其他小材料代替，用小手指头也可以。这样记录时又准确又新颖。

（2）共同梳理，总结正确的摆放方法。

师幼共同小结测量的正确方法：

①测量物和被测量物的一端对齐；

②测量物之间不能有空隙；

③测量物要摆直，不能弯曲；

④测量到头不够时，可以用小材料代替。

师：（出示正确摆放方法的照片）请小朋友们根据我们总结的方法再看看这些动作对不对？

①出示"将中长方体积木与一米纸条的一端对齐，紧密摆放，剩余部分用小正方体积木摆满"的情景照片。

师：这个小朋友的动作标准吗？符合哪个方法？

幼：很标准，用了测量物和被测量物一端对齐的方法。

②出示"用一样的水彩笔盒与纸条的一端对齐后，紧密摆放，最后，剩余部分用小印章代替摆满"的照片。

师：这个小朋友的动作标准吗？符合哪个方法？

幼：标准！材料中间不能有空隙，最后不够时，可以用小材料代替的方法。

③出示"A4 图画纸一张张摆直，摆满 3 张 A4 纸"的照片。

师：这个小朋友的动作标准吗？符合哪个要求？

幼：标准！用了测量物之间不能有空隙、不能有弯曲的方法。

师：大家说得很好，请小朋友们检查一下自己的方法是不是准确？选择的材料是不是统一标准的？如果最后有剩余部分，应该找什么样的材料代替？请用最简单的图画记录。

幼儿回到自己的操作中检查，把材料与一米纸的一端对齐，重新摆放不紧密、不直的材料，有不统一的材料进行调整，使用一样的材料摆放，最后有剩余的地方用最简单、方便的小材料代替。

教师观察指导幼儿做记录：用单线条画出材料的样子，紧密、笔直的摆法，数出准确的数量，用"+"连接最后的代替材料。

三、展示方法，交流记录

幼儿都完成至少一种材料的探究摆放，教师请幼儿讲一讲自己的操作方法和记录。

幼：（将记录表面向大家）我用的材料是中长方体积木，一个一个紧挨着摆齐，一共用了 4 块中长方体小积木和 1 块小正方积木，摆出了一米的长度。

幼：我用一模一样的水彩笔盒和一米纸的一端对齐后，直着摆，最后剩下的部分用小印章接上，记录是 3 个水彩笔盒＋1 个小印章等于一米长。

…………

师：大家的记录都很清楚，我们知道了一米有多长，会用统一标准的材料来摆放一米的长度，比以前小朋友说的胳膊长、一大步长要准确多了。但是，测量跳了多远、跳了多高，最准确的工具还是尺子。老师把一米纸条放在活动区里，小朋友们在游戏时可以继续测量。

四、活动延伸

1. 区域活动引导幼儿自选测量工具，用正确的测量方法测量班级的物品、场地等。

2. 用不同的工具、多样化的测量方法测量幼儿园场地或者幼儿想要测量的物品，进一步拓展测量经验，感受数学的有趣和有用。

♥ 活动反思

本活动随着主题活动的进行和幼儿的关注点自然生成。活动从目标制订到活动形式都遵循大班幼儿的年龄特点和合作学习的需要；活动重、难点的设置有助于引发幼儿自主探究，给幼儿提供了比较充分的动作操作、探索发现的时间和机会，幼儿在活动中始终保持着积极参与的状态。教师在发现幼儿出现问题时，能够利用多媒体工具及时捕捉细节，引导幼儿自己观察、分析，找到原因，归纳正确的测量方法，并再次运用到自己的操作实验中，完全符合大班幼儿"有目的、有计划地引导幼儿生动、活泼、主动活动"的发展水平。

♥ 活动点评

本活动源于公共环境中常见的一米线，也基于幼儿生活经验，可以与主题活动相结合，也可以作为数学学习活动独立进行。在活动中，开始部分，教师启发幼儿对"一米有多长"进行思考，面对有趣但模糊不清的认识，教师没有急于纠正，而是给幼儿提供了一个反思自己学习活动的机会，激励幼儿在做中学、学后做，发现问题，解决问题，归纳、提升知识，有效提高"教"与"学"的质量。

将探索适宜材料或工具测量作为活动重点，是为了给幼儿充分操作的机会，从而发现选择材料或工具的规律。难点是，在幼儿不断尝试用各种材料表示一米的长度时，发现选择材料的规律并用数字、图画或其他符号进行记录。教师对幼儿探索过程中会出现怎样的问题，提前预设，通过拍照和画图等方式保留和积累有趣的探索与发现，引导幼儿观察、分析，找到原因，归纳正确方法，重新作用于自己的操作实验，实现《指南》中"用一定方法验证猜想"和"探索中有所发现时感到兴奋和满足"的目标。

"掌握用自然物测量长度的方法"，这是本次活动的一个教学目标。在 30

分钟时间内，幼儿要把一米转化为具体材料，通过不断试验、探索、验证想法、发现规律，这的确不是一件轻而易举的事。但是，在活动中，我们却看到幼儿始终处于快乐学习的状态，而且这种快乐并不是通过教师的简单刺激而激发出来的一种肤浅的快乐，而是由学习内容基于幼儿经验并通过开放的探索空间，激发幼儿验证猜想、寻找答案的快乐，对幼儿学习品质的发展和共同学习形成新经验都具有积极的影响。

整个活动的节奏把握得比较好，使幼儿有思考、有行动、有反思、有验证、有交流、有安静地记录，充分考虑幼儿的学习特点和认知规律，将科学、语言、艺术相结合，促进幼儿主动学习，获得经验，得到发展。

附记录表：

"一米有多长"记录表

工具	方法	数量

（案例提供与点评：北京市西城区三义里第一幼儿园　刘　婷）

♛ 活动四　大班数学活动——看图做游戏

♥ 设计思路

幼儿升入大班后，活动的自主性与主动性明显增强，他们能够自主地策划和组织各种活动。在主题活动"我的蜗牛朋友"活动中，幼儿充满兴趣地探究和分享了蜗牛的秘密。由于蜗牛又生了许多宝宝，幼儿通过讨论决定让弟弟、妹妹们领养。他们制订了一系列的"领养宣传计划"，在"设计宣传活动场地"的时候，大部分孩子对平面图不了解，他们设计的平面图还是有情景的绘画形式，有的图没有方向，有的图也只有简单的参照物。《指南》在科学领域目标中提出："能根据简单示意图正确取放物品。"教师源于幼儿现阶段对平面图的需要，设计了本次数学活动，让幼儿通过活动学会看图，并运用平面图解决生活和游戏中的问题。

♥ 活动目标

1. 理解场景平面图中各个符号的意义。
2. 能够按照平面示意图的标注找到实景中的位置。
3. 体验用数学方法解决生活问题、游戏问题的乐趣。

活动重点

理解场景平面图中各个符号的意义。

活动难点

能够按照平面示意图的标注找到实景中的位置。

活动准备

1. 经验准备：观看过幼儿园操场的示意图，并按照示意图中体能测试的项目和位置，进行自主的练习活动；设计过"领养宣传场地设计图"。

2. 物质准备：教室平面图（1张大、18张小）、3个圆点、《蜗牛藏宝图》18张、蜗牛折纸18个。

活动过程

一、导入环节

师：前段时间，咱们班小朋友观察蜗牛、研究蜗牛，每位小朋友都像小博士一样，特别棒！今天，我们要玩一个好玩的、有难度的游戏，游戏的名字叫作"看图找座位"。你们猜一猜，这个游戏怎么玩？

幼：有一张图，上面画着一些记号。

幼：有一张图，上面画着桌子、椅子，你要坐在哪个椅子上，看上面的标记。

幼：有一张图，上面有标记，椅子上也贴着一模一样的标记，坐在一样标记的椅子上就可以了。

师：哦，小朋友们是这么理解的。老师确实给大家准备了图，这张图里藏着小朋友们坐在哪里的小秘密。一会儿，你要仔细看图，看懂图之后，再去找座位。请你到周围的桌子上拿一张图去找属于你的座位吧！

二、活动过程

（一）玩游戏"看图找座位"，感受和梳理看图的方法

1. 第一次玩"看图找座位"游戏。

幼儿拿着图，对应教室的摆设，寻找到图中标有红点的位置。（图中间用长方形表示桌子，圆形表示椅子，边缘部位长方形表示活动区的柜子，扁长方形表示电视等）

师：看看哪些小朋友找到座位了，你们都找对了吗？

幼：老师，我找好了，红色的就是我的座位。

幼：老师，我还没有找到。

幼：牛牛应该坐这儿。

幼：他不会看图。

师：牛牛，小朋友说你坐这儿，你知道为什么吗？没关系，我们一起来帮助你。

2. 共同分享"看图找座位"的经验，解决遇到的问题。

（1）分享遇到的问题。

师：有的小朋友成功地找到了座位，有的小朋友却遇到了困难，我们一起来说一说吧！

幼：我怎么看也看不懂图？

幼：你就看红点就行了，这些小圆圈是小椅子。

幼：不知道怎么分图的反正方向？

幼：图上没有数字，我还是不知道坐在哪儿？

师：小朋友们遇到了两个问题，一是不知道怎么拿正图，还有不知道怎么看图入座，为了让小朋友们看清楚，老师准备了一张大的平面图，我们一起看一看、找一找。

幼：牛牛，你的红点在这儿，这个是你的椅子。你看这些长方形是桌子，这边有3张桌子，这边也有3张桌子，你的座位在这边的桌子上。

幼：然后再数一数，1、2、3，是第三桌，你这个点在中间，那么就是坐中间的位置。

师：牛牛，你明白了吗？

幼：不明白。

师：谁再来给他讲一讲？

幼：牛牛，你的位置应该是右边这一列的第三桌。现在，图上没有数字1、2、3，你就要按照它现在的排列在脑子里给它标上数字，然后就可以根据数字，看着图纸，找到你的第三桌。你的座位在中间，即便两边的小朋友没有找到座位，你也可以按照自己的图纸找到自己的位置。

幼：我有一点点明白了。

师：真棒！我们一起帮助牛牛梳理一下。拿到这张图的时候先做什么，后做什么，用什么方法就能找到座位了？

幼：我先找到了桌子，然后找到了椅子，再对着教室的桌子找位置，就找到自己的座位了。

师：咱们看看图上都有哪些图形，分别表示什么呢？

幼：长方形的是桌子，圆形的是椅子。

师：怎么对位置呢？

幼：图上画着两排长方形，跟教室里的两排桌子位置是一样的，这样就能找到自己的桌子，然后再找到自己的椅子。

师：牛牛，你现在知道怎么看图上的标识了吗？

幼：我知道了。

师：还有一个问题，怎么区分图的反正呀？

幼：可以对比着看看图上画的柜子和教室中的柜子，比如美工区前面有两个柜子，图上这两个长方形就是美工区的两个柜子，这边细条是照相馆的柜子，这里就是离照相馆最近的门框。

师：这回，牛牛，你看懂图了吗？小朋友们看图的办法可真多。原来你们的方法是先找到一样东西，再用图对准它的位置，和它的方向一样，就找到座位了。牛牛请你用小朋友教你的方法去找座位吧！其他小朋友用刚才大家说的方法检查一下，找对座位了吗？如果不对，调整一下。

师：你坐对了吗？

幼：我看看，好像不是这里。

师：那牛牛你带他去找一找。

幼：（牛牛带着同伴一起看图）先找柜子，再看桌子是挨着哪个的柜子，再找桌子、座位，你应该坐这儿才对。

师：牛牛不仅自己找到了座位，而且还帮助小朋友找对了座位，太棒了，我们给他鼓鼓掌。

3. 第二次玩"看图找座位"游戏。

师：请小朋友们把图纸扣在桌子上，闭上眼睛。我要打乱你们的图纸，我们再来玩儿一次，看看你们能不能快速地找到座位。

教师更换幼儿手里的位置图，鼓励幼儿运用讨论出的识图方法再挑战一次。

幼：老师，我找到座位了！

幼：我是坐这儿的！

师：找到座位的小朋友，大家互相检查，这回你们都找对了吗？你们是不是用了大家说的方法，先找到一样东西，再用图对准它的位置，和它的方向一样，然后用图上的座位和班上的座位比一比、对一对，就找到座位了。

（二）玩游戏"看图找蜗牛"，迁移和运用看图的经验

1. 玩"看图找蜗牛"的游戏。

师：我们现在都会看图了，再来玩一个"看图找蜗牛"的游戏。这回，图纸变难了，老师把小朋友制作的折纸小蜗牛藏在了咱们班各个角落，藏的位置也画在图上了。一会儿，每个人去取一张图，看看能不能找到小蜗牛。

①幼儿自行拿一张图纸，在教室中按照图纸寻找折纸小蜗牛。教师跟随观察幼儿的活动，与幼儿随机互动。

幼：老师，我知道这个画的是盥洗室。

幼：老师，我还没找到呢！

师：你先看一看，这张图纸是哪间屋子？图纸里面的这些图形代表了什么？

幼：哦，是睡眠室吧？这个图形是床，我再去找找看。

师：好，那就再看看图，去试一试。

②找到折纸蜗牛的幼儿将其贴在白板对应的图纸上，自由交流找到蜗牛的位置。（图4-40）

图 4-40

2. 共同分享"看图找蜗牛"的经验。（图4-41）

图 4-41

师：你们都找到小蜗牛了吗？有没有没找到的？

幼：萌萌没找到，我们刚才都帮萌萌了，还是没找到。

师：我们一起帮助她看一看，这张图纸是哪间屋子？

幼：是活动室。

师：你们从哪儿看出来是活动室的？

幼：图上有桌子、椅子和很多柜子，跟活动室一样。

师：蜗牛藏在了活动室的哪一个区域呢？

幼：是图书区。

师：在图书区的哪个位置？谁愿意和萌萌一起去找一找？

幼：老师，我和萌萌找到了9号小蜗牛。

师：太棒了，你们一起来把小蜗牛贴在白板上吧！

幼：老师，露露的小蜗牛还没有找到，我们来帮助露露吧！

师：好，我们应该先看什么？

幼：先看是哪间屋子。

师：这张图是盥洗室，还是睡眠室？

幼：应该是睡眠室。

师：从哪里看出是睡眠室的？

幼：活动室的左边是盥洗室，活动室的右边是睡眠室。

师：好，那现在我们锁定目标啦！露露的小蜗牛应该藏在睡眠室。露露，你能去找找看吗？

幼：我想和露露一起去。

幼：老师，我们找到了，小蜗牛在老师的桌子下面呢！

师：这回所有的小朋友都找到了小蜗牛，你们今天真的很棒！所有的小朋友都学会了看图，不仅按照图纸找到了自己的小蜗牛，同时还能够帮助小伙伴，真棒呀！

（三）玩游戏"看图藏蜗牛"，巩固和提升看图的能力

师：刚刚游戏时的小蜗牛是老师藏的，你们愿不愿意试试自己藏小蜗牛啊？那我们来玩儿一个"我来藏，你来找"的游戏吧！一会儿，每个人去拿一张图纸，一定要按照图纸的位置和号码去藏小蜗牛。藏好之后，可以请好朋友按照你的图纸去找。好，游戏开始！

三、活动结束

师：通过今天的游戏，小朋友们都知道了如何看图。在我们的生活中，其实有很多的图纸，大家可以留意和收集，带到幼儿园和小朋友们一起分享。同时，我们还可以继续设计领养宣传活动场地，为领养小蜗牛的活动做准备。

四、活动延伸

1. 收集生活中的各种图纸，带到幼儿园和其他小朋友一起分享。

2. 继续设计"领养宣传活动场地设计图"。

💗 活动反思

1. 结合主题，了解经验。

在"我的蜗牛朋友"这一主题活动中，幼儿能够大胆游戏、积极观察、自主发现、通过多种方式解决问题。在准备蜗牛宝宝领养活动中，幼儿绘制的宣传活动场地设计图引发了他们的兴趣和讨论。在了解幼儿现阶段的经验和需求后，教师开始思考活动的内容、目标、形式以及师幼互动，希望在活动中帮助幼儿建构新的经验。

2. 对接《指南》，设计活动。

《指南》在感知形状与空间关系的目标中建议到："和幼儿玩按指令找宝的游戏。对于年龄大些的幼儿按要求按照简单的示意图寻找。"如何结合幼儿现有经验，让他们充分地感知平面图中的要素，学会看图、用图，是设计活动中的重中之重。因此，活动游戏目标的设计就显得尤为重要。

3. 贯穿游戏，梳理经验。

如何设计层层递进的游戏目标，帮助幼儿在原有经验的基础上不断地螺旋上升是值得认真思考的。本次活动以"看图找座位""看图找蜗牛""看图藏蜗牛"3 个游戏贯穿始终，让幼儿在游戏中发现并掌握看图的方法，体现自主探究。游戏"看图找座位"帮助幼儿感受和梳理看图的方法、"看图找蜗牛"帮助幼儿迁移和运用看图的经验、"看图藏蜗牛"是对幼儿看图经验的巩固及提升。3 个游戏层层递进，让幼儿在游戏中大胆尝试和分享、不断思考和碰撞，活动中幼幼之间的共同学习、师幼之间的讨论和互动，帮助幼儿将散落的经验进行梳理和提升，获得新经验。

4. 拓展活动，回归生活。

活动结束后，孩子们会继续收集生活中的各种图纸、继续设计"宣传场地图"。相信幼儿能有更多的发现、会更好地解决问题。最终，将习得的经验运用在游戏中，让经验真正地回归生活！

💗 活动点评

此活动具有游戏性，活动设计能够充分发挥活动内容的特点，让幼儿在 3个游戏中进行自主探究：看图找座位、看图找蜗牛、看图藏蜗牛，环节与环节之间层层递进，幼儿在前一个游戏中获得的新经验都会成为下一个游戏的重要经验。看图经验的学习和迁移，不仅能够帮助孩子们解决游戏和生活中的问题，还能够锻炼孩子们的思维方式、发现数学的有趣、感受数学方法在生活中的应用，从而培养他们对数学活动的兴趣。

此活动内容源于幼儿的兴趣和需要，最终回归到生活中去应用。整个活动以游戏情节贯穿并带动幼儿的探索活动，符合大班幼儿的学习方式。活动中，师幼、幼幼的共同学习和探究，提升了幼儿的原有经验。

（案例提供与点评：北京市西城区小百合幼儿园　张　婕）

 6. 艺术领域之音乐活动

♛ 活动一　小班音乐活动——游戏：爱玩的小兔跳跳跳

设计思路

小班幼儿特别喜欢欢快活泼、节奏鲜明的音乐。伴随音乐，幼儿常常会用手舞足蹈来表达对音乐的理解。教师在和幼儿互动的过程中，要多关注幼儿的表达和表现，积极回应幼儿的想法，鼓励幼儿的想象与表达。此次活动乐曲选择符合小班幼儿的认知特点和审美偏好，教师通过幼儿喜欢的小兔子形象，设计了与音乐特点相符的故事和游戏情境，通过游戏化的引导过程和幼儿在动作中体验，帮助幼儿用多样化的方式感受、理解和表现音乐，从而提升幼儿随乐动作的能力。

活动目标

1. 感受音乐欢快、活泼的特点，体验和教师、同伙共同游戏的快乐。
2. 能在情境中随音乐段落的变化表现小兔子的不同动作。

活动难点

能够伴随音乐情境，感受和辨别音乐结构的不同特点。

活动难点

能随音乐的变化尝试用动作表现小兔走、跳、爬山的情境。

活动准备

1. 经验准备：了解小兔子的基本特点，有入场律动的经验。
2. 物质准备：音乐《快乐的森林》《小兔跳跳跳》《咿呀咿呀哟》，小兔子挂饰若干，胡萝卜图片若干；与音乐相关的动画图谱。

💗活动过程

一、导入环节

创设森林情境，随音乐《快乐的森林》做律动，进入活动室，引发幼儿参与活动的兴趣。

师：兔宝宝们，今天，兔妈妈要带宝宝们出去玩儿，让我们一起听着音乐，出发吧！

师：走走、跳跳跳，采蘑菇、拔萝卜，走走、跳跳跳……

二、活动过程

（一）通过视听结合与语词节奏，初步欣赏音乐，在音乐情境中感受音乐的特点

1. 第一次欣赏音乐，鼓励幼儿表达自己对音乐的感受。

师：我们玩得真开心！今天，兔妈妈带来了一首音乐，我们一起来听听。听完告诉大家，你想到了什么？

幼：我觉得有人在吹喇叭，有时候吹得长，有时候吹得短。

幼：我觉得是小兔子在森林里蹦蹦跳跳。

幼：像我们在外面跳圈儿，有时候是两个圈儿，有时候是一个圈儿。

幼：我感觉像大象在走路和跳舞。

2. 播放动画图谱，再次欣赏音乐，视听结合，教师进行语词节奏地讲述，帮助幼儿理解音乐情境。

师：兔宝宝们想的故事可真有意思！兔妈妈听了真开心，它都想去外面走一走、玩一玩啦！我们一起来听一听，看一看，兔妈妈是怎么去的？经过了哪些地方？（图 4-42）

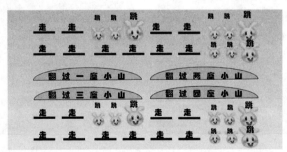

图 4-42

幼：兔妈妈是走一走、跳一跳出去玩的。

师：兔妈妈经过了哪些地方？

幼：兔妈妈经过了小山。

师：兔妈妈翻过了几座小山呀？

幼：4座，4座小山。

师：兔妈妈走一走、跳一跳，翻过4座小山，再走一走、跳一跳，去拔萝卜。你们想和兔妈妈一起去吗？

（二）通过手指律动与语词节奏，帮助幼儿更加形象地理解音乐与表现音乐情境

1. 通过手指律动初次感受和表现音乐。

师：我们把小手变成小兔，和兔妈妈一起出去玩吧！（图4-43）

图4-43

2. 尝试与同伴配合，随音乐做手部律动游戏。

师：刚才，我们的小兔在自己的身上走走、跳跳、翻小山。你们想不想和好朋友一起玩呀？（图4-44、图4-45）

图4-44 图4-45

（三）通过游戏化扮演的方式，支持幼儿在肢体律动中再次感受与表现音乐

1. 与幼儿讨论怎样"兔宝宝"怎样走走、跳跳、翻小山。

师：刚才，我们用小手变成小兔子，走走、跳跳、翻小山。我们兔宝宝自己走走、跳跳怎么做动作？我们站起来试一试。

幼儿站起来模仿小兔子走走、跳跳的动作。

师：兔宝宝的动作做得真好！有的兔宝宝走起路来又神气、又有节奏，跳得也很轻快，真开心！兔宝宝是怎么翻过小山的呢？

幼儿用动作表现兔宝宝慢慢上山等翻小山的情景。

2. 幼儿随音乐扮演兔宝宝，做游戏。

师：兔宝宝们走走、跳跳、翻小山的动作做得真好！现在，听着音乐，和兔妈妈一起出去拔胡萝卜吧！每个兔宝宝都要拔 2 根胡萝卜，做午餐，好吗？

师：兔宝宝们，你们都拔了胡萝卜了吗？那我们拿着胡萝卜，听着音乐，回家吧！先走走、跳跳，然后呢？

幼：要翻过 4 座小山。

师：翻过 4 座小山，就到家了吗？

幼：还要走一走、跳一跳，才能回家！

师：你们说得真好，兔宝宝们，千万要记得回家的路哦！我们听着音乐，回家吃胡萝卜喽！（图 4-46）

图 4-46

三、活动结束

（一）在音乐情境中，引导幼儿表达参与活动的心情，进行活动小结

师：兔宝宝们，你们肚子饿了吗？快吃一根胡萝卜吧！

师：今天，你们和兔妈妈、还有好朋友，走走、跳跳、翻小山，还拔了胡萝卜，心情怎么样？

幼：我很开心，和兔妈妈玩得很开心！

幼：我喜欢这个音乐，我还喜欢这个小兔子！

幼：我心里很幸福。

师：兔妈妈今天也很开心！我的兔宝宝们跟着音乐的节奏走走、跳跳都很神气，翻小山的动作还不一样，还记住了出去玩和回家的路，真能干！

（二）随音乐《咿呀咿呀哟》做开车行进与刹车的律动

师：刚才，拔了这么多胡萝卜，我们开着小车，送一些给别的小动物，好吗？

幼：好！开车啦！

四、活动延伸

（一）语词仿编游戏

仿编不同内容的儿歌，丰富幼儿的语言和动作经验。可以根据幼儿喜欢的动物形象、语词节奏进行仿编，如"小鸟，飞飞飞""大象，走走走""乌龟，爬爬爬""小马，跑跑跑"等，随之音乐游戏的情境也可以进行调整。

（二）节奏乐游戏

根据幼儿兴趣，可组织节奏乐活动，用"××｜××｜"和"×—｜×—｜"两种节奏型进行演奏，运用不同的身体部位发出的声音为音乐伴奏，如拍手和拍腿、踏脚和拍肩等；也可以用幼儿熟悉的两种乐器为音乐伴奏，如打棒和手摇铃、圆舞板和铃鼓等。

（三）音乐中的数学游戏

音乐情境延伸，与数学活动内容结合，提升幼儿数和物对应点数的能力。如在"小兔跳跳跳"的游戏情景，可以将4座小山进行替换，如4条小河、6棵大树、5间房子等，幼儿在游戏中学习数学。

（四）与表演区游戏结合

将音乐和活动材料（如胸卡、胡萝卜图片、乐器等）投放到表演区，支持幼儿进行自主表演与游戏。

💗 **活动反思**

本次活动选择的音乐欢快活泼、乐句分明，是AABA的音乐结构，其中A段音乐节奏鲜明、B段音乐相对舒缓，段落清晰。便于小班幼儿听辨出相同与不同，适合小班幼儿进行肢体表现和游戏。伴随着好玩的音乐情境、有趣的动画图谱，幼儿通过手指律动、与同伴配合玩手指律动游戏、角色扮演等，在听一听、看一看、玩一玩、演一演的多种方式中去感受音乐、体验音乐、表现音乐，情绪愉悦地享受音乐活动带来的美好体验。当幼儿熟悉、理解音乐后，他们会用自己的方式表达对音乐的理解，创造性表现也会随之萌生。教师充分地给予幼儿交往与表达、表现的空间，尤其在小班末期，为幼儿提供与同伴交往的机会；在幼儿表达自己感受的同时，教师及时通过语言进行肯定，幼儿在此活动中始终情绪愉悦，在积极参与中较好地达到了活动目标。

💗 活动点评

此次活动的选材非常贴近小班幼儿的生活与认知，通过创设音乐游戏的情境，充分、合理地调动了幼儿在活动中用手指、肢体去表现音乐，也促进了幼儿在活动中的情感体验，运用动画图谱、语词节奏等方法，调动幼儿多感官参与，发展了幼儿的听辨能力、随乐而动的能力、与同伴初步合作的能力、自主表现的能力等。在本次活动中，幼儿能始终保持着较高的兴趣，在轻松、愉快的游戏中，表现自己的想法，取得了较好的效果。

1. 活动选材形象化。

《小兔跳跳跳》这首音乐节奏变化鲜明，易于幼儿分辨段落的变化，选择小兔的形象也是小班幼儿非常喜欢和熟悉的，符合小班幼儿把假想当真实的认知特点，自己变身为小兔子，参与游戏过程，体验游戏的快乐。

2. 活动过程情景化。

依据小班幼儿的年龄特点与学习方式，将音乐活动的内容巧妙地嵌入兔妈妈带小兔子玩儿的情景，采用情境化的导入方式，避免了以往模式化的教学形式。此活动将音乐游戏的内容完全融入到兔妈妈和小兔出去玩的情境中，幼儿通过扮演"兔宝宝"在游戏的过程中感受、欣赏、表达自己的想法，在游戏中逐步熟悉音乐，激发幼儿主动地参与活动。

3. 活动指导多样化。

活动中，动画图谱的运用有效地吸引了幼儿参与活动的兴趣，提升了幼儿的专注度。幼儿能够在观察、倾听、分辨和表现的过程中，将抽象的音乐可视化、形象化、动态化。教师富有节奏的语词，也帮助了幼儿更好地理解音乐情境，有节奏地用局部的手指律动、全身的肢体律动表现音乐。教师在引导幼儿用肢体动作表现走走、跳跳、翻小山时，给予了幼儿主动表达表现的空间，教师有针对性的小结更加支持了幼儿大胆而富有个性的动作表现，是一个积极互动的过程。

4. 活动经验拓展化。

在集体教学活动之后，教师能够有意识地将活动中的经验进行迁移，与幼儿生活、游戏和其他领域活动建立联系，丰富和拓展了幼儿多方面的经验。

（案例提供：中国科学院第五幼儿园　罗　莉
案例点评：北京教育科学研究院早期教育研究所　何桂香）

♛ 活动二　中班音乐活动——节奏：点点的游戏

♥ 设计思路

幼儿喜欢模仿生活中的各种声音。声音符号的创造不仅利于发音、吐字等语言能力的发展，对于幼儿的想象力、表现力、积极关注周围世界同样具有很好的推动作用。不仅如此，声音符号的创造也是感知节奏、享受音乐的基础。在此次活动中，教师为幼儿提供了模仿表现和再创造的机会，引导幼儿在参与活动的过程中获得用声音变化与节奏变化表现音乐的快乐，不断积累多种经验。

♥ 活动目标

1. 感受声音中的节奏，愿意用自己的方式模仿生活中的声音。
2. 尝试创造不同的声音，伴随乐曲合拍地表现节奏的变化。
3. 喜欢和同伴共同探索，体验成功的快乐。

♥ 活动难点

愿意模仿生活中的声音，喜欢创造不同的声音符号。

♥ 活动难点

尝试探索声音的变化，能够合作表现乐曲的节奏。

♥ 活动准备

1. 经验准备：会唱歌曲《春天在哪里》。
2. 物质准备：各色水彩笔、便签纸若干，点点纸卡若干（大点 2 个、中点 4 个、小点 8 个），绿色纸条 1 根，背景板 1 块。（图 4-47）

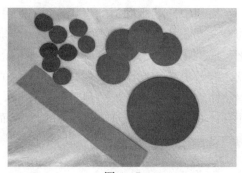

图 4-47

活动过程

一、导入环节

猜一猜：点点是什么

幼儿自然进入场地，围圈坐好。教师出示一支笔，在便签纸上画一个点儿，吸引幼儿的注意。

1. 看一看。

师：小朋友们看，这是什么？

幼：是个小点。

幼：一个点点。

2. 说一说。

师：你觉得这个点点像什么？看谁说的和别人的都不一样？

幼：眼睛、葡萄、小豆子、扣子、黑芝麻、我脸上的痦子、汤圆、火龙果里的籽儿、小石头……

3. 画一画。

师：小朋友们想象力真丰富呀！一会儿，每个人都可以选一支自己喜欢的颜色笔，在一张便签纸上画一个属于自己的点点，贴在黑板上。

幼儿自取事先准备好的水彩笔和便签纸，画好一个点儿后，将便签纸粘贴在黑板的任意位置上。

二、活动过程

（一）散点变声音的游戏——感受点点可以变成什么声音

1. 试一试：点点会发出哪些不一样的声音？

师：一会儿，你的点点将变成会发出声音的神奇点点，比如：小狗的叫声——汪、下雨的声音——沙、小铃铛的声音——铃。

2. 学一学，你的小点点可以变成什么声音？

幼：喵。

幼：吱。

幼：咩。

3. 拓展声音变化的内容，看谁想的和别人的都不一样。

师：这些都是小动物的声音，你还能发出其他的声音吗？

幼：我的机器人走路的声音——咔。

幼：敲门的声音——咚。

幼：射箭的声音——嗖。

师：这些是做动作发出的声音，还有什么动作能发出声音？

幼：摔倒了的声音——啪。

幼：踢球的声音——哐。

……………

（二）点点会唱歌的游戏——感受点点声音合在一起的变化

师：神奇的点点太棒了，都能发出和别人不一样的声音，春天就要来了，点点们收到"春天音乐会"的邀请，让我们带着好听、好看的节目去参加表演，你们想去吗？

1. 引导幼儿听指挥，整齐地发出自己创造的声音。

师：我们一起排练，唱一首点点的歌，请你注意看指挥，我的手一动，你们就发出自己创造的声音，这个声音可以和刚才的不一样。

教师指挥，幼儿同时发出自己创造的声音。

师：刚才，我们试了一次，你们有什么感觉吗？

幼：我好像忘记我自己的那个声音了。

幼：我都没唱出来。

幼：我唱了自己的声音，我坚持住了。

师：我们再来一次，注意一定要看指挥，才能知道什么时候开始，什么时候结束。这一次，看看谁的立场最坚定，不忘记自己的声音，发出的声音最好听！

教师指挥，幼儿发出自己创造的声音。

师：我们又试了一次，你们有什么感觉吗？

幼：有点儿听不清。

幼：吵。

幼：有点儿乱。

2. 引导幼儿想出既能听清楚每个点点不同的声音、又很整齐的好方法。

师：为什么我们都认真看指挥，立场也很坚定，但听起来不好听呢！

幼：因为我们不整齐。

幼：发出的声音不一样。

师：有什么好办法让每个点点的声音都能被听见？

幼：一个一个的。

幼：指挥指到谁，谁就唱。

幼：就像排队那样。

师：我们可以试一下，邀请一位小指挥，大家一定要看好指挥的手势，指到你的点点时，你就发出声音呦！

一名幼儿指挥，大家一起玩一次。

师：这次，我们好像成功了，你们觉得怎么样？

幼：比刚才好听了。

幼：我唱了小鸟的声音。

幼：指挥没有指到我的点点，我没唱。

师：哦，这又是个新问题，咱们的点点在黑板上贴得到处都是，指挥都忘记谁唱过、谁没有唱过了。谁还能想出好办法，解决这个问题？

幼：我们把点点贴成一排。

教师和幼儿一起将黑板上任意贴的点点便签纸摆成整齐的一排。

（三）有序的点点游戏——尝试有序地发出声音

1. 引导幼儿一个接一个地发出好听的声音。

师：这个方法真好，我们一定能成功。

邀请一名小指挥，从左至右依次指点进行游戏。

幼：叮、吱、咚、喳、呼、咩、叽、嗡……

2. 反向游戏，提示幼儿发出和刚才不同的声音。

师：这一次，我们的点点歌要从后往前唱，你创造的声音也要和刚才的不一样。

邀请一名小指挥，从右至左依次指点进行游戏。

幼：咔、嘎、丝、嗡、咩、嘎、呜、滴……

（四）大点、中点、小点的游戏——体验声音的大小和节奏的不同

1. 出示新的游戏材料——不会唱歌的大点、中点、小点，启发幼儿想办法帮助它们，让它们也能去参加春天音乐会。（难点：不能用嘴巴帮忙）

师：祝贺所有会发出声音的点点，你们都可以去参加春天音乐会了！可是，现在，还有一个问题（教师出示大点、中点、小点卡各一张）你们看，这是不会唱歌的大点、中点和小点，它们也想去参加春天的音乐会，谁能帮帮它们呢？

2. 启发幼儿用拍手的方式表现大点、中点、小点的不同。

师：想一想，你可以用哪些身体的其他小乐器发出声音？

幼：拍手。

幼：拍腿。

幼：踏脚。

师：我们一起试一试。

通过模仿最终确定拍手和踏脚这两种动作作为下一步使用的身体小乐器。

师：大点、中点、小点大小不一样，我们都用拍手或踏脚来表现，怎么发出不一样的声音？

幼：大点大大的，沉沉的，是慢慢的、重重的声音。

幼:中点的声音是一下一下的。

幼:小点的声音是快快的。

师:请你用小手或小脚试一试,发出大点、中点、小点不一样的声音吧!

提示幼儿凭借自己的想象,用拍手或踏脚拍、踏出不同的节奏。

(1)用慢、重的声音表现出大点的节奏:慢走(二分音符)。

(2)用整齐、一下一下的声音表现中点的节奏:走、走(四分音符)。

(3)用连续的声音表现小点的节奏:跑跑、跑跑(八分音符)。

3. 灵活变换3种点点的先后顺序,组合成新的节奏短句,玩"拍一拍,踏一踏"的游戏。

(五)唱唱拍拍的游戏

1. 唱唱《春天在哪里》。

师:今天,你们太棒啦!所有的点点要一起去参加春天音乐会了。你们听,这是什么歌?

教师哼唱《春天在哪里》的歌曲旋律,幼儿自然地猜出歌名,一起歌唱。

2. 出示背景板和绿色纸条,介绍玩法。(绿色纸条——创造好看的动作)

师:这首歌一共几句歌词?

幼:4句。

师:背景板上有4根插条代表四句歌词,每根插条上可以插上大点、中点和小点,点点可以挨在一起,但不能挨得太近。

师:长长的绿色纸条自己占一行,可以创编一个好看的动作。

3. 和点点一起玩游戏(分组或个体)。

把大点、中点、小点、绿色纸条分别插在背景板上,引导幼儿边唱边拍出相应的节奏,一个小乐句为一种节奏。(图4-48)

图4-48

三、活动结束

幼儿尝试灵活地变换 3 种点点的先后位置，组合成新的节奏短句，边唱边拍出相应的节奏，在集体面前自然、大方地表演。（图 4-49）

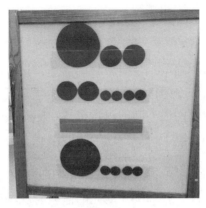

图 4-49

引导幼儿灵活地尝试创编、体验节奏变化的乐趣，感受成功的快乐，活动自然结束。

四、活动延伸

1. 运用大点、中点、小点及背景板为幼儿熟悉的歌曲配伴奏，如《欢乐颂》《我给太阳唱支歌》《小星星》《你笑起来真好看》等，边唱边拍奏。

2. 鼓励幼儿创造性地运用其他的身体小乐器，如拍腿、拍肩、扭动、点头、转手腕等自己喜欢的方式参与边唱边伴奏。

方式：相同动作表现不同的节奏。不同的动作表现不同的节奏。如用拍肩表现大点二分音符节奏，用点头表现中点四分音符节奏，用转手腕表现小点八分音符节奏。

3. 纸牌游戏

准备：装有各种形象图案的纸牌（如动物类、自然类、玩具类）、装有幼儿自己设计的纸牌卡（把自己熟悉、喜欢的声音形象画在纸牌卡上）的大摸箱；装有大点、中点、小点的小摸箱；游戏条若干张（依幼儿人数准备）。

方法：从大摸箱中自取一张纸牌，摆在游戏条左端，从小摸箱中分别抽取点点卡后，依次摆在游戏条上。幼儿按照游戏条上的图案有节奏地发出不同长短的声音。

如 3 名幼儿玩游戏，抽取顺序：①猫咪卡→小点→中点→大点

创造表现：猫咪猫咪　喵喵　喵　喵—

②水滴卡→大点→小点→中点

创造表现：水滴水滴　嗒——　嗒嗒　嗒

③汽车卡→中点→大点→小点

创造表现：汽车汽车　嘀　　嘀——　嘀嘀

抽到的卡牌归自己，游戏继续。

活动反思

本次活动，教师用笔画出小点引发延展活动，从点的形象畅想开始，渐渐带入声音符号的畅想与节奏的体验。在准备参加"春天音乐会"游戏背景的推动下，不仅鼓励幼儿积极创造不同的声音符号，同时巧妙地运用散点和有序点的游戏过程，帮助幼儿体验个体与集体之间的融合关系；在大点、中点、小点的游戏过程中，帮助幼儿结合自己的经验体验、感受节奏的不同；在为熟悉的歌曲《春天在哪里》加入点点伴奏的游戏过程中，帮助幼儿更好地参与表现节奏，发展了节奏的稳定性。教师关注幼儿的体验与现场表现，层层递进地推动活动，始终以参与者的身份鼓励幼儿尝试思考、发现问题、解决问题，给予有效地现场支持，取得了预期的效果。

活动点评

1. 内容新颖，游戏性强。

此活动选材新颖，由多个点点的游戏贯穿始终，增加了活动的趣味性。既顺应了幼儿喜爱游戏的特点，又将音乐元素巧妙地运用其中，在多个游戏体验中获得关于声音、节奏与合奏的经验。

2. 过程流畅，探究性强。

幼儿由"点点"展开联想，感受声音的不同与变化，借助点点大小的不同，将节奏快慢的变化融入其中，幼儿自主表现声音、自己创造符号，再到合奏表现的过程引导流畅，幼儿有生活经验，也有联想的依据，合情、合理地展开对声音和节奏的探究之旅。活动中，有对点点变声音的探究、有点点排序的探究、有声音大小的探究、有动作表现声音的探究，还有合作表现音乐的探究。幼儿自主、积极地为熟悉的歌曲配出不同的节奏短句，自然、大方地表演，表现出较强的自主性、探究性与创造性。

3. 层层递进，指向性强。

教师关注活动中师幼互动的有效性，环节的目标性和指向性都很突出，每一个环节的结束是下一个环节内容的开始，有效地提问、追问和梳理，不断地帮助幼儿解决活动中的问题，建构新的经验，活动自然、有序地发展，好玩儿、有趣、有难度，也有挑战，从而帮助幼儿不断积累经验，获得新发展。

4. 材料巧妙，拓展性强。

活动中的水彩笔、便签纸、3 种不同大小的点点以及背景板 4 根插条的运用，均体现出教师对材料细节的思考。幼儿画点的环节，现场提供的各色水彩笔、便签纸，包括在四周准备的小桌，这些材料既满足了幼儿自主取用，人人都是小主人的活动原则。同时自主画、自主贴的过程，减少了组织中的消极等待，压缩了时间，自然地为下一步散点游戏做好铺垫。大点、中点、小点的运用巧妙地推进了情节的发展，直观地帮助幼儿联系经验与表现节奏。4 根插条与歌曲的 4 个乐句建立起有效联系，插条的长度与点点的组合长度相互关联，体现了节奏的时值与音乐特点。同时，材料可以有无尽的变化，可以与区域游戏有机结合，继续拓展多种玩法，生成新的活动内容。

（案例提供：北京市西城区三义里第一幼儿园　陈　莉
案例点评：北京教育科学研究院早期教育研究所　何桂香）

♛ 活动三　大班音乐活动——欣赏：《草帽舞》

❤ 设计思路

《草帽舞》音乐原自墨西哥，乐曲洋溢着欢乐的气氛，极具感染力。部分乐曲为 AB 曲式结构，结构清晰、较为规律。A 乐段节奏稳定、顿挫有力，B 乐段节奏欢快、活泼跳跃。富有不同国家特点的经典、欢快且规律的乐曲，也非常适合幼儿欣赏和创造性表现。

大班幼儿有一定的音乐欣赏基础，他们喜欢欣赏各种各样有特点的音乐作品，能用表情、动作、语言等多种方式表达自己的理解，并且能够结合生活经验用自己喜欢的方式进行独立表现或合作创造性表现音乐。夏天到了，孩子们也会带来各种各样的帽子，图书区提供的图画书《米莉的帽子变变变》也引发了孩子们对帽子创意表现的兴趣。在表演区播放的《草帽舞》音乐，孩子们也很喜欢。依据幼儿的兴趣和乐曲结构特点，教师设计了本次以引发幼儿倾听、联想和创造性表现为核心的音乐欣赏活动。

❤ 活动目标

1. 感受、发现乐曲 AB 重复曲式和顿挫、跳跃的节奏特点。
2. 运用道具、游戏等多种形式与同伴尝试创造性表现音乐。
3. 在欣赏和创造性表现中感受音乐带来的愉快体验。

❤ 活动重点

能够发现乐曲 AB 乐段重复规律和节奏特点。

❤ 活动难点

尝试与同伴用多种方式创造性地表现音乐。

❤ 活动准备

1. 经验准备：幼儿近期对帽子感兴趣，在表演区听过这首音乐，进行过帽子的绘画创作；有欣赏音乐和合作表现音乐的经验。

2. 物质准备：一体机，墨西哥舞者图片和动态图谱课件，《墨西哥草帽舞》完整音乐和分段音乐，幼儿带来的草帽和教师提供的草帽若干。

❤ 活动过程

一、导入环节：寻宝游戏，感受与体验音乐的特点

（一）随音乐玩"寻宝"游戏

1. 运用情境，激发幼儿听音乐的兴趣，运用肢体动作，引导幼儿初步感受音乐的变化。

师：孩子们，今天，我们来当挖宝藏的小矮人，一起去山洞里寻宝吧！"我—们—去寻宝，我—们—去寻宝！"

教师带领幼儿重复说几遍口诀，开始听音乐。

播放音乐，教师带领幼儿在音乐 A 段的稳定节奏伴随下有节奏地说儿歌，在场地中四散走，B 段欢快旋律音乐部分四散跑去寻宝，再回到 A 段音乐时用语言引导幼儿到别的地方再看看是否还有更多的宝贝，B 段音乐重复四散寻宝动作。

师：你们都找到宝物了吗？找到了什么宝物呢？

幼：我找到了好多钻石。

幼：我找到了金银珠宝。

…………

师：寻宝的时候，你们都做了什么？什么时候去上山？什么时候找宝物的？

幼：我们说着儿歌走上山，后来音乐快了，就跑动起来开始寻找宝物。

幼：前面音乐慢的时候，我们在上山，后面音乐快的时候，我们就找宝贝。

师：小朋友们发现前面音乐是慢的，慢的时候，我们在上山，又发现前后音乐的节奏快慢不一样，我们再来听一听吧！

（二）完整地倾听音乐，用语言自由地表达自己的发现

1. 教师完整播放音乐，引导幼儿安静倾听。

2. 鼓励幼儿用语言大胆表达自己倾听后的发现。

师：你们发现音乐有哪些变化？

幼：一会儿慢，一会儿快。

幼：开始时候是慢的，后面变快了，然后又变回慢的。

幼：我们听到慢的音乐时是上山，快的音乐时，我们在跑来跑去找宝藏、挖宝藏。

小结：我们通过听音乐，发现了这段乐曲的小秘密，快慢是不一样的。

二、活动过程——发现音乐的特点，合作创编并表现音乐

（一）伴随动态图谱听音乐，进一步发现音乐乐段和节奏的变化，并找到规律

师：老师把音乐用符号画了下来。小朋友们听音乐看图谱，看看你们还能发现音乐有哪些特点？（图 4-50）

幼：我发现小叉子（×）的时候，音乐是一下一下的，是慢的。然后，音乐快了，就是像转圈一样的螺旋线。

师：哦，你听到了音乐中节奏的快和慢，并且在图谱上找到了表示快慢的符号。

幼：我发现图谱上一行小叉子（×）、一行螺旋线、一行小叉子（×）、一行螺旋线，就像音乐一样，

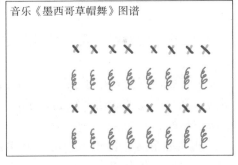

图 4-50

开始是慢的，然后变快了，后来又慢、又快，一共反复了两次。

师：真棒！你不但发现了音乐节奏的快和慢，还找到了这首音乐的规律，一段慢、一段快，循环了两次。

（二）出示图片，介绍音乐名称，引发幼儿联想并一起玩"草帽舞"游戏

1. 出示图片，引发玩"草帽舞"游戏的兴趣。（图 4-51）

师：这幅图上有谁？你知道他们在做什么吗？

幼：图片上是外国人。

幼：有男人和女人，男人戴着大帽子，他们好像在跳舞。

图 4-51

师：这是南美洲的一个国家，叫墨西哥，那里的男人经常会戴着大帽子，女人喜欢穿着大裙子，听着这首好听的音乐，用跳舞来庆祝节日。

师：夏天到了，我看到很多小朋友也把你们喜欢的各种各样的帽子带到了幼儿园，你们想不想也戴上漂亮的帽子，听着好听的音乐，跳舞呢？你想怎样跳？

幼：我们可以两个人一起跳。

师：刚才，我们发现了这首音乐的特点，那么你想和你的好朋友怎么跳呢？

幼：音乐慢的时候，我们互相交换帽子，音乐变快的时候，我们两个转圈儿。

师：我想你们交换帽子表示的是相互认识、打招呼，跳舞说明你们变成了好朋友，就开心地和好朋友跳起舞了，是这样吗？

幼：是的。

2. 再次倾听音乐，想一想可以怎样表现音乐的内容。

师：这位小朋友想到和好朋友交换帽子，跳草帽舞。其他小朋友想一想，还可以用小帽子玩什么好玩的游戏呢？互相说一说。

幼：我们可以像玩"传杯子"游戏一样玩"传帽子"的游戏。

师：那我们可以分成两组，想两人一起跳舞的小朋友，就可以找你的好朋友商量如何跳双人舞，想玩"传帽子"游戏的小朋友，我们一起围个圆圈吧！

3. 伴随音乐，幼儿尝试用自己选择的动作来表现音乐。

主、配班两位教师分别关注不同组幼儿表现，结合幼儿问题给予个性化支持和指导。

游戏过程中，教师以多倾听幼儿交流、表达为主，结合幼儿需要，为幼儿适时播放音乐，进行多次尝试。

4. 幼儿交流游戏过程中的感受。

师：小朋友们在好听的音乐伴随下，和好朋友一起跳舞、玩游戏，一定特别开心！谁愿意和小朋友说一说，你们刚才跳舞、玩游戏的时候，发生了什么有趣的事儿？也可以说说，遇到了什么问题？

幼：我们刚才换帽子换了8次，转圆圈也转了8次，都快把我们转晕了。

幼：我们感到特别开心。

幼：我们玩"传帽子"的时候，没配合好，帽子还掉了好几次，但是也很有意思！

师：我看到你们玩得真开心呀！（打开图谱）刚才，小朋友跳舞的时候发现第一段慢节奏的音乐时一直在换帽子，第二段快节奏的音乐时一直在转圈儿，每一段时间都比较长，都有点儿累了，那怎么能让我们的舞蹈更美、更丰富，是否可以在不同的段落结合节奏增加一些动作呢？我们一起想想办法吧！

幼：可以在开始加上摘帽子、鞠躬打招呼的动作，我在电视里看到的。

幼：转圈的时候可以正着转，也可以反着转，可以向前跑，也可以向后退。

师：小朋友们结合音乐的特点想出了很多动作表现，大家都可以试一试哦！传帽子的小朋友在玩游戏的时候遇到问题了，是吗？

幼：我们一直在传帽子，开始音乐慢，我们还能把帽子戴在头上，音乐变快的时候，我们就来不及戴了。

幼：你们可以慢的时候传帽子，快的时候跳舞呀！

师：我们想了很多办法，让我们再来听音乐，试一试你们的方法吧！

教师播放音乐，引导幼儿用讨论出的方法改进舞蹈内容。

小结：小朋友们刚才都能听着音乐玩游戏，而且非常开心。在游戏后，还能发现问题，大家一起帮忙想办法解决，相信你们经过大家的帮助会跳得更美、玩得更有趣！

三、活动结束

（一）倾听音乐音色的变化，引发幼儿更多的联想和创意表现

师：刚才，小朋友们都发现音乐中节奏的变化，还玩了"传帽子"的游戏。那么，在音乐中，你们听到了哪些乐器的声音呢？快慢节奏的地方，它们的声音有什么不一样？（幼儿分段倾听乐段并表达）

A乐段——

幼：我听到了像吹喇叭的声音。

幼：我还听到了敲鼓的声音。

…………

B 乐段——

幼：我听见了响板的声音，好像小马"哒哒哒"地跑。

幼：我好像听到了串铃的声音，"沙沙沙"的。

···········

师：音乐不同的段落中用到的小乐器也不同，感觉也不同。有的小朋友听到不同的声音，还联想到了小动物，有的小朋友听到了"哒哒哒""沙沙沙"的声音像"小马跑和下雨声"。那么，这首好听的音乐除了可以玩"传帽子"游戏，还可以玩什么游戏呢？

幼：可以玩打击乐的游戏。

幼：可以学小动物玩故事游戏。

师：也可以把你们听到音乐后想象的画面画出来。

（二）欣赏延伸

师：看看老师们用这个音乐都玩了什么游戏吧！

教师播放视频，引导幼儿欣赏教师创意表现视频，拓展幼儿创造性表现音乐的经验。

师：老师把音乐放在表演区和微信群中，你可以和其他小朋友在表演区游戏，也可以在家里和爸爸、妈妈用这个好听的音乐，做更多、更好玩的游戏。下一次，老师就来分享小朋友们的创意表现视频。

活动反思

本次活动，教师运用了"寻宝"游戏引入，激发了幼儿欣赏音乐的兴趣，并能在游戏中初步感受音乐节奏的变化。教师根据大班幼儿的现有水平，在互动指导环节中，一方面通过动态图谱支持幼儿发现音乐的变化特点和规律，另一方面结合音乐本身的地域特色和幼儿对"帽子"的生活经验，激发了幼儿在理解音乐的基础上进行自由表现，并尊重幼儿的选择进行创意表现，过程中以倾听、支持、交流为主，激发幼儿自主表现与合作表现。活动拓展了幼儿经验，引发幼儿更加细致地倾听和发现，鼓励幼儿后续在表演区和家庭中有更加丰富地联想和创造性地表现，满足幼儿在音乐中感受、表达以及用自己的方式表现，注重了将欣赏活动贯穿幼儿一日生活之中，同时关注到家园共育，支持幼儿在音乐中感受美、表现美和创造美。

活动点评

1. 选材恰当，符合大班幼儿能力发展经验。

音乐内容选自墨西哥，音乐结构规律，节奏鲜明，旋律优美，体现了不同国家的音乐风格与特点，给大班幼儿提供了欣赏更多各国家、各民族经典音乐作品的机会。同时，能够挖掘音乐元素、表达情感的音乐特点，并结合幼儿生活经验和生活中喜欢并关注的物品设计音乐欣赏活动。

2. 策略巧妙，激发幼儿细致倾听，发现音乐规律。

活动开始时，教师运用趣味性"挖宝藏"游戏激发了幼儿欣赏音乐的兴趣。通过有情节的肢体动作表现引发幼儿对音乐变化的初步感知。活动中，结合动态图谱将音乐和图谱很好地结合，并且将抽象的音乐作品可视化，支持幼儿更加深入地发现音乐节奏和结构的特点，并且能够鼓励幼儿大胆想象和表达。因为是大班幼儿，教师简单地介绍了音乐的名称，通过图片展示丰富幼儿认知，引发幼儿结合生活经验尝试运用生活中的"帽子"道具进行想象和初步表现音乐。在过程中，教师没有规定幼儿怎么玩音乐，而是尊重幼儿的表达和表现愿望，主、配班教师默契配合，在幼儿分组表现中给予幼儿适时地支持和指导。最后，教师再次引导幼儿倾听、欣赏音乐中的乐器声音感知音色进行联想，并观看教师结合音乐的多元表现视频，促进了幼儿对音乐再倾听、再创作的欲望。

3. 指导深入，支持幼儿之间的交流与合作。

教师在指导幼儿感受音乐中运用了游戏倾听、图谱感知、完整倾听、分段倾听、关键点倾听等方式支持幼儿欣赏音乐的层次性和深入性，在指导幼儿表现音乐中运用了一起玩游戏、分组表现游戏、创意联想、创造性表现与思考，体现了指导的深入性，同时结合大班幼儿年龄特点、教师能够尊重幼儿的表达和表现，支持、鼓励幼儿与幼儿之间交流、合作、互动。

4. 基于欣赏，促进幼儿多元、创造性表现。

整个活动中，教师能够充分地调动幼儿多种感官，促进幼儿多层次欣赏。在欣赏中，感受音乐节奏美、旋律美、音色美的特点，在表达和表现中体现韵律美，同时调动家庭资源和幼儿一日生活各个环节开展更加持续的多元音乐欣赏活动，满足幼儿欣赏与个性化表现。

（案例提供与点评：北京教育学院丰台分院　范　靖）

7. 艺术领域之美术活动

活动一　小班美术活动——拓印：花儿朵朵

设计思路

春天万物复苏，一派生机勃勃的景象。孩子们这个时期喜爱关注春天植物的变化。花园里的花朵，生长出的新芽，都是他们谈论的话题。带孩子们走进大自然，欣赏和感受自然之美，在真实的观察中细致地了解植物的外形特征，进而用自己喜欢的方式自由表达，是非常适宜的教育时机。

《指南》艺术领域的教育建议中提到：让幼儿多接触大自然，感受和欣赏美丽的景色……与幼儿一起讨论和交流对美术的感受……引导幼儿用自己的语言、动作等描述它们美的方面，如颜色、形状、形态等。本次活动正是在春季带领幼儿走进大自然，在欣赏与交谈中引导幼儿感受和欣赏花朵的美，鼓励小班幼儿用多种材料进行拓印、涂抹等方式的表达、表现。

活动目标

1. 在观察的基础上，了解花朵的简单外形结构。
2. 能够用不同的材料表征花朵，表现看到的花朵样子。
3. 感受大自然花朵的美丽，体验涂鸦的乐趣。

活动重点

了解花朵简单的结构，用涂鸦方式表征花朵。

活动难点

用不同的材料探索性地表现花朵盛开的样子。

活动准备

1. 经验准备：有使用水粉颜料的经验。
2. 物质准备：绘画纸、各色颜料、颜料盘、简单的废旧材料（如小棍、报纸球、小积木、胶棒盖等）、擦手布。

活动过程

一、导入环节

教师与幼儿一起到户外，欣赏小花园里的花朵。

师：你在小花园里，看到了什么花？

幼：看到美丽的花，有大的花，有小小的花。

幼：不知道叫什么名字的花，有红的花，有粉的花。

二、活动过程

（一）观察花朵

1. 观察花朵的简单结构。

师：花朵长什么样子呢？中间有什么呢？

幼：中间有花芯。

幼：还有花瓣。

师：花瓣和花芯是怎么长的？

幼：花芯在中间，花瓣在外面，围成一圈儿。

小结：小朋友们说得真好，我们看到的花，中间是花芯，花芯的边上都是花瓣，花瓣是围绕着花芯生长的。

2. 尝试用形状描述花朵。

师：你们看到的花芯是什么形状的？

幼：花芯是圆形的。

师：你们看到的花瓣是什么形状的？

幼：花瓣是长圆的。

幼：有的花瓣是圆的，有的是半圆的。

幼：有的花瓣是桃心形的。

小结：花芯大多是圆形的，但花瓣有很多不一样的形状。

3. 引导幼儿观察草丛中的花朵，发现其高低不同的状态。

师：花朵生长在草丛中是什么样子？它们的个子一样高吗？

幼：不一样，高高低低的。

幼：有的高一些，有的低一些。

幼：它们和我们小朋友一样，有的长得高，有的长得低。

幼：它们也是吃饭多的，就长得高，吃饭少的，就长得低。

师：你们看花朵的下面有什么？看看谁能发现花朵高低不一样的秘密？

幼：花朵下面有一根长长的棍儿。

师：那是花朵的花茎。

幼：有的花茎长，它就高；有的花茎短，它就低。

师：小花园里有这么多美丽的花，我们把它们画出来，挂在教室里，教室里也有漂亮的花了。你们想试试吗？

幼：想！我们要画好多好多美丽的花！

（二）介绍材料

1. 师：老师给你们准备了很多的材料，看看都有什么？

教师将材料一一介绍给幼儿，有颜料、颜料盘、小积木、胶棒盖、报纸球、小棍、擦手布等。

2. 师：今天，我们不用笔画花朵，就用这些材料来画盛开的花朵，你们想想可以怎么画？

幼：可以用胶棒盖蘸上颜料印。

幼：也可以用报纸球当笔画。

幼：小棍也能当笔。

师：小朋友们想出的办法很好，可以用这些材料当笔，可以印，也可以画，一起来试试吧！

（三）幼儿作画，教师指导

1. 表现花朵。

师：今天，在创作时，请你想一想，怎么用这些材料表现出盛开的花朵，花朵要有花芯、花瓣、花茎。

幼：老师，我用报纸球蘸着颜料，印了一朵大大的花！

幼：我用胶棒盖先印个花芯，然后用小棍蘸着颜料，画出花瓣长长的花！

幼：看我这个积木印的花，花瓣是方方的，哈哈！

师：你这个新的尝试也很好呀！还可以用什么来印出不一样的花瓣呀？

幼：老师，我想用这个瓶子底儿印一朵大花，行吗？

师：好呀，你试一试，让小朋友们看看印出来什么样儿。

幼：老师，看我这朵小花多漂亮！

师：真漂亮，你用什么材料印的呀？

幼：我都是用胶棒盖印的，先印个圆形当花芯，然后围着花芯印一圈圆形，小花就出来啦！

师：真棒！小朋友们都做得很好！

2. 表现花丛。

师：表现一片花丛时，花朵要有大小、高低的不同。

幼：老师，我这里就是有大的花，也有小的花，有黄色的，还有粉色的花，跟小花园一样！

幼：我画的花茎有长、有短。

幼：我画的有的高、有的低。

3. 添画草丛。

师：还可以添画一些草丛。

三、活 动 结 束

1. 互相欣赏、交流作品。

师：绘画完成的小朋友可以欣赏其他人的作品，看看跟你画的什么地方不一样。

幼：我用黄色画的，她这个用红色和粉色画的。

幼：我画了3朵花，她画了一朵，但是很大的。

幼：你这个花瓣怎么好多颜色呀？

幼：我觉得这样更好看呀!

2. 用作品装饰美工区。

师：可以把这些美丽的花带回班里，挂在美工区的墙上，咱们班就有小花园啦!

四、活动延伸

将涂鸦材料投放到班级美工区中，供幼儿继续创作。

附幼儿作品：（图 4-52～图 4-57）

图 4-52

图 4-53

图 4-54

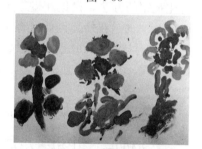

图 4-55

图 4-56

图 4-57

活动反思

本次教学活动从欣赏到观察，再到绘画，整个活动都是在户外小花园里进行的，让幼儿在良好的环境与氛围中受到美的熏陶。小花园的环境、丰富的美术材料为活动渲染了艺术气息，也为幼儿能够大胆表现看到的花朵起到了积极的促进作用。为了让幼儿能用自己喜爱的方式大胆选用不同的材料来表现花朵，教师没有给出示范画法，而是把活动重点放在了引导幼儿充分观察和认识花朵方面，鼓励幼儿在观察中大胆表达，用语言描述自己所见，在良好的交流、讨论中积累对花朵不同细微形象的认知经验，为多种材料创作和表达做好经验的准备。

小班幼儿的绘画活动中常常以大肌肉动作带笔绘画，结合这一特点，教师选择幼儿易操作的各种安全、洁净的废旧材料，供幼儿在涂涂、印印中表达自己对花朵的认知与理解。多样材料的投放也激发了幼儿主动尝试的兴趣，满足了幼儿想象和艺术创作表现的需要。

♥ 活动点评

本次活动是以自然写生为主的美术活动，特别强调了建立在幼儿观察的基础上，结合小班幼儿年龄特点用材料代替画笔的方式来表现花朵的形态。活动亮点：一是活动以观察为重点，帮助幼儿在头脑中建立表象，突破范画开展教学。在观察过程中，教师有意识地引导幼儿运用整体观察、个体观察、局部观察、对比观察的方法，借助小花园自然环境有效地引导小班幼儿认识绘画的主体——花朵。二是在幼儿创作过程中，教师尊重幼儿的个体感受，鼓励其大胆表达。多种废旧材料的提供赋予幼儿选择创作工具的权利。每种工具的使用方法允许幼儿自主发挥，可涂、可画、可印，给幼儿提供充分创作的自由空间和氛围。

（案例提供与点评：北京市西城区三教寺幼儿园　韩　鹄）

♛ 活动二　小班美术活动——绘画：种子宝宝快快长

♥ 设计思路

在活动中，幼儿带来了很多的豆类和干果。幼儿间的交流和班级开展的品尝让幼儿初步认识了常见的豆类及干果。之后，班级在自然区中开展了泡豆子的活动，幼儿喜欢观察豆子的生长，谈论它们的变化。教师和幼儿共同阅读了绘本《小种子》，通过故事进一步了解种子的生长过程。结合幼儿的兴趣点，设计了"种子宝宝快快长"的美术活动，支持幼儿结合情境游戏用艺术方式表现种子生长的简单过程和状态，并进行大胆想象和表达自己的认识和感受，帮助幼儿发现自然生活中事物的美。

♥ 活动目标

1. 情景互动中尝试感受和模仿种子生长的状态。

2. 在情景绘画过程中，能够大胆想象，用不同的线条表现种子的生长。

3. 感受在情境游戏中绘画带来的乐趣。

活动重点

尝试绘画不同的线。

活动难点

大胆想象，用不同的线条表现种子的生长。

活动准备

1. 经验准备：认识几种常见的种子。

2. 物质准备：种子生长的视频、4 开画纸、几种常见的种子、棕色黏土、各色水粉、毛笔等。

活动过程

一、导入环节：了解种子的生长

1. 教师出示各种种子的实物，并提出问题。

师：老师这里有小种子，你们知道怎么让小种子长大吗？

幼：给种子浇水。

幼：要给它多晒太阳。

师：我们从视频中看看种子怎么长大的吧！

2. 教师播放视频，幼儿观看。

师：视频看完了，小种子是怎么长大的呢？

幼：从土里钻出来的。

幼：有的晃呀晃的。

幼：有的弯着。

幼：有的把土顶开，才能出来。

二、活动过程

1. 请幼儿在"种子长大"的情景下，用肢体动作模仿和表演种子生长的状态和过程。

师：今天，我们要来玩一个"种种子"的游戏。小朋友们来当小种子，我来当种种子的人，好吗？

幼：好！

师：我先来翻翻土。（教师边说边用动作表现翻土）

师：翻好土，我来种种子。（教师用手轻按幼儿头部，让站着的幼儿一个一个地蹲下去）

师：小种子发芽了，慢慢长高了。（教师引导幼儿表现种子从土里长出来的样子）

师：小种子最后开出了漂亮的花朵。（幼儿用手表现在头顶上方开出花朵）

师：我要再种一些种子。这次，让它们快快地长，你们想怎么长大？

幼：使劲儿长大。

幼：扭着长大。

教师变换游戏情景，帮助幼儿感受种子不同的生长状态，拓展加深游戏体验与想象。

师：这次小种子长大时遇到了小风，小种子会怎么长呢？

幼：会晃着长，风把它吹得一晃一晃的。

师：如果小种子长大时遇到了大风，小种子会怎么长呢？

幼：会歪着长，大风太大了！

按幼儿的想法教师再次带领幼儿游戏，在游戏中变换"大风""小风"游戏口令。

师：小种子生长过程中，遇到了大雨，小种子会怎么长呢？

幼：小种子使劲儿长大！

幼：雨大，会打得它东倒西歪。

幼：小叶子还会不断地点头。

教师加入刚才讨论的游戏情景，再次引导幼儿游戏。

2. 用美术方式表达"种子长大"的游戏。

（1）一起讨论、创作种子长大的表现方式。

师：我们玩了开心的游戏。老师真的给你们准备了泥土（棕色黏土）和种子，让我们一起种种子吧！

师：我们怎么种种子呢？要先做什么呢？

幼：先装土。

师：怎么表现出装土呢？

幼：把棕色的黏土放到画纸下面的部分。

师：然后，我要做什么了？

幼：把种子按到泥里。

师：种子真的种到土里了，我的种子会长出什么样呢？

幼：会长大。

师：是的，小种子会从土里长出来的。它会怎么长呢？它生长过程中，会遇到什么呢？

（2）引导幼儿用不同的线条表现种子长大的过程。

幼：快快地长，会遇到风。

幼：使劲儿地长，会遇到石头。

幼：扭着长，会遇到雨。

师：那你们会用什么线画出小种子快快地长、使劲儿地长、扭着长呢？

幼：用直线画快快地长大。

幼：用弯线画出使劲儿地长大。

幼：用折线画出扭着长大。

师：小朋友想得真好，你们还能用别的线画出不一样的种子生长吗？

幼：用斜线画歪着长的。

幼：用电话线画转圈儿长的。

师：小种子长大后，会开出什么样的花朵呢？

幼：红色的花。

幼：黄色的花。

师：谢谢小朋友们给我出的主意，我会好好想想我的花要长成什么样子呢！

（3）幼儿使用材料进行自由创作，教师指导。

师：请小朋友们也用这种游戏方法，来种一种你们的种子，开出你们的花吧！老师相信你们的种子生长一定很有趣，也会开出不一样的花朵。我们开始游戏吧！

幼儿使用几种常见的种子、棕色超轻黏土、各色水粉在画纸上进行创作游戏。

师：你画的种子怎么长大的呀？

幼：这个是用直线画的使劲儿长大。

幼：我这个是扭着长大的，你看我的线条是折来折去的。

师：你这个用弯线表现的是怎么长大的呀？

幼：我这个是种子长大遇到大风了，就被吹成这样弯的呀！

教师鼓励每个幼儿大胆想象和创作作品。

三、活动结束

1. 反思，关注他人作品表达。

师：完成创作的小朋友把你的作品放在桌子上，去看一看别人的种子宝宝是怎么生长的，和你的一样吗？

师：我看到了有的种子长得好费劲儿呀！

师：有的小种子长得不一样，它们是怎么长的？

幼：它们有的长得快，有的扭着长。

幼：这个种子像小蛇。这个很淘气，一会儿好好长，一会儿扭着长。

2.教师出示不同幼儿作品，鼓励幼儿在游戏中使用动作模仿表现小朋友作品中不同种子生长时的样子。

四、活动延伸

到户外继续游戏，将幼儿画作中的内容增加到游戏中，丰富游戏情节。

附幼儿作品展示：（图4-58～图4-63）

图4-58

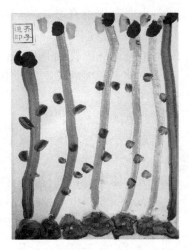

图4-59

图4-60

图4-61

图 4-62   图 4-63

活动反思

　　整体活动通过情境游戏开展，开始部分的种子生长视频丰富了幼儿的认知经验，为后面绘画创意活动地开展提供了经验支持。在活动过程的第一阶段，教师通过游戏为幼儿创设一种假想的"种子生长"情境，让幼儿用身体动作充分感受和表现小种子长大的过程，教师尊重幼儿的想法，加入了不同情景供幼儿讨论和想象种子生长的不同状态，并在游戏中鼓励幼儿用动作表现。随着不同情景的加入，不仅增加了游戏的趣味性，更让幼儿在游戏中使用丰富的肢体动作大胆表现。

　　在第二个阶段中，教师着重引导幼儿用绘画的方式表现种子的生长，重点指导幼儿用不同的线条来表现种子长大的不同状态，有意地将幼儿身体感知的经验与艺术表现的新内容进行结合，帮助幼儿拓展并形成新的表达方式。通过不同的生长动作让幼儿将其转换为线条的变化，如慢慢地长，线的不流畅；快快地长，线的流畅；扭着长，线的弯曲；遇到风，线的倾斜；遇到雨，线的停顿；遇到石头，线的力量等。幼儿在活动中积极、主动、大胆地表达与表现，充分展示出自己对种子生长状态的理解，每个幼儿的表达绘画都不一样，有独自的想象和创作。

活动点评

　　整体游戏注重了幼儿的感受与体验，用游戏体验代替教师的传授。前一个阶段的游戏更是让幼儿用身体感受动态生长的变化，从而帮助幼儿明确线的变化，有效地助力孩子们在创作中各有表现，每幅作品都很有个性，而且非常生动。

在讨论创作方法时，教师采用启发提问的方式引领幼儿主动梳理已有经验，促进幼儿原有经验的提升。幼儿在创作表达的过程中也不再是单调地创作，而是成为另一种游戏，是原动作游戏的延伸和再表达。而在动作游戏中种子生长的动态动作是肢体的线性表达，所以这一阶段创作中，幼儿能够自然地将种子生长的动态用不同的线条来表达和表现。前一阶段的游戏也为后一阶段的创作游戏提供了丰富的感性经验与想象，有效地助力了幼儿的创作与表达。

真实的创作材料更加有助于情境游戏的延伸。在幼儿创作中，教师提供了真实的泥和种子，更是增添了创作中"种种子"游戏的真实性，吸引幼儿参与，将绘画变为创作游戏。真的泥土和种子创作，增加了游戏的真实性和感受性，使活动变得新奇和有趣。整个活动层层递进，帮助幼儿获得游戏感受，在感受中操作，在操作中创作，在创作中激发幼儿对美的感受与表达。

（案例提供与点评：北京市西城区三教寺幼儿园　韩　鹤）

♛ 活动三　中班美术活动——印画：水墨对印蝴蝶

♥ 设计思路

活动来源于主题活动"春天的游戏"，本次绘画活动的目的是为亲子制作风筝做准备。活动中，幼儿初次使用水墨工具，他们对绘画有一定的基础，喜欢新事物并愿意尝试和探索。活动在满足幼儿对水墨画材料涂涂画画的需要、对新鲜事物好奇的同时，注重支持幼儿在操作中感知、探索中发现，帮助幼儿不断积累新的经验，引发幼儿从游戏、生活中欣赏美、感受美、表现美。

♥ 活动目标

1. 探索水墨画工具的使用，发现水墨画的简单特点。
2. 初步感受水墨对印画的方法，理解什么是对称。
3. 对水墨画感兴趣，体验水墨创作的乐趣。

♥ 活动重点

探索水墨工具的使用，发现水墨画的简单特点，并尝试探索对印画的方法。

♥ 活动难点

感受并总结宣纸吸水的特性，初步体验墨色深浅与水的关系。

❤ 活动准备

1. 经验准备：知道蝴蝶的外形特征。
2. 物质准备：水墨画常规用具（毛笔、墨汁、国画颜料、抹布、洗笔筒、画毡）、裁好的蝴蝶形状的宣纸、水彩笔、教师用水墨工具一套、宣纸一张、蝴蝶图片、韩美林作品《熊猫图》。

❤ 活动过程

一、导入环节：介绍材料，引发幼儿探索兴趣

师：今天，老师给小朋友们准备了新的绘画纸，请小朋友们摸一摸，和我们平时用的纸有什么不同呢？

幼：薄薄的。

幼：有些软。

幼：有细细的小格子。

幼：边上还有小毛毛。

幼：对着灯看，还有看见亮光。

师：这种有些薄、有些软的纸叫宣纸。老师用这种宣纸剪成了蝴蝶的形状，今天，我们就来给蝴蝶画上漂亮的花纹。

二、活动过程

（一）幼儿探索水墨画的特性

1. 介绍水墨画工具和材料。

师：看看老师还给你们准备了什么？

幼：毛笔、调色盘、黑黑的墨汁，还有小瓶子，小瓶子里还有半瓶水。

师：毛笔是画画用的，那墨汁是做什么用的呢？水又有什么用呢？它们画在宣纸上会是什么样子呢？

2. 鼓励幼儿尝试绘画，引导幼儿发现水墨画工具和材料的使用方法。

师：请小朋友们自己大胆地试一试，使用工具和材料在蝴蝶形画纸上随意绘画，找一找宣纸、墨汁和水的秘密吧！

教师为幼儿提供对折好的宣纸蝴蝶。幼儿在上面尝试使用水墨材料。

幼：毛笔的笔尖很软，一使劲儿就按扁了。

幼：毛笔要轻轻地画，画出的线就比较细，要使点劲儿画，线就是粗的。

幼：老师，这个跟刷子有点儿像。

幼：这个宣纸软，墨汁点上去，就吸进去了。

师：笔和墨是可以绘画使用。你们想一想，水有什么用呢？

在幼儿绘画过程中，教师根据幼儿发现，适时提出问题，引发幼儿深入思考。

师：请你试着画出深浅不同的点和线。

教师鼓励幼儿自由尝试水加入墨后的不同墨色变化。

幼：老师，这个黑色变浅了。

幼：哎呀，宣纸吸水好快呀，线都变粗了。

幼：老师，我要放一点点墨在水里，画出来是浅浅的黑色。

幼：这个是灰色。

3. 引导幼儿总结水墨画的简单特性。

师：谁来说一说，你在绘画过程中发现了什么秘密？

幼：墨会被纸吸进去。

幼：画出的点儿会越来越大。

师：我们平时用水彩笔画画，为什么画出的线和点就不会变大呢？

幼：是纸和墨有本领。

在幼儿表述后，用水彩笔和水墨分别绘画，以验证幼儿的结论。

师：为什么墨画在宣纸上，就可以扩散、变大呢？

幼：因为墨里有水。

师：那这瓶清水有什么秘密呢？

幼：因为墨里加了更多的水，颜色就会变浅。

幼：加的水越多，画出来的点和线就越浅。

随着幼儿的表述，教师用墨加水绘画，以验证幼儿的结论。

师：小朋友们都发现了水墨材料的秘密，这跟我们平时用的水彩笔和画纸是不一样的。水墨画是我们中国传统的绘画艺术，从古代延续下来，有很多著名的水墨画大师。

（二）出示韩美林作品《熊猫图》，引发幼儿思考

师：请小朋友们找一找，熊猫身上的哪个部分是画家用宣纸吸水的特性来表现的？

幼：熊猫身上的毛。

师：在熊猫身上哪里用的是深墨，哪里用的是浅墨？

幼：耳朵、四肢、眼睛用的是深墨。

幼：头用的浅墨。

师：这就是水墨画的神奇之处，虽然只有黑色一种颜色，但因为加的水多少不一样，就能变化出不同深浅的墨色，同样可以生动地表现事物。这幅《熊猫图》就是这样表现的。

（三）欣赏对印画后的水墨蝴蝶

师：刚才，我们在对折的蝴蝶上画了很多图案，有点的，有线的，有深的，有浅的。现在，我们把对折的蝴蝶宣纸打开看看，有什么神奇的事情发生了？

幼：哇！真漂亮！

师：为什么你们只在一面画了水墨，另一面也出现了图案呢？

幼：印到了下面的纸上。

师：宣纸具有良好的吸水性，可以把上层的墨和水吸到下面的纸上。

师：除了宣纸会吸水，你们还发现了什么秘密？

幼：图案是对称的。

师：以中间为中线，两边的图案一样就是对称。利用纸对折后，在一面绘画，将图案印在另一面纸上，这种创作方法叫对印。

师：喜欢的小朋友还可以再试一试。

三、活动结束

请幼儿尝试修整自己的作品，添画不完整对称的部分。

四、活动延伸

1. 展示幼儿的蝴蝶画作，请创作完成的幼儿互相欣赏蝴蝶身上的不同花纹。

2. 请幼儿把画好的蝴蝶带回家，与家长一起制作风筝。

附幼儿作品展示：（图 4-64～图 4-66）

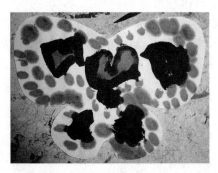

图 4-64

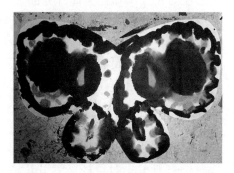

图 4-65

图 4-66

活动反思

考虑到中班幼儿的年龄特点和绘画水平，教师设计了本次活动的创作形式。绘制对称的风筝对于中班幼儿有一定难度，他们既要考虑装饰风筝的元素，又要进行对称绘画，中班幼儿空间方位知觉还不足以支持他们用精细的绘画完成对称画的内容。因此，教师设计了宣纸水墨对印的形式来降低活动的难度，更有利于让幼儿在活动中感受成功。选择水墨对印的形式，一是风筝本身要轻巧，风筝才能更易飞起来，便于班级后期活动的开展；二是水墨对于幼儿是新的内容，孩子们对材料、工具容易产生探索兴趣，水墨对印操作简单，容易出效果，能够让幼儿感受活动的新奇与有趣。

活动结构层次是结合中班幼儿的学习方式和特点而设计的，整个活动注重幼儿的操作与探索。通过自由操作、自主探索——集体总结、提升经验——再次操作、运用经验等 3 个层次完成创作。整个活动过程中，教师的启发提问都聚焦在幼儿操作和经验提升方面，引发幼儿主动探究和思考。

本次活动中的难点问题通过 3 个方法解决：一是在幼儿探索中，穿插教师的问题引导，让幼儿有针对性地去探索、感知和发现；二是在集体讨论中，教师操作材料，引导幼儿细致观察；三是通过名家作品欣赏，再次感受难点问题，帮助幼儿理解。

活动点评

在本次教学活动中有 3 个突破：

1. 教师心里有目标，眼里有孩子。在"教"中关注幼儿的"学"，尊重幼儿的学习方式，给幼儿思考和探索的时间与空间。开放的教学思想，了解幼儿已有经验和未知经验，在没有示范的基础上，采用适宜的教学方法，放手让幼儿探索，做到学与教相融合。

2. 活动结构的突破，介绍经验——幼儿探索——提升经验——再次创作。

每一个环节为下一个环节做铺垫，上一个环节中幼儿获得的经验在下一个环节直接应用。

3. 探索过程中也有创作。探索过程中，幼儿无意中创作出的结果更让他们意想不到，从而产生惊喜和收获。探索环节中，不同的幼儿有不同的表现，所以创作出不同的作品，形成他们对美的理解、表达都不同。

（案例提供与点评：北京市西城区三教寺幼儿园　韩　鹄）

♛ 活动四　大班美术活动——创意画：好玩的滴画

💗 设计思路

静静小朋友穿了一件漂亮的新衣服来到幼儿园，孩子们对她衣服上的图案产生了好奇，有的说："这个图案像五彩的水滴，从天空中落下来。"有的说："太神奇了，这是怎么画出来的？"孩子们被这件衣服上的图案深深地吸引，好奇的同时，也在探讨着图案的创作方法。衣服上的图案是模仿美国画家波洛克大师的创作风格，是一种特别有意思的滴流画作品。《纲要》中指出："让幼儿初步感受并喜爱环境、生活和艺术中的美，能大胆表现自己的情感和体验，并用自己喜欢的方式进行艺术表现活动，体验创作的快乐。"教师基于幼儿的兴趣需求，便生成了以滴流画为主题的美术活动。

💗 活动目标

1. 欣赏美术作品，感受自由奔放、无定型的抽象画风格。
2. 大胆运用对比色，通过滴流画方式自主创作抽象画。
3. 体验自由玩颜色和滴流画艺术创作的乐趣。

💗 活动重点

在欣赏名画作品中，细致观察颜色、线条的使用和表现的方法，感受自由奔放、无定型的抽象画风格，并初步尝试运用在自己的作品创作中。

💗 活动难点

大胆地运用滴流、泼洒等方法和对比色，自主创作抽象画。

💗 活动准备

1. 经验准备：幼儿有过名画作品赏析的经验，进行过色彩画的创作。

2. 物质准备：大、小号水粉笔，塑料小勺；装有颜料的小喷壶、小杯装的水粉颜料；水粉纸及各色硬卡纸；涮笔筒、幼儿罩衣、报纸、抹布；波洛克风格美术作品的图片；自制滴画法和泼洒法的两种艺术表现方法的小视频；优美的背景音乐。

💗 活动过程

一、导入环节：感受自由奔放、无定型的抽象画风格

出示两幅绘画作品，鼓励幼儿自由讨论自己的想法。

师：今天，我给小朋友们带来两幅美术作品。大家欣赏一下，说说自己的感受吧！

幼：这幅画，画的是什么，看不出来。

幼：这幅画看上去乱糟糟的（笑），有很多的线条。

幼：这幅画用了好多的颜色。

师：这两幅画确实跟咱们平时常见的画不一样，让我们细致地观察、欣赏一下吧！

二、活动过程

（一）对比、观察绘画作品，感受并表达自由奔放的用色方法和无定型的创意表现

1. 出示绘画作品 1，观察画面，激发幼儿想象力，引导幼儿大胆表述自己对作品中色彩及线条的感受。（图 4-67）

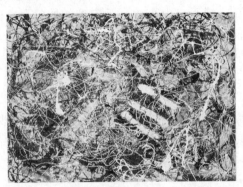

图 4-67

主要提问 1：

师：你从这幅作品中看到了什么颜色？这个颜色给你什么样的感觉？

幼：我看到了白色，白色就像冬天里的雪花，感觉很寒冷。

幼：我看到了黄色，我觉得黄色就像阳光一样，让我感觉很温暖。

幼：我看到了黑色，黑色让我感觉很害怕，又有点神秘。

幼：我看到了蓝色，我喜欢蓝色，因为让我想到了蓝蓝的天空和白云，我感觉特别自由。

幼：我还看到了橘色，橘色给我的感觉是酸酸甜甜的，因为它和橘子的颜色很像。

小结：作品中呈现出黄色、黑色、橘色、蓝色和白色 5 种颜色，你们能够大胆表达出自己对颜色的感受和想象，说明你们在认真观察、用心思考。

主要提问 2：

师：这些颜色聚集在一起，又给你带来什么样的感觉呢？

幼：我觉着像彩虹一样，色彩斑斓的。

幼：我觉着像个五颜六色的大迷宫。

幼：我感觉像夜晚天空中的星座，密密麻麻地交织在一起。

小结：虽然这幅画面上呈现了只有白、蓝、黑、橘和黄这几种颜色，但它们聚集在一起，给我们带来的感觉却是丰富、多彩、绚烂的。

教师通过与幼儿在观察作品过程中轻松地沟通，鼓励幼儿大胆想象，自由地表达他们对颜色给自己带来的感受。

主要提问 3：

师：这幅作品中，除了有这么多丰富多彩的颜色，你还发现了什么？（线条）这些线条数得清吗？为什么？

幼：因为线条实在是太多了，根本数不清。

师：这么多颜色的线条很杂乱，交错在一起，布满了整个画面，看到这样的线条，让你联想到了什么？

幼：让我想到了晚上的星空。

幼：晚上森林里的小花。

幼：怎么也走不出去的大迷宫。

小结：你们的想象力真丰富，晚上的星空一定又漂亮又神秘。森林里的小花真的很美。大迷宫的通道互相交错在一起。其实这幅作品的名字叫做《会聚》。就是很多种颜色聚集在一起，让人产生丰富的想象。这样的画还有一个名字，叫做抽象画。

教师针对幼儿的想象进行点评并提升幼儿经验，肯定幼儿的感受，鼓励幼儿结合观察到的线条进行大胆想象。

2. 再出示绘画作品 2，引导幼儿通过对比、观察，发现两幅作品的异同，并说出其感受。（图 4-68）

主要提问1:

师:这幅作品中,你看到了哪些颜色?和刚刚那幅作品给你带来的感觉一样吗?

幼:我看到了黄色、白色和黑色。

幼:给我不一样的感觉,我觉着这幅作品像羽毛一样温暖、温柔。

主要提问2:

师:你们说的这几种颜色(黄、白、黑)在第一幅画上也都有,但为什么感觉是不一样的呢?(同时出示两幅画进行对比、观察)

幼:第一幅画上黑色用得很多,第二幅画上黄色用得很多。

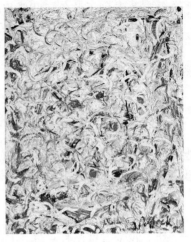

图4-68

师:同样的一种颜色用得多或者用得少给我们的感觉就会不一样。

师:看到了这幅画,让你想到了什么?(单独出示第二幅画)

幼:我觉得像一个彩色的大世界。

幼:我觉着像彩虹。

小结:你们每个人都有自己独特的想法,相信作者在创作这幅作品的时候一定也想到了很多美好的事物。

3. 用小视频演示泼洒法(图4-69)和滴画法(图4-70)两种创作方法,引导幼儿感知并了解。

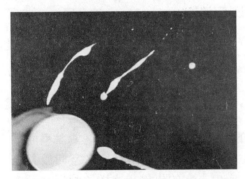

图4-69

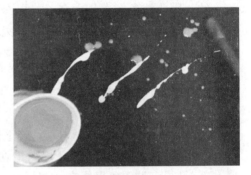

图4-70

师:泼洒法就是用小勺或者棉签蘸上颜料,往画纸上泼,动作像泼水一样;滴画法是让小勺或棉签中的颜料慢慢地滴到画纸上。泼洒法、滴画法都是绘画工具不直接接触画纸,还有喷壶、吸管等工具也能够帮助我们进行创作。

鼓励幼儿自主选择自己喜欢的工具、材料进行创作,通过自己的观察、想象，大胆创作出自己眼中独特的滴流画。

（二）鼓励幼儿自主选择工具、材料，大胆进行创作。

1. 鼓励幼儿自主选择所需工具及材料，尝试运用滴流画、泼洒画的方法创作出丰富的点、线、面。

2. 在创作过程中，引导幼儿滴流、泼洒出丰富的线条、色块，并关注色彩的搭配。

教师观察与指导方式：

互动场景一：关注幼儿在自选工具、材料过程中的小纠结，教师及时引导。

师：欣欣，你怎么不选工具呢？

幼：我不知道要选哪个。

师：欣欣，你看，这么多的工具，你都可以选择。看看你最想用哪个工具进行创作呢？

幼：我不知道。

师：你想试试小勺子吗？它可以和颜色玩"甩一甩"的游戏。

幼：好，那我用小勺子。

师：你先试一试，这里还有很多有意思的工具呢！你都可以尝试一下。你看，滴管可以将颜色吸上来、放下去，喷壶可以将颜色喷在画纸上，看起来就像夜晚天空中的小星星，你一会儿都试一试，好吗？

幼：那好吧！（图 4-71）

图 4-71

指导要点：教师在关注幼儿自选工具、材料的过程中，发现了内向、胆小的幼儿表现出的胆怯与纠结。教师及时走过去陪伴幼儿，用有意思的语言帮助幼儿了解各种工具的玩法，一方面，帮助幼儿解决选择工具的问题；另一方面，在与幼儿谈话、交流的过程中，帮助幼儿放松心情，缓解因为不知道怎么选择工具而带来的紧张情绪。教师接纳幼儿的情绪，并适时引导，幼儿的心情放松了，能够更加自主、大胆地进行创作与表现。

互动场景二：关注幼儿的创作过程并适时指导。

师：洋洋，你看，你的作品中怎么全是小点点呢？

幼：老师，我觉着小点点弄起来比较简单，那个像流星一样的线条，我弄不好。

师：哦，那你喜欢让流星出现在你的作品中吗？

幼：喜欢呀，可我弄不好。

师：没关系，老师和你一起把流星画出来，好不好？

幼：太好了。

师：那你觉得创作流星用什么工具比较合适呢？

幼：我觉得可以试试毛笔，因为毛笔的毛可以吸很多很多的颜料。

师：好的，那我们来试一试吧！（图4-72）

指导要点：教师及时发现幼儿创作中工具使用比较单一的问题，并与幼儿站在同一视角，鼓励幼儿尝试使用多种工具、多种方法进行创作，引导幼儿大胆尝试、大胆表现，调动了幼儿的创作热情。

图 4-72

三、活动结束：欣赏作品、交流感受，提升创作经验

主要提问1：

师：创作过程中，你的心情是怎样的？

幼：我特别开心，很冲动、很兴奋，因为我就像大画家一样自豪。

幼：我很快乐，感觉很幸福。

主要提问2：

师：你在创作过程中，都运用了哪些工具、颜色及线条？

幼：我用了小勺、吸管，我作品中的线条就像花茎一样，下面粗、上面细。

幼：我用了毛笔、小勺和喷壶，我的线条特别多，都缠绕在一起了。

主要提问3：

师：你的作品给你带来什么样的感觉？

幼：我感觉我的作品很好看，像春天里的小花。

幼：我觉得我的作品像冬天里的大树和雪花。

幼：我的作品像下雨后的彩虹，五颜六色的。

主要提问 4：

师：你能为你的作品起个好听的名字吗？

幼：《星空》。

幼：《美丽的花》。

幼：《小雪花跳舞》。

……………

指导要点：与幼儿分享作品时，注意捕捉作品的画面细节，鼓励幼儿分享创作中的观察与思考，与幼儿共同梳理关于线条形态、颜色运用等方面独特的创作方式，使幼儿能够进行集体分享、提升经验。

小结：今天，每一个小朋友都是小画家，每个人的作品都非常优秀，因为你们都创作出了属于你们自己的独一无二的作品。老师也发现，你们的想象力特别丰富，不仅能够说出对作品的感觉，还能给每幅作品起个好听的名字，简直太棒了！所以，今天，你们都是小小波洛克，老师给你们点赞。

四、活动延伸

区域中的色彩游戏：在美工区中，继续尝试运用泼洒法、滴流法的方法创作波洛克风格的抽象画。

家园中的色彩游戏：家长和幼儿共同搜集生活中不同的工具、材料，亲子合作进行创作。

♥ 活动反思

幼儿欣赏的美术作品是以随意泼溅颜料、洒出流线等特有的艺术表现方式，没有中心、没有边际、没有起点，有的只是随意交织在一起的线条和色彩，充满节奏感，非常适合大班幼儿欣赏和模仿，符合他们的兴趣需要。对于平时多数用水彩笔、油画棒作画的幼儿来说，这是一种新的表现方式，满足幼儿体验审美愉悦和创造的快乐。本次活动从欣赏抽象画作品入手，在对其作品的观察、解读中，既发现绘画表现的特点，又注重鼓励幼儿的自主表达，帮助幼儿初步了解滴流法、泼洒法，尝试用其方法进行大胆表现，体验不同艺术创作方式所带来的快乐。同时，借助对幼儿作品的欣赏和点评，帮助幼儿梳理实践经验，使幼儿对这种自由奔放、无定型的抽象画风格有了更深入地体验。在创作环节中，提供了多种可操作的工具及材料，幼儿创作时，自主选取需要的材料和工具，并借助这些工具进一步尝试泼洒、滴画的方法。在幼儿创作的过程中，教师有意识地提示幼儿大胆运用多种色彩，在作品中表现出丰富的点、线、面，并让这些色彩布满整个画面，呈现出明亮、多彩、绚丽的色调，让幼儿充分感受对比色的色彩美。

♥ 活动点评

1. 美术创作材料投放的适宜性。

幼儿美术活动中的创意性表现非常需要适宜的美术材料支持。本次活动在底纸的选用中,教师先自主尝试了白色绘画纸,又尝试了彩色纸,最后确定将操作底纸定为多种颜色的 A3 硬卡纸,纸张变大、变硬,给予幼儿充分发挥的空间,同时增强了表现力。在工具、材料的选择中,提供了毛笔、小勺、小棒、棉签等便于幼儿操作的材料;在颜料的提供上,注意到浓稠度的适宜,便于幼儿创作。以上材料的选择都经过教师前期精心地尝试,才提供给幼儿,体现出教师关注幼儿创作需要、研究幼儿表现过程、提供适宜材料的有效支持。

2. 教学策略运用的有效性。

本次活动从欣赏抽象的美术作品入手,伴随着优美的背景音乐引入,为幼儿营造了一个宽松、自主欣赏大师作品的艺术氛围;在作品欣赏和观察中,教师为幼儿从色彩到线条等方面解读作品,并引导幼儿大胆表述自己观察后的想法及感受,为幼儿从欣赏作品到充分表达作品感受提供了有效支持;通过视频演示的方式,让幼儿直观地了解了泼洒法、滴画法的创作方式,为接下来的自由创作做好经验准备;幼儿大胆地进行艺术表现,教师适时、适度地跟进指导,满足不同水平幼儿的发展需要;作品分析环节,为幼儿欣赏自己、欣赏同伴提供了良好的表达环境。

(案例提供:北京市海淀区恩济里幼儿园　任雅娟
案例点评:北京市海淀区恩济里幼儿园　刘春霞)

(本章由何桂香、周立莉著)

第五章

育树成林——开展主题活动的智慧

当一个个活动生发成为苍天大树之时，"主题活动"的生成就像是在绿树成荫的环绕下，枝繁叶茂，纵横交错。很久以来，老师们都在努力做出"从幼儿的生活经验和兴趣需要出发，五大领域活动相互渗透并有机结合，促进多元表达和整体发展"的主题活动。能开展如此庞大、全面的主题活动，需要教师具备较好的发展意识和课程意识，既要尊重幼儿独特想法，又要实现五育并举，难免会提前设计好主题网络，再紧锣密鼓地逐一进行。既然这也是开展主题活动的一种方式，我们不妨用多元视角、多种方式生成主题活动。在本章，我们将和教师们一起，探寻在关注幼儿兴趣、需要的基础上，设计清晰、自然又丰富、有趣的主题活动方法和策略，从而积累融会贯通的教育智慧。

一、什么是主题活动

主题活动是围绕某个中心话题，依据幼儿兴趣需要、学习与发展目标、教师专业判断、师幼共同选择和建构活动内容，通过灵活、多样的活动形式，共同学习、探索、发现和完善的过程。

《指南》中提出，儿童的发展是一个整体，要注重各领域之间、目标之间的相互渗透和整合，促进幼儿身心全面、协调发展。幼儿的学习是以直接经验为基础，在游戏和日常生活中进行的。要珍视游戏和生活的独特价值，创设丰富的教育环境，最大限度地支持和满足幼儿通过直接感知、实际操作和亲身体验获取经验的需求。

在与幼儿整体发展目标相匹配的教育活动中，主题活动无疑呈现出整合、多元的特点。它可以由幼儿喜爱和关注的事物为载体，引发感知体验，再步步深入持续探究，自然拓展到五大领域学习，并且和幼儿的生活、游戏、互动环境、家园共育等多项内容建立联系。这些内容都需要清晰思路，主题活动可以从哪里来？由谁发起？用什么样的方式？探究哪些内容？如何与多种活动建立联系？这些内容都需要我们深入思考并在实践中不断丰富和调整。

关于主题活动，我们收集了一线教师的很多想法和困惑：

· 有些教学参考书里的主题活动案例特别好，也有普遍性，我会照着做。但有的主题很受幼儿喜欢，有的主题幼儿就参与度不高。怎样调整原案例，使其更适合本班幼儿？

· 幼儿园的主题活动线索从环境创设中都能够体现出来，特别丰富，看着虽然清楚，但花那么多的时间精力用在环境创设上有必要吗？

· 开展主题活动到一定程度时，自己都觉得天天研究一种或一类内容没什么意思了，我想幼儿也会觉得没有新鲜感，索性换一个主题。

· 我知道幼儿园主题活动和区域活动应该是有机结合的，但是不知道怎么把主题活动的内容和幼儿区域活动、生活活动等建立联系。

· 我知道由幼儿兴趣和关注的事物引发一个主题活动，但随着加入的幼儿越来越多，新的兴趣和话题也多起来，我有点追不过来。所以，把幼儿的话题归纳、集合，是不是有一定规律？

· 说一个主题活动搞得好、与五大领域有机融合，就是把主题事物分别预设为五大领域教学活动、再一一执行吗？

· 搞主题活动挺好的，我觉得有趣的内容或者知识储备比较充足的内容可以很好地支持主题活动。但是孩子会不会也有兴趣？也有经验和能力参与？

··········

这些问题大部分涉及到怎样开展主题活动，我们不妨先按着"是什么""为什么""怎么做"的顺序，先看一下，为什么要开展主题活动，寻找主题活动的重要意义和作用，再探寻主题活动既尊重个体差异又促进整体发展的途径吧！

二、为什么要开展主题活动

《纲要》指出：幼儿园的教育内容是全面的、启蒙性的，可以相对划分为健康、语言、社会、艺术、科学等五个领域，也可作其他不同的划分。各领域的内容相互渗透，从不同的角度促进幼儿情感、态度、能力、知识、技能等方面的发展。

主题活动是目前幼儿园普遍开展的活动形式，主题内容源于幼儿熟悉或好奇的事物，围绕这个事物可以激发幼儿经验和兴趣，生成更多体验、探究、学习活动。主题活动的确定和开展符合幼儿认知事物的经验基础和一般规律，以幼儿的体验、探究为本，内容选择和拓展的空间大。它可以有效融合健康、语言、科学、社会、艺术五大领域教育活动，能够和生活活动、区域游戏活动、户外体育活动、家园共育活动等有机结合，同时促进幼儿知识与能力、过程与方法、情感态度价值观的全面发展。

1. 主题活动体现重视个体差异、促进整体发展的观念。

主题活动内容大多来源于幼儿生活、成长过程中比较熟悉的事物或事件，由此展开的持续探究和学习更容易激发幼儿的好奇心和求知欲，从而生成更多形式的学习活动，既满足不同兴趣和能力基础的幼儿享受个体探究、小组学习，也可以就共同关注和好奇的话题进行不同领域的集体学习，以促进整体发展。这样的主题活动可以使幼儿从被动的接受式学习逐渐转换为主动探究式学习。在活动中更加突出幼儿的亲身实践、突出幼儿主动活动的过程。如，"十一"长假后，幼儿对各种门票产生了兴趣，共同收集多种多样的公园景区游览票、博物馆门票、演出票等，幼儿会凭借门票分享自己的参观游玩经验和见闻，一起观察门票的设计和内容，发现门票的相同点和不同点，既丰富了多方面的认知经验，认识了各个地方不同的风土人情，还了解了设计门票的基本规律，这个阶段就是充分满足幼儿个体差异，使幼儿在区域游戏及游戏分享、美工类活动等学习方式中，再次丰富认知经验。随着活动的深入，幼儿逐步从认知阶段过渡到创造性的表达表现，如尝试为活动区制作参观票、游戏票等，此时活动大多以共同体验、操作表达等集体学习活动为主。如此循环，个体探究与集体学习相辅相成，使主题活动适宜更多幼儿参与探索和学习，拓展多方面的经验。

2. 主题活动能增进师幼间的情感交流。

在开展主题活动中，我们常常看到，能够成为主题的内容，往往都是幼儿感兴趣的话题，而这些话题会引发幼儿的经验和探究愿望，同样也能使教师调动专业知识储备和教育能力，把自己的经验和幼儿经验交替式融合起来，以陪伴者、引导者、支持者、欣赏者、激励者、观察者、斡旋者、计划者、游戏者角色身份，在不同时机发挥不同作用，为幼儿的学习持续助力。所以教师和幼儿既是同伴共同学习的关系，又是师幼引导探究关系。在这个过程中，教师会有更多理解幼儿情感态度、能力、知识、技能的机会，幼儿也会在与教师这个"智慧大玩伴"一起学习的过程中，产生信任、喜爱和崇拜的情感。师幼关系更加亲密和融洽，教师和幼儿真正形成相互尊重、相互学习的平等关系。

3. 开展主题活动可以提高教师专业能力。

《幼儿园教师专业标准》中提出："注重保护幼儿的好奇心，将探索、交往等实践活动作为幼儿最重要的学习方式。"这些标准，体现对幼儿教师保育教育态度与行为的要求。教师尊重并接纳幼儿有好奇心、愿意探索的事物和话题，并用积极的态度和行为去支持、引导幼儿探索、交往，这不正是主题活动过程中，教师拥有的角色作用吗？

《幼儿园教师专业标准》中还提到："制订阶段性教育活动研发集体具体活动方案，教育活动设计和实施中体现趣味性、综合性和生活化，灵活运用各种组织形式和适宜的教育方式，提供更多的操作探索、交流合作、表达表现的机会，支持和促进幼儿主动学习。"这些标准正与我们常说的，开展主题活动中的"预设、多种活动和方式、综合性"等关键词相吻合。能开展有趣、有学习、有生命力的主题活动，正是幼儿教师专业能力的一种体现。

这就需要教师观察、了解幼儿的兴趣、爱好，倾听幼儿想法和需求，记录幼儿的表现。这些都能够帮助教师由关注到幼儿的好奇聚焦、定格为探究方向，将兴趣学习与发展学习建立联系。同时，教师需要把握幼儿学习过程中的问题、困难，适当地给予帮助、指导、梳理、分享，提高与幼儿互动的质量。这些都可对促进教师多方面的专业能力发展起到积极作用。

当很多主题活动来源于幼儿感兴趣的事物或有生活经验的事件时，教师需要迅速调集自己的认知经验、教育经验，判断幼儿当下的经验和能力基础，对学习与发展做出预期和规划，以适宜方式持续对幼儿给予支持和引导。在这个过程中，教师的环境创设、游戏活动的支持与引导、教育活动的计划与实施、激励与评价、沟通与合作、反思与发展能力，都会得到很好的锻炼和提升。

三、开展主题活动的原则

开展主题活动的过程中，经常会有这样的问题出现。具体表现在：容易忽视幼儿表现和需求，老师牵着幼儿走；活动流于形式，教师不会帮助幼儿整合经验；拓展的内容不够丰富，幼儿探究活动深度不够；处理不好幼儿兴趣生成主题和教师预设主题之间的关系；开展不同的主题活动侧重的学科领域内容不同，有缺失的内容不知道怎样融合到主题活动中去。要避免这些问题的发生，我们需要尊重以下原则，为教师开展主题活动保驾护航。

1. 操作性

幼儿学习的经验是在操作体验和多种学习方式中获得的。当教师发现幼儿对什么事物、话题感兴趣后，可以提供或与幼儿共同收集相关信息、材料、工具、资源，创设能够让幼儿充分观察、发现、操作、体会、验证、交流表达的空间和环境，供幼儿看看、摸摸、试试、做做、说说，有目的、有层次的、可操作的材料、工具，为幼儿在体验中获得经验，提供富有激发作用的操作空间。

2. 层次性

不管是幼儿还是成人，认识一个事物、了解一个话题，大多会遵循"感知发现—操作探索—表达创造"的过程。主题活动可以按照一定的顺序、层次有序进行。鼓励幼儿用眼、耳、鼻、舌、身等感知器官充分发现事物的特征，以实现感知发现事物是什么，再通过多种多样的操作体验活动帮助幼儿获得经验，以实现操作探索事物特征，然后激励幼儿在充分感知和探索后，用新经验改变生活、创造生活。这是围绕一个主题以一种学习方式进行有层次的主题活动。

如果把主题活动的形式分出层次，也可以是这样的顺序：个体探究主题、区域游戏主题、小组学习主题、共同学习主题等。不管怎样形式的主题活动，都要尊重幼儿年龄、个性、能力和兴趣等多方面的差异，提供可让幼儿自主选择的活动和材料，满足不同幼儿的需求。

3. 互动性

在《幼儿园保育教育评估指南》中，我们不难看出，其核心是师幼互动。在幼儿园里，最亲密、最直接、最有效实现保育教育的一对关系，就是师幼关系。因此，师幼互动，以及幼儿与环境、事物、活动、各种资源的互动，都会为幼儿获得体验、经验助力。一个主题活动螺旋上升的过程就是不停地与人、事、物各种资源发生互动的过程。教师应该较好地把握时机，促进幼儿与幼儿、幼儿与环境、教师与幼儿、家长与幼儿、幼儿与各种资源、家庭社区与幼儿园等多方面互动，为幼儿的探究学习开辟更多的可能。

4. 适宜性

一个好的主题活动一定基于幼儿经验，如生活经验、游戏经验、学习经验都是好主题的基础。当教师发现"幼儿渐渐不感兴趣""幼儿对主题活动没有积极反应"时，就说明某个内容离幼儿的经验有距离了，经验和能力与教师期待的发展不匹配，幼儿参与度、主动性就会下降。因此，主题活动的适宜性，取决于这个主题、话题是幼儿了解的、能理解、会接受、敢操作、愿意探究的。教师们都向往"开展一个有生命力的主题活动"，那么就要多了解幼儿对什么事物感兴趣、会关注、幼儿间常讨论的话题是什么、共同喜爱的事物有哪些、对什么现象好奇、会经常问哪些问题，再了解幼儿对喜爱的事物持续探究已经具备哪些经验和能力，再思考这些经验和能力可以和《指南》、五大领域的哪些发展目标对接。这些都确定了，就能实现主题活动的适宜性。

当我们把主题活动"是什么""为什么"，一一确定后，再进入"怎样"开展主题活动。这里的"怎样"是有一定步骤、规律和方法的。希望下面的阐述能为勇敢探索的教师们提供可借鉴的经验。

四、怎样开展主题活动

"用什么事物当主题""按什么线索做主题"是"怎样"开展主题活动的核

心。选择什么样的内容开展主题活动，是幼儿园教师开学时思考的众多问题之一。相信有一定开展主题活动相关经历和经验、也了解幼儿生活中的关注点、兴趣点且热爱生活的老师一定会发现主题活动是有来源、有素材的。让我们看看，下面这些主题活动来源能不能帮你开拓思路？

1. 主题活动的来源

（1）幼儿感兴趣的事物。

所谓幼儿感兴趣的事物一定是幼儿生活中、游戏中、交往中常常接触的事物，也有一些事物虽然离幼儿生活比较远，甚至现实生活中不存在，但仍然能激发幼儿的学习欲望。这些事物会引发幼儿的好奇和关注，共同关注的事物会引发讨论、探索，当幼儿经过一番跃跃欲试、共同探索后，会乐于表达并分享获得的经验。这时，一个有根基的主题活动就已经在进行中了。相信老师们都会发现，恐龙、武器、建筑、宇航空间站、小学、英雄等事物常常被大班幼儿关注和喜爱。而汽车、动物、服装、风筝、运动会等容易受到中班幼儿的青睐。小动物、食物、节日、娃娃家、过生日等事物和话题会被小班幼儿喜爱。这些幼儿有生活经验、认知经验、操作经验的事物，都可以成为激发幼儿探究兴趣的主题活动。

（2）教师的特长、爱好和文化积累。

幼儿教师作为幼儿成长过程中的重要人物，具有积极的影响力。教师的个人性格、品德、知识、能力常常能吸引幼儿，产生喜爱、向往甚至追随。一位热爱生活、喜欢学习的老师，其个人特长、爱好和文化积累，就可以成为不错的主题活动资源。如教师喜欢的旅行经历可以帮助幼儿开拓视野，热爱的艺术可以给幼儿带来美的启迪，喜欢的文学能滋养幼儿心灵，了解的历史、民族知识可以激发幼儿热爱祖国的情感。这些都来自教师的重要积累，使主题活动更具综合性和开拓性。当然，教师个人的特长、爱好也需要与幼儿经验相匹配、能呼应，如果不能引发幼儿经验共鸣和一起探索的行动，也会成为教师一方的美好愿景，会牵引着幼儿勉强参与，不能体现儿童视角。

（3）节日、节气及重要活动。

重大事件、大型活动、节日、节气，这些蕴含在一个学期、一年之中的事情都可以成为主题活动资源，都会引起幼儿关注参与、体验探索和表达创造。如，当北京夏季奥运会、冬奥会来临时，全中国人民都为之向往，产生喜爱、关注和愿意参与的情感，那么奥运、运动主题就会吸引幼儿乐于体验。每年的春节、春分、清明、中秋节、元旦等中国节日节气，其中的有趣习俗、传说典故自然沿袭到现代生活中，可以和幼儿生活经验建立连接，在基于幼儿生活、融入传统文化元素的系列探寻中，自然汇集成主题活动。还有"三八"妇女节、国庆节、"六一"儿童节、教师节等现代纪念日，更容易贴近幼儿生活，并与更多人、事、物互动，由此产生的主题活动就会源于生活、还原生活、创造生活，极富生命力。

（4）季节（如四季变化及应季动植物成长过程等）。

四季交替、万物生长，身处自然世界随处可见的季节特征，永远是人们喜爱谈论和关注的话题。很多幼儿园由此建构四季课程，把春种、夏长、秋收、冬藏做为永恒的主题活动。这样的主题活动中，自然融入饲养动物、种植、收集、记录观察，以及对自然世界中的科学现象进行探究，如光影、月相。

（5）幼儿成长过程中的重要经历（如上小学、我是哥哥姐姐、劳动最光荣、掉牙怎么办、怎样保护自己等）。

每个年龄段的幼儿都会遇到成长、身体变化等自然萌发的事情，由此引发真切的感知、体验，发现变化规律，实现"建立自信、自尊和初步的归属感"发展目标，获得积极自我认知。

（6）幼儿提出的问题（如书的来历、什么是英雄、新操场上有什么、磁铁里的秘密等）。

好奇、好问既是幼儿的年龄特点，也是幼儿关注周围、探索世界的一种表达方式，很多问题都具备形成兴趣、激发学习的基础，能被幼儿关注并聚焦成为共同探索的话题，这个话题就具备了促进多种学习方式和多元表达的特征。由幼儿发起的问题作为主题活动开展起来，能让幼儿始终以主体角色投入探索中。

（7）幼儿成长发展中存在的问题（如不爱吃菜怎么办？小士兵要不要打仗？倾听习惯不够好怎么办？怎样改变动作慢？要不要保护环境）。

有一些共性问题具备探究、"做中学"、多种方式解决问题的价值，能激发幼儿发挥内驱力，去解决自己遇到的问题。教师如果敏锐地把握并重视幼儿提出的问题，重视共享经验和群策群力，就能引发幼儿多种探究方式，实现幼儿共同学习的发展目标。

（8）突发事件（如疫情来了、冰雹、地震、小鸟为什么死、乌龟吃什么等）。

很多突发事件并不是孤立存在的，事件发生必然与自然、社会的变化发展有关。教师不仅需要具备教育的敏感度，也需要根据突发事件迅速判断其中的发展价值，以突发事件作为主题，会促使幼儿迅速投入、快速进入主题，探究积极性会比较高涨，师幼一起面对事件寻找"是什么""为什么""怎么回事"的事件本质，借助突发事件所代表的一个侧面，引发全面探究，形成促进思考、操作和表达的一系列行动，也会使主题开展，逐渐变成一场探秘之旅。

（9）幼儿园课题研究（如自我保护、生活中的数学、创造性美术、体验式音乐、传统文化、足球、民族民俗等）。

很多幼儿园由于地域文化、历史传承、民族属性等特殊资源，具备得天独厚的主题活动丰富来源。也有很多幼儿园长期研究形成课题,需要通过教研转化到实践,再做验证和推进。那么,主题活动由此而来,就特别有根基。这类主题活动可以说是先有预期方向,以此向前倒推,会有易于教师迅速通过环境烘托、话题引导、围绕具体事物的观察、讨论,帮助幼儿进入学习场景,使体验、探索的时间相对更充分,获得认知经验也相对更丰富、更扎实。

(10)儿童文学作品(如绘本、诗歌童话、儿童文学作品等)。

滋养心灵的儿童文学作品、朗朗上口的诗歌、有趣的童话等,是幼儿身边易得的资源,也是家庭教育中最普遍的素材。一本中心明确、页页有神奇的绘本,就像一个藏宝盒,吸引着幼儿一页页、一句句去琢磨、去想象,把思考带入画面,又从画面中读出理解。如《相反国》,用棒棒天使和胖胖这一对有趣的书中朋友,带领读者发现相反词、相反事物的有趣关系,也很容易支持幼儿从书中读出来,到生活中、环境中、活动中发现更多相反的事物。好的儿童文学作品永远是教师开展主题活动的有利资源。

(11)幼儿园所在的特殊环境(如北京四合院、陶然亭、琉璃厂等)。

在学前教育越来越重视幼儿家庭文化、幼儿园所在地区文化历史资源的大背景下,主题活动更加生活本、本土化,也更容易唤发幼儿熟悉又亲切的情感,探寻生长环境中的美好,向幼儿内心、生活回归,就是在满足幼儿心灵空间、生命空间的丰盈。一个能把幼儿包容在里面的主题活动是多么的温暖又有力量。

如上所述,主题活动的来源是不是很丰富,看完让你不慌张。不管什么途径、什么来源的主题活动,出处大多源于家庭、社会、自然、文化。我们在确定主题活动后会发现,很多耳熟能详的教育理念都会与主题活动的目的、意义相契合。也可以说,幼儿园主题活动应该遵循一些教育理念,找准依据,使主题活动更科学、更合理、更有的放矢。

2. 开展主题活动可以遵循的教育理念。

(1)生活即教育思想(课程观)——幼儿园一日生活都是重要的教育内容。

生活即教育是陶行知生活教育理论的核心。他的理论认为"生活教育是给生活以教育,用生活来教育,为生活向前向上的需要而教育"。这样的理论,正与学前教育要践行的社会主义价值观、为国家培养人的方针相契合。生活本身就含有教育意义,而教育的根本意义是使人有能力改变生活、创造生活。这样的教育理想已经蕴含在幼儿园课程观里,通过主题活动实现着。如,大班"神奇的房子"主题活动,幼儿先观察到自己家和幼儿园班级的不同,幼儿园建筑与医院、图书馆的不同,由绘本《谁的房子最特别》引发探索和操作,尝试用各种材料做房子、造房子,最后造出纸盒房子、水瓶房子,请小班弟弟妹妹来试住、试玩，这不正是儿童视角的改变生活、创造生活吗？所以，生活中的点点滴滴永远是主题活动的源泉，也是主题活动支持幼儿享受自己创造有趣生活的力量来源。

（2）主动建构思想（学习观）——幼儿在主动活动中建构学习经验。

建构主义学习理论是行为主义发展到认知主义以后的进一步发展，思想来源于认知加工学，以及维果斯基、皮亚杰和布鲁纳等人的思想。建构主义认为学习的过程是学习者主动建构知识的过程，这样的认知使我们对教育的理解不再是通常认为的课本、文字、图片以及老师演示的表征，而是唤醒学习者内驱力，以原有经验为基础，借助一个话题、主题，与外界更多事物相互作用来建构新的理解。这样的思想让我们知道，能够激发幼儿主动学习内驱力的主题活动正是以儿童视角、儿童学习者本位为核心的基础。如"我要上学了"，是每个幼儿都要经历的成长挑战，当幼儿提出对小学的向往和问题时，教师带领幼儿到小学情景中探寻自己关注的问题、找到答案，获得对自己的启发，由此开展"我要上学了"的主题活动。这样的学习观就起到了基于幼儿生活，激励幼儿以自己的方式建构对知识的理解，推动思维发展的作用。

（3）环境育人思想（教育观）——引导幼儿在与环境的互动过程中获得发展。

环境育人思想是中国传统文化育人的重要理念，从"孟母三迁"的故事到"蓬生麻中、不扶自直"的成语，都在强调环境对于人成长的重要性。这个理念，由孔子、孟子、荀子等中国古代思想家的论说传承到现在，在学前教育得到很好的实践和验证。在幼儿园班级里，常常看到教师创设富有激发作用的环境，可以为幼儿迅速找到游戏的主题和探究的事物起到支架作用。如果开展一个预设的主题活动，营造环境就更加重要，创设一个能引发和支持幼儿对主题产生好奇和投入探索的环境，就已经达到了事半功倍的效果，起到了环境育人的作用。

（4）多元智能理论（儿童观）——因材施教，促进幼儿整体发展。

多元智能理论由美国教育学家和心理学家加德纳博士提出，是一种全新的人类智能结构理论，他认为人类思维和认识的方式是多元的。每个人身上至少存在七项智能，即语言智能、数理逻辑智能、音乐智能、空间智能、身体运动智能、人际交往智能、自我认识智能。当然智能的分类也不仅仅局限于这七项，每个幼儿都是独一无二的，其表现方式多种多样，我们也很难找到一个适用于任何人的统一评价标准。《指南》倡导的"尊重幼儿的个体差异"也使我们更清醒地认识到，幼儿多元智能的表达与发展是奠定终身学习的重要基础。在一个主题活动中，我们要注意的是不必追求"全班参与""人人行动"，而应注重在主题活动中为幼儿提供多元表达的空间和机会，尊重幼儿对一个主题、话题有自己的经验和理解，有不同的学习方式，有不同的学习节奏，用时间、空间、理解、信任和赋予权利来支持幼儿多元智能发展，实现基于个体差异的因材施教，逐渐促进整体发展。

以上的教育理念应该可以帮助教师对主题活动有更深层次的解读，相信老师们能够运用理论和实践在开展主题活动这一项有意义的工作中，努力探索和尝试不同的方法，积累更多的经验。

有了理论支持的实践，也是有规律可循、有线索可依的。下面将从一个学年开展几个主题、哪些领域为主线，也从一个主题活动的规律和线索展开，为教师实践再次助力。

3. 主题活动发展线索。

（1）一学年的主题活动线索。

在设计主题活动时应该尊重幼儿年龄特点，关注幼儿发展水平，丰富主题活动内容。在主题活动中应做到与五大领域相结合，寓教育于一日生活的各个环节之中。但不管多丰富的主题活动都不可能很全面地涉及各方面的内容、促进整体发展，必然会有所侧重。如：小班"我爱幼儿园"主题会侧重社会领域、健康领域，中班"汽车"主题会侧重科学领域、艺术领域、社会领域，大班"六一"主题活动会侧重艺术领域、语言领域，大班"我爱运动"主题会侧重健康领域、科学领域、艺术领域……因此，教师应该考虑到将侧重于不同领域的主题活动巧妙衔接、优势互补，以一学年为整体教育时间，根据幼儿年龄特点和学习规律制订主题目标，真正做到主题活动有机融合生活活动、区域游戏活动、集体教学活动、户外体育活动、家园共育活动，从而促进幼儿全面发展。

以大班为例：

一般情况下第一学期可以进行3个主题，即两个较深入、持久的主题活动和一个"新年"主题活动。第二学期进行3个主题，即两个较深入、持久的主题活动和一个"六一"儿童节（或"告别幼儿园"）主题活动。因此，一学年应该最少进行4个深入、丰富的主题活动。在这里，我们依据主动建构思想、多元智能思想，以幼儿作为独一无二的人为核心，促进每个个体的积极自我认知，尊重幼儿身体、心理发展规律，可以用"积极运动""积极生活""积极交往""积极学习"来形容和表示递进式主题活动的线索。

①积极运动。幼儿升入大班后，在新的环境（人、事、物）中首先适应的是常规和一日作息的改变，在看到自己的成长变化后，鼓励幼儿先放松身体、愉悦身心、建立自信，那么开展一个以健康领域、社会领域为主的主题活动比较适宜。如"特别的我""升班真快乐""我是哥哥姐姐""我爱运动"等。

②积极生活。当大班幼儿自信、乐观地投入大班生活后，会展现出不同的多元智能倾向，这时的主题选择可以更趋向于科学探究、语言表达、艺术创造领域，以引发幼儿探索生活、环境中有趣的现象，激励幼儿投入多种学习方式，喜欢根据共同关注的话题进行集体学习活动。一学年的第二个主题活动，就可以开展侧重于科学领域、语言领域。如"动物""爱北京""身边的数学""神奇转转转"等。

③积极交往。第一学期的最后一个主题活动可以是围绕庆新年的。进入第二学期，幼小衔接成为重点，培养各种能力、鼓励幼儿富有个性、身心健康的发展，更好地适应小学生活，适合开展侧重于健康领域、科学领域的主题活动。如"我喜欢的书""跳蚤市场""机器人""神舟飞船""我爱劳动"等。

④积极学习。"五一"劳动节前可以进入第四个重要的主题活动——"上小学"，在情感、态度、能力已经打下良好基础的情况下，进入知识、技能的学习，适合开展科学领域、语言领域、社会领域为主的主题活动。

在一年中，12月份的"新年"主题活动、6月份的六一儿童节主题活动，会以艺术领域为主，与4个大主题穿插进行，使主题活动既遵循幼儿身心发展规律，又实现5个领域均衡、有序发展。

（2）单个主题活动的线索。

一个主题活动中，可以分为3个阶段（部分）进行，即感知发现——操作探索——表达创造。

①感知发现阶段，指对主题事物做多种感官的认识和了解，表达感受，形成初步的经验，发现有趣的现象，产生好奇和操作愿望，是认识一个事物"是什么"的阶段。

②操作探索阶段，指在感知发现的基础上，鼓励幼儿进行操作活动，找到规律、积累经验、形成认知，是认识一个事物"为什么"的阶段。

③表达创造阶段，指在感知发现形成学习兴趣，操作探索形成经验后，产生多元表达和改变创造的愿望，这个阶段鼓励幼儿用自己的方式和能力，创造新的游戏和展示方式，是认识一个事物"怎么回事"的阶段。

主题活动3个阶段会伴随相对适宜的活动方式。在感知发现阶段，可以收集资料、分享介绍，或设计调查问卷后引发采访、讨论活动，促进幼儿积极观察、大胆猜想、汇集经验，使感知发现先充分发散再聚焦。

在操作探索阶段，适宜开展集体学习活动，进行信息分享、分类归纳、展示讨论活动，把幼儿关于主题事物的经验共享后，形成共同认知，这个阶段应该充分利用五大领域学习内容促进多元智能发展。

在表达创造阶段，以制订计划、多元表达、共同创造为主要活动，可以借助对主题事物的持续探究，激发表演、展示、班级节日、亲子活动等形式，为激发多元表达拓展空间。

无论是一学年的主题线索，还是一个主题活动的 3 个阶段，都是尊重幼儿认识事物、表现事物、创造事物的基本规律。小班幼儿更多以直觉行动思维为主，整个幼儿期以具体形象思维为主，幼儿末期抽象逻辑思维开始萌芽，通过具体形象理解事物，只理解事物的表面现象，不能理解事物的内涵。这些思维发展阶段特征，正与"感知发现——操作探索——表达创造"的认知过程相对应。

当幼儿在主题活动的 3 个阶段中体验学习时，教师教育行为必须与其匹配，实现支持者、合作者、引导者角色作用。在主题活动初期，教师应倾听幼儿的猜想、提问，判断幼儿学习兴趣是什么，因此支持者角色更突出一些。主题活动中期，教师应根据已经聚焦的话题、愿景和学习需求，组织小组学习、集体学习、家园共育等多种活动，与幼儿一起实践、操作、记录探索过程，合作者角色更突出一些。主题活动后期，教师应激发和帮助幼儿在表达表现、大胆创造过程中，巩固认识、多元发展，引导者角色更突出一些。所以，教师角色转换，要与幼儿学习发展规律相符，以作用于"感知发现——操作探索——表达创造" 3 个认知过程中。

看到此处，相信很多教师希望看到具体的主题活动案例，对应前文的经验梳理和理论提升，形成接近实际的经验，获得形象认知。我们将为你提供小班、中班、大班各一个主题活动，希望教师从中发现基于幼儿兴趣、经验和学习需求、发挥教师多种角色作用和经验理论积累推进主题活动的方法。

五、主题活动案例

♕ 活动一　小班主题活动——小山楂里的大秘密

（一）主题由来

秋季是一个丰收的季节，果实是最常见的自然物。十月初，随着孩子们逐渐适应幼儿园的生活后，我们开始了"寻找我眼中的秋天"的活动。孩子们和爸爸、妈妈一起走进大自然，搜集秋天的果实，并将自己找到的"秋天"带到班里，进行集体观察和发现，一兜散落在地上的红果子引起了孩子们的兴趣。"这是什么？是果子吗？""是樱桃吧？""不对，这是山楂，我家就有。""我爬着梯子，在树上还摘过山楂。""山楂好吃吗？"孩子们你一言、我一语地讨论着，对这些圆圆小小的红果子充满了好奇与兴趣。就这样，山楂走进了小一班孩子们的视野。教师引导幼儿带着对山楂的好奇与兴趣，通过丰富的多元环境（自然环境、幼儿园环境、社会环境、传统文化环境），感受与小事物、小朋友之间的关系，逐渐建立起孩子与大自然、与自己、与他人、与社会的美好关系，同时获得感受爱、表达爱、分享爱的情感体验以及各方面的发展。

（二）主题网络图

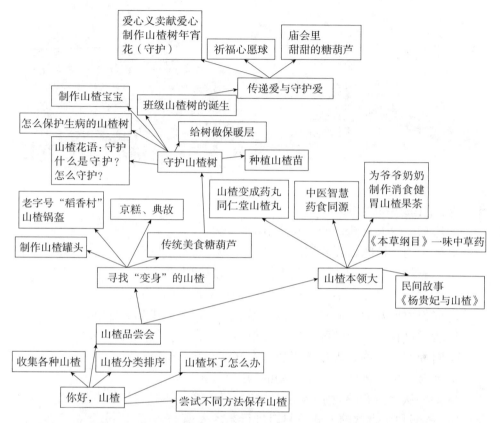

（三）主题环境创设（图 5-1～图 5-3）

图 5-1

图 5-2 图 5-3

（四）主题活动目标

1. 愿意亲近大自然，能感知季节的变化。

2. 爱护动、植物，关心周围环境。

3. 乐意与人交谈，并能清楚地说出自己想的事儿。

4. 愿意与人交往，学习互助、合作和分享，有同情心。

5. 能努力做好力所能及的事情，不怕困难，有初步的责任感。

6. 爱父母长辈、老师和同伴，爱集体、爱家乡、爱祖国。

7. 对周围的事物、现象感兴趣，有好奇心和求知欲。

8. 能够运用多种感官动手、动脑探究问题。

9. 能够从生活和游戏中感受事物的数量关系，体验数学的有趣。

10. 能够利用喜欢的方式、材料进行艺术表现。

11. 喜欢参加艺术活动，并能大胆表现自己的情感和体验。

（五）主题活动内容

生活活动	区域游戏活动	集体教学活动	户外体育活动	家园共育活动	互动环境
1. 酸酸甜甜的山楂罐头 2. 清洗山楂的好方法 3. 山楂美食品尝会 4. 我来照顾山楂宝宝	1. 美工区： （1）山楂树（拓印、泥塑、团纸、自然物） （2）山楂树、年宵花制作小工坊 2. 图书区： （1）探索山楂	1. 你好，小山楂 2. 山楂大收集 3. 山楂制品连连看 4. 童言稚语送祝福 5. 山楂变	集体活动： 1. "种"果树 2. 运山楂 3. 山楂宝宝跳跳跳 4. 果园丰收啦 分散活动	1. 收集《我眼中的秋天》相关事物 2. 收集品种各异的山楂（菜市场、水果店）： 3. 亲子制作重阳节"暖心果茶" 4. 亲子收集山	1. 在自然图书屋创设"山楂保存好方法"的尝试、观察、实验的区域与可记录的墙饰 2. 美工区投放彩泥、山楂实物、拓印工具、

（续）

生活活动	区域游戏活动	集体教学活动	户外体育活动	家园共育活动	互动环境
保存的各种方法 （2）尝试晾晒山楂干 （3）观察记录山楂种子生长变化 （4）种子、植物生长过程，照顾方法的图书阅读 3. 益智区：山楂分类与排序	黑了 6. 山楂保存方法 7. 山楂树的花围巾 8. 山楂种子快快长 9. 山楂年宵花 10. 保护山楂树妈妈	1. 山楂山楂熟了吗 2. 切山楂	楂制品，了解山楂文化典故 5. 亲子制作：传统美食糖葫芦 6. 收集爱心义卖物品	山楂叶片、竹签等材料，支持幼儿创作班级的山楂树 3. 主题墙饰"山楂熟了"中"山楂初体验""甜甜的果茶""快来学一学""山楂去籽方法"，支持幼儿经验、认知、能力的拓展	

（六）主题活动案例

活动 1　山楂大发现

活动目标：

1. 运用多种感官初步了解山楂，在观察、操作中发现山楂种类、大小、颜色的不同。

2. 尝试为不同种类的山楂按照特点进行分类与排序。

3. 愿意表达自己的想法，体验集体活动的乐趣。

活动准备：品种各异的山楂若干，收纳盒。

活动过程：

1. 观察不同种类的山楂，大胆表达自己发现的不同。

师：小朋友们，今天，我们请来了很多的山楂宝宝。我们一起来看看，你发现它们的不同了吗？

幼：我发现山楂有的颜色深，有的颜色浅。

幼：山楂有的大，有的小。

幼：山楂身上的小点点有的是黄色，有的不是黄色。

幼：这种山楂的皮亮亮的，就像有油一样。可是，这种就不是，是干干的。

师：为什么同样都是山楂宝宝，但是它们却不一样呢？

幼：可能它们的爸爸、妈妈生它们的时候能喝饱水，宝宝就大，没喝饱水，宝宝就小。

师：有小朋友觉得大小不一样是和山楂树是不是喝饱水有关系。

幼：我觉得是山楂宝宝的爸爸、妈妈不一样，山楂宝宝就不一样。

师：你觉得有的山楂宝宝的爸爸、妈妈不一样，所以宝宝就会有所不同。

师：小朋友们都有不同的猜想，山楂宝宝不一样的原因和我们小朋友猜想的一样，不同品种的山楂树会结出不同的山楂，每个品种的山楂，它的颜色、大小与名字都不一样。（图5-4）

图 5-4

2. 山楂宝宝找家（分类）。

师：这么多的山楂宝宝混在了一起，小朋友们可以帮忙把山楂宝宝送回家吗？

师：你怎么知道哪些山楂宝宝是住在一个家里的呢？

幼：大的是一家的，小的是一家的。

幼：红红的在一起，浅一点儿的在一起。

师：小朋友们按照自己的想法试一试，把山楂宝宝送回家吧！

师：你是按照什么方法给山楂宝宝找家的，和大家分享一下吧！

幼：我是按照山楂的大小送它回家的。

幼：我是按照山楂的颜色分家的，因为它们有深、有浅。

幼：我是按照皮上面的小点点，点点颜色一样的放在一起，点点多的放在一起。

师：小朋友们按照不同的特点（大小、颜色）给山楂宝宝分类，帮助它们回到了自己的家，小朋友们真能干！

3. 山楂变变变（排序、创意拼摆）。

师：山楂宝宝它们会排队，还会变魔术。你能给山楂排队变魔术吗？快来试试吧！

幼：我排了一大一小的队，像妈妈领着宝宝（ABAB）。

幼：我的是宝石项链，大宝石、小宝石、小宝石、大宝石，漂亮吗（ABBABB）？

幼：我拼出了长长的火车（AAAAA）。

幼：老师，你看，我拼了一个太阳。

幼：我拼的是楼梯。

师：小朋友们特别有创意，不仅给山楂宝宝排出了不同的队，还摆出了很多漂亮的造型（图5-5～图5-7）。我把大家的作品拍下来做成小书，放在我们的山楂收集盒里，小朋友们都可以去学习同伴的好方法，给山楂排排队。

图 5-5

图 5-6

图 5-7

活动 2　班级里的山楂树

活动目标：

1. 运用多种感官了解山楂外形的特点，丰富幼儿对山楂的认知。

2. 能够运用泥塑和拓印的方式制作并表现山楂。

3. 愿意参加美工活动，在动手操作的过程中感受美工活动的乐趣。

活动准备：多色超轻黏土、颜料盒、彩色颜料、拓印工具、棉签。

活动过程：

1. 幼儿园里观察山楂树。（图5-8）

师：小朋友们看一看幼儿园的山楂树，和大家说一说你的发现。

幼：树上的树枝像山楂树的小手。

幼：上面有红色的山楂，有大一点儿的，还有小一点儿的。

幼：树上有很多的叶子。

图 5-8

师：山楂是红色的，它是什么形状的？

幼：是圆的，像一个球，上面还有一根线挂在树上。

师：你观察得真仔细，还发现了挂着山楂果实的枝条。

师：我们一起看看落下的叶片，你发现了什么？

幼：叶片好像我们的小手。

幼：有的特别绿，有的浅一点儿，有大的，还有小的。

幼：我们把山楂的叶子捡起来带回班里，和我们的山楂放在一起吧！

2. 讨论班里也有一棵大大山楂树的方法。

幼：我想咱们班里也有一棵大大的山楂树，和我带来的山楂做朋友。

师：我们应该怎么做才能让班里有一棵大大的山楂树呢？

幼：咱们画一棵大大的山楂树吧？

师：我们可以用哪些工具画一棵大大的山楂树呢？

幼：用一张大大的纸，还有美工区的拓印棒。

幼：我可以用黏土捏山楂。

幼：用小手印叶子，叶子就是小手形状的。

3. 幼儿运用自己喜欢的方式与材料制作并表现山楂树（图5-9～图5-12）。

师：我可以帮助大家撕出大大的山楂树。

师：小朋友们可以在班里寻找制作山楂和叶子的工具，咱们一起合作。

师：小朋友们怎么能让山楂是圆圆的呢？

幼：我找到圆形的海绵棒，用红色的颜料印出来，就是圆圆的山楂。

幼：我把红色的超轻黏土放到桌子上，用手在桌子上把它团圆的。

幼：看我的手变成绿色的了，我用手掌印出了很多叶子。

幼：我用刚才我们捡回来的山楂叶印出的叶子特别漂亮，看，还有花纹呢！

| 图5-9 | 图5-10 | 图5-11 | 图5-12 |

师：大家可以把制作好的山楂粘贴在我们的山楂树上。

师：我发现了一个小秘密，仔细看一看，山楂上面有什么呀？

幼：这个上面有好多小点点。

师：这些小点点是山楂的衣服，是山楂外皮的一种分泌物。

师：怎么给我们的小山楂也穿上漂亮的衣服呢？

幼：用黄色的画笔画上去。

幼：用小棉签点点点地，给山楂穿上衣服。

4. 为山楂树找个家，同伴间分享好方法。

师：我们的山楂树做好了吗？它的家在哪里呢？

幼：山楂树上有好多山楂呀，真好看！

幼：放在娃娃家的墙上，距离我们带回来的山楂近一些，让它们做好朋友。

师：可以，我们把山楂树放在娃娃家的墙上，小朋友们每天游戏的时候都可以看到它，大家也可以在美工区继续制作山楂挂在树上，让班里的山楂树结满山楂。

师：小朋友们可以和好朋友说一说，刚才在制作的时候，你用了什么好方法。我们也可以运用这些好方法制作山楂。

幼儿与幼儿、幼儿与教师分享经验，活动自然结束。

活动3　山楂保存好方法

活动目标：

1. 乐意与同伴分享自己收集和保存山楂的方法。

2. 敢于尝试运用不同工具与方法为山楂保鲜。

3. 愿意参与科学活动，在活动中体验探索的快乐。

活动准备：幼儿与家长一起查阅收集山楂并保鲜的方法，准备安全针线、安全刀、晾晒筐箩、烘干机、密封瓶、保鲜膜。

活动过程：

1. 回顾山楂变质，幼儿讨论如何保存山楂的问题。

师：前几天，小朋友们发现我们收集的山楂变质了，有的长毛了，有的变黑了。小朋友们想了一些办法。

师：有的小朋友说要尽快吃掉山楂，还有的小朋友说把山楂放进冰箱里。

师：有的小朋友提出，现在是秋天，我们能吃到酸酸甜甜的山楂，可是到了冬天的时候，山楂树上的山楂都掉光了，没有山楂了。小朋友们如果冬天也想吃山楂，有什么好办法把山楂保存起来吗？

2. 同伴交流、分享保存山楂的方法。

师：小朋友们也和爸爸、妈妈一起收集了很多保存山楂的方法，快和我们分享一下吧！

幼：我和妈妈找到的保存方法是把山楂做成山楂罐头，这是我和妈妈一起画的图。（图5-13）

幼：我和妈妈找到的保存方法是把山楂去籽，切了晒干，做成山楂干保存。

幼：我找到的保存方法是把山楂做成冰糖葫芦。（图5-14）

幼：做成糖葫芦要马上吃，要不就坏了。

幼：我和爸爸的方法是用保鲜膜把山楂包起来，像糖果一样，放在瓶子里保存。

幼：我和妈妈用烘干机把山楂变成果干，就可以保存了。

幼：我知道保存的方法是把山楂放在瓶子里，盖紧盖子，就行啦！

师：小朋友们找到了这么多保存山楂的方法，你们想不想动手试一试，用这些方法来给山楂保鲜？

图5-13

图5-14

3. 认识保存山楂的工具。

师：看一看，小朋友们带来的这些工具——筐箩、刀，我们在制作山楂美食时使用过，还有一些新的工具——保鲜膜、针线，还有这个烘干机。小朋友们想一想，这些工具可以怎么用？

幼：保鲜膜可以包山楂，像包糖果一样。

幼：我带来的针线是把切好的山楂穿起来，像大项链一样，挂起来用的。

幼：我和妈妈带来的烘干机，可以把山楂切了，放在里面，按"开始"就加热。

4. 幼儿尝试运用不同的方法与工具保存山楂。(图 5-15～图 5-20)

师：小朋友们给大家介绍了这些新工具使用的方法，我们都可以去试一试，也请这些"小老师"来帮助我们一起完成保存山楂的任务吧！

幼：山楂包起来像一颗山楂糖，真好笑。

幼：烘干机真神奇，特别快就把山楂热干了。

幼：我把山楂放在瓶子里拧紧，放在了太阳下面，这样晒着，就不长毛了。

师：小朋友们用自己喜欢的工具和方法来保存山楂，我们一起等一等，看看这些方法能不能成功地把山楂保存起来吧！

图 5-15

图 5-16

图 5-17

图 5-18

图 5-19

图 5-20

（七）主题活动点评

《纲要》中提出："加强中华优秀传统文化教育，是培育和践行社会主义核心价值观，落实立德树人根本任务的重要基础。"如何将高深的修身、处世、爱国的精神文化理念让还在"分离焦虑"期的小班幼儿理解？教师运用生活中的山楂，将自然、情感、环境、传统文化进行巧妙地结合，希望可以通过开展有传统内涵的活动，来培养幼儿园小朋友的社会主义价值观。

小班幼儿的修身、处世、爱国，就是从他对小红果子感兴趣开始的；从他自己观察发现、搜集资源、大胆分享开始的；从他感受到自己的小手很能干，有很多的本领，做力所能及的事情开始的；从爱身边的一草一木开始的；从感受到身边人的关爱，并尝试把自己的爱表达出来开始的。

在这里，教师也有意识地有机融入传统文化的资源，比如传统的重阳节、杨贵妃的故事、传统的山楂美食、糖葫芦的美好寓意、以及新年逛庙会、送礼物的习俗，都是在潜移默化中、在孩子经验的积累中，增进他们对传统文化的理解和认同，感受到传统文化在生活中点点滴滴的影响，将中华优秀传统文化的基因植入幼儿的头脑中。

（案例提供：北京市西城区三教寺幼儿园　华东梅）

♔ 活动二　中班主题活动——小士兵

（一）主题由来

来到中班的小朋友发现班里有很多拼插玩具，男孩子们开始用它们拼插战车、大炮、坦克、手枪……一件件自己喜欢的武器被创造出来，小创造者们互相讨论着，讲述自己的武器如何神奇、有着怎样的强大功能。在他们有趣的对话里，教师惊讶地发现：刚上中班的男孩们竟然对武器有这么多认识，名称、用途、作用、制作方法、特殊功能……跃跃欲试的身影让教师仿佛看到一个个小士兵已经把自己武装起来了！班级教师从兴趣、经验、认知、学习愿景几方面做出分析，希望从自主游戏入手，持续呼应和支持，在进一步观察和倾听中，确定幼儿是对"武器、训练、士兵生活、军人角色"的哪一个感兴趣？从而决定主题活动探究走向，发现以幼儿为主体的主题探究有怎样的步骤和规律？如果支持幼儿拓展更持久、更丰富的学习，还需要哪些资源？由此，"小士兵"主题活动诞生了。借助幼儿感兴趣的话题和事物，激励幼儿与人、事、物发生更多互动、主动探究，在被尊重、信任、理解的基础上，拓展更多的学习与发展。

（二）主题网络图（图 5-21）

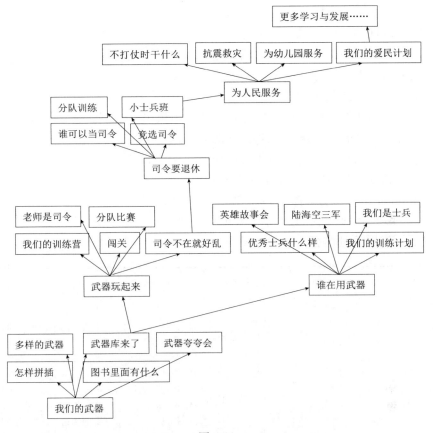

图 5-21

（三）主题环境创设（图 5-22）

图 5-22

（四）主题活动目标

1. 会整理自己的物品。

2. 能较快适应人际环境中发生的变化，经常保持愉快的情绪。

3. 能以匍匐、膝盖悬空等多种方式钻爬。

4. 能助跑跨跳过一定距离，或助跑跨跳过一定高度的物体。

5. 能与他人玩追逐、躲闪跑的游戏。

6. 能单手将沙包向前投掷 4 米左右。

7. 能根据连续画面提供的信息，大致说出故事的情节。

8. 能按自己的想法进行游戏或其他活动。

9. 敢于尝试有一定难度的活动和任务。

10. 感受规则的意义，并能基本遵守规则。

11. 常常动手、动脑探索物体和材料，并乐在其中。

12. 能运用绘画、手工制作等表现自己观察到或想象的事物。

（五）主题活动内容

生活活动	区域游戏活动	集体教学活动	户外体育活动	家园共育活动	互动环境
1. 玩具分享会 2. 卫生流动红旗 3. 我们的班规	1. 各种各样的枪 2. 拼插玩具展览 3. 建设训练营 4. 英雄故事会 5. 武器图书展	1. 武器夸夸会 2. 我们是士兵 3. 海陆空三军 4. 我们的训练计划 5. 优秀士兵什么样 6. 谁可以当司令 7. 竞选司令 8. 不打仗时干什么 9. 我们的爱民计划 10. 为幼儿园服务	集体活动： 1. 插红旗 2. 运沙包 3. 穿越封锁线 4. 投炸弹 5. 通过轮胎桥 分散活动： 1. 拍球乐 2. 圈圈乐	1. 收集关于武器的图书 2. 家庭故事会：军人英雄 3. 参观军事博物馆	1. 在图书区创设"小士兵书屋" 2. 调整美工区，开辟适宜制作武器的材料、工具台 3. 主题墙饰"我们的武器""武器玩起来""谁在用武器""竞选司令""小士兵行动计划"过程中的经验、认知

（六）主题活动案例

活动 1　我们的武器

活动目标：

1. 喜欢参加讨论活动，能倾听和接受别人的想法。

2. 能围绕制作武器，基本完整地讲述方法和经验。

3. 能按自己的想法进行游戏，尝试有一定难度的活动和任务。

活动准备：幼儿在游戏区制作的武器，讨论记录工具。

活动过程：

1. 关于武器，我们知道什么？

师：小朋友们用拼插玩具做武器，已经做了很多作品，谁来讲讲自己知道的武器？

幼：我做过枪，最喜欢枪，武器里有枪和大炮。

幼：我知道飞机也是武器。

幼：军舰也是武器，还有潜水艇。

幼：坦克也是武器，我知道导弹和火箭。

师：武器有很多种，也有用在不同地方的，空中作战时使用的，陆地作战时使用的，还有海上作战时使用的。

2. 什么人可以使用武器？

幼：解放军叔叔和警察叔叔有武器。

幼：还有特警，海军叔叔也有武器。

师：老师准备了一些图片，军人和他们使用的特殊武器，我们看一下。

引导幼儿欣赏海陆空三军军人图片及他们使用的武器，介绍保卫祖国的威武军人，激发幼儿热爱军人、热爱祖国的情感。

3. 中国的厉害武器。

师：在国庆大典上，我们看到了很多武器，快来看看有什么？

教师播放天安门广场阅兵时的三军武器视频，边介绍边与幼儿讨论伟大祖国的军事发展、领先世界的武器。

幼：飞机也有很多种的，加油机、运输机，只有战斗机才是打仗使用的。

幼：我觉得坦克最厉害了，又重又大，还很厚，谁都不怕。

幼：我爸爸讲过，这里有的战斗机特别先进。战斗机有侧翼、尾翼、驾驶舱。

师：我们班也有很多神奇的小武器，是小朋友们用各种材料制造出来的。

幼：我们的武器也应该展览，像阅兵一样。我们需要个库。

师：这个建议好，武器越来越多了，需要一个大大的武器库吧？这个武器库建在哪里呢？

幼：就在美工区旁边吧，用一个柜子放陆军用的武器。

幼：空军用的武器可以挂在墙上。

4. 建造一个武器库。

师：大家说了很多具体的做法，也不难，咱们一起行动吧！

教师组织幼儿分 3 队。一队整理小朋友制造的武器，写标牌和作者的名字。另一队创造武器库。第三队在大白布上刷出迷彩色，当做武器库的外墙。

活动延伸：

武器库建好以后，可以继续跟幼儿讨论：我们的武器特别多了，除了继续制造武器，还可以做什么？我们认识了陆海空三军威武的军人，也可以学着他们训练吗？这些武器大家都会用吗？我们扮演的军人叫什么名字呢？

引导幼儿讨论出下一步游戏和学习的内容。如：起名"小士兵"，建立训练基地，收集小士兵服，做个训练计划，建立游戏规则，继续认识军旗、军衔、三军军服等，支持幼儿将操作游戏拓展为扮演游戏、体验学习和更多领域的表达与探索。

活动 2　竞 选 司 令

活动目标：

1. 喜欢参加讨论活动，既能积极表达自己的想法，也能接受他人的想法。

2. 知道自己的一些优点和长处，并对此感到满意。

3. 学习做计划，愿意参加有难度的游戏和活动。

活动准备：讨论记录工具。

活动过程：

1. 训练基地里的问题。

师：最近，我们的小士兵训练基地里，总是有些问题在争吵，可以说说是什么问题吗？

幼：我们的训练计划都会了，训练完成了没事干，就打打闹闹。

幼：老师司令带着我们训练，就比较有意思。老师一走，他们就打闹了。

幼：我们女孩子也想来训练，可是他们不加我们。

幼：走椅子桥、钻封锁线、练投弹，我们都会了，小二班还有别的任务吗？

幼：士兵不打仗、不训练的时候，干什么呢？

师：老师也有问题要问大家，带着你们训练时，我特别高兴，可是也好累啊！

幼：老师太累了，老师年纪太大了，跟小士兵一起钻爬，挺难的。

师：我们把问题都记下来了，看看怎么解决这些问题吧！

将"训练内容单调""女孩子要加入""老师司令年纪大了""不训练时做什么"几个问题，用简笔画形式记录下来，供幼儿围绕问题逐一讨论、解决。

2. 老师司令退休了。

师：每天一开始游戏，我就要陪着你们训练，其他事情都干不了。还有，老师年纪大了，跟你们一起钻、爬、跑、跳特别累，身体有点儿受不了。你们的训练非常好，可以独立了。我应该退休了。

　　幼：司令退休了，我们跟谁训练呢？

　　师：小朋友们可以推选出自己的司令。什么样的人可以当司令呢？

　　幼：司令不能插队。

　　幼：司令要会领着大家做事。

　　幼：司令打仗的本领要最棒。

　　幼：司令不能打人，也不能说脏话，还要会帮助别人。

　　教师把幼儿说的司令标准记录在大白纸上，列出评选司令的标准。

　　3. 竞选司令。

　　师：我们已经列出当司令的标准，今天就来一次竞选吧！有没有人自告奋勇当司令呢？

　　幼：我想报名，我一直在这里训练，所以本领我都会。

　　幼：我也报名，平时总是有小朋友找我帮忙，大家都挺喜欢我的。

　　师：我们把自己报名当司令的小朋友名字写出来，大家看看他们可以吗？

　　教师在记录司令标准的大纸上，写出自报司令的幼儿姓名，供大家再讨论和选举。（图5-23）

图5-23

教师组织幼儿投票，选举出新司令。

　　师：我们的新司令选出来了，有两位新司令，要怎样安排工作呢？

　　幼：可以一个司令带大家做一件事。

　　幼：冬冬司令带我们训练。大泽司令带我们看武器书、造武器，讲军人英雄故事。

　　师：请小朋友们把新司令的工作内容和训练计划画出来，我们可以按照新的计划开始训练和学习了。

活动3 小士兵爱民行动

活动目标：

1. 喜欢参加讨论活动，愿意为帮助别人、多做贡献而出主意。

2. 对小士兵角色有更多的认识，并对此感到自豪。

3. 愿意参加有难度的活动，做力所能及的事。

活动准备：讨论记录工具。

活动过程：

1. 救人的解放军。

师：早上，大泽司令跟老师讲了昨晚新闻播报的一件事情，大家听大泽讲一讲。

幼：昨晚，新闻里广播了云南地震的事儿，那里的房子都塌了，很多人被埋在乱石头堆里，有好多解放军叔叔去抢救，他们每救出一个人时，大家都鼓掌，特别激动。

幼：军人叔叔不是要打仗、训练吗？怎么管地震呢？

幼：原来解放军叔叔不光打仗，他们也会去帮助别人。

师：是的。在和平年代、没有战争的时候，解放军叔叔会去帮助老百姓，这也是保护人民。

2. 小士兵除了训练，还可以干什么？

师：我们是小小士兵，我们也打不了仗，那我们能为大家做什么呢？除了训练，还能做什么事情？

幼：我可以为班里发勺。

幼：我个子高，可以帮个子矮的小朋友往柜子里放东西。

幼：我可以帮助小朋友拉拉锁。

幼：我可以帮助大家抹擦手油。

师：我们除了可以帮助咱们班的小朋友，还可以做什么？

幼：我们可以帮助保安叔叔扫院子里的树叶。

幼：我们可以把幼儿园的大滑梯擦干净。

幼：我们还可以去擦楼梯的扶手。

师：原来我们不训练的时候，除了为自己班做事儿，还可以为幼儿园做很多事儿。

幼：也可以去照顾弟弟、妹妹，教他们一些事情。

师：好，我们又多了一项任务——照顾小朋友。

师：一共三大类事情，为自己班服务、保卫幼儿园、照顾小朋友。我们要列个新的计划吗？

幼：要。这个是爱民计划。

幼：是小士兵爱民计划，把3件事情列出来，一个一个地去干。

教师和幼儿一起讨论，对照一个月里几周时间，定在每周五完成一类事情。如，第一个周五整理自己班的玩具、图书。第二个周五擦幼儿园的楼道（图5-24）和户外的大滑梯。第三个周五去小班教弟弟、妹妹叠衣服。

图 5-24

（七）主题活动点评

这是一个由幼儿兴趣、需求和关注的事情引发的生成主题活动。幼儿在拼插玩具区里的武器作品越来越多。教师通过及时互动、倾听和持续观察，捕捉到"武器库""用武器训练""当小士兵"3条发展线索，指向操作创造、行动体验、角色认知。随着探究活动的发展，自然而然拓展到五大领域，由科学领域的操作探究和语言领域的分享介绍，到社会领域的做计划、分工合作、交流沟通，再到健康领域创编体育游戏和艺术领域的创设环境、展览作品，最后又回到社会领域的角色认知和初步形成积极的自我认知，树立自尊、自信，建立归属感。

整个主题活动的进行呈现出幼儿的多元表达与学习。教师作用与幼儿主体在交替式互动中，彼此呼应，较适宜地加入图书、家长、节日庆典、环境材料、知识技能等元素，使一个由区域游戏引发的主题活动不断丰富起来，更具整体性和灵活性，也让我们看到幼儿主动学习的力量，和教师整合多种资源、以多种方式拓展幼儿学习的专业能力。

（案例提供：北京市西城区三义里第一幼儿园　张　雪）

👑活动三　大班主题活动——恐龙博物馆

（一）主题由来

班里的孩子们对恐龙有着浓厚的兴趣，经常会看到他们带着有关恐龙的书和玩具来与同伴分享，在行为上也会模仿恐龙的叫声、动作……为此，我们设计了一节关于恐龙的教育活动，活动引起了全班幼儿的极大兴趣，他们争先恐后地表述自己对恐龙的认识，并提出许多关于恐龙的问题，如"恐龙是怎样灭绝的""霸王龙为什么那么厉害""恐龙有多少种"……随着孩子们提出的问题，探究恐龙的奥秘便在孩子们浓厚的兴趣推动下产生了。《指南》中提出"要善于发现和保护幼儿的好奇心，充分利用自然和实际生活机会，引导幼儿通过观察、比较、操作、实验等方法，学会发现问题、分析问题和解决问题，帮助幼儿不断积累经验，并运用于新的学习活动，形成终身受益的学习方法和能力。"因此，基于大班幼儿的年龄特点及幼儿现阶段的兴趣需要，我们开展了"恐龙博物馆"的主题活动，开始和幼儿一同探究恐龙的奥秘。

（二）主题网络图（图 5-25）

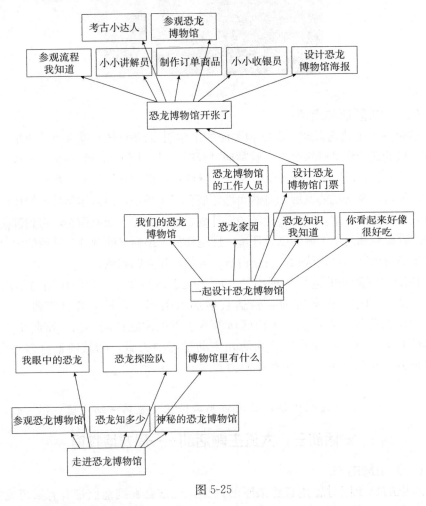

图 5-25

（三）主题环境创设（图 5-26）

图 5-26

（四）主题活动目标

1. 具有一定的力量和耐力，能较协调地进行钻、爬、跳、平衡等动作。（健康领域）

2. 能围绕一个话题进行讨论，并用连贯的语言完整地讲述自己的观点。（语言领域）

3. 能主动、友好地与其他角色合作游戏，进行分工与协商。（社会领域）

4. 初步尝试根据故事情节、角色，大胆地进行故事表演。（艺术领域）

5. 能主动运用多种感官探索，察觉到远古动物的外形特征、习性与生存环境的适应关系。（科学领域）

6. 喜欢用多种方法表达对恐龙的喜爱，并能尝试用各种材料创造性地制作恐龙及恐龙生活的环境。（艺术领域）

（五）主题活动内容

生活活动	区域游戏活动	集体教学活动	户外体育活动	家园共育活动	互动环境
1. 今天我值日 2. 恐龙天气播报站 3. 参观流程我知道	1. 恐龙知多少 2. 恐龙博物馆里有什么 3. 你看起来好像很好吃 4. 恐龙博物馆的工作人员	1. 神秘的恐龙 2. 我眼中的恐龙 3. 恐龙博物馆开设区域 4. 恐龙家园	集体活动： 1. 恐龙探险队 2. 恐龙救援队 3. 恐龙去旅行 分散活动： 1. 捉恐龙	1. 参观恐龙博物馆 2. 恐龙知识我知道 3. 恐龙博物馆欢迎您	1. 玩什么——确定游戏具体内容。讨论、投票，确定游戏内容，创设讨论海报和投票统计海报 2. 在哪儿玩——确定区域位置。通过与幼儿讨论最终确定了：恐龙博物馆、恐龙商店、DIY体验馆、科

（续）

生活活动	区域游戏活动	集体教学活动	户外体育活动	家园共育活动	互动环境
	5. 设计博物馆门票 6. 小小讲解员 7. 制作订单商品 8. 小小收银员 9. 考古小达人	5. 你看起来好像很好吃 6. 设计恐龙博物馆海报 7. 恐龙博物馆游戏	2. 小恐龙找朋友 3. 比比谁的本领大		技馆、图书馆、棋社、小神龙剧场 3. 怎么玩——确定游戏内容和规则。讨论、确定恐龙商店筹备计划、工作人员职责等游戏互动墙 4. 在解决问题中丰富游戏情节。"怎样才能吸引游客来博物馆参观?""可以聘请宣传员做宣传","讲解员可以多看书,告诉大家更多的恐龙知识""可以在讲解中提问,答对了给礼物""参加完所有的项目可以盖小印章""集齐小印章可以换小礼物"。启发幼儿用绘画的形式在表格中梳理、呈现出来,并和幼儿共同完善、丰富博物馆的游戏内容和情节

（六）主题活动案例

活动 1　我们的恐龙博物馆

活动目标：

1. 能围绕一个话题进行讨论，并用连贯的语言完整地讲述自己的观点。

2. 运用讨论、投票的方式，确定恐龙博物馆内的游戏区域。

活动准备：

1. 经验准备：通过前期的参观，幼儿对于博物馆内的区域有了一定的了解。

2. 物质准备：博物馆图片、黑板、水彩笔。

活动过程：

1. 恐龙博物馆里可以设置哪些内容？

师：小朋友们，你们和爸爸、妈妈一起参观了恐龙博物馆。大家想一想，我们班的恐龙博物馆可以设置哪些内容呢？

幼：我觉得博物馆最重要的是展厅，各种各样的恐龙模型在展台上展出，展台旁边还要有介绍的图片。

幼：我觉得应该有一个播放恐龙视频的地方。这样，我们就可以边看视频边了解各种各样的恐龙。

幼：我上次去博物馆时有一个游戏区，里面可以答题，非常好玩。

师：我认为我们可以创设一个答题区，还有礼品区，答对问题就可以领礼物。

幼：我觉得还可以开一个小书店，放很多恐龙的书。我们可以随时去查找自己喜欢的恐龙知识。

幼：博物馆里有很多恐龙模型，我在里面还见过卖"考古小达人"的呢！就是可以挖掘恐龙化石，特别好玩儿，还有一套专门的考古工具呢！老师，我们也可以有一个考古区，挖掘恐龙化石，还可以把挖掘到的恐龙模型在博物馆里展出。

师：这个想法也很好，我们把考古区的恐龙模型拿到展台上展示。这样，我们的博物馆模型也会越来越丰富呀！

2. 我们投票来确定游戏区吧！

师：小朋友们的想法都很好，但是咱们班的活动空间有限，只能选取 5 个游戏来玩儿。小朋友们想一想，我们怎么确定要玩的 5 个游戏区呢？

幼：老师，我们可以举手，来数一数选择哪个的最多。

幼：我们可以用选票，每个人都投票，比一比哪个票数最多。

师：你们的想法很好，举手和投票是差不多的意思，那我们来投票吧，你喜欢哪个区就放一个玩具在它旁边的小筐里。

师：现在小朋友都投完票了，我们分小组来记录一下每个游戏区的票数吧！

全班分为 3 个小组，每个小组统计两个游戏区的投票情况，教师准备好记录表格。

师：请每个小组一起来数一数，你们记录单上的游戏区域有几个投票的，然后把数量记录到单子对应的位置上。

师：下面请每个组的组长来分享你们的统计结果。

幼：我们统计的是恐龙家园展厅 7 票、多媒体互动区 6 票。

幼：我们统计的是恐龙小课堂 6 票、小书店 4 票。

幼：我们统计的是考古区 5 票、答题区 5 票。

师：那小朋友们来说一说，根据投票结果，我们选出的是恐龙家园展厅 7 票、多媒体互动区 6 票、恐龙小课堂 6 票、考古区 5 票、答题区 5 票，虽然小书店没有入围，但是我们可以把恐龙相关的书放在小课堂的书桌上，这样大家也是可以看到很多与恐龙有关的书。

活动延伸:

恐龙博物馆的游戏区确定后,师幼共同讨论:每一个游戏区的游戏内容和规则,恐龙家园展厅怎么布置?展示哪些恐龙模型?这些恐龙模型从哪里来?我们可不可以去美工区自己做模型?哪些材料可以做模型?

引导幼儿按兴趣分为不同的小组,进一步深入讨论每个游戏区的内容和规则,通过与美工区、科学区联动来拓展幼儿的操作和体验。

活动 2 设计恐龙博物馆门票

活动目标:

1.能用自己喜欢的绘画方式设计恐龙博物馆门票。

2.知道门票的作用及票面的基本要素。

3.喜欢参加艺术活动,能大胆地进行创作。

活动过程:

1.博物馆即将开放,没有门票怎么办?

师:最近两天,我们的博物馆就要开放了。今天,有个小朋友提出了一个问题,没有门票,怎么参观博物馆呢?

幼:我们不用门票,直接进去参观不就行了。

幼:我去参观博物馆、科技馆或者动物园,都要买门票。

幼:对,检票进场。

幼:可是我们没有门票呀!

师:我也支持买票进场。

幼:老师,我们去美工区画门票吧!

幼:好主意,我们一起画恐龙博物馆的门票。

2.门票上都有哪些内容?

师:为博物馆设计门票,门票要包含哪些内容呢?

幼:要有博物馆的名称,还有地点。

师:很好,为什么呢?

幼:这样,其他小朋友在参观的时候,就能很快找到。

幼:我觉得还要有恐龙的图案,一看图就知道我们开的是恐龙博物馆。

师:除此之外,还应该有什么内容呢?

幼:上面应该写上票的价格,很多博物馆都是收费的。

幼:我看有些票上还有时间呢!

师:为什么要有时间呢?

幼:代表你是哪一天去参观的。

师：小朋友们很棒，我们刚才提到了门票上要有博物馆名称、地点、恐龙的标识，还有票价、时间。那我们就按照大家讨论的内容一起设计门票吧！

3. 设计我们的博物馆门票。

通过讨论，师幼确定了博物馆的门票内容，包括博物馆宣传图案、博物馆的名称、时间、地点、票价等。

教师准备好纸、水彩笔等材料，支持幼儿按照自己的想法和方式进行创作，绘制恐龙博物馆门票。（图5-27、图5-28）

图 5-27

图 5-28

活动延伸：

门票绘制完成后，将幼儿设计的恐龙博物馆门票进行展览，引导幼儿在看展览的过程中了解同伴设计的门票，然后通过讨论选出恐龙博物馆流通的门票。接下来，结合幼儿的生活经验不断丰富游戏内容，加深和巩固幼儿对博物馆中角色、工作职责、参观流程、秩序、幼儿交往的认识，促进其社会性的全面发展。

活动 3　小小讲解员

活动目标：

1. 敢于在同伴面前大胆并较完整地讲述关于恐龙的知识。

2. 熟悉讲解员的职责，乐于参与集体活动。

3. 能分享、发现自己在恐龙博物馆游戏时所遇到的问题，通过讨论找出解决办法。

活动过程：

1. 讲解员是做什么的呢？

师：你见过的讲解员是做什么工作的？

幼：她带着一个麦克风，一边走一边介绍博物馆里的东西。

幼：我也见过，她的工作就是向游客介绍博物馆。

幼：对，讲解员知道的东西可多了，她还会回答游客的问题。

幼：他们的声音很好听，还佩戴着一个红袖带。

师：小朋友们观察得很仔细，说得也很全面。讲解员介绍博物馆内的展品及情况，也会解答我们关于展品的一些疑问。

2. 怎样才能做一个合格的讲解员呢？

师：我们的恐龙博物馆要有讲解员，怎样才能做一个合格的讲解员呢？

幼：我们的讲解员要熟悉恐龙博物馆的游戏区，给我们详细介绍每个游戏区的内容。

幼：讲解员要能带着游客进行参观。

幼：我觉得讲解员要熟悉各种各样的恐龙和恐龙的故事。

幼：讲解员知道很多恐龙知识，我们提出问题后，她能帮我们解答。

幼：讲解员的声音要洪亮、好听。

师：刚才大家提到了，讲解员要介绍展厅内的各种恐龙，回答游客提出的问题以及讲解典型的恐龙知识。小朋友们要想当讲解员，就要多多看书、多多了解恐龙的知识，长本领哦！

3. 讲解员开讲啦！

师：小朋友们，最近，我们的博物馆里增加了讲解员的岗位。有了讲解员，我们的博物馆变得更有意思了。今天，大家来说说，在讲解员介绍的过程中，你有哪些发现（可以是讲的好的地方，也可以是你发现的问题）？（图5-29、图5-30）

图 5-29　　　　　　　　　　　　　图 5-30

幼：老师，我觉得讲解员讲得很清楚，而且她每次都能把恐龙的信息全部说出来，我觉得她说得很完整。

幼：我觉得讲解员每次都用特别礼貌的手势，每次都说"请跟我来"，我觉得非常有礼貌。

幼：我觉得有了讲解员，博物馆里不乱了，每次都是讲解员带着我们参观，这样很有秩序。

幼：老师，我有一个问题，我觉得讲解员的声音太小了。人多的时候，我就听不清她讲的内容。

师：嗯，刚刚其他小朋友说了一些优点，这位小朋友提出了一个问题，大家想想这个问题应该怎么解决呢？

幼：老师可以帮我们找一个话筒。我看博物馆里的讲解员就带着一个小话筒。

师：嗯，这个建议很好，也提醒了老师。这两天，老师就给你们找一个小话筒。孩子们，还要其他问题吗？

幼：我看到外面的博物馆里，讲解员身上还有标志牌，我们小朋友做讲解员，也要有一个工作牌。

幼：其他工作人员也有标志牌，他们穿的衣服也是一样的。

幼：我们也可以找一样的衣服当工作服。

幼：老师，我们可以在美工区制作一些好看的标志牌。

师：你们的想法真好！如果我们将这些画出来，让更多小游客看到，就更好了。这样，大家都知道自己该怎样进行游戏啦！

师：经过谈论，我们获得了很多调整、改进的信息，并且和小朋友们一起做了计划，例如制作了工作人员职责墙、标志牌，并且完善了需要的材料（讲解员的话筒和小礼物等）。

活动小结：经过不断地调整，小小讲解员越来越"专业"了。孩子们对于讲解员的职责越来越熟悉，对恐龙博物馆游戏也越来越喜欢。通过讲解员这一角色的引入，促进了幼儿不同社会性发展水平的提升，有喜欢当讲解员的，有喜欢当游客的。在讲解员的带领下，很多小朋友不但对恐龙有了更多的认识，而且更喜欢跟同伴一起游戏、交往。他们在游戏中不断发现问题、解决问题，这也进一步促进了大班幼儿的同伴学习和合作化共同学习。同时，教师也鼓励幼儿在游戏中尝试探索，不断丰富游戏内容及游戏材料。

（七）主题活动点评

1. 留心幼儿视角，开展主题活动。

《指南》提出：教学的目的是让它与生活走得更近，发挥它的作用。我们教师应结合幼儿生活实际和知识经验来设计活动。因此，教师从幼儿兴趣出发设计了"恐龙博物馆"这一主题。活动中，教师把教育活动、区域活动的内容清晰、有趣地串了起来。通过认知、观察、介绍进行设计、装饰、艺术创作等多种形式，调动幼儿进行参与。为幼儿提供了动手实践、自主探索、观察与思考、发现、表达的机会,同时又培养了幼儿动手实践能力。在区域活动上,我们的联合游戏开设了恐龙博物馆,让幼儿在游戏中学习恐龙知识,对恐龙有了深入的了解。

2. 开展多元化的主题活动。

"恐龙博物馆"主题活动的进行,不仅呈现幼儿在园的学习与活动情况,还反映出师幼合作、幼幼合作、家园合作不可分割的密切关系。本活动在开展时,教师与家长密切配合,共同带领孩子进入神奇的恐龙世界,引导孩子将探究的触角深入到日常生活中:父母带领孩子们外出寻找有关恐龙的资料、共同观看恐龙的视频;教师与孩子们共同了解图书中描述的恐龙特征、生活习性;孩子们和家长、教师每天都会搜集到新的资料;孩子们在游戏中每天都会产生新的疑问,他们为每天的发现而欣喜,为每一个新问题而不断探索。

3. 促进幼儿整体发展。

在我们共同探索开展主题活动的过程中,幼儿解决问题的能力大大提高,有了更多自主探索问题、解决问题的意识。同时,通过区域游戏、教学活动的开展,幼儿的小组合作意识不断加强。相信孩子们通过参与活动,学会了主动学习、积极探索,社会交往能力、动手操作能力、语言表达能力都得了到大大的提升,幼儿的综合能力也得到了全方位发展。

（案例提供：北京市石景山区杨北幼儿园　尚欣媚　王　莹）

（本章由何桂香、刘婷著）

第六章

枝叶扶疏——文案写作的智慧

> 各种各样如树影婆娑般的计划、总结、观察记录、反思等，如枝叶交错在各个学年、学期，甚至一日生活中，让很多教师有所畏惧。本章提供了日常文案书写的案例，如果你将文字作为成长路上的亲密伙伴，有了实践的积累与沉淀，有了迎难而上的勇气，有了智慧的写作方法，相信你会"文思如泉涌、下笔如有神"。

一、"慧"写计划

当周围人得知你是一名幼儿教师时，大多会用轻松的口吻说："多好啊！带着孩子唱歌、跳舞、玩游戏，也不用备课写教案。"这时候，你一定会急着解释："谁说的？我们光工作计划就要写好多种。"从一开始不会写，到因为种种原因没时间写，再到几天补写一次，你也许已经开始怀疑，写计划有用吗？关于计划，经常听到老师们有这样的疑问：

• 为什么要写这么多计划呢？新学期刚开始，幼儿园就要求我们写各种各样的计划，学期计划、月计划、周计划、日计划等。这些计划像一个个皮球向我抛来，让我不知所措！

• 计划赶不上变化快，写计划还有必要吗？园里一有事儿，就会打乱我的计划，常常是计划与实际南辕北辙。这样的计划感觉既浪费时间，又浪费精力。

• 写计划是把教案抄写一遍吗？我直接看书，不就行了？这样，更有让我即兴发挥的空间！

• 计划是写老师要说的每一句话吗？我尽量把计划写得详细些，把自己从早到晚要说的每一句话都写在日计划上，然后背下来，态度认真，条理清楚，可怎么还是没有得到园长、保教主任的表扬呢？

• 写计划和备课是一回事儿吗？我常常会在写计划时发现计划中的材料没准备好，于是，赶快去找，回来再接着写，反反复复，不知不觉中活动好像就备好了。

• 耗费很多时间去写计划，却事倍功半。每次园长都有如此多的建议：要

255

简练、突出重点；写得再具体一些，便于操作；要与班级的主题活动、学期目标相联系；要写得层次清楚，条理清晰……唉！我都不知道怎么下笔了。

1. 计划是什么

计划是工作的设想和安排。幼儿园教师要写的计划主要包括学期计划、月计划、周计划和日计划几种类型。这几种计划各有不同，各有侧重，又互相关联，把握不同类型计划的写作重点，能让计划更好地指导实践。

学期计划是对整个学期的工作规划，它是在了解、分析本班幼儿发展现状和教师发展现状的基础上制订的。月计划、周计划和日计划都是对学期计划的细化过程，一个比一个更具体，内容的针对性也会更强。

2. 写计划的目的

无论写哪类计划，教师需要明确的是，计划是为应用而写。如果把写计划当做应付差事，不如不写。计划应该是对将要进行的工作内容设想，是对工作思路、目标、实施方法的预设，写计划的过程就是思考的过程。因为有计划，所以将要进行的活动思路就更清晰、目标更明确、方法更有效。

3. 写计划的小妙招

（1）掌握计划的基本格式。

①计划名称。

包括制订计划的单位名称和计划期限两个要素。如"××幼儿园小一班2021—2022学年度第一学期班级计划"或"××幼儿园大一班2022年3月月计划"。

②计划的具体要求。

一般包括工作的目标和要求、工作的项目和指标、实施的步骤和措施等，也就是为什么做、做什么、怎么做、做到什么程度的设想。如月计划应该包括本月工作的现状分析、总目标、各类型活动的发展目标，以及如何去实现这些目标的相关内容、材料等要素。

③最后写制订计划的日期，如2022年3月。

（2）聚焦计划的主要内容。

①情况分析是制订计划的依据。制订计划前，要分析现状（如幼儿各方面发展水平、教师发展现状等），充分了解下一步工作是在什么基础上进行的，是依据什么来制订这个计划的。在充分考虑师幼发展的优势和不足的基础上，制订出有效的计划，才会更加切实可行。

②工作任务和要求，即明确要做什么。根据需要与可能，规定出一定时期内应该完成的任务和应该达到的工作指标。一般情况下，通常先制订目标，再制订完成目标的具体策略。

③工作的方法、步骤和措施，即明确怎样做。在明确了工作任务以后，要

根据主、客观条件，确定工作的方法和步骤，采取必要的措施，以保证工作任务顺利完成。

（3）明确制订工作计划的一般步骤。

①依据国家、市、区和幼儿园的工作计划，明确目标和即将进行的主要工作内容。

②认真分析本班幼儿和教师的具体情况，这是制订班级计划的依据和基础。

③根据国家、市、区的政策文件、指示精神和本单位的实际情况，确定班级工作目标、工作任务和工作要求，再据此确定工作的具体办法和措施，确定工作的具体步骤，环环相扣，再付诸实践。

④根据工作中可能出现的偏差、问题和困难，预设解决的方法和措施，以免发生问题时，工作陷于被动。

⑤根据工作任务的需要，统筹组织人员，明确各岗分工，责任到人。

⑥计划草案制订后，班级人员共同讨论，形成共识，共同完成计划。

⑦在实践中进一步修订、补充和完善计划。计划一经制订出来，就要按计划执行各项任务。在执行任务的过程中，往往需要继续对计划加以补充、修订，使其更加完善，更切合实际。

下面提供几个不同类型的计划，供教师参考。

附学期计划案例：

北京市西城区三教寺幼儿园
中一班 2021—2022 学年度第一学期工作计划

（一）班级现状分析

1. 幼儿发展现状与分析

本班现有 37 名幼儿，其中 7 名插班生。女孩 18 人，男孩 19 人。

（1）优势。

经过小班一学年的在园生活与学习，幼儿能够熟悉带班老师和部分小朋友，喜欢来幼儿园，愿意参加班中活动。通过一段时间的观察与了解，幼儿从半日入园到整日在园，情绪、生活能力等适应得较快。部分幼儿掌握了基本的生活自理能力，如自己穿脱衣服、吃饭、如厕等，生活上基本能做到自己的事情自己做。幼儿喜欢参与户外活动，尤其喜欢追、跑、跳等运动，身体协调能力较好。在日常生活与游戏中，幼儿喜欢用绘画等创作方式表达自己的所思所想，大部分幼儿喜欢唱唱跳跳，愿意参加歌唱、舞蹈、律动等活动。并且幼儿的求知欲更加旺盛，在活动中自己动手操作、探索周围世界的兴趣日渐增长。

大部分幼儿愿意说,能够大胆地表达自己的需要与想法,且能够遵守集体规则,愿意与同伴共同游戏。

(2)不足。

由于上一学年幼儿只是半日来园,幼儿在园时间短,自我服务内容有限,回家后,老人包办、代替情况较多。因此,幼儿自理能力还需要进一步加强。由于中班幼儿年龄特点,他们常在游戏中与同伴产生冲突,发生争抢玩具的现象。幼儿也极易产生消极情绪,转变消极情绪的方法也较为欠缺。因此,幼儿社会交往能力仍需提升。此外,幼儿虽然爱说、敢说,但说的内容缺乏逻辑。幼儿对很多事物感兴趣,愿意探索,但在细致观察、连续观察等方面仍需教师给予更多的关注。同时,班级中还有部分幼儿动手制作能力较弱,导致动手少、不爱动手、懒得动手,经常请其他幼儿代替,还需要进一步关注和鼓励幼儿个性化和创造性的表达、表现。

2. 教师发展现状与分析

(1)优势。

班中教师能够积极、认真地参与各项学习、观摩活动(接待了半日教研组的半日观摩活动、北京市"西城杯"半日评优活动等),并将自己所学运用到活动实践中。本班现有4名教师,情况如下:

孙老师(班长)有6年的工作经验,对班级工作的开展及家长工作有一定的经验。结合小班一年的教育教学经验,是幼儿熟悉的教师,教师对本班全体幼儿的现有发展水平及不同的性格、特点较为熟悉、了解。

李老师(班员)有3年的工作经验,思维活跃,悟性强。经过小班一年的带班工作,较熟悉带班工作中各环节流程及注意事项。

杨老师(助教)是工作1年的年轻教师,有一定的保育和助教工作经验。

徐老师(保育员)擅长舞蹈、音乐等,喜欢音乐领域方面的游戏与教学。

(2)不足。

班中由原来的2位老师增添到4位老师,教师之间没有合作过,需要在尊重、理解与磨合中建立良好的合作关系。4位教师中有2位教师刚工作1~2年,工作经验相对较少,教育新理念与实践的结合还需要加强,对幼儿游戏、教育教学等方面需要进一步深入研究与思考。

(二)本学期工作指导思想

本学期,我们将以《幼儿园教育指导纲要(试行)》《3~6岁儿童学习与发展指南》为依据,以幼儿园园级工作计划为指导,结合本班幼儿的年龄特点、实际情况制订出适宜本班的教育目标,开展各种活动,丰富幼儿的学习、生活,促进幼儿多方面的发展。

班中教师将坚持做到以幼儿发展为中心,以坚持遵守园中各项规章制度为基本原则，以班级共同发展为基本目标，共同努力，合力完成好本学期班级的各项工作。

（三）本学期工作任务及主要措施

1. 生活活动

（1）开展"今天我当家"活动，通过值日生负责制引导幼儿养成良好的生活卫生习惯，培养幼儿自我服务、为他人服务、为集体服务的意识和能力。

（2）在日常生活中，渗透安全教育，引导幼儿了解基本的自我保护措施，提高幼儿自我保护的意识和能力。

（3）根据活动需要，调整工作常规与细则，补充、修改各环节常规要求，使环节中减少幼儿不必要的等待现象。

2. 区域游戏活动

（1）开展区域游戏计划——总结活动，能够有计划地选择游戏内容，并坚持完成游戏，培养幼儿做事的目的性、计划性。

（2）与幼儿共同协商区域游戏规则，引导幼儿遵守游戏规则，体验遵守规则的必要性和快乐。游戏中，与同伴发生冲突时，引导幼儿能在他人帮助下和平解决。

（3）重点丰富和调整图书区、益智区、美工区、表演区、建筑坊、室内体育游戏区等环境，创设有利于幼儿理解的标识、符号，提供幼儿可操作的游戏材料，激发幼儿的探究兴趣和想象、创造的欲望，引发幼儿持续探究和多元表达。

（4）随时跟进幼儿区域游戏活动，观察并解读幼儿的游戏行为，及时调整材料、创设环境，支持幼儿主动学习。

3. 集体教学活动

（1）围绕"北京的城门与城楼"主题活动，激发幼儿对传统建筑的兴趣，丰富幼儿相关经验，在体验、操作中感悟传统文化。

（2）定期开展安全教育活动（如火灾、地震、防灾演习等），帮助幼儿认识生活中常见标志并知道其意义，提升幼儿自我保护意识及能力。

（3）继续开展"快乐分享我做主"系列活动，提升幼儿谈话、讲述、倾听、仿编等语言能力。

（4）设计、组织1~2次"大带小"活动，促进幼儿之间的交流与交往，鼓励幼儿运用自我介绍、交换玩具等简单技巧加入同伴游戏。

4. 户外体育活动

（1）充分保证幼儿户外活动时间，为幼儿提供丰富、多样的游戏材料，运用材料游戏的方式鼓励幼儿积极参与体育锻炼。

（2）定期开展幼儿园中、大班开放区活动，重点发展和提高幼儿身体素质及基本动作能力（如走、跑、跳等）。

（3）加强对身高、体重未达标幼儿的运动管理，为其设计个性化运动计划。

5. 家园共育工作

（1）利用来园、离园之际，与家长进行沟通，了解幼儿情况，通过微信及微信公众号、互动式家长会等，以照片、文字、视频相结合的方式，向家长展示、交流幼儿在园活动，宣传科学的育儿知识。

（2）为家长创设走进班级的机会，如"家长志愿者"等活动，鼓励家长积极参加园内或班级组织的各项活动，增进家长与教师、家长与家长、家长与幼儿之间的交流和沟通。

（3）继续开展家园一体化《幼儿成长故事》记录活动。

6. 卫生保健工作

（1）严格执行幼儿园卫生保健制度，注重班级卫生和常规消毒工作。

（2）提高保育岗教师的工作能力，严格按照幼儿园的消毒比例进行班级环境擦拭消毒，定时开窗通风，消毒玩具和幼儿物品。

（3）做好缺勤幼儿记录、统计工作，对一天不到园的幼儿进行电话询问。

7. 安全工作

（1）注重幼儿在园安全工作，提高教师安全意识，定期开展班级环境、材料安全隐患自查自纠工作。

（2）确保幼儿在园安全，每月第一周开展幼儿安全活动，提高幼儿安全意识和自我保护能力。

8. 班组建设

（1）师德建设。

①认真学习、宣传、贯彻全国教育大会精神，深入学习习总书记关于教育的重要论述，以"四有好老师"为标准，在工作中努力践行党和国家的要求，不断提升政治思想素质。

②强化师德教育，树立"立德树人"的思想，认真学习和践行《新时代幼儿园教师职业行为十项准则》，班级教师团结一心，共同开展班级工作。

（2）班级管理。

①每一位教师都要求实求真、团结和谐、密切配合地工作，提高班组的凝聚力。

②以《幼儿园教育指导纲要（试行）》《3～6岁儿童学习与发展指南》和《快乐与发展》课程为指导依据，学习并掌握中班幼儿的年龄特点和学习特点。

③积极参加观摩、接待等展示活动，如"伙伴行动计划"、区级教研活动

等，在学习与反思中提高专业能力，并将所学运用到工作中。

④每月召开两次班务会，针对班级问题进行分析研讨，共同制订措施与方案，使班级人员对班级工作达成共识。

⑤发挥骨干教师带头作用，加强培养新任教师、职初期教师的师德修养与工作能力。

（四）逐月工作安排

九月

1. 班组共同商讨制订本学期研究方向与研究内容，制订班级学期计划。

2. 稳定幼儿情绪，巩固幼儿常规。

3. 调整班级区域位置及环境创设，根据幼儿活动时间合理安排班级工作。

4. 开展"小脚丫游祖国"爱国主题教育活动。

5. 召开班级家长会。

十月

1. 结合园级主题活动，与幼儿协商、制订主题活动内容并形成主题活动方案。

2. 完成区级"西城杯"特等奖、一等奖展示活动。

3. 完成幼儿升旗、"幼儿成长秀""幸福孩子爱唱歌"活动。

4. 接待挪威学生入园跟岗学习。

5. 参与"秋月节"的园级庆典活动。

6. 参与"小小中华儿女志气高"武术操展演。

十一月

1. 继续开展班级传统文化主题活动，丰富主题环境。

2. 参加幼儿园青年教师"技能、技巧大练兵"活动。

3. 开展"家长进课堂"活动，请家长走进班级，帮助家长了解幼儿在园学习、游戏、生活状况，促进家园共育。

4. 参与幼儿园秋季足球比赛。

十二月

1. 与幼儿总结、反思班级传统文化主题活动。

2. 参与庆元旦"我是中华小小朗读者"迎新年活动。

3. 完成楼道作品展。

4. 完成园内交流与汇报，班组、个人研修计划等总结与交流工作。

5. 完成班级工作总结与资料的收集、整理工作。

责任人：孙兆雯

2021 年 9 月

附月计划案例:

北京市西城区三教寺幼儿园中一班月计划
2021 年 11 月

现状分析	在上个月秋日探秘的活动中,孩子们了解了很多秋天节日、节气的知识,并在游戏中体验了赏秋、晒秋、啃秋的节日习俗。在赏秋的分享活动中,孩子们对小马小朋友分享的西安门城楼产生了浓厚的兴趣。"这个城楼好大啊!城楼和我们的家一样可以住人吗?""我也去过城楼,北京就有。""天安门城楼是城楼吗?""有的公园里也有城楼。""我妈妈工作的地方——故宫就有城楼,每次我们都从午门进去。""午门是什么门?""是 5 个门吗?"活动中,幼儿对此议论纷纷,发表着自己对城门和城楼的认识与了解。孩子们对城门、城楼产生了浓厚的兴趣,并提出了不同的疑问。于是,为了满足孩子们一探究竟的愿望,我们向家长发起了一次参观城门、城楼的亲子活动,和孩子们一起开展了城门、城楼的探秘之旅 　在上个月"探秘城门、城楼"的主题活动中,孩子与家长们一起收集了有关城门、城楼的资料并进行了实地探索,对城门、城楼有了初步的了解,并开始关注到城墙背后的意义,关注到门钉和门环的故事、城里的故事,探究和测量了城门的宽度等。通过这一系列的活动,孩子们了解了我们生活的北京有多少城门,北京名为"四九城"的来历,亲身感受到了城门的高大。根据孩子们提出的新问题和新的游戏需要,本月,我们将和孩子继续探秘北京的城门、城楼,一起探秘城门、城楼背后的故事,了解并感受其蕴含的历史文化 　进入 11 月,幼儿进餐的餐具将由勺子调整为"勺子+筷子"的组合。因此,教师还需要关注幼儿进餐方面的需要,与班级教师共同加大对幼儿进餐环节餐具使用情况的观察,并为幼儿提供适时、适度的帮助
月总目标	1. 喜欢参与传统文化活动,愿意尝试运用已有经验表达自己对传统文化的理解 　2. 观察并感受秋天的自然变化,愿意观察植物生长的变化并尝试记录 　3. 游戏中,能够与同伴友好地交往,能够运用交换玩具、提出建议等方式加入同伴游戏。与同伴发生冲突时,能够尝试解决 　4. 尝试用自己喜欢的方式讲述有关城门、城楼的故事 　5. 愿意参与实地探索活动,能够大胆猜想并积极探索和验证,充分感受实践探究的乐趣 　6. 巩固用餐常规,养成良好的用餐习惯

	目　标	相关活动
生活活动	1. 巩固用餐常规,能安静地用餐,不挑食,不撒饭,饭后自己擦嘴,养成良好的用餐习惯 　2. 喜欢吃粗粮,了解不同粗粮的营养 　3. 能够正确使用筷子,锻炼手部动作的灵活性和协调性 　4. 愿意参与值日生活动,愿意为同伴、集体服务	筷子小能手 粗粮自助餐 值日小能手

（续）

区域名称	目　标	相关活动
区域游戏	图书区	1. 能够使用礼貌用语与同伴、教师交流 2. 能注意倾听同伴讲述、会清楚表达自己的感受 3. 尝试有序观察画面，知道爱护图书	游戏名称： 1. 我喜欢的城门 2. 我家附近的城门、城楼 3. 地铁线上的城门、城楼 4. 城楼故事我来讲 游戏材料： 幼儿与家长共同收集有关城门、城楼的知识海报、各种关于城门、城楼的故事图画书 重点指导： 教师引导幼儿通过展示自己的海报进行交流，鼓励幼儿分享自己收集的内容与发现
	益智区	1. 感知物体高矮、粗细等特征，并能根据其特征、颜色等进行分类 2. 尝试运用翻转、旋转等方法探索图形的拼摆 3. 尝试探索玩具拼插、固定的方法	游戏名称： 1. 糖果盒子 2. 七巧板 3. 彩蛋游戏 4. 竹节棍 游戏材料： 糖果盒子、七巧板、彩蛋、竹节棍等玩具材料 重点指导： 1. 与幼儿一起进行拼插游戏。在游戏过程中，引导幼儿观察图纸中所展示的"需要材料"及拼插步骤 2. 收玩具时，引导幼儿将游戏材料分类收放好，并将已经完成的作品进行展示
	科学区	1. 能大胆地与同伴分享自己的观察与发现 2. 尝试运用记录、绘画等方式表现、交流自己的探索过程与方法	游戏名称： 磁铁变变变 游戏材料： 磁铁玩具、塑料制品、木制品、铁制品、放大镜等 重点指导： 教师与幼儿共同游戏。游戏中，重点引导幼儿发现磁铁可以吸铁质物品，并鼓励幼儿运用自己的方式将发现记录下来
	美工区	1. 尝试运用超轻黏土、纸盒等低结构材料制作瓦当、门钉	游戏名称： 1. 门钉门钉有多少 2. 美丽的飞檐翘角

（续）

区域游戏	美工区	2. 能够运用绘画的形式大胆创作飞檐翘角	游戏材料： 超轻黏土、一次性餐具（纸盘、纸碗、纸盒）、纸、水彩颜料、水彩笔、棒棒彩等 重点指导： 1. 提供各种成品、半成品支持幼儿操作，发展幼儿画、剪、贴、折等基本技能 2. 收玩具时，引导幼儿将游戏材料分类收放好，并将已经完成的作品进行展示
	表演区	1. 初步感知歌曲和生活中的节拍与节奏 2. 掌握几种常见打击乐的正确敲击方法，会按自己选择的节奏型为歌曲伴奏	游戏名称： 1. 城门城门几丈高 2. 厨房交响乐 游戏材料： 音箱、幼儿熟悉的表演音乐、不同的打击乐器（小鼓、铃鼓、三角铁、撞钟等） 重点指导： 教师引导幼儿能够注意倾听音乐，有序地进行乐器配乐
	建筑坊	1. 愿意尝试用各种材料搭建城门、城楼 2. 初步学习搭建对称建筑物的方法 3. 能够有目地进行有序搭建	游戏名称： 1. 我搭的城门 2. 我搭的城楼 3. 我们班的城 游戏材料： 各种形状的积木、乐高积木、搭建图示、幼儿收集的各种城门、城楼的实物欣赏图片 重点指导： 1. 调动幼儿的已有经验，共同完成城墙的搭建 2. 在搭建过程中适时进行指导（预设探究重点：比如围起来的城墙该如何搭建，城楼如何与城墙进行连接，选择什么材料更适宜等）
	自然区	1. 尝试对种子的发芽、植物根茎的变化进行猜想、观察和记录 2. 能感知和发现植物的生长变化及其基本条件	游戏名称： 苗苗成长记 游戏材料： 放大镜、笔、记录表格、幼儿自带生长条件不同的植物，如水培、土培的不同植物 重点指导： 1. 提供放大镜及小班时种植植物的原始照片，引导幼儿进行观察、对比 2. 为幼儿提供记录表格，鼓励幼儿运用绘画的形式记录植物的变化

（续）

区域游戏	小茶馆	1. 加深对小服务员角色的理解，提高角色扮演能力 2. 尝试进行初步的合作、分工游戏，进一步学习遵守游戏规则	游戏名称： 茗香茶馆：我是小小服务员 游戏材料： 围裙、推车、茶杯、各种不同的茶叶等 重点指导： 1. 参与到小茶馆的游戏中，与幼儿共同商讨游戏规则 2. 将幼儿制订的游戏规则、茶品的制作方法、玩具收纳标记等用照片、视频的方式记录下来，并及时与全班幼儿分享，介绍经验
	串珠区	1. 尝试将色形不同的珠子进行穿、并连，运用一定规律呈现珠串儿的变化 2. 尝试运用不同的穿珠方法进行游戏，并用作品装饰自己	游戏名称： 1. 美丽的项链 2. 我们班的门帘 游戏材料： 幼儿欣赏过各种串珠类饰品。各色珠子，长短、颜色不同的吸管段，鱼线，剪刀等 重点指导： 1. 与幼儿共同游戏，调动其已有经验，共同完成不同规律的穿珠组合，如 AABB、ABAB、ABB 等 2. 在穿珠过程中适时进行指导（预设探究重点：项链坠如何在项链的中间位置；如何保持左右平衡等）

	领域	目标	教学活动
集体活动	健康	1. 生活、卫生习惯良好，有基本的生活自理能力 2. 知道必要的安全、保健常识，学习保护自己 3. 通过感兴趣的方式发展动作，提高动作的协调性、灵活性	快乐的木头人（跑跳综合游戏） 小蚂蚁运粮食（平衡游戏） 好吃的粗粮（饮食营养） 小手香又香（卫生保健）
	语言	1. 乐意与人交谈，讲话时自然，有礼貌 2. 注意倾听对方讲话，能理解日常用语 3. 敢于当众讲话，能清楚地说出自己想说的事儿 4. 喜欢听故事、看图书，有初步的前阅读和前书写能力	我找到的城门、城楼（看图讲述） 中轴线上的城市（绘本故事） 我家附近的城门（谈话活动） 地铁 2 号线上的门（看图讲述）

（续）

集体活动	社会		1. 乐意与人交往，学习互助、合作和分享，有同情心 2. 理解并遵守日常生活中基本的社会行为规则 3. 能努力做好力所能及的事儿，不怕困难，有初步的责任感 4. 在活动中感受到爱父母、长辈、老师和同伴，爱集体、爱家乡	我的幼儿园大朋友、小朋友（大带小活动） 甜甜的水果（大带小活动） 番茄先生和辣椒小姐（人际交往） 我了解的"茶"（社会实践）
	科学	探索观察	1. 对周围的事物、形象感兴趣，有好奇心和求知欲 2. 能运用各种感官动手、动脑探究问题 3. 爱护动、植物，关心周围环境，亲近大自然，珍惜自然资源，有初步的环保意识	城里有什么（观察认知） 筷子大挑战（实验操作） 有趣的叶子（探究活动）
		数学	1. 发现环境中物体、图形的相似之处，能进行初步而简单地求同 2. 会点数5个以内的物体，初步感知、理解5以内物体的量 3. 能从生活和游戏中感受事物的数量关系，体验到数学的重要和有趣	城门城门有多宽（测量活动） 门钉门钉有多少（集合比较） 相邻的朋友在哪里（相邻数） 小小茶叶坊（分类活动）
	艺术	音乐	1. 能初步感受并喜爱生活和艺术中的美 2. 积极参加歌唱、律动等活动，在活动中获得愉快、丰富的情绪体验	城门城门几丈高（音乐游戏） 听音找朋友（音乐游戏） 幸福拍手歌（歌唱活动） 落叶飘呀飘（律动活动）
		美术	1. 认识美术作品所表现的内容，感受作品的美感及特点，初步了解作品表现的方法 2. 认识、选择各种美术材料和工具，在使用中大胆尝试、设想与创作 3. 发现周围事物中美的规律，并能够按照这些规律用美术方式进行装饰或表达	秋天的印象（绘画活动） 门环（泥工活动） 瓦当拓印（拓印活动） 门钉（泥工活动） 我的椅袋（绘画活动）
环境创设			1. 图书区：将幼儿分享过的关于城门、城楼资料的海报装订成册，供幼儿自主阅读 2. 茗香茶馆：根据幼儿游戏兴趣及需要及时调整游戏材料，如饮品材料 3. 与幼儿商讨制作的门钉如何固定在班级城门上，并协助幼儿寻找适宜的材料 4. 建筑坊：与幼儿一起梳理搭建城门过程中遇到的问题，制作成墙饰，供区域幼儿借鉴、学习 5. 主题墙饰：与幼儿共同梳理制作班级城门时遇到的问题及应用的好方法		

（续）

家园共育	1. 请家长帮助幼儿收集关于城门、城楼历史故事的资料，并协助幼儿制作成海报或 PPT 2. 请家长关注幼儿"快乐分享我做主"的分享时间，并提前做好准备工作 3. 继续开展家园一体化观察记录，请将幼儿在家中记录的观察记录打印并带回幼儿园 4. 天气寒冷，请家长注意幼儿衣着及饮食，督促幼儿饮水
11月总结	1. 本月通过主题活动的开展，使幼儿对城门、城楼有了较为全面的认识与了解。同时，迁移经验，引导幼儿关注自己身边的城门，如地铁线上的城门，了解了很多城门消失的原因，进一步感受了城门、城楼的作用，感悟了传统建筑存在的意义 2. 健康领域方面，幼儿通过户外体育活动，重点发展了跑、跳两方面的运动能力。同时，通过筷子游戏、粗粮自助餐等活动，帮助幼儿进一步掌握了筷子的使用方法，丰富了幼儿关于食物的知识，培养了幼儿良好的进餐习惯。此外，本月天气逐渐变冷，雾霾天气增多。教师为了保证幼儿体育锻炼时间，遇到雾霾天气能自主开展室内体育活动 3. 语言领域方面，通过多种分享、介绍活动（如城门和城楼故事分享、地铁线上的城门、我身边的城门、快乐分享我做主等），提升了幼儿语言表达能力。幼儿不仅能够大胆地在集体面前进行讲述，还能用较为简洁的语言叙述事情 4. 科学领域方面，在不同的搭建游戏、磁铁探究游戏、植物记录与观察活动中，幼儿的思维得到了发展，幼儿能够有目的地进行观察，并能够用符号进行观察记录。同时，幼儿还了解了简单的科学现象，如磁铁可以吸铁质的物品，交错叠搭的建筑会更结实。串珠区游戏的幼儿已经完全掌握 AABB、ABAB 等规律穿珠组合 5. 社会领域方面，幼儿通过与同伴一起开茶馆、推荐新茶品，吸引客人品茶，初步体验了如何分工、合作做事情，知道了如何与同伴交往，如何运用语言推荐自己的产品。此外，在"大带小"活动中，幼儿学习了如何关心、照顾比自己小的弟弟、妹妹，感受并体验照顾他人的辛苦 6. 艺术领域方面，幼儿在创作飞檐翘角的过程中，进一步感受了我国传统建筑的美；在创作本班门钉、门环时，能够尝试运用不同的材料进行创作。同时，在"厨房交响乐"的区域游戏中，能够运用打击乐器配合音乐进行演奏，体验了演奏乐器的乐趣 7. 家园共育方面，本月大部分幼儿观察记录已打印带回班中。教师和班中一半幼儿家长展开了一对一沟通

附周计划案例：

北京市西城区三教寺幼儿园中一班周计划
（2021 年 11 月 15 日—11 月 19 日）

上周工作分析	1. 幼儿了解了关于城门、城楼的结构和外形特点等知识 2. 在与家长一同探秘城门、城楼的活动中，幼儿猜想并验证了自己测量城门宽度的方法，积累了有关测量的经验 3. 随着孩子们对城门、城楼的了解与不断深入探究，他们在建筑区开始运用积木尝试搭建城门、城楼。为了更好地满足幼儿的兴趣及游戏需要，教师提供了乐高积木游戏材料，帮助幼儿更好地实现游戏愿望 4. 天气逐渐变冷，上周发现，有的幼儿手部出现皲裂的现象

（续）

本周重点	1. 继续开展"北京的城门、城楼"主题活动 2. 将幼儿与家长们制作的茶文化海报进行分组、集体形式的分享
生活重点	1. 知道天气冷了要抹油并能够掌握抹油的方法 2. 开展值日生活动，愿意做力所能及的事情来帮助别人
重点区域游戏活动	建筑坊 1. 愿意尝试用各种材料搭建城门、城楼 2. 初步学习搭建对称建筑物的方法 美工区 1. 尝试运用超轻黏土、纸盒等低结构材料制作瓦当、门钉 2. 能够根据自己的游戏计划进行游戏

		星期一	星期二	星期三	星期四	星期五
教育活动		数学活动：城墙上的砖（形状与空间）	音乐活动：城门城门几丈高（音乐游戏）	语言活动：我找到的城门、城楼（看图讲述）	健康活动：小手香又香（卫生保健）	社会活动：我了解的"茶"（社会实践）
户外活动	集体游戏	游戏一：红灯绿灯，马上开灯（跑） 1. 能够跟随儿歌内容跑、停，并尝试控制身体平衡 2. 知道红灯停、绿灯行，能够遵守交通规则 游戏二：小青蛙捉害虫（双脚跳） 能够双脚向前行进跳、单双脚交替跳并保持身体的平衡				
	分散游戏	投掷类（沙包、橄榄球、飞盘、篮球筐等材料） 1. 能够掌握投掷的动作要领 2. 愿意参与投掷类体育游戏活动，感受与同伴游戏的快乐				
家园共育		1. 了解中班"北京的城门、城楼"主题活动内容，与幼儿一起调查"我身边的四九城" 2. 请家长将和孩子们一同收集、整理的有关"茶"的海报，带到幼儿园 3. 请为孩子准备好应季的备用衣物，放在衣柜中（做好姓名标记）				
周工作小结		本周进一步丰富了幼儿关于城门、城楼的结构和外形特点等知识。在了解城楼结构的活动及搭建城门、城楼的游戏中，幼儿发现了城墙砖交错叠加建筑更牢固的秘密。同时，幼儿在与家长一同测量城门宽度的活动中，积累了有关测量的经验。在创作门钉的过程中，幼儿提出要制作属于我们班自己的门钉。那什么样的门钉有我们自己的特色呢？幼儿对此展开了讨论，最后决定制作自己的头像门钉代表我们班，寓意着我们班所有小朋友都团结在一起				

附日计划案例：

北京市西城区三教寺幼儿园中一班一日活动计划
日期：2021 年 11 月 16 日　　教师：孙兆雯

（一）重点区域活动：建筑坊

1. 上周游戏情况分析

在上周的建筑坊游戏中，孩子们对城门、城楼非常感兴趣，并且想要尝试搭建。在搭建的过程中，幼儿会使用将圆柱体＋长方体、长方体＋长方体叠加搭高的方法，这与孩子们小班时期搭楼房的经验相同。在不断搭建的过程中，有的小朋友发现："这样搭高的建筑并不像城墙。"还有的小朋友说："城墙是连起来一片的，是高高的。这样搭的就是一个一个的墙。"那城墙是什么样儿的呢？怎样搭才能更像城墙呢？本周，孩子们将展开进一步的尝试与探索。

2. 材料准备

各种形状的积木、乐高积木若干，城楼图片、模型等。

3. 目标

（1）愿意尝试用不同的材料搭建城门、城楼。

（2）了解城楼的内、外部结构和作用，尝试使用交错搭建的方法搭建城墙。

（3）初步探索搭建对称建筑物的方法。

4. 指导策略

（1）鼓励幼儿发现一种形状积木的多种玩法，同时与幼儿一同制作积木说明书，引发幼儿探索更多积木的多种玩法。

（2）与幼儿一同收集城楼的资料，了解城楼的内、外部结构及用途，鼓励幼儿使用各区域中的材料辅助搭建城楼。

（二）集体教学活动：《城门城门几丈高》（音乐游戏）

1. 活动来源

在近期关于"城门、城楼"的分享、交流活动中，苹果小朋友与大家分享了和爸爸一起查到的一首童谣《城门城门几丈高》。在苹果的分享中，孩子们对这首朗朗上口、诙谐有趣的童谣非常感兴趣与喜欢。于是，作为教师，我们对此童谣也进行了资料查阅，并将其进行改编，将音乐、童谣和体育游戏结合，生成了此次活动，帮助孩子们更好地了解、体验传统民间童谣、游戏。

2. 活动目标

（1）初步了解"城门城门几丈高"音乐游戏的玩法与规则。

（2）能够注意倾听音乐，跟随音乐变换角色进行游戏。

（3）喜欢并愿意参与游戏，体验与同伴共同游戏的快乐。

3. 活动重点：初步了解"城门城门几丈高"音乐游戏的玩法与规则。

4. 活动难点：能够注意倾听音乐，跟随音乐变换角色进行游戏。

5. 活动准备

（1）经验准备：幼儿熟悉歌曲旋律并会演唱。

（2）物质准备：音乐《城门城门几丈高》。

6. 活动过程

（1）回顾已有经验，念童谣、唱歌曲《城门城门几丈高》。

师：你们还记得苹果和大家分享的童谣是什么吗？

师幼一起念唱《城门城门几丈高》。

（2）根据歌词内容创编动作表演。

重点指导：鼓励幼儿根据歌词内容大胆创编（一句一个动作），能边唱歌边合拍地做动作。

（3）了解音乐游戏"城门城门几丈高"的规则和玩法。

①了解游戏角色与分配。

A. 在音乐的前奏部分，请两名幼儿做搭城门的人，其他小朋友钻城门。

B. 迁移已有经验，讨论搭城门、钻城门的方法和动作。

师：可以怎样搭城门？钻城门的人怎么钻呢？

C. 尝试跟随音乐，进行"钻城门"的游戏。

②了解、学习游戏中角色转换的方法。

A. 教师介绍角色转换的方法。

师：当童谣念完后，被关进城门的小朋友转身和他身后的小朋友组成新的城门。原来钻城门的小朋友变成搭城门的小朋友，继续游戏。

B. 尝试跟随音乐节奏变换角色进行游戏。

（4）完整地进行游戏。

游戏准备：集体围成一个大圆圈，面向圆心。

①第一遍音乐：集体边唱歌边做动作表演。

②第二遍音乐：前奏时，请两名幼儿搭城门；其他幼儿钻城门，边唱歌边做动作表演。

③第三遍音乐：在第二遍音乐间奏时转换角色，继续游戏。

④增加游戏难度，挑战游戏：增加小城门的数量（2个、3个……）进行游戏，进一步体验游戏变化的乐趣。

（5）活动小结。

附童谣：

城门城门几丈高

城门城门几丈高？

三十六丈高。

骑马马、坐轿轿，

有礼尽管过，

不许带大刀。

7. 活动反思

本次活动的内容源于幼儿分享、交流中的发现，是幼儿感兴趣的话题。教师捕捉到幼儿的兴趣并以此为依据开展活动。活动开始时，以回顾歌曲切入，激发了幼儿的兴趣和参与活动的积极性。在活动中，请幼儿根据歌词内容创编动作，再次激发幼儿参与活动并理解歌词的意义，感受城门在古时候作为防御建筑的作用。在游戏环节中，幼儿不仅调动和迁移了自己已有经验，更是将其运用到游戏中，体验传统、感受传统。总体来说，活动效果较好。

虽然本次活动中幼儿的积极性很高，但是由于集体活动的时间有限，创编时仅有部分幼儿参与了展示过程，还有部分幼儿只作为听众、观众进行参与；游戏时，幼儿都想扮作搭城门的人，但仅有部分幼儿体验过搭城门的角色。如果本次活动能以小组的形式进行，效果会更好，能够激发更多的幼儿参与其中，更好地感受民间游戏的乐趣。

（三）户外体育活动

☆**集体游戏： 小青蛙捉害虫 （双脚跳）**

1. 活动目标

（1）掌握双脚向前行进跳的方法。

（2）在游戏中进行单、双脚交替跳。

2. 活动准备

活动场地，地垫材料。

3. 动作要领

前脚掌用力蹬地，两臂配合摆动，向前进方向跳出，落地时单或双脚前脚掌着地，同时屈膝缓冲。

4. 重点指导

以小青蛙捉害虫的情景吸引幼儿，用适当的材料引导幼儿，帮助幼儿用正确的动作进行练习。

☆**集体游戏： 红灯、 绿灯， 马上开灯 （跑）**

1. 活动目标

（1）能够跟随儿歌内容跑、停，并尝试控制身体平衡。

（2）能够了解基本的交通规则，知道红灯停、绿灯行。

2. 活动准备

红、绿灯牌各一个，两条相距适宜的平行线，分别为起点线和终点线。

3. 游戏玩法

（1）一名幼儿站在场地的终点线后，面向众幼儿，做开灯者。开灯者两手分别拿着红、绿灯牌。众幼儿站在起点线后。

（2）游戏开始，开灯者说："红灯、绿灯，马上开灯。"任意举起一个灯牌。若举的是绿灯牌，众幼儿朝着终点走、跑或跳。若举的是红灯牌，众幼儿则立刻如木头人一般静止站立。在此期间，如果有人控制不住，动了，将被淘汰。

（3）开灯者反复说"红灯、绿灯，马上开灯"并换举灯牌，最先到达终点的幼儿为胜者，并由胜者当开灯者，游戏重新开始。

4. 游戏规则

若举绿灯牌，众幼儿朝着终点走、跑或跳，行进动作要标准。若举红灯牌，众幼儿则立刻如木头人一般静止站立。举灯牌的幼儿可以从有规则的变化灯牌到不规则的变化灯牌，加大游戏难度。

二、"慧"写总结

转眼一个学期过去了，又到了期末"总结"季，各项总结和年终考核接踵而至。每到此时，感觉生活不只是诗和远方，还有眼前的压力。这一个学期里发生的大事小情，你一定很想向老师们细细道来，但是怎么写呢？太细致了，怕啰嗦；太简练了，怕总结得不到位；突出亮点，怕大家说骄傲；总表决心，又找不到具体对策……写总结时，经常是涂涂改改，左右为难，终于在交总结前一晚新鲜出炉，但一直很努力，效果却不尽人意。老师们的总结有这样一些特点：

• 总结像记流水账。老师们为了证明自己一年来工作很努力，于是就事无巨细地数一遍做过的所有工作，很像是一笔年终结算清单。

• 总结混杂无主次。一年来，自己做的工作有很多很多，写着写着就把常规性工作、班级工作、个人工作、教学工作、家长工作等都串在了一起。对于哪些是值得总结、思考的重点内容和具有分享价值的内容有点儿摸不准。

• 总结就事论事。有的老师在写总结时喜欢举例，把自己经历的事情写得详细、具体，但是为什么要写这件事、想表达什么观点、自己从中有什么收获、明白了什么道理、获得了什么经验……好像都不知道，或者有想法也不知道该怎样写出来。

• 总结像表扬信。总结是展现自己的好机会，喜欢找自己的亮点进行总结，而对于问题或是不足写得较少，或者干脆避而不谈。想着这样更能得到大家的肯定，也可以避免暴露自身的不足。

- 总结不突出自己。为了防止大家说自己夸自己，于是就从班级的角度进行总结，结果说来说去，别人不知道你自己在每项工作中都做了什么。

- 总结夸大效果。怕自己的工作不能获得大家的认可和满意，就没有完全写客观实践，东拼西凑了一些内容和案例来填充，或者言过其实。

- 总结缺少深度。能对自己的问题意识得到，但是对于如何解决问题的策略则缺乏进一步的分析和思考。

1. 总结是什么

总结是回顾过去一段时间内做了些什么、如何做的、完成得怎么样等进行梳理的过程，是对已完成工作的回顾、分析、归纳和提炼，是在感性材料的基础上，系统化、条理化地总结经验，进行理性地思考。

总结与计划应该是相辅相成的，日常实践以计划为依据，而制订计划是在总结经验的基础上进行的，并且要遵循"计划——实践——总结——再计划——再实践——再总结"的规律。

2. 写总结的目的

有的老师认为总结写出来是念给领导和同事听的，打印出来是留作档案资料的，只是一种形式，写得差不多就行，而且每年总结的内容也都是按照考核标准写，大同小异。其实不然，总结更多的是自己在专业成长过程中积淀和梳理的重要过程。教师应养成好的习惯，每天、每周、每月、每学期不断总结、梳理工作中的优势和不足，日积月累，逐渐掌握其中的规律，这对形成有益的经验能起到非常有效的作用。"日经一事，必长一智"，这是真理。一个善于总结经验的人往往比不善总结的人进步更大、成长速度更快。

同时，写总结的目的也是为了找到适宜的工作方法，积累相关的经验，找出自己的差距与不足，更好地提高工作效率，明确今后的发展方向，从而有效地指导今后的工作。

3. 总结的类型

幼儿园教师的总结主要包括学期工作总结和专题总结两种。

学期工作总结是对自己一学期或一学年整体工作的回顾，要针对学期计划表述出完成了哪些工作、完成的质量和效果如何、自己在其中所起的作用如何、有哪些成绩或经验、有哪些问题和不足等内容。其中重点是写个人的收获体会、经验教训。

专题性总结一般是对某个问题、某项具体工作所进行的总结。如"缓解小班幼儿分离焦虑的策略""区域游戏中教师介入的时机与方法"等内容都是专题总结。写专题性总结关键在于总结专项工作，与此无关的情况则应从略或根本不涉及，做到中心明确，重点突出，结构清晰。

4. 写总结的小妙招

（1）聚焦典型，避免事无巨细。

教师总结时经常是记流水账，把所有干过的事都写上，堆砌材料，结果是哪件事都没有说清楚。总结要聚焦典型的事例，可以是有成就的事儿，也可以是失败但印象深刻的事儿，梳理好的经验，分析不足的原因，分清主次，详略得当。

（2）思考深入，避免就事论事。

写个人总结不仅仅要记录做过的事儿，还要有对优势和不足背后原因的分析和思考，从感性认识中梳理出系统的、全面的理性经验，寻找工作和事物发展规律，为进一步做好工作打下思想基础。

（3）措施具体可行，避免纸上谈兵。

总结中有关问题和改进措施的内容，许多老师总是一带而过或泛泛而言，总是写"今后再接再厉，努力做好本职工作，争取更大进步"等虚话、套话。这样的总结是无效的，一定要写出改进的具体做法，措施也要切实可行。

（4）注重过程积累，避免临时抱佛脚。

许多教师不想"平时做功课"，只想着"临时抱佛脚"就能顺利过关。这样，不仅在总结时容易有所疏漏，也不利于教师在日常工作中不断学习、促进专业发展。在日常工作中，应注意及时收集过程性材料和梳理工作中的点滴思考、观点、案例等，做到事半功倍。

附新教师工作总结：

学年工作总结

本学年是我参加工作的第一年，也是我步入社会的第一年。在这一学年的工作中，我发现幼儿教师这个职业跟我们在学校里了解的有很多的不同。以前我认为，幼儿园教师只要做好本职工作，照顾好孩子们就可以了。现在我发现，作为新时代的幼儿园教师不但要照顾好孩子们，还要成为一名研究型教师，要有思想、有站位。因此，我特别有幸能够成为三教寺幼儿园"和合"大家庭中的一员，让我在这不断学习与探索的一年中，无论是思想，还是工作经验方面，都得到了很大的提升。为了能够将收获运用到今后的工作中去，我将本学年的工作进行了梳理与总结。

（一）提高思想认识，做有深度的教育

从踏入幼儿教师这个工作岗位开始，我就立志成为一名"好老师"。在我的心目中"好老师"并不单单是教会小朋友很多的本领，更重要的是要教给他们如何成为一个合格的人。我们首先要成为一名有崇高理想、品格高尚的老师，这样才能更深入地理解教育，也才能更好地教育孩子们，让他们成为合格的社会主义接班人。因此，我首先要从思想上武装自己。

1. 政治思想

进入新时代，中国的教育事业又迈上了一个新的台阶。我们每一位教师都肩负着沉甸甸的重任和使命，我园在习总书记讲话精神的引领下将"立德树人"放在了教育的首位，注重教师道德品质和素质的培养和提升，通过认真学习教师十项准则、教育大会讲话精神等丰富多彩的实践活动，让我深刻领会了"四个意识""四个自信"和"两个维护"的重要意义。

作为一名团员，我积极向党组织靠拢，学习身边党员的兢兢业业、勤勤恳恳、任劳任怨，不断提高自身的政治觉悟及思想认识。我严格遵守幼儿园各项规章制度，并积极参加团支部的各项活动，比如园内为团员组织的定期培训、学习"青年大学习"的网上主题团课、观看《特别追踪》《厉害了我的国》等影视作品、参观首钢冬奥会展示中心等。通过这些培训与实践活动，我再次深刻地理解了自己肩上的责任与使命，感受到作为一名教师，能够为国家培养合格的社会主义接班人而骄傲和自豪。

2. 行为规范

作为一名教师，我能够爱护幼儿，爱岗敬业，履职尽责，对班级工作认真负责，积极接受领导分配的各项任务，尽自己最大的努力做好班级的各项工作。用心照顾幼儿，使幼儿身心都能得到良好的发展。在工作中，我能够按照幼儿园的规定自觉、合理地安排好幼儿一日活动，尽力做到保质保量地完成教育、教学任务，尊重幼儿年龄特点和个体差异，促进幼儿身心健康发展。平时，关心呵护每一位幼儿，对家长主动、热情，与同事友好相处，严格用《幼儿园教师职业道德标准》来规范自己的言行举止，时时处处以一个教师的身份严格要求自己。时刻注意幼儿的安全问题，增强幼儿的安全意识，定期检查班中环境是否存在安全隐患等。

3. 职业追求

园长在开学第一课上提出"不负春光起好步，和心合育开好局"，怀揣"三牛"精神迈出新学期的第一步。在这第一个学年中，我也以"三牛"作为工作的目标：第一就是成为"为人民服务"的孺子牛。作为教师，我就要服务于幼儿，服务于家长，了解家长们的需要，照顾好幼儿；第二就是要成为创新发展的拓荒牛，虽然我是一名新教师，但是在我的心中也有很多新的想法，我想将这些新想法、新创意运用到日常工作中，让孩子们能够在活动中获得更多学习的新方法；第三就是要成为艰苦奋斗的老黄牛，刚刚步入工作岗位，肯定与我在学校的学习是不一样的，但我有决心做好我的本职工作，"不经历风雨，怎么能见彩虹"，我已经做好磨砺的准备，努力成为一名有责任、有担当的好老师。

（二）以爱育爱，做有温度的教育

教育需要付出真心、真情和真爱，没有爱就没有教育。我相信用爱滋养爱，用爱培养爱，以爱育爱，会让幼儿获得更深的启发，体验更多的真爱。

春季，在园里发生的一件事让我感受颇深。当时，我们班开展了关于"蚕宝宝"的主题活动，许多蚕宝宝来到了我们班的植物角。孩子们通过与蚕宝宝相处，慢慢地了解并学会了如何照顾这些新朋友。但是随着五月下旬天气逐渐升温，许多蚕宝宝开始出现行动缓慢甚至死亡的现象。有一天，两名幼儿在照顾蚕宝宝的时候，发现有两个蚕宝宝不动了，他们很惊慌，叫来了许多小伙伴。大家你一言、我一语，还是没有讨论出结果。于是，他们跑来向我求助，我带着他们检查了一下蚕宝宝，确定这两只蚕宝宝已经去世了，他们很伤心。作为一名新教师，我没有更多经验，不知道该如何应答，但是出于本能，我给了他们一个大大的爱的拥抱，体会着他们失去心爱朋友的感受，安慰着他们的心。随即我向班里的老教师请教，我们决定抓住这样一个教育契机，让孩子们了解死亡的意义。我先跟孩子们讲了生老病死是植物和动物的一种正常生理现象，还用我们班之前的菊花展如何留住菊花的美做了比喻，孩子们回忆了很多和蚕宝宝在一起的快乐时光，我安慰道："咱们用心付出，用爱对待，它一定很快乐。好好珍惜和其他朋友的美好时光吧！"孩子们提议将蚕宝宝埋在花盆里，以后常来看它们，也想画出对它们的想念。当孩子们做完这些事情的时候，他们的脸上洋溢着满足，他们没有再被死亡伤心的情感所牵绊，而是选用了更加积极的心态去面对。

在这个过程中，我和孩子们共同感受到了生命的责任与美好，我也体会到了教师用共情理解幼儿的心，用真爱温暖幼儿的心，用专业支持幼儿，诠释生命的意义，会让我们的教育更加有温度。

（三）用专业的能力，做有根、有魂的教育

作为职初期的我，现在还只是一名保育老师。《幼儿园工作规程》中明确指出"保教结合"的原则，即"保中有教，教中有保，两者相互结合"。同时，《幼儿园教育指导纲要（试行）》《3～6岁儿童学习与发展指南》等相关文件中频繁出现的"保教并重""保教质量"等词汇，更是清晰地阐明了保育与教育之间密不可分的关系。我要努力提升专业能力，将教育理念渗透到日常工作实践中。

1. 将保育融入教育中。

在本学年，我承担的是大班保育员的岗位。最初，我以为保育员只要照顾好班里幼儿的一日生活就好了。但是通过与班上老教师的交流以及保育员的学习后，我发现只做好这些是远远不够的。保育离不开教育，教育同样离不开保

育，将教育与保育相结合，将"一日生活皆教育"的理念真正地运用到工作当中，是我在今后工作中需要思考和进一步落实的。

例如，班里幼儿有一定的责任意识，对于值日生的工作充满兴趣。于是，我便思考如何将每日值日活动融于教育，那么，在每日的值日活动中都有哪些教育契机呢？我发现在午餐发盘子的时候，不但要了解班级小朋友的数量，还要与小椅子有一一对应的关系，而在晚餐的时候，值日生还要给班里的小朋友们分组，看看要发几组盘子，还要将盘子放在中间。在这个过程中，幼儿不但能掌握如何分组，还感知了平面的中心等数学概念，同时还收获了做事认真、细心的良好品质。

我发现，其实保育工作的内容能与教育产生密切的联系，只要我们用心发现、思考，都能在日常的保育工作中找到"教育点"，引导幼儿获得能力与经验的提升。

2. 做有根、有魂的教育。

习主席提出：中华优秀传统文化是中华民族的根和魂。我也想努力做有根、有魂的学前教育。要想让孩子们成为有根、有魂的中国人，教师首先要了解中国的传统文化，做一个有根、有魂、有韵味的教师。

我们幼儿园围绕四季课程开展了传统文化研究，而这一学年中，我所在的班级正好是一个传统文化的实验班，我也有幸参与了班级活动，并提出了我自己的一些看法，协助开展班级工作。

为了能更好地给予幼儿支持，成为有准备的教师，我提前观看了《二十四节气》的纪录片，对二十四节气的特点以及习俗进行了解。在开学初和班里的老师们讨论主题活动的时候，我们结合时令对惊蛰这一节气特点进行了重点讨论，并开展了"蚕宝宝生长记"的主题活动。同时，我也承担了和孩子们一起照顾蚕宝宝的活动，我和孩子们一起为蚕宝宝换桑叶，给蚕宝宝进行测量、记录，在观察与照顾中，我们对于蚕的生长变化有了更深入的了解，同时也让更多的幼儿深刻地体会到生命的伟大，以及生命的生生不息。

同时，结合园级"春花节"的活动，我们班也开展了用毛根制作"绒花"的活动。基于我手工活动方面的特长，我便主动承担了班级绒花区的指导工作。在这里，我利用自己的特长与孩子们一同研究如何利用毛根制作"绒花"，如何使用工具，如何将每一个花瓣组合在一起，如何制作不同的"绒花"，在与孩子们的共同学习与探索中获得了很多新的经验，也让我更加喜爱这份工作。

3. 家园共育促幼儿成长。

日常工作中，我积极和有经验的教师学习家长工作的方法，比如平时早来园时，我都会热情地对待每一位幼儿和家长；在晚离园时，我也会及时与家长进行沟通，向家长反映幼儿在园生活情况，同时也会了解幼儿在家的表现，认真听取家长建议。我还会将幼儿在园教育的好方法告诉家长,保证家园教育的统一。我还关注班内体弱儿、肥胖儿,制订个人管理计划,并及时和家长进行沟通,引起家长的重视,努力取得家长的配合和信任。

(四)勤思好学,做学习型教师

回首这一年的工作,有苦有乐,但最多的还是收获。对于我们新教师,为了能让我们更加快速地成长,无论是区里、还是园里,都为我们提供了丰富和实用的学习、实践活动。

例如,在区级新教师培训和园本培训中,我了解了主题活动的设计与开展,贯彻《指南》下的五大领域核心价值和组织途径、儿童学习和发展特点及观察、解读儿童的方法等。这些都让初当教师的我对幼儿特点和幼儿园的教育教学活动有了一些了解。也正是基于这些内容的学习,我设计了我的第一节出师课。在设计活动的过程中,我发现所听跟所做真的不一样,在聆听培训的时候,我觉得自己已经很清楚了。但是,当我真的要自己设计并组织一节活动时,真心不是一件容易的事情。我上的出师课是一节体育活动,当我根据《纲要》《指南》设计好教案后,班级老师一起备课时,我才发现,不仅要参考各领域目标,更要关注到幼儿的学习特点和原有经验,而且还要注重重、难点的把握,在过程中要能够表现出是如何突破重、难点的……原来一节活动的设计还有这么多需要思考的内容。当要进行第一次试课的时候,我才发现组织一节活动远比设计一个教案难得多。我原本以为,只要按照我设计的教案一步一步地组织就可以了。结果试课时,我发现很多幼儿不听我在说什么,有的跑掉了,有的在做别的事情,而且我将每一个环节后面都进行小结,本来是一节很有趣的体育活动,却变成了我在一直讲。试课的效果和我的想象截然不同,对我的打击很大。但是班里的老师们却一直鼓励我,还帮助我逐个环节反思和重新备课,帮助我分析问题、思考解决问题的办法。我也带着我的教案向园里体育组的老师们请教,请他们帮我指出不足,并将我的困惑告知他们,体育组的老师们也都非常耐心地指导我。

最后,在我学习到的理论基础上,在原来老师们的帮助下,在我一次次虚心地请教下,我的出师课终于圆满成功了!在活动中,我知道了如何用活动和抑扬顿挫的语言吸引幼儿,如何在活动中动静结合,如何利用简单、丰富的材料支持幼儿的动作层层深入地发展……相信在以后的工作中,这些都将成为我的经验,让我能够在设计和组织活动中更加游刃有余,获得更多的成功。

除了区级和幼儿园的培训学习,日常我也在积极学习,尝试将理论知识应用到实践中去,并在实践中积累更加丰富的经验。在各位老师的帮助下,我从一个实习老师逐步走向了一名了解幼儿、受幼儿喜欢的教师,这为我日后的工作打下了坚实的基础。

在这一学年中，有成长，有收获，但也存在着一些不足。第一，在知识的储备上，虽然我们在学校学到了很多专业知识，但在幼儿园里，这些知识并不能与实践直接结合，就像在主题活动的开展上，在传统文化的传承上，我都需要扩展视野，需要储备更多的知识。第二，在知识的灵活运用上，我还需要不断努力。有的时候，我发现了教育契机，但是在后续的支持上思考得还不够全面，支持策略有效性还不高。第三，在家长沟通方面还需要多向老教师学习，比如怎样既能获得家长的理解，又能反馈幼儿的问题。以往我遇到幼儿的问题就会将问题直接告诉家长。但是，我听到班里的老师在和家长沟通时，总是先肯定幼儿平时的表现，然后再说幼儿最近发生的问题，还给家长提供了一些好的方法，让家长在家里也能够进行引导。后来经过请教，班里老师告诉我，如果直接给家长提出问题，家长可能会不接受，因为孩子在家长眼中永远都是优秀的，他接受不了别人批评自己的孩子，但是如果咱们换一种方式，先表扬，再说问题，家长接受起来就会比较容易。原来家长工作还有这么多的小窍门，我要学习的内容真的还有很多！

在之后的学习与工作中，我都将以这些不足为奋斗目标，不断地学习新知识，努力提高思想及业务素质，大胆地创新教学方法，和家长巧沟通，努力实现家园共育，学习老教师的教学经验，力求把今后的工作做得更好！我相信"路虽远行则将至，事虽难做则必成"。我要努力成为"有理想信念、有道德情操、有扎实学识、有仁爱之心"的"四有"好老师。

北京市西城区三教寺幼儿园　王　娜

附成熟教师工作总结：

学年度个人工作总结

回首这一学年的工作，紧张又充实、忙碌又快乐。本学年，我主要承担小班组的教育教学指导与管理工作，现从政治思想、教育教学管理、履职情况、主要工作业绩、努力方向等方面进行总结。

（一）政治思想

我忠诚党的教育事业，热爱本职工作，认真执行党的教育方针、政策。始终能以一名党员的标准严格要求自己，在思想上和行动上与党中央保持一致。工作中，严格遵守本园的各项规章制度，处处为人师表，广泛联系群众，与老师们团结协作，共同进步。积极参加党组织的各项活动，进一步学习党史，撰写学习笔记。主动定期与发展对象和积极分子进行沟通、交流，帮助她们树立正确的理想信念，明确入党动机。工作中，我牢固树立为幼儿服务、为家长服务、为教师服务、为幼儿园服务的思想，真诚、热情、公正地对待每一个人、每一件事。努力在实践中锻炼和提高自己。工作中顾全大局，对于幼儿园的各项工作和活动，我都能以主人翁的态度积极参与，认真完成各项任务。

（二）教育教学管理

1. 学习与实践

在教育教学管理岗位上，要不断接受新思想、新理念，用专业的角度去审视自身的教育观念及教育行为。园中青年教师逐步增多，深入班级看课与评课活动、批阅教育笔记、指导青年教师观察记录等，这都需要管理者站在更高的角度去引领和帮助她们。因此，为了提升自身的理论水平，有效地引领青年教师，我为自己制订了学习计划，并购置了《幼儿园说课、听课与评课》《幼儿行为观察与记录》《幼儿园自主性学习区域活动指导》等多本专业书籍，并在繁忙的工作之余进行学习。

通过学习，我进一步认识到，幼儿园课程是承载幼儿教育内容、思想与方法的载体，教师对课程的感悟能力、设计能力和反思能力是衡量幼儿教师教育素养的一个重要标准。一个能够说好课、听懂课、会评课的老师一定是一名好教师。萧伯纳说过："你有一个苹果，我有一个苹果，彼此交换，每个人还是一个苹果。但是如果你有一种思想，他有一种思想，彼此交流，那么每个人则都有两种思想。"说课、听课、评课就是教师与同行们交流思想，以分享经验为目的的一种活动。在本学年园中先后开展的"进取杯""希望杯""新苗杯"教学观摩活动，就是为老师们搭建了一个思想交流、经验分享的平台。在组织观摩评议活动中，我能积极运用所学理论与老师进行思想碰撞和经验分享，促使教师转变观念，提升设计、组织教育教学及师幼互动的能力。

在阅读华东师范大学出版的《幼儿行为观察与记录》一书后，我更加明确地认识到，面对成长中的幼儿，观察与记录其发展与行为表现形式，是了解幼儿的重要途径，更是幼儿教师必须拥有的专业能力。孩子从出生、牙牙学语到逐渐自立、成长，不断地从外界接收信息，也尝试着主动发出回应，提出各种意见与想法，从而扩大自己的认知面。对幼儿而言，这种学习与成长的历程充满新奇与挑战，但探索的历程或许受挫，学习的历程或许机会不足，互动的历程或许需要更多的等待与回馈；面对幼儿成长过程中的多变性与多样性，如何了解幼儿的发展与行为表现概况，适时地提供学习机会或转化教学策略，对于专业的幼教老师而言，是极具挑战性的。我愿意运用自己的所学、所想，带动青年教师一起站在与幼儿一样高的视角去发现和探究周围的世界，感受孩子们的内心需要，引领教师经历从转变观念到行为落地的实践过程。

2. 梳理与展示

本学年，在西城区学前科、教研室的支持下，我如期开展了西城区学前名师系列展示活动"走进童心世界——于静老师成长之路研讨会暨工作室展示活动"。我作为北京市骨干教师，优秀共产党员，西城区名师工作室优秀主持人，曾在市、区各项评优活动中获得特等奖、一等奖等优异成绩，本次以"追梦路上爱相随"为题，详细讲述了24年的成长历程，这一路走来的点点滴滴感染着身边的每一位教师。我想：因为有真爱，才会有真心；因为有真心，才会真付出；因为真付出，孩子才会真发展。我用刻苦自励、勤奋耕耘、爱的奉献诠释了作为幼儿教师的真谛，用"以情引情、以情育情、以情换情"的理念，在通往童心世界的道路上不断前行。在工作室的展示活动中，由我带领的骨干教师团队进行了"幼儿家规、家风的建立与幼儿行为习惯培养的实践研究"的展示和经验分享。此项研究对落实家园共育，培养幼儿养成良好的生活行为习惯起到了有效的推动作用。

心在哪儿，成就就在哪儿。我愿做个有理想、有追求、有作为、有专业精神的幼儿教师，充满教育情怀地为学前教育事业发展做出自己的贡献。

（三）履职情况

1. 教学引领与指导

本学年，我负责小班组的教育教学指导与管理工作。小班组是一支爱岗敬业、积极进取的教师团队。成熟教师担任班长工作，认真负责，管理到位，能根据幼儿的需要，创新班级活动。职初期教师虽然占的比重较大，但她们各个都朝气蓬勃、勤学肯干。一学年中，我与小班组教师共同经历了新生入园缓解分离焦虑、调整观察记录新模式的碰撞、环境创设新理念的思考等一系列的观念转变与活动实践。在组织教研活动、师带徒活动中不断向老师们传递科学的教育观念与执教行为，小班组的整体工作质量得到了稳步提升，小一班观察记录新模式，小二班追随儿童的教育，小三班家园共育新途径，小四班美术特色创新活动等都形成了自己的班级特色。在班级环境创设中都能从幼儿的兴趣、需要出发，创设适宜的游戏空间，提供真实的游戏材料，创新探究式的游戏内容，在全园环境评比中小班组获得了园里的整体好评。

2. 组织、策划大型活动

本学年，园里开展了丰富多彩的各项大型活动，我作为新年运动会、亲子趣味运动会、快乐一夏游戏周、大班毕业典礼等大型活动的主要负责人，亲自负责木工区环境与材料的创设和购买，为孩子们提供动手制作、展现自我潜能的机会。在参与设计、组织、策划大型活动的工作中，展现严谨、细致的工作作风。在各项大型活动中，我的组织与策划能力、实施执行能力、沟通交流能力得到了充分地锻炼与提升。

3. 理解、倾听、管理、共情

作为保教主任，我坚持做老师们的服务者、引导者，平等、和蔼地与大家交流，不做高高在上的指挥者、命令者，用自己的实际行动带动身边的老师，把自己的班级管理经验、教育教学妙招毫无保留地传授给青年教师，倾听她们的心声，解决她们的实际困惑与问题，成为她们的知心姐姐。我想，只有心灵相通，才能携手前行。我愿做老师们前行的铺路石，为大家的成长与发展提供支持与帮助。

（四）主要工作业绩

1. 参与课题"主题活动中，幼儿关键经验与教师支持策略的实践研究"，并成为课题组核心成员。

2. 文章《"三八"妇女节的心里话》荣获"中国幼儿教师职业技能大赛"一等奖。

3. 论文《实现园级主题活动价值取向的策略研究》一文获北京市基础教育科学研究优秀论文二等奖。

4.《幼儿园开展园级主题活动的策略研究》成果荣获北京市西城区教育教学优秀成果二等奖。

5. 制作视频课件《图书义卖——把爱传出去》荣获北京市幼儿教师培训优秀成果二等奖。

6. 文章《家长会是家园共育的有效途径》被收录在《幼儿园业务管理工作实操手册》一书中。

7. 本学年取得了高级教师资格。

（五）努力方向

1. 继续深入学习《3～6岁儿童学习与发展指南》《〈3～6岁儿童学习与发展指南〉解读》《学前教育中的主动学习精要》等理论书籍，深刻领会其内涵，更好地指导自己的实践工作。

2. 在工作中，进一步树立细中更细的工作原则，合理分配时间与工作，不断提升和完善自己的工作实践能力。

以上是我对一年工作的总结和梳理，非常感谢园领导的指导与帮助、老师们的支持与配合，在接下来的工作中，我将迎接更多的挑战。

北京市西城区和平门幼儿园　于　静

2021 年 7 月

附专题总结：

在成长的道路上，我们并肩前行
——北京市西城区长安幼儿园小四班家长工作总结

随着教育改革地深入发展，幼儿园、家庭、社会三位一体的教育模式已被越来越多的人所接受，幼儿园对家庭教育指导的重要性也已成为大家的共识。家长工作顺利开展是班级活动正常开展的根本保障。《幼儿园教育指导纲要（试行）》中也指出：家庭是教育中重要的合作伙伴，是珍贵的教育资源。那么，需要教师注重家庭教育的重要性，向家长传递正确的教育理念，从而真正达到家园教育的合力。本学期，我们结合班级幼儿年龄特点，开展了多方面的家长工作，总结如下：

（一）关注需求，坦诚沟通，用心赢得家长信任

1. 多种方式了解幼儿居家生活习惯和家长的需求与困惑，充分做好入园准备。

本学期初，为了尽快地了解每一名幼儿，我们通过电话、面谈、微信、电话、家访等多种形式向家长了解幼儿在家的生活起居、生活习惯、幼儿生活自理能力等，做到心中有数。同时，也针对有个别需要的幼儿进行了个别沟通，和家长共同提出教育建议，家园进行共同教育，帮助幼儿更好地适应幼儿园生活，养成良好的习惯。

2. 利用家长专栏及时分享好文章，帮助家长走出焦虑期。

开学初，不少家长会因为孩子第一次离开家庭、走进社会而感到焦虑。为此，我们针对小班幼儿分离焦虑的现象分享相关文章，请家长一起研讨"针对幼儿的分离焦虑，我是怎么做的"并在群里相互交流、分享，与家长共情，使家长相信教师，走出了分离焦虑期。

3. 坚持每周沟通、交流，结合家长导读活动，建立家园互享共育关系。

开学一段时间的交流后，我们发现，家长们也在试图转变自己的观念，很多家长也开始看一些育儿方面的书籍来了解这一年龄段孩子的需求，还和老师一起相互分享、搜集了一些好的育儿书籍《正面管教》《原生家庭》《感受爱》以及"樊登读书会"APP，结合家长的这一需求，我们开展了"家长导读专题"聚焦近期的重点困惑，节选《正面管教》里的第九章"家庭娱乐计划"和家长分享的同时，鼓励家长理论联系实践，进行周末阅读计划、亲子晚餐计划、幼儿绘画计划等，让家长和幼儿在规划好的前提下，有事儿可做，感受共同经营家庭的幸福。

4. 用"爱心小纸条"及时记录，使家长安心、放心。

通过网络沟通联系，为满足不同家长工作时间的需求，更好地聆听家长心

声，班里还开展了"爱心小纸条"活动。家长和教师之间用小纸条的形式，把幼儿当天在园情况以便条的形式传递给家长，让家长了解幼儿的情况，既满足了家长的不同需要，同时也更好地增进了家园互动。家长也会根据教师的便条，针对幼儿进行更好的教育。

5. 用心一句话，关注个性化。

开展了"每日一句话"的家园沟通途径，教师以"每日一句话"把幼儿在园情况及时传递给家长，进行有针对性的个别交流，满足家长的不同需要；家长也可以通过"每日一句话"与教师进行双向沟通。每个幼儿的发展和能力都是不同的，而教师的指导方式也应有所不同。家长工作也是以班级工作为主要内容，以幼儿个性化的发展为目标，有重点地进行个别交流。

通过不同的沟通方式，不仅满足了不同家长的需求，同时也拉近了教师与家长之间的距离，家长也愿意敞开心扉与教师互动。在沟通的过程中，我们了解到家长的需求主要集中在这3个方面：

第一，担心幼儿在幼儿园哭闹、害怕。幼儿年龄小，又是第一次独立面对身边的人、事、物。家长没有见过、感受过幼儿园的环境，也会出现焦虑、担心的情况。

第二，孩子能自己做事情吗？在现代"6+1"的家庭环境中，每个幼儿都是家里的小公主、小王子，独立、自主的能力还没有养成，家长会为此担忧。

第三，"老师请多鼓励我们孩子喝水，我怕孩子生病。"对于有些孩子而言，在家从不主动饮水，家长正是了解自己孩子在家里的表现，担心孩子在幼儿园喝水少，老师会不会关注不到。

针对家长聚焦的这些问题，教师进行了两方面思考：

第一，关注家长的真需求，以活动为依托消除家长焦虑。从家长们的需求中，教师了解到：家长对于幼儿园环境、老师的不熟悉会引发各种大大小小的猜疑，教师需要做的就是请家长走进来，切实感受幼儿园的爱心、老师们的用心和环境的温馨，消除家长的各种疑虑。

第二，转变教育理念，使家长感受幼儿从"宝贝"到"小朋友"的转变。教师需要通过幼儿成长变化的视频、图片、交流、活动等使家长切实感受到幼儿在幼儿园的成长与变化，从而转变家长理念，相信幼儿能行，相信教师的专业性！

结合这些需求和思考，教师尝试和家长共情共育，以丰富活动为载体，携手共识促幼儿发展。

（二）走进班级，消除疑虑，以特色活动为载体，携手共识，促幼儿发展
1. 通过传统节日，使家长感受幼儿生活的美好。

在开展"中秋节"活动中，请家长和幼儿一同搜集有关中秋节的歌曲和小故事。收集的过程中，发现孩子们对中秋节的玉兔十分感兴趣，借由这一契机，我们调动家长力量，请家长与幼儿共同制作属于自己的"玉兔"头饰，使每一位小朋友都变成可爱的小兔宝宝，说说儿歌，跳跳舞蹈，户外开展"穿越银河"的体育游戏。孩子们在游戏中体验了节日的快乐，也锻炼了身体。在整个过程中，每个幼儿都非常快乐、积极投入到每个活动中，家园同步，促幼儿快乐成长。随后，教师鼓励家长在家和孩子说一说中秋的故事，品尝月饼……引导家长有目的地和孩子互动，和孩子一起感受中秋、迎接中秋、共度中秋。家长也是积极配合、参与到班级、园所的活动当中。

在"重阳节"活动中，教师将爷爷奶奶、姥姥姥爷请到幼儿园，通过老人进园表演节目和教师给老人表演节目等形式，让孩子们了解什么是尊老、爱老。结合班级的美术活动，教师开展了给爷爷制作美食、制作小兔子头饰、制作美丽的花等活动，孩子们用不同的工具、材料、用不同的美术表达方式表达自己的愿望，了解爷爷、奶奶最喜欢的礼物、最喜欢的食物等，有针对性地为他们制作节日礼物，孩子们表示要在重阳节活动当天把这些礼物送给爷爷、奶奶。

2. 通过金秋故事会，深入体验班级活动的美好。

（1）家园共谋故事表演。

结合家长开放日，请家长观摩老师讲故事活动。在家长半日开放活动中，家长们观摩教师如何为幼儿讲故事，也为家长增加了和幼儿共同阅读的经验。同时，教师和家长们共同为幼儿表演《小蝌蚪找妈妈》的故事，加深了幼儿对故事情节的了解，也调动了幼儿的表演欲望，使幼儿更愿意参与到活动中。

（2）亲子展示，体验美好。

分组进行亲子表演《小蝌蚪找妈妈》的故事。家长们跟随幼儿的兴趣，自愿报名角色，分小组准备服装、道具等材料，通过家长和幼儿在家里的多次练习，最后进行了小组内的故事表演。在故事表演结束后，家长和教师共同分享感受，寻找出表演时存在的问题，大家出谋划策，以便在日后表演中共同改进。而家长朋友们也从表演中更多地体会到如何更有效地进行亲子阅读。

幼儿进行故事表演，通过渐进的过程让幼儿体验什么是故事表演，熟悉故事对话，真正从讲故事过渡到故事表演。幼儿在活动中，从最开始的胆怯、不敢大胆地进行对话、表演，到最终敢于独立上台进行故事表演。

（3）开展绘本沙龙系列活动。

《小蝌蚪找妈妈》故事表演结束后，家长有了相关的阅读经验，教师再次请家长阅读绘本《好饿的小蛇》，体验感受"这是一条怎样的小蛇"，并介绍幼儿看这本书的情况。家长听后纷纷表示非常惊讶,没想到孩子们的想法会这么多! 思维的碰撞更是丰富了家长的阅读理念和阅读方法等相关经验。

(4) 家长和幼儿一起制作图书,延续讲故事的活动。

孩子们非常喜欢绘本《好饿的小蛇》,日后家长和幼儿在家也共同制作了书籍,并将制作好的书籍带到幼儿园,和其他小朋友、老师分享。在这个过程中,孩子不仅和家长一起动手制作图书,发展了想象力、动手能力、表达能力、思维能力等,家长也更加融入幼儿的生活中。

3. 通过每周故事广播站的活动,互通家园阅读渠道。

教师定期通过微信群向幼儿和家长讲故事。幼儿也会把家里的书带到幼儿园,进行故事分享,同时家长也会在家里和幼儿一起讲故事。幼儿和家长在阅读的过程中,如果发现了好的故事书,还可以进行好书推荐。通过此活动,促进了班级亲子阅读,孩子们也更喜欢看书,养成了良好的阅读习惯。

4. 通过镜头记录幼儿发现的生活美,在说一说、做一做中感受幼儿成长。

结合幼儿园课题和小班幼儿特点,教师向家长宣传从生活中发现美的理念。以美好、文明的行为和生活中、环境中的美景为切入点,鼓励家长利用照片和录像的形式收集幼儿的美好行为和美好景色的瞬间。

比如:冬天下雪是孩子们最期盼的事情之一。在下雪后,教师抓住这一契机,及时与家长沟通,让家长带领幼儿走到户外,感受冬天的雪带给孩子们的快乐。孩子们在玩雪后来到幼儿园,和身边同伴、教师讲述玩雪的过程,还在美工区用纸黏土制作了雪人。孩子们开始有意识地关注季节给身边景物、事物带来的变化,感受冬天的美丽,感受多样的艺术之美。

5. 通过整理童言稚语小诗集,丰富幼儿的日常表达。

班里开展了"童言稚语小诗集"活动,家长和老师共同搜集幼儿平时有趣的表达,并由家长进行整理。通过这一活动,让教师更加关注到幼儿的语言发展水平,孩子们在平时的趣味话题下变得越来越爱说、敢说了,而家长们也从中了解到如何鼓励幼儿想自己所想、说自己所想的方法,更加关注幼儿的日常表达。

通过以上丰富的活动,家长在亲身感受、共同体验、合作谋划的过程中,了解了幼儿在园生活,了解了自己家孩子的综合水平,放下各种焦虑和担心,肯定了幼儿能行,肯定了教师的专业!

(三) 成立家委会、密切沟通、发挥作用,更好地促进家长间的交流与合作

本学期。教师在和家长沟通的前提下,成立了家委会。同时,班里各项事务、幼儿园的理念和各项活动,通过家委会会议及家委会微信群、当面沟通等多种形式,向家委会进行宣传,并借助家委会向家长们进行教育理念及活动的宣传。家委会也非常愿意承担一些活动的组织与策划：如快快乐乐过新年的演出道具、活动动员、组织等，预防传染病知识的宣传和组织等。

1. 明确班级家长工作的目的与要求，使家委会体验职责所在。

本学期，借助家委会微信会议，明确家长工作的目的和要求及每个人的职责，与家委会沟通班级家长工作计划，班级每一次活动都与家委会事先商讨，并在活动后仔细阅读和分析家长提供的感悟，征求家委会成员意见，撰写每一次活动的小结，做到活动以孩子、家长为主体，从而走进家长心中。

2. 家委会成员认真负责，做好幼儿园及班级工作的传播者。

作为刚刚进入家委会的成员，几位家长保证以认真学习的态度参与到班级活动中，了解幼儿园对家委会的相关要求与成员职责，结合自身优势选择适宜的工作职责。在班级大型活动中能够积极、主动帮忙，为班级工作提出切实可行的措施。在召开全园家委会会议之后，作为园级家委会的成员能够及时地对会议内容进行梳理，向本班其他幼儿家长细致地介绍会议内容，传达幼儿园对于家长工作的重视，并交流了本班家长工作做出的突出表现。教师也及时地向家委会成员反馈幼儿园工作，并鼓励几位家长继续积极、主动地开展各项家长工作，成为幼儿园、班级、教师、家长之间沟通的桥梁。

3. 积极参与大型活动，带动本班其他幼儿家长，为幼儿的新年表演活动保驾护航。

结合班级开展的新年表演活动，家委会成员积极、主动承担表演任务，大胆地提出自己的想法，献计献策，为这项活动顺利开展做出充分的策划与准备。大家通过各种渠道去寻找制作背景的主材、辅材以及可以创作的造型、样式，并针对如何在制作背景时体现季节特点进行思考与调整，并提出可以调动班级更多家长的有效资源一起来园参与活动创作。在家委会的宣传下，班里的家长也踊跃报名，利用自己的休息时间来园进行创作。在创作的过程中，每个家长都积极参与，发挥着自己的特长，大家分工合作、协商、调整，都为创作背景奉献着自己的一份力量。最后，在所有家长的努力下，创建了幼儿表演的舞台。家长看到孩子们脸上洋溢的笑容也非常开心。通过这次活动，家长们感受到了参与幼儿园活动的快乐，也为自己能给孩子快乐表演创造条件而欣慰，并表示今后还愿意参与越来越多的班级活动，为班级的工作出一份力。

（四）共同做好传染病的预防与防控工作，提升安全与自我保护意识

通过家长宣传栏及家长微信群及时向家长宣传秋、冬季预防传染病的相关知识，通过好文章的推荐，介绍一些预防传染病的小常识，引导家长认真阅读并学习，帮助幼儿更好地度过换季时期。同时，结合幼儿在园生活活动，通过小视频定期帮助幼儿巩固生活技能和习惯养成。由于疫情的影响，每日在微信群中，家长上报幼儿及家人居家身体情况，出京、回京提前向班级教师报备。

教师努力通过多种形式引起家长对安全防控工作的重视。

同时，通过家长微信群向家长宣传幼儿园安全教育的相关活动，并请家长签署告知单，向家长宣传一些安全保护措施，帮助幼儿学习更好地保护自己，鼓励家长和教师共同承担对幼儿自我保护的教育。

（五）今后努力的方向及调整措施

在不断完善工作的过程中，教师深深地感受到要让家长成为朋友，成为班级工作的合作者，让家长深入了解班级各项工作以及每个幼儿的成长变化，有效地利用家长资源开展丰富多彩的家长活动。而本学期也存在需要我们努力提升的地方。

1. 青年教师在与家长沟通、交流的时间、方式上还需要加强。

本学期的家长工作更多是由班长、有经验的教师来负责沟通、交流，青年教师负责辅助。而对于家长而言，班里每一位教师都是家长们所关注的焦点，要使家长对每一位教师放心、安心，还需要指导、鼓励青年教师多与家长分享、沟通。如：观摩经验教师与家长沟通的现场，观摩家长会现场，了解家长真需求，有针对性地与家长沟通等。

2. 每次活动的后续追踪及延伸还需进一步关注。

在丰富的活动下，还需要关注每一次活动后家长对幼儿教育理念转变的实效性，以及家长平时的想法和做法。本学期，我们只关注到家长在幼儿园与幼儿一起活动的现状，但这背后家长是不是完全消除了焦虑，在家时会不会按照教师的教育理念把幼儿从"宝贝"看做"小朋友"呢？这还需要我们在今后的沟通、交流中进一步了解。

一个学期过去了，家长慢慢地从被动变主动，从焦虑到开始有方法的教育，也在丰富的游戏、活动下，享受和幼儿共同发现、分享、解决问题的温馨。而幼儿的情绪更是得到了很好的缓解，每天都有新的话题和老师、小朋友分享。从说一说到做一做，尝试着自主做事，尝试着从"宝贝"变成一名幼儿园小朋友。这也让我们开始重温并梳理这段时期家长工作的成长经历：

第一，提高站位，为社会做贡献。作为社会成员的一份子，我们有责任、有义务做好本职工作。我们认识到做好每一次、每一个孩子的家园沟通，都是在为家长排忧解难，让家长能安心工作，放心将孩子交给我们，让孩子快乐、健康地成长，就是为社会贡献我们的一份力量。

第二，主动思考，转变共育思维。以往家园共育中，家长往往充当配合幼儿园工作的角色，而在本学期的新年活动中，以家委会为主体，老师变成幕后引导者。教师与家长共同理解幼儿，分析、探索、反思、调整新年舞台背景设计。家长在参与体验中，心态逐步转变，也开始重视亲子陪伴中彼此的成长，更深刻地理解家庭教育对于幼儿的重要性。这种转变为今后家园共育的有效开展奠定了基础。

第三，放手陪伴，实现共情、共育。在此期间，家长同教师一起探讨、反复尝试，幼儿从起初的焦虑到后来的主动分享、理解，家长从一开始的焦虑、担心到后来积极、主动配合，教师从一开始的忐忑到后来与家长共情沟通。这种种变化使我们认识到只有共情、共识、共育，才能共赢。

家园共育促幼儿全面发展，在幼儿成长的道路上，需要我们和家长共同携手，共情、共识、共谋，陪伴孩子们走好每一步！

北京市西城区长安幼儿园　席　文

附常规工作总结：

做一名幸福、快乐的班长

初当班长的幼儿园教师，都会经历紧张、担忧，会有不知如何是好的时刻，也会发生一些囧事或笑话。但是，如果能充分准备、积极应对、主动调整，这样的周期就会缩短。在我当幼儿教师的第13年、承担班长工作的第7年时，认真思考了"怎样当一名幸福、快乐的班长"，再次审视"班长"角色的作用和意义，再次梳理班长工作的策略和管理方法，那么从履职到合格、再到胜任，就要从角色转变和基本履职开始。

（一）思维转换，助力班长角色转换

初为班长时，都会感觉到累，累的是什么？对班长角色的内在担忧和来自同事的询问与质疑；由于缺少经验，在担任管理者分派工作时会力不从心；全面承担家园共育工作的沟通与协调，工作非常繁杂；梳理、总结班级工作时层次、要点不突出；团结教师协调班务的能力与愿景不匹配……这些问题罗列出来，让我对班长角色产生了质疑。那么，如果用成长型思维来看待问题，这些问题恰恰呈现了班长工作的基本元素和工作要点，也就是班长角色应该做什么事。找到要点后，我开始认真思考做好班长工作需要哪些经验，思考自己具备哪些经验、能力和学识，如果承担没有经验的工作，还需要学习哪些能力和知识。然后就去补充这些内容，提前准备，积极获取人、事、物资源，把完成工作的基础分和加分项都做足，再勇敢地投入新工作，哪怕与愿景不符、哪怕与管理者期待有距离，都是一种积极体验，也是成长路上的必修课。完成后，再及时复盘、反思、梳理经验和总结教训。

1. 新学期开学初期转变心态，建立积极的自我认知。

（1）建立积极心理，主动应对人、事、物。

班长可以主动了解同班教师的优点与不足，与自身能力对接，形成较合理

289

地分工、合力。

面对年轻教师时，班长表现出担当、主动，沟通方式多样化，但尽量使用询问式、征求式、多选题式，这些方式可以给年轻人尊重和信任的感觉，有利于对方放松心态后大胆、主动地设想工作内容，激发创造力，也树立了自信，从而实现迅速、团结、确定目标、协同发力的作用。

面对年长的同事，可以充分认可并尊重对方的过往经历、经验，在激发对方想法和建议之后，要结合本班工作实际情况做出"加减法"的决策，添加一些想法或减少一些步骤，这样的做法都会使对方感到，班长在肯定自己建议的基础上，还能给出更合理的支持。例如：学期初，作为班长，要带领班组成员召开班务会，沟通班级新学期的各项工作、班组成员互相交流、进一步熟悉等。学期中，作为班长，要努力、积极带头做好上传下达的沟通、衔接好班级与幼儿园的各项活动、反思好每个月的班级工作和对下个月的工作计划等。学期末，要对班级各项活动的开展、家长工作进行交流和总结经验。在班级内形成以班长积极协调、带动班组成员的班级工作氛围和清晰的工作流程，能帮助新手班长建立自信和丰富经验。

（2）主动共情担当，支撑班级团队。

几位教师在一个班内的相处时间会超过与家人在一起的时间，几乎可以用一个工作家庭来形容幼儿园的班组。那么，"天天腻在一起"的"几个女人"，除了专心工作，也会有生活上的琐事影响到情绪、情感。这时的班长，更多地会呈现出"丈夫"的角色倾向，包容、接纳、共情的心理素质必须具备。例如：作为班长，共情、理解是开展班级管理的基石。与年轻老师配合时，要持有相信、信任的态度，遇事多沟通、勤交流，要持有在反思中共同成长的心态。面对老教师时，态度要诚恳，积极为班级工作献计献策，放平心态，共谋班级发展。这样开展班级管理不是为了"忍辱负重"和"吃亏是福"，而是因为在班级中作为班长，理应多承担一些工作，赢得班组成员的信任和尊重，会让班组成员感动，有力量、有温度，减少组员之间不必要的猜测，实现合作共赢的效果。

（3）互相坦诚信任，共创班级文化。

所谓"人人有文化、班班有文化"，不是以知识量为评判标准，而是一个班级里人人、处处、事事有节律、有效率、有品质，统一认识和目标后，就各自发挥作用、保证有品质地完成工作。人人主动、个个担当，当然班长更要以身作则、则无旁贷地冲在前面，先承诺、先组织、先执行、先督促，实现强大主心骨的作用。

2. 积累经验，树立班长领导意识。

在积极自我认知形成之后，要逐步提高班长工作的艺术性和领导力，主要表现在言出必行、行之必果、事事有效方面。能够实现这个美好愿景，需要班长树立一定威信。在威信建立之初，一定是"信"在先，"威"在后。班长的工作方式更多地要体现自身有能力、有素质、有经验，抱诚守真。本着相信每一个人的力量，把更多计划、规划、活动方案的设计机会提供给班组成员，班长在先行解读园级计划的基础上形成初级方案，做到心中有底、心中有数，建立基础分，再激发班组成员思考和建构时，就是加分项了。避免"一言堂、家天下"的武断做法，更主动、更灵活地调动人、事、物资源，引领班级有效工作。

3. 积极承担，发挥班长角色作用。

（1）班长是个管理者。

如本文开篇所讲，一个班级里有多少项工作，班长就要具备多少项能力，对照《幼儿园教师职业标准》做自查自检，清晰班长职责，尽量做到班级的综合管理和自身均衡发展。

（2）班长是个带头人。

有句俗话说得好："火车跑得快，全靠车头带。"作为班级带头人，要有敢思考、敢创新的动力，多想方法、策略，少想成果、名利。例如：开学初，作为班长，要积极、提早谋划班级的开学工作、开学活动、学期班级整体工作部署等，不能抱有坐等保教计划的侥幸心理。要结合自己班级孩子的实际发展和需要，拟定各项班级活动和计划，再去和园所、保教计划相对接。

（二）能力提升，助力班长工作效能

从具体事物层面看班长工作职能，梳理经验，为新手班长保驾护航。

1. 管理人

同伴、师幼、家园都是通过人的言行发挥作用。在班级建立之初，班长可以与班组成员谈心，了解和沟通彼此的工作方式和为人性情，坦诚表达，主动接纳。这样的谈心活动在学期初和学期末都有必要进行，可以形成工作机制。

2. 管理物

这里指事务性工作和班级物品。班级事务有一定的规律和步骤，学期初、学期中、学期末都有一些每年必做的固定活动。班长要仔细分析和领会园级计划、保教计划的精神和内容，在完成园级大事基础上，兼顾日常保教的临时性事务。如一学期固定的开学活动、运动会、艺术节、六一儿童节、期末庆典等园级大型活动后，就像一条珍珠项链上的主要珠子，那么穿起这些大珠子之间的链子，就是班级日常保教工作。环境创设、常规培养、生活活动、户外运动、集体学习、家园共育、儿童发展评价等。班长如果提前掌握这些有层次的基础工作，就可以做到有预案、有期待，也有调整、有创新。

班级物品的管理需要有章法、有规则。建立班级财产台账和交接班本，执行相关制度，要准确记录每一笔、每一项财务进出。

3. 管理事

（1）生活管理。

生活管理就是幼儿一日吃、喝、拉、撒、睡等。班长需要提前组织班级成员，围绕《班级一日生活常规细则》进行学习，确定标准和方法，实现统一管理，做到依据观察和真实发展状态灵活调整。如，中班按照《班级一日生活常规细则》要求幼儿在10月使用筷子，在执行前需要班级成员共同观察，幼儿在使用筷子方面具备怎样的基础，如果普遍不会，就要再次观察，确定是动作掌握不够，还是手部发育有差异？由此，班长在学期初制订非常详细的《班级一日生活常规细则》则显得至关重要。但是制订常规细则的时候也要注意：要准确地考量班级幼儿真实的发展水平、教师需要清晰地知道本年龄段幼儿应该掌握哪些生活技能、学习技能、交往技能等。

（2）教学管理。

做好教学管理的前提是，班长要准确解读园级《保教计划》。一般情况下，幼儿园《保教计划》会给出学期发展关键词，也会给出逐月重点工作关键词。班长进行班级教学管理时，可以围绕逐月关键词，或展开、或分解，转化为2~3个班级保教关键词，再落实到月计划、周计划中，做到层层分解、点面结合。

比如，按幼儿园的基础课程内容，分别为：生活活动、户外活动、集体教学活动、家园共育、环境创设、游戏活动。基础课程的管理要注意有阶段性递进、有基本步骤，班长每月要制订具体的月计划，每项活动的总目标既要体现出逐月递进，也要呈现每月的核心关键词。

幼儿园拓展课程分别有：大型活动、节日庆典活动、亲子活动、博物馆参观体验活动等，班长需要把阶段性发展的拓展课程内容融入基础课程的线索中，就像一串珍珠项链，连续的小珠子代表基础课程内容，一个阶段的小珠子中间穿插的大珠子，就是拓展课程内容。这样班级教学管理和课程建设就像一串有规律、有层次的珠链，既有规律性样态，也有跳跃的创新。

【学期初】——为班级课程铺路

学期初以策划活动和基础目标为主。班长既要实现顶层设计的逐月关键词目标，也要基于师幼经验基础，共同挖掘信息、提取资源，设计的开学活动指向"回归""激发"目标，既帮助师幼回归集体生活、进入状态，也借此观察师幼参与度和兴趣点，为以后的更多体验、探究学习打下基础。

【学期中】——课程推进关键期

通过观察和记录分析，班级课程在幼儿兴趣需要和经验的基础上基本明确了。此时，班长可以多组织教师用网络图方式对班级课程发展做出预期计划，尝试将生成与预成课程整合。和同班教师分析的同时，必须坚持观察、倾听、回顾和关注幼儿游戏、学习的种种样态，了解区域游戏主题、共同关注的话题、探究活动中遇到的问题等，一一做出回应，再持续观察、分析、呼应，如此往复，持续呼应、螺旋式上升的班级课程就可以稳固发展了。

【学期末】——各项工作总结期

学期末进入各项工作收尾阶段，工作文案上交、撰写总结和评价是固定工作内容，如《日计划》《周计划》《月计划》《班级工作总结》《儿童发展评价》《班会记录》《家长工作总结》，这些文案是在日常工作中积累的，因此，每周、每日撰写要及时。

进入期末，还有一项园级常规保教工作，就是要进行各种主题的分享、汇报，这是一个将专业实践上升为专业能力、专业经验的好平台。班长要与班组成员共同梳理一学期的实践内容，分为几个题目，各人分工、各自总结，呈现班级课程多样化、多专业层面的状态。

（三）理论学习，助力班长艺术管理

班长作为幼儿园一线管理者，起着承上启下的衔接作用，也起着支撑幼儿园精细管理、健全发展的作用。在琐碎的日常工作之余，还要加强理论学习。有些好读、易懂的书籍值得推荐，如《教学有方》《做优秀的保教管理者》《幼儿园管理者的情商课》等。短、平、快的学习资源也很丰富，一些学前教育公众号和幼儿园公众号，常推送实践性很强的内容。还有一些专业工具书，班级也要备齐。

班长可以建立《班级课程文档》《班务管理文档》，分别收纳相关工作过程性材料，记录下方法和策略，供本班教师有依据地开展工作，也供接班教师参考。

总之，作为一个班级的"当家人"，肯定要不辞辛苦、勇于担当，既要学会放手激励班级成员，也要有机地调整的意识与能力。做一个有温度、有情感的班长，既要有面对工作的冷静、理性，也要有为人处事的热情和朝气。让我们本着"相信每一个人的力量"这一园所文化，时刻以"在一起"的情感凝聚同事，共同进退，营造"有生命、有温度、有色彩、有力量"的班级文化，成就班长的职业成长！

北京市西城区三义里第一幼儿园　　沈　佳

三、"慧"写观察记录

总是听到大家说"观察解读儿童很重要"，园长也总是强调观察记录既要保证数量，又要保证质量。这让教师很苦恼，为什么天天都要观察？观察记录的数量还好说，可这质量怎么衡量呀？又要临近交观察记录的日子了，老师的脑子就像放电影一样，快速地搜索着值得记录的事情，好不容易记录完，还要绞尽脑汁地写分析和支持策略。教师写观察记录常有这样的情形：

• 当做任务来对待。每周都要交观察记录，不得不完成这项工作，偶尔也会从书上抄一篇，或是从网上下载一篇，应付了事。

• 夸张事实，虚构情节。有时为了把观察记录写得好一些，可能会把事件夸大一些，情节虚构一些，或是在措辞上描述得动听一些，虽然缺少真实性，但有时会得到表扬。

• 只观察，不思考。有时可能会把看到的全都记录下来，可一到分析原因，寻找支持策略时就卡住了，干脆不写。

• 漫无目的地观察。观察不就是看看幼儿吗，每天都在看，随便把看到的记下来就行了。

• 给幼儿贴标签。往往认为自己最了解幼儿，经常以某一次看到的行为就来主观评价"某某是个什么样的孩子"，喜欢把自己的想法强加在幼儿身上。

• 总是看到幼儿有问题的一面。观察记录经常会记录孩子们的一些问题，而幼儿的点滴进步、闪光点却常常被埋没，观察记录更像是幼儿的问题记录清单。

1. 为什么要观察幼儿

幼儿行为观察、解读、支持是幼儿园教师必备的专业素养之一，是现代幼儿园课程的基本要求，也是幼儿教师需要履行的一项工作职责。以科学、研究的视角有目的、有意识地观察和分析、解读幼儿，不仅能发现每个幼儿独有的特点，有针对性地帮助每个幼儿的发展，同时也能帮助教师理解幼儿行为背后的原因，敏锐地把握教育契机，为调整教育、教学策略提供依据。

2. 观察什么

教师可以对真实情境中幼儿的言语、动作、行为、表情等进行观察，比如幼儿做了什么？使用了哪些游戏材料？发现了什么问题？如何发现问题的？如何去解决问题的？同伴和周围环境有哪些互动和变化？……真实、客观地描述能更好地还原现场，以便进一步分析和提出支持策略。

3. 观察幼儿能了解到什么

通过观察和解读幼儿，教师可以了解到幼儿对什么感兴趣？内在需求是什么？每个幼儿的个性、特点是什么？在知识、心理、能力、学习品质等方面的发展水平如何？他们做某件事情的原因是什么？……通过这些能更好地帮助教师站在幼儿视角去看待事物，帮助教师调整环境和教育策略以促进幼儿的成长。

4. 如何观察

在一日生活中，有日常生活中的一般观察，也有有目的的专业观察。在观察前，首先，要确定观察主题和对象，可以对群体中每个幼儿进行观察，也可以对个体幼儿有针对性地观察，也可以结合某一主题进行持续、系统地观察。其次，要确定观察时间和观察记录方法。如果条件允许，还可以配合谈话、家园联系、作品分析等多种方法搜集相关材料，综合解读和评价幼儿。

5. 观察记录是什么

观察记录是在自然条件下观察被研究的对象，如实记录观察对象的行为表现，并客观地深入分析幼儿个性、需要和兴趣等，从而形成支持幼儿后续发展策略的一种方法。

6. 写观察记录的目的

幼儿园观察记录的目的在于教育者通过观察、记录幼儿的兴趣、需求及个体差异，运用专业知识分析幼儿行为背后的原因，逐步改进教育方法，最终促进幼儿全面、健康地发展。它的核心价值是让教师在对每个幼儿观察、记录的同时，能更好地遵循《纲要》和《指南》的精神，提高教师观察的敏感性，关注每个幼儿的不同特点，寻求有针对性的教育方法，真正把"因人施教"落到实处。

观察记录不仅能帮助教师更全面、深入地了解幼儿，为幼儿的发展提供有效支持，同时，也能帮助教师记录自己的成长轨迹，不断完善提高自身的专业知识和专业能力。

7. 写观察记录的小妙招

（1）内容全面，思路清晰。

观察记录的主要内容包括：观察时间、观察地点、观察对象、观察实录、观察分析和后续支持策略等。

写观察记录的步骤是：

第一步，现场观察；

第二步，真实记录观察到的情境，包括观察对象的神态、语言、动作、表情、情绪等多方面的内容；

第三步，对观察资料进行分析，着重对现象及其背后的原因进行分析；

第四步，预设解决问题的支持策略、想法及实施方案。

观察记录的范围可以涉及幼儿一日生活各方面内容，如幼儿自理能力、交往能力、游戏状态及能力，情绪、语言、动作、行为、学习品质发展等。

（2）真实客观，针对性强。

记录的内容一定是真实发生的事件，不要为了完成记录的篇数，随意编造或根据幼儿反映的情况臆想，这样的记录没有任何意义。

客观体现在两个方面，一是记录时要客观描述幼儿行为、动作、语言、表情等真实情况,不要从自己的角度夹杂猜测、解释、判断等,给幼儿贴标签。如,某某是个淘气、攻击性强、不会与同伴相处的幼儿,这种描述就带有浓厚的主观色彩,是不可取的。二是分析要客观,策略要具体得当,写出解决问题的针对性做法,而不是一些虚话、套话。如不要只说"幼儿语言能力有待加强"等套话,要对具体用什么方法才能提高幼儿语言能力有思考和阐述。

（3）思考深入,分析透彻。

观察到各种现象后,要分析幼儿行为背后的原因,提出下一步的支持策略,并在实施策略的过程中,进一步观察和验证策略是否得当,从而使观察持续且深入。切忌在分析原因时就事论事,要透过现象看本质,较为全面、深入地分析幼儿特点、需要和问题,而不仅仅是表面化、形式化地记录和进行无关痛痒的分析。

（4）领会价值,持续发展。

观察首先要有目的,了解不同幼儿的特点,捕捉幼儿典型行为,发现教育规律。通过持续深入观察某一方面的内容,得到详实的第一手资料,通过探索解决问题的有效策略过程,更新教育观念,将"理解先于教育"落在实处,提高教师自身专业素质,逐渐形成自己的专长和研究课题。

附幼儿个案观察记录:

幼儿一日活动观察记录表

幼儿姓名:洋洋	时间：2021 年 11 月 11 日	班级：大一班	环节名称：区域活动	观察者：张涵
案例观察描述	今天,洋洋和同伴依旧在制作小红军背景板。只听洋洋喊道:"老师,我们的背景板制作好了。现在,我们需要胶枪,您帮我们插一下接线板吧!"我看了看她们的背景板,说:"你们需要胶枪,连接纸箱和背景板对吧?但是,你们看一看,还有地方放背景板吗?"洋洋环顾教室一周,说道:"放在衣架旁边（刚好堵住忍冬的床位）。"我说:"那忍冬怎么上床啊?"她说:"那放在建筑区柜子旁边吧!"我看了看,又说:"这样昊天没法上床是其一,其二建筑区的小朋友也没法进区搭建了。"她挠挠头,说:"那怎么办啊,老师?"我对她说:"既然改变不了场地的大小,我们可以改变什么的大小啊?"洋洋说:"我知道了,把背景板变小。"旁边的潼潼和维娅问道:"背景板怎么变小啊?变小了,就没法拍照了。"看他们都沉默了,我说:"背景板本身的大小不用改变,我们需要用的时候,它就能展开变大,不用的时候,就能折叠缩小,这样不就可以了吗?"洋洋:"对呀!"潼潼说:"我在饭店见过屏风,那个就是可以折叠的。"维娅问道:"什么是屏风啊?"潼潼说:"我知道,我知道,就是可以推拉的,底下有个轱辘,一推就变小了,一拉就张开变大了。"维娅和洋洋还是摇摇头,表示不知道。于是,我拿出手机,搜索了屏风,3 个小朋友一看就明白了,开始将背景板分为 4 个等分的板块,请我用刻刀帮她们分成 4 个部分。然后,她们就被怎么连接给难住了。班级里没有铁片。这时,洋洋说:"有了,我们可以用绳子啊!"3 个女孩子拿来绳子,打孔、打结,不一会儿就成功地制作好了屏风

（续）

五大领域重点内容分析	1. 科学（数学）领域：3位小朋友将背景板分成4个等分板块，涉及到了数学领域图形等分的内容 2. 社会领域：3位小朋友在商量解决办法和连接时能够互相交流、分工合作，有一定的社会交往和解决问题的能力
学习品质要素分析	1. 计划性：幼儿提前做了关于继续制作背景板的计划，幼儿目标意识比较强，执行、实施计划的能力强 2. 主动性：幼儿基于自己的好奇与探索欲望，喜欢制作活动 3. 坚持抗挫：在想了几个办法都被老师提出质疑时仍能够坚持想办法解决问题 4. 合作参与：制作和连接背景板屏风时，三位小朋友能够分工合作 5. 持续性：幼儿已经连续几天选择她感兴趣的区域游戏
影响因素分析	1. 其中有一名幼儿有生活经验，和老师一起帮助其他两名幼儿认识屏风 2. 这三名幼儿经常在照相馆里游戏非常默契，有一定的合作经验
支持策略	1. 教师和幼儿共同发现问题、提出问题，引导幼儿思考接下来面对的问题，还帮助幼儿提炼问题，回顾已有经验，联想到用屏风的方法制作背景板 2. 教师利用刻刀，按照幼儿指定的比例进行裁刻 3. 教师利用手机帮助没有见过屏风的幼儿认识屏风，提供一定的直接经验 4. 当班级区域限制了幼儿游戏时，教师将问题抛给幼儿，幼儿是班级的主人，幼儿有意识地改变班级区域环境布置 5. 在日常生活中，教师应多给予幼儿信任，提供思考和操作的机会，帮助幼儿建立自信 6. 教师对幼儿的评价不只是对知识技能的评价，同时也要关注幼儿的学习品质发展

（案例提供：北京市西城区虎坊路幼儿园　张　涵）

附区域游戏观察记录：

学习故事：骏骏和他的火车轨道

观察时间：2021年9月～12月

观察对象：骏骏（中一班）

观察人：韩梦楠老师

骏骏基本信息：

只有3岁半的骏骏没有任何幼儿园的学习经历，在3月份成了中一班的新成员。

你刚来到班里，似乎还不适应幼儿园生活。早锻炼时，喜欢跟在老师身边一动不动地观察其他小朋友运动，进餐时会撒很多食物，午睡时就直接躺在床上呼呼大睡，游戏时像个"巡视员"去各个区观看。虽然这样，我也更愿意认为你是个观察者，你大概在想"我能不能也好好在这里玩"，带着期待过了两周，我看到了一个画面……

自然角里的铁轨（2021 年 9 月 14 日）

观察对象：骏骏

观察地点：自然角

观察人、记录人：韩梦楠老师

你和往常一样行走在各个地方，看到我拿出一大块蓝布和自然物，你停下了脚步，对我说："火车轨道。""你喜欢火车轨道？""是的，我最喜欢火车了。""那你会摆吗？你想用什么东西摆呢？"大约 15 分钟后，我就看到了图片中的火车轨道。可我看它更像是轨道和其他什么的。我问你，你没有出声，似乎也在想着什么。（图 6-1）

图 6-1

真正的轨道什么样子呢？（图 6-2）

我们一起上网搜到了轨道的样子，你对那个交错的轨道开始调整了。现在的轨道多了条边，你还告诉我："火车的轨道可是长长的呢！"边说边把小贝壳摆的轨道加长、加长……

这里的学习：

1. 你想了很久才确定自己要做什么，并且去做了。这时，我才相信，你是真的喜欢火车轨道。

2. 查到图片后，你把原来的样子调整了，是用很多小小的白石头，这需要更多的耐心和细心。

图 6-2

下一步可以做什么：

1. 你的轨道可以先不收，如果你愿意有人来欣赏，他们也会听听你的想法。

2. 我会再找一些火车轨道的图片，我们一起确定轨道的样子。

3. 如果你喜欢，我会为你拍照、写故事。

火车轨道搭建（2021 年 10 月 14 日）

观察对象：骏骏

观察地点：活动室

观察人、记录人：韩梦楠老师

老师为你这个火车轨道拍了很多照片，还贴在了墙上。你每天都去看，还会给每位经过这里的小朋友讲你的搭建过程。
（图 6-3）

今天，你又开始火车轨道和火车的拼摆了。你使用了胶水、胶棒、乳胶等各种连接工具，把火车上的"烟囱"固定住，然后又开始找圆圆的车轱辘。（图 6-4）

这里的学习：

1. 你很喜欢我拍的照片，也发现了照片里的轨道都太一样了。

2. 你对轨道的热爱和搭建时的专心真让我佩服，因为我计算过你搭建每个轨道至少需要 35 分钟，实在是太投入了。

图 6-3

图 6-4

下一步要做什么：

1. 既然你喜欢火车轨道和火车站里其他一些事物，我们还是需要更多图片的。

2. 来听你讲的小朋友建议：有没有黄线（警戒标志）？有没有车轱辘？你会满足他们的好奇吗？

火车轨道之铁轨上的蒸汽火车（2021 年 10 月 15 日）

观察对象：骏骏

观察地点：活动室

观察人、记录人：韩梦楠老师

早餐后，你用计划纸做游戏计划了，画了昨天拼摆的轨道，还在轨道上画了一条直线，你告诉我这就是火车。在搭建新内容时，你选择用小石子当轨道，上面行驶的小火车用松塔。你还特意告诉我火车要挨得紧紧的，因为火车头要拉一节一节的车厢。（图 6-5）

图 6-5

这里的学习：

1. 你知道轨道上要有行走的火车，长长的火车有很多车厢并且挨得很紧，但大松塔是圆的，也没有平面能让它平放着不倒，这样，你更细心了。

2. 你做的计划特别简单，但我一下子就看懂了那个符号。

下一步要做什么：

你喜欢有人来参观，那就接着讲给人家听吧！因为他们也帮你想出了一些好主意。

分享的时候：

你和大家讲了你的轨道和小火车，也设立了黄色警戒线"防止人们进入"。你的讲解很精彩的，小朋友们听得很认真，又提出了一些建议，比如火车应该有车轮，可以用圆圆的东西来做，还有火车上面的"烟囱"应该是直直的……我怎么觉得图片里的火车没有这些呢？你怎么想，又会怎么做呢？（图 6-6）

图 6-6

各种各样的轨道（2021 年 11 月 2 日）

观察对象：全体幼儿

观察地点：中一班

观察人、记录人：韩梦楠老师

故事来了：

火车最早是什么时候出现的呢？什么火车能爬山？什么火车能除雪？各种各样的轨道、火车，这本《揭秘火车》的绘本真是什么都有。这可是骏骏向我推荐的书，因为他在班里看到了这本书，还找到很多新鲜事儿。（图6-7）

无处不在的火车和轨道。

有彩灯的轨道能为火车照亮前行的方向。（图6-8）

图6-7 图6-8

用小木棍搭建得很快、很精细的火车轨道。但骏骏似乎越来越喜欢用不同的东西来搭建与火车有关的事物了，比如玉米粒，用来做黄色警戒线和售票处。（图6-9、图6-10）

图6-9 图6-10

搭建区那边用大块的木材，可以建造火车站啦！听说是北京南开往上海虹桥的火车。（图6-11、图6-12）

从车站出发的火车必须沿着轨道走，骏骏用对称的方法一个挨着一个地把轨道码得很整齐，把长长的板子横在上面，稳稳的火车轨道就搭好啦！（图6-13）

温馨提示:禁止入内,前方正在维修。(图 6-14)

图 6-11

图 6-12

图 6-13

图 6-14

　　我突然看到骏骏有了新伙伴,两个人互相商量着、搭着,又商量、又搭,好认真的。(图 6-15、图 6-16)

图 6-15

图 6-16

这里的学习：

1. 你有同伴了，真为你高兴，因为你们两个都热爱轨道、火车，这真是有意思，也许两个人的想法会更多一些吧！这下，你们忙得过来了，可以去给别的地方正在建的轨道出些主意呢！咱们班进入"轨道"时代了。

2. 你们在一起做一件事情的机会多了，我挺想看看你们是怎么分工的。

3. 图片、书真是有用啊！可能需要一些连接、固定、更结实的东西，我要做准备了。除了《揭秘火车》还有没有其他的书，因为一本真不够看的。

请看我的故事（2021 年 11 月 11 日）

观察对象：骏骏

观察地点：中一班

观察人、记录人：韩梦楠老师

今天是 11 月 12 日，来了很多其他幼儿园的老师。她们像我一样认真地看你们做事，也看班里漂亮的物品和玩具，没有影响你们。你拉住正在阳台上看玩具的老师，轻轻地说："我有好多故事。"老师笑了："是吗？真好！"你又盯着老师说："你想看看吗？我可以给你看！"老师笑得好开心，似乎是同意了。你把老师拉到图书区，看到她坐下，你似乎放心了，立刻拿来自己的《成长档案》放在老师腿上，一页页地为她翻着，讲得特别详细，然后，慢慢地又讲了一遍："我喜欢火车，也喜欢轨道，火车就在轨道上的。你看，我最早搭的火车挺逗吧？这是现在的，很多呢！"（图 6-17）

图 6-17

你和老师一起看故事的样子很美，我们都为你高兴。你是班里年龄最小（入园时 3 岁半）的孩子，和 4 岁多的小朋友们一起生活，我们都很在意你是否能快乐地跟大家在一起，享受幼儿园生活。你安安静静地观察小朋友、老师做事，然后很快找到了自己可以玩的游戏，还吸引了老师和全班小朋友，还激发大家用不一样的材料和办法搭建更多轨道和火车，你已经是班里有影响力的小朋友了。我们的担心真是有些多余了，因为你知道自己喜欢什么、能做什么，也愿意把自己喜欢的事说给大家听。今天，你给参观老师讲《成长档案》时，张老师、韩老师、尹老师、刘老师，还有这位一直笑着听你讲故事的老师，都为你高兴！我一直担心这些照片、图书、图片，和我为你写的有一些汉字的故事，你会不会看不懂？反正也没想那么多，我总是坚持把看到的你和火车、轨道的故事就写出来了，也讲给全班小朋友听，所以你知道《成长档案》里有你的故事、你的发明创造、你最得意的事和擅长的事，你给小朋友讲、给参观老师讲的时候，我认为你就是个搭建火车轨道的高手，骏骏是班里很重要的人呢，是我们都喜爱的人。

【点评】在韩梦楠老师带着情感和爱撰写的连续故事里，我们看到似乎适应中班生活会有些困难的骏骏，自己精心设计了游戏和环境，投入到自己喜欢的事物中，还用自己的想法和做法影响着全班小朋友，慢慢地成为班里很重要的人，也成为独特的自己。在这个过程中，老师一直用拍照、写故事、分享的具体行为实现着"持续性观察—反思—行动"的教育行为，没有多少说教和用力引导，老师、班级、环境、同伴、《成长档案》等被骏骏接纳并喜爱。在故事中，我们看到韩老师有两次表达"担心"，这里，我们更愿意理解为这是在发挥斡旋者、计划者角色作用之前的动心！正是由于老师的动心、走心，我们才看到"搭建高手"的骏骏，同时，是不是也看到"善于表达和交流""乐于分享和贡献"呢？所以，我们希望一篇篇故事刻画鲜明的学习者形象，但也不希望这些形象就此固化、不能改变和发展了。那么更多形象被看到、在自然而然中塑造，不就是向丰盈、丰富的未来人生成长吗？

在这里，我们也看到一位不仅限于"尊重儿童、跟随儿童"而是要"支持、推动儿童发展"的教师形象。教师没有满足于"发现儿童力量"的欣慰，而是以多种方式"发出教师力量"，切实、有效地推动儿童发展。

四、"慧"写反思

《论语·学而》中"吾日三省吾身"道出了自我反思的重要性。美国学者波纳斯认为"没有反思的经验是狭隘的经验"。教师成长的规律是"经验＋反思＝成长"。叶澜教授也曾指出："一个教师写一辈子教案不一定成为名师，如果一个教师写三年反思有可能成为名师。"反思是教师工作的一个重要组成部分，是促进教师专业发展的重要途径。关于反思，教师还存在一些困惑：

• 反思是反思自己的问题吗？我一直认为反思就是能自己发现不足和问题，直到教研时提到"你认为活动中最大的亮点是什么"时，我才发现，原来好的经验和方法也可以成为反思的内容。

• 反思每天都差不多，没什么内容可以写。我写的反思每天都是那几条，比如反思中的优点主要是幼儿对活动感兴趣、活动目标达成等，不足主要是对幼儿个体差异的指导不够等，自己都觉得反思没什么意思，没什么可写的。

• 反思只是反思教学活动吗？仔细想想，可能生活活动、区域活动等一日生活中的内容都可以进行反思，但有些当时挺有想法的，没有及时记下来，后来就忘记了。

1. 反思是什么

反思是一种"积极地、坚持不懈地和仔细地思考"。作为幼儿教师日常工作中的一项重要内容，反思是对教育过程的审视与思考，以及对教学中经验和教训的记录。它既是对幼儿实际表现和教育活动效果的分析，是教学实践的理论升华，也是对教学进行自我监督的重要手段。

2. 写反思的目的

写反思是幼儿教师的一项基本功。促使教师专业成长的因素不仅仅是他们的知识和方法，还包括他们在教育实践中表现出来的批判反思能力。教师持续不断地自我反省，不断提升对自己、对幼儿、对课程、对教育等清晰、完整地认识，并通过在自身成长过程中的记录和反映，不断积累有益的教育经验，融汇教育智慧，形成新的认识和观点，让反思助力教学，助力教师专业成长。

3. 写反思的小妙招

（1）明确反思的写法，每个部分各有针对性。

反思可以分为3个部分：叙述现象、分析原因和解决策略（效果与感悟）。

①叙述部分：要做到准确、真实、生动、可查，不带有教师前期主观判断，不轻易下结论。

②分析部分：即针对叙述中的现象，结合教育理论和指导策略，从多方面、多角度进行分析，如教师自身、幼儿生理和心理等年龄特点、经验能力、家园环境、教师作用、教学过程设计与实施的科学合理性等。从个体原因到集体因素、教师教育因素逐级提高，步步深入，归纳诊断，得出结论。

③策略部分：即针对所叙述问题和分析结果，逐条对应，制订近期解决策略，并进一步展示效果、升华感悟。

（2）把握反思的原则，情理交融促发展。

反思是情感与理智的有机结合，应体现真实性、时效性、实践性、探究性、科学性和坚持性。

①真实性：在个案反思和教学活动反思时都会描述事件经过，描述应尊重事实，客观描述，不擅自评判幼儿的表现。

②时效性：反思具有最佳时期，刚刚实践完时印象最为深刻，如没有及时反思，效果会大打折扣。

③实践性：教师的反思是建立在教学实践的基础上，没有了教育教学实践，反思就成了无源之水。同时，反思的策略需要再回到实践中运用和验证，否则反思就会失去意义。

④探究性：反思的内容要避免单一的平铺直叙，应体现理性的思考，有探究解决问题的策略和设想。

⑤科学性：反思是在科学的儿童观、教育观、课程观指导下进行的。教学

活动反思应透过表象看本质，用科学理论来分析现象、解释现象，并在反思中不断审视自身的儿童观、教育观，将科学理论作为反思的先导。

⑥坚持性：反思是一项长期工作，若只是偶尔一次、两次，则收效甚微，应将反思作为一种习惯，从点滴做起，促进教师的终身发展。

（3）厘清反思的方式，内容各有侧重。

幼儿在园生活中有多少事就有多少个可教育的点，也就有多少个可以反思的内容。反思的内容有很多，主要可以从以下几方面进行反思。

①日常活动中的个案反思：一日生活各环节教育过程中与个体幼儿互动的反思。可以通过教育随笔的形式完成。文章相对短小，内容的针对性强。

②教育教学活动反思：教师完成一次活动后，对整个活动过程的设计与实施进行回顾与总结，对自己在教育理念、幼儿经验、材料选择、目标设定、教学策略运用等方面的经验、教训和体会，以及幼儿学习上的经验进行记录。记录方式可长可短，但要体现改进工作的设想，操作性要强。

③教育叙事案例反思：用叙事的形式真实记录教育教学活动过程中的困惑和经验，从研究的角度分析原因，寻求适宜的策略，形成理性的思考。通过记录和分析的过程，改变和调整自己的行为。在潜移默化中完善自我，提升专业能力。当积累到一定时间后，可以形成研究的专题和课题。

无论哪种方式和内容的反思，教师都不可能面面俱到，必须有所侧重。

（4）掌握反思的内容，重点突出、条理清晰。

教师可以反思的具体内容聚焦在以下几个方面：

①反思成功：对教学活动中较顺畅、富有创造力的部分进行反思。如创新的导入形式、幼儿喜欢的教具、师幼深度互动、有情有味的结尾等。

②反思失败：多么成功的活动也会有值得进一步改进和细致斟酌的地方，对出现的问题甚至失败进行及时反思非常重要。如未突破的难点、幼儿参与不积极的部分、部分目标没有实现等。

③反思随机：教学活动中避免不了偶然事件的发生，反思随机也就是反思教师教育机智，是对教师在偶发情况下所产生的教育行为反思。

④反思策略：即对围绕目标促进幼儿发展的教育过程中，教师支持是否起到指导、提升作用的反思。

⑤反思幼儿：对幼儿在感知、操作、探索、体验、合作、交流过程中的表现，以及语言表达、社会交往、科学探究、审美表现、学习品质等方面的收获及出现的问题进行反思。

⑥反思将来：根据活动中的种种表现初步制订有目的、有计划性的教育方案反思。

总之，可反思的内容有很多，哪方面的反思对教师来说都很重要。但一篇反思不可能面面俱到，教师可以根据教学过程的具体内容和表现确定反思的重点。

附个案反思：

不哭不闹的孩子同样需要关注

四月的第一天，我们班又加入了一名新成员。她是一个乖巧、可爱的女孩子。入园前，我们也仅有过一面之缘，真不知道第一天入园，她会有什么"精彩"的表现。一大早，我像往常一样接待着来园的小朋友们，远处隐约看见一个蹦蹦跳跳的女孩子朝我跑来，小脸儿乐开了花儿。她的身影慢慢靠近，"哦，你就是……""对，我是禾禾。"话音刚落，她就自己走进了活动室。这时，妈妈放心不下地跟我交代了一些禾禾的行为表现及饮食习惯。回到活动室，我还在质疑，这么乖的孩子会像禾禾妈妈说的那样吗？我轻轻推开门，观察着小家伙的一举一动。起初，她对班里的一切都觉得新鲜和好奇，这摸摸、那看看。还在吃早饭的她吃一口饭，就要跑到门口看看风景。在老师的再三劝说下，总算吃完了早饭。活动过后的加餐环节让其他幼儿都兴奋不已，只有禾禾显得有些焦躁，牛奶一口都没动，老师的一句："禾禾，你的牛奶还没喝呢？"让她一触即发，伤心地哭了起来，一直说让妈妈接她。我蹲在她的身边，鼓励她说："禾禾最能干了，会自己喝牛奶。怎么哭了呢？刚才不是很开心吗？"只见禾禾眼里含满了泪水，眼泪"刷"地流了下来。我一下明白了，像禾禾这样的孩子，对亲人同样依恋，对陌生环境同样不安，只是表现得不像哭闹的幼儿那样强烈。我赶紧安慰她，让她有一种安全感，使她感受到幼儿园和老师都是欢迎她的。就这样，她的情绪开始恢复了正常。

小班幼儿"自我为中心"的现象较为严重，禾禾是个外表坚强、内心脆弱的幼儿，陌生的环境，让她对新的班级产生了好奇，暂时把分离焦虑抛在了脑后，一旦自尊心得不到充分的满足，或是遇到自己不情愿做的事情，就会改变情绪，哭闹起来。我想，老师需要从稳定幼儿情绪入手，让幼儿获得安全感，满足其身心发展的需要。

接下来，我给禾禾喂了几口牛奶，她渐渐地平静下来，并要求自己喝。在接下来的午睡环节和下午活动中，我总是见缝插针地关注她，或是温柔地抱抱她，或是在她身边悄言几句，或是投以鼓励、赞许的目光。禾禾感受到了我亲切、友善的关注，在新的群体中找到了归属感，也逐步适应了幼儿园生活。

通过这件事，我发现不哭不闹的幼儿也会有入园焦虑，可能是行为表现不同，同样需要关注。首先，要建立新的依恋关系。分离焦虑主要是幼儿失去了所依恋的人而缺乏安全感，需要幼儿与老师建立新的依恋关系。家长可以经常在幼儿面前夸奖老师，切不可用老师来吓唬幼儿。其次，要关心和尊重幼儿。

幼儿和成人一样有自己的人格和自尊，需要得到成人的关心和尊重，这也是提高幼儿自信心的基础。当幼儿总是重复一句话，如"妈妈怎么还不来""给我妈妈打电话"时，老师不能敷衍幼儿，要耐心地解答幼儿提出的问题。第三，家园保持一致的生活和学习习惯，比如鼓励幼儿多喝白开水和牛奶，家长要以身作则，并通过故事或游戏等多种方式，激发幼儿喝水的欲望，帮助幼儿认识到喝白开水和牛奶的重要性。第四，坚持每天正常来园，使幼儿熟悉一日生活流程。最后，安全、愉快的氛围也是必不可少的，可以为幼儿提供交往的机会，促使幼儿之间成为好朋友。

通过一段时间的接触，现在的禾禾在幼儿园这个环境中和老师、小朋友相处得很好，已经建立了信任感，开始适应幼儿园的生活，愿意坐在自己的座位上，自己吃饭、喝奶，自己的事情自己独立完成，缓解了分离焦虑的情绪。禾禾的事提醒了我，每个新入园幼儿的不适应都各不相同。作为老师，要善于因人而异及时排解和疏导，尤其是别忽视那些入园表现好、适应快的幼儿。

（案例提供：国家机关事务管理局花园村幼儿园广源分园　邓尚丽）

附区域游戏反思：

我们来泡腊八蒜（大班）

昨天是冬至节气，幼儿园的晚餐是好吃的饺子，大部分小朋友都喜欢吃幼儿园的饺子。我们班苒苒小朋友却发现在家吃饺子和幼儿园不一样，家里的饺子更好吃，她说因为家里有醋和蒜。苒苒的发现随即引起了很多小朋友的热烈回应："我也喜欢就醋吃。""我还吃过腊八蒜呢！""腊八蒜是绿绿的。""我看见爷爷做过腊八蒜。""什么是腊八蒜呢？""为什么叫腊八蒜？""我们自己能泡腊八蒜吗？"……孩子们对这个话题特别感兴趣，为了能满足那些没吃过腊八蒜小朋友的好奇，于是，我们决定通过集体活动引导幼儿了解冬至节气和腊八蒜的故事。之后，孩子们提议想在区域游戏活动中泡腊八蒜。

1. 哪种醋能泡成功？

活动前的准备尤为重要，泡腊八蒜需要哪些材料呢？因为很多幼儿没有泡腊八蒜的经验，孩子们提议找个视频学习一下吧！没想到这个提议获得了全体小朋友的首肯。孩子们边看视频边讨论起来，怎样才能泡制成功呢？这成了孩子们最关心的问题，每个人都跃跃欲试。因此，第二天，想参与的小朋友们都主动想着带来了自己所需要的材料，在家长和幼儿园的支持下，我们迅速准备好了材料：瓶子、大蒜和醋等。材料准备好后，孩子们率先发现了一个不同。"怎么有两种醋？""一个是深色醋，一个是白色醋。""白醋能成功吗？"我正想着是否要提示他们看看视频或者用自己的经验告诉他们结果时，突然一个幼儿的话让我欲言又止："我想试试白醋，妈妈说可以泡。"这句话一下子点醒了我。我随即回应道："我也没有试过，咱们一起试试吧！"因此，不同的醋成了孩子们的第一个探究点。经过一段时间的尝试与实践，事实证明，白醋同样能泡出腊八蒜，味道还不错呢！

我想，如果当时一下子就把成功的方法告诉孩子们或者完全按照视频一步步操作，这样做或许成功率会很高，但是却失去了探索的意义。我们应该给孩子们更多自己发现探究点的机会，给他们探索的空间，让他们自己寻找答案，在操作、体验、感受中，孩子们的体会更深、理解更透。

2. 什么瓶子比较合适？

在游戏进行了几天后，孩子们发现了第二个探究点：在泡腊八蒜时，选择什么样的瓶子更合适呢？最开始，孩子们带来瓶子时，我就发现了瓶子的不同，也发现了一些问题，比如盖子盖不紧等，但是看到孩子们制作的热情，就想慢慢等待孩子们自己发现。果不其然，在幼儿自己操作后，他们陆续发现了瓶子的问题，我也积极地和他们一起讨论，引导他们尝试总结自己的经验。比如米米发现妈妈给自己带的瓶子太大了，剥了半天蒜，也装不满。第二天，米米换了一个自己认为大小合适的瓶子。满满发现瓶口的大小会影响往瓶子里放蒜，他带的瓶口太小了，大瓣的蒜怎么也放不进去，剥了只好送给其他小朋友。浩浩发现一定要换一个盖子紧一点儿的瓶子，他这次带的瓶子盖子拧不严，放了醋就会洒。

这次如果让孩子们带一样的瓶子，可以加快获得游戏成果的速度，也可以为幼儿排除在制作过程中的干扰因素。我慢下来的脚步是希望将更多的探索机会留给幼儿自己，而我要做的就是相信幼儿有能力去学习和探究，在观察幼儿在自己节奏上的探究时，支持幼儿的自主学习，给予他们更多的探索空间和探索机会。

3. 我们班的"剥蒜大赛"。

在活动开展的几天后，我很快就发现幼儿参与兴趣有了很明显的分化。有的幼儿特别喜欢去泡蒜，有的幼儿虽然选择了这个游戏，却总是东张西望，不够专心。这是怎么回事呢？看到这个现象，我首先想到的是分析幼儿行为背后的原因，我没有急于询问原因，而是默默地观察这类小朋友的游戏状态。通过两天的观察，我发现是剥蒜的技能影响了幼儿的兴趣，怎样剥蒜成了他们的难题。根据大班幼儿的年龄特点，他们喜欢具有挑战的活动，喜欢在游戏中获得成就感。但是，我发现，班里大部分幼儿都不会剥蒜。这时，我又开始犯了难，怎样引导幼儿掌握剥蒜的方法呢？可想而知，如果老师手把手地教剥蒜的方法是最简单、快捷的，但幼儿却失去了最重要的自主学习过程。于是，我想出了"剥蒜大赛"的游戏策略，尝试在游戏中发起剥蒜挑战，以计时的方式看谁剥的蒜最多，不限方法。但有两个小要求：一是要想办法把蒜皮剥干净，二是尽量不要让蒜的身体"受伤"。"大赛"开始了，孩子们热情高涨，想尽办法自己剥蒜。一开始，有一些幼儿希望老师来帮忙，却遭到了老师的"拒绝"："你能想想，剥开蒜'身体'的哪里，就比较好剥了吗？""你用其他方法试一试？""看看身边的小朋友是怎样剥蒜的？"……就这样，不会剥的幼儿开始模仿起有剥蒜经验小朋友的方法了，有的自己先把大蒜放在桌子上搓一搓，有的用拇指蹭一蹭蒜皮，渐渐地，他们开始不再寻求老师的帮助，而是自己越剥越起劲儿。

"剥蒜大赛"的活动设计成功地掀起了"泡腊八蒜"游戏的又一轮高潮，吸引了更多幼儿通过互相学习和自主学习加入进来。我想，一方面，我通过观察准确地判断出幼儿失去参与兴趣的原因；另一方面，在分析大班幼儿年龄特点的基础上，设计了符合幼儿学习特点的小游戏，并支持幼儿通过同伴学习的方式进行操作探究，不仅解决了幼儿不会剥蒜的难点，同时也激发了幼儿的兴趣，促使他们在实践中学会了自主学习的方法，提升了自主学习的能力。

4. 蒜放在哪里，才能成功泡制？

一天，正在剥蒜的孩子们自发地讨论着把蒜放在什么样的环境里才能泡制成功。在一旁观察的我没有立即加入他们的讨论，我本以为他们会因为各自不同的猜想而争论起来，出乎我意料的是，在"腊八蒜需要阳光日照吗"这个问题上，他们却一致认为需要阳光。为了让幼儿的讨论更充分，我故意提出了质疑：大家有不同意见吗？然而这些孩子们的回答却依然很坚定。通过讨论，我发现原来他们迁移了在植物角的种植经验，幼儿一致认为腊八蒜像植物一样，只有吸收到了光照，才会变色，不会发霉。随后，我们把这个问题带到了游戏分享环节中，根据孩子们对光照的认识，我又进一步追问："那腊八蒜喜欢温暖，还是寒冷？"在温度这个问题上，孩子们有了不同意见，有的幼儿认为腊八蒜喜欢暖和，有的则认为腊八蒜喜欢冷。这个问题一经提出，吸引了全班小朋友的好奇。我和孩子们一同商量，第一，根据不同的温度来分组试验，幼儿自愿加入，第一组是室外日照组，第二组是室内日照组，并邀请班里其他两位老师一起参与活动，形成无日照组，成为幼儿在活动中的同伴。第二，每组制订日照计划，但是我们班教室处于教学楼的阴面，环境不利于阳光照射。我们支持幼儿，想办法解决放置腊八蒜地点的问题。第三，每组设计试验记录表，大班幼儿对幼儿园环境比较熟悉，同时，我们引导幼儿再次迁移了在植物角给植物晒太阳的经验：记录日照的时长、温度的变化和腊八蒜的变化。

当幼儿有了猜想时，我们能调动幼儿的原有经验，给予幼儿空间，支持幼儿大胆猜想和验证，并将科学的探究方法渗透到幼儿一日生活中。当幼儿的想法不一致时，我会立刻调整指导方法，同时为了丰富幼儿的认知经验，邀请了同班教师成立无光照组，与幼儿一同观察。在试验和记录的过程中，让探索的过程更有价值，我们的泡制活动也越来越有趣了。当腊八蒜泡制成功后，孩子们在自己品尝的同时，还想到了与其他小朋友、老师和家人分享。这个活动，让孩子们在自然的生活中找到了游戏的快乐，也体验了劳动的快乐和分享的快乐。

就这样，因节气里的一个小话题而引发的游戏活动已经在我们班持续了一个多月了。在这个过程中，我和幼儿第一次一起成功泡制了腊八蒜，我们一同在不断学习、探究、思考中成长。活动中，有教师预设的问题，也有幼儿提出的大胆猜想，即使有的时候作为老师的我们，按照自己的经验知道这样做会出现问题，那样做不会成功，但我们也要在安全、有保障的基础上，和幼儿一起大胆去尝试，陪他们一起体会探索过程中主动寻找答案的快乐。在此过程中，教师和孩子们一同收获的体验感知、探究发现、自我表达、自我认知感等都是不可替代的，也许会带给我们更多的惊喜！

（案例提供：北京市宣武回民幼儿园　张　晨）

附教学活动反思：

中班科学领域"苗苗站起来"活动反思

《3～6岁儿童学习与发展指南》指出："幼儿科学学习的核心是激发探究兴趣，体验探究过程，发展初步的探究能力。"在本次活动中，为了帮助西红柿苗站起来，孩子们专注、积极地探索着各种材料的特性及连接方法，大胆地选择周围不同材料进行支撑和捆绑，完成自己有创造性的想法。

（一）本次活动的亮点

1. 活动内容源于幼儿生活，贴近幼儿近期兴趣和需要。

孩子们很关心班里自然角的植物，他们发现班里自然角的西红柿长得被小果实压弯了腰，于是，产生了想要帮助班里植物"站起来"的愿望。为了满足幼儿的兴趣和愿望，我结合孩子们的年龄特点和近期发展水平，设计了本次活动。在前期准备活动中，孩子们自己或者和好朋友一起选择一盆最想帮助的西红柿苗，制订"帮扶"计划。对于中班孩子来说，按照计划去实施、完成自己的愿望，是一件既有趣味、又有挑战的事情。因此，在活动中，我欣喜地看到了孩子们积极探索让苗苗站起来的方法，在操作中不断尝试和验证，发现问题、解决问题的能力得到了提升。

2. 利用各种资源丰富幼儿前期经验，为探索活动奠定基础。

（1）幼儿园环境资源。

《纲要》指出：环境是重要的教育资源，应该通过环境的创设和利用，有效地促进幼儿发展。一天户外活动时，我发现小四班的种植园里搭上了架子。于是，户外活动回班时，我特意带着孩子们参观了幼儿园其他班的种植园。孩子们对小四班菜园地里插着竹竿非常好奇。这些竹竿是交叉的、硬硬的，有的孩子还发现爬山虎顺着绳子往栅栏上爬。于是，孩子们想到我们也可以用这些方法让班里的苗苗站起来。

（2）同伴资源。

前期准备活动中，孩子们可以和好朋友一起选择一盆最想帮助的西红柿苗，制订"帮扶"计划。小朋友们自由分组，通过讨论，将自己生活中的一些经验转变为设计灵感，形成有创意的计划。在活动导入、小结环节都有幼儿分享自己的好方法，可以促进同伴间的相互学习。我还设计了自由分享环节，支持幼儿间的同伴学习，促进幼儿自信心和表达能力的发展。

（3）家长资源及社会资源。

家长利用周末时间带着孩子到农庄采摘水果和蔬菜，发现植物支起来的各种材料和方法。在本次活动准备阶段，我通过和幼儿对话，了解到有些小朋友选用的材料很有创意，比如：石头、木棍、尺子。我们呼吁家长朋友陪孩子一起外出时寻找所需的材料，同时提示家长，不要干涉孩子的选择。

3. 教师给孩子提供充分自主探索、尝试的空间，鼓励幼儿发现问题动脑筋、想办法，不怕困难。

我看到孩子们在探索的过程中想要尝试新材料时，有的小朋友去其他组里借，有的小朋友去班级区域里寻找材料，非常自主。这是因为，在日常中的区域游戏时，为幼儿提供开放的环境，幼儿能按自己的想法和需要大胆选择、使用材料。因此，孩子们对各个区域的材料非常熟悉，可以根据自己的需求自主选择。

在活动过程中，有的幼儿用自己在小菜园里看到的插架方法，有的幼儿尝试用搭帐篷时拉绳子固定的方法，有的幼儿利用多种材料支撑。当幼儿帮助小苗苗站起来时，我看着小苗晃晃悠悠的样子，提出了一个情境，引发幼儿思考："每天，小朋友们离园后，老师都要开消毒灯，对教室进行消毒。为了不让小苗受伤，就要把它搬到教室外，你们也试着搬一搬吧！"通过实际操作，孩子们发现了问题，比如：用积木支撑小苗苗的没有办法挪动；插棍的小苗，搬动的时候容易晃动。那么，究竟支撑小苗的哪个位置才能帮助小苗立得更稳呢？新一轮的探究尝试又开始了。

这次，我看到安安用绳子将植物的下端和旁边的立柱绑到了一起。但是，植物的高处还是弯的。于是，我和她一起梳理制作过程，来看一看苗苗的底部。"你是怎么做的，小苗就和柱子靠在一起了呢？"引导幼儿关注连接位置，突破难点。部分幼儿在遇到问题时，爱思考并且不停地尝试调整，所以我没有打扰，而是观察孩子们动手制作，充分给予幼儿自主探索的空间，适时通过点赞、鼓励的话语支持幼儿持续探索。

4. 关注幼儿个体差异，支持幼儿按照自己的想法去探索和发现。

在关注幼儿学习与发展的整体性时，我会尊重幼儿发展的个体差异。孩子们在选择材料时，都是根据自己的已知经验进行选择的。因此，作为老师，我充分地支持幼儿的个性化需求，没有指向性、暗示他们去选择更容易操作、更便捷的材料，而是鼓励孩子用自选的材料和方法大胆尝试，在幼儿需要的时候提供适宜的支持和引导，重视幼儿探索过程中探索能力的发展，而非结果。

（二）本次活动的不足和思考

我心中对于目标很清晰，在和每组小朋友讨论、了解设计方法时，对于孩子可能会失败的原因有一些预设。但是活动当天，有两位小朋友原本想使用绳子进行牵引，但是由于没有固定物、牵引的位置不正确等原因没有成功。于是，他们都想更换材料用更加简单的支撑方法完成了帮助苗苗站起来的愿望。对于这个问题，我认为要从两个方面思考，一方面说明这两位小朋友遇到问题会灵活、变通，通过同伴间的学习，自主探索，找到了更简便的操作方法；另一方面，如果我在和幼儿互动时，能直指方法和位置进行提问，就可以帮助幼儿找到问题的关键点，助力幼儿攻破难点，让孩子体验到更大的成就感。今后，我还要不断提升自己适时、灵活、有效指导幼儿的能力。

幼儿是天生的主动学习者，在他们感兴趣的活动中，幼儿才能真正地成为学习的主人。而对于不同的幼儿来说，他们的原有经验不同，发展水平各异，感兴趣的事物也有所不同。为了支持幼儿深入持续地探索，促进幼儿不断地发展，教师要关注幼儿的生活、就地取材，尊重他们以自己的学习方式不断前行。作为教师，如何去发现幼儿感兴趣的事物，通过多方资源的整合将其转化为幼儿园的课程，并且能够追随幼儿的兴趣、经验生成新的活动，从而促进幼儿的持续发展是我今后要多多钻研和努力的方向。

（案例提供：北京市西城区广安幼儿园　康　岩）

（本章由何桂香、白戈著）

第七章

开花结果——积淀经验的智慧

　　世界是公平的。播下的种子会在春雨滋润下生根、发芽，会在夏日普照中枝繁叶茂，会在秋风瑟瑟中收获静美，会在冬雪皑皑下坚强生命。让我们在日积月累中获得一种温暖，获得前所未有的感动，获得教育智慧的生长。

一、做一名让小班幼儿喜爱的教师

　　每年的 9 月，交响乐一般的哭声在幼儿园小班此起彼伏。

　　一个孩子刚刚还高兴地给小白兔玩具喂食，转过身就开始哭着找妈妈；

　　一个孩子哭了，另外几个孩子也开始撇嘴，随后上演不同声部的"合唱"；

　　有的孩子一遍一遍地哭着问："老师，妈妈什么时候来接我？妈妈是不是不要我了？"

　　…………

　　每个小班刚开学都会出现这样的场景，让老师们、尤其是职初期新教师措手不及，新教师往往因找不到方法而被一群孩子"围攻"到无法脱身。如若没有采取及时且行之有效的策略，幼儿容易对幼儿园和教师产生厌恶之情，不愿意入园。新教师则会在入职初期就陷入对工作的迷茫和焦虑之中，影响角色适应和专业发展，成为新入园、新教师、接新班"三新"大碰撞。如今学前教育大发展，大量新教师涌入幼教行业，还没有积累足够的经验，便要冲上前线，挑起大梁。新教师在接新班时期如何帮助幼儿顺利度过分离焦虑期，快速获得幼儿的喜欢、接纳和认可，顺利开展班级工作，是一个棘手且亟需解决的问题。

　　1. 换位思考——解决"三新"困惑的三重意义。

　　美国高宽课程的华人首席专家陈宇华老师曾说过一段话："请大家试想一下，如果自己是一个还没有生活自理能力的人，吃喝拉撒还需要别人的照顾，身上没有钱，不会用微信扫一扫付款。突然有一天，妈妈把你送到一个陌生的地方，然后说了一句你听不懂的话就走了。你不知道妈妈去了哪里，你也不知道妈妈什么时候回来接你。在这个陌生的地方，你不认识身边的人，不知道是否安全，你也听不太懂那里的语言，你不知道饿了是否会有吃的，甚至你不知道你会在那里待多久，一小时，一天，还是一年？你们会有什么样的感受啊？"是不是会觉得恐惧、害怕和焦虑呢？没错，这就是很多刚入园小班幼儿的感受。

（1）幼儿：从"我要妈妈"到"老师也是妈妈"。

对于幼儿来说，这个阶段是艰难的，但又充满人生意义，是幼儿第一次迈向社会的里程碑。做好幼儿入园适应，引导幼儿顺利度过这段时期，与班级教师建立良好的依恋关系，发展良好的同伴关系，满足情感需要，发展积极的个性，是这段时期的重点工作。

（2）新教师：从"我很迷茫"到"工作得心应手"。

对于新老师来说，这个阶段是"痛苦"的，但又是成长的。教师不仅要将更多的时间和精力放在幼儿入园适应和日常班级工作上，而且要与家长进行良好的沟通，甚至帮助家长处理好与孩子的分离焦虑。这一时期也是了解幼儿想法、增进感情的良好时机。

（3）家长：从"我很焦虑"到"安心、省心"。

对于家长来说，这个阶段是焦虑的。对于大多数家长来说，孩子上幼儿园意味着人生中和孩子的第一次分离，尤其是全职妈妈，失落感和焦虑情绪会加倍。随之而来的是心中充满问号："我的孩子能适应幼儿园生活吗？""老师能带好孩子吗？"做好入园适应工作，家长便可以解除后顾之忧，安心工作，同时愿意配合教师的工作，利于家园共育，对幼儿的适应和发展同样也有积极影响。

可见，入园适应是幼儿、教师、家长三方成长的契机，三方合力，才是幼儿身心健康发展的有利保障。

2. 用"三心"化解"三新"窘境。

为了帮助老师们顺利开展新小班工作，引导幼儿尽快度过分离焦虑期并喜欢幼儿园、喜欢老师，我们通过两年的实践获得了一些方法，供新教师参考。以开学前的准备、初次入园的见面、一日生活的陪伴等三方面阐述方法策略，并考虑家长焦虑、家庭环境等因素，实行相应的指导策略。

（1）做好开学前的准备工作，为"幼儿喜欢我"埋下种子。

当孩子知道自己即将要上幼儿园了，但还不了解幼儿园是什么的时候，教师可以这样做来帮助幼儿慢慢消除心中的恐惧，慢慢增加安全感和对幼儿园的憧憬和期待。

①了解小班幼儿的年龄特点，创设温馨的生活环境。

新教师们可以提前了解小班幼儿喜欢什么，比如最近热播的动画等，投放他们感兴趣的玩具，创造温暖的生活环境。还可以通过布置温馨、亲切如家一般的环境来帮助幼儿建立集体中的安全感和归属感，比如在班级中设置投放全家福照片的区域，粘贴上每个孩子和爸爸、妈妈在一起的幸福时刻，让孩子们在幼儿园也能感受到自己家中熟悉的场景。

②录制幼儿园、班级环境简短视频。

小班幼儿年龄较小，离开家会很不适应，就如第一次见到陌生人会产生不信任的感觉一样，但如果老师之前和幼儿见过，幼儿有了初步的印象，入园后的情绪就会好很多，也会喜欢这个班级的老师。因此，新老师们可以建立微信班级群，提前将幼儿园的环境、班级环境和老师介绍录制一段简短的小视频，发到家长群中，请家长为孩子们播放，可使幼儿提前对幼儿园和班级老师有一个初步的了解，熟悉环境和老师。

③提前家访，利用电话或微信提前与家长进行沟通，对孩子进行简单的了解。

教师可以利用假期时间到幼儿家中进行访问，可以带一些简单的小礼物送给幼儿，并和幼儿进行简单的小互动，说说幼儿园的情况，引发孩子对幼儿园和老师产生兴趣，帮助家长了解幼儿园工作。若无时间，也可利用电话和微信提前与家长进行沟通，了解幼儿感兴趣的事情、基本情况及生活习惯。教师对幼儿有所了解，做到心中有数，更利于"投其所好"。教师提前查阅资料，向家长分享应对分离焦虑的小窍门。

在这一阶段，重点是关注和倾听幼儿、家长的需求，帮助幼儿、教师、家长之间建立安全、信任的初始关系，并且三方做好心理、身体等各方面的准备，为幼儿顺利入园打好基础。

（2）在幼儿初次入园之时，为"幼儿喜欢我"做好铺垫。

心理学上的"首因效应"同样适用于老师和孩子们的第一次见面，所以给孩子一个良好的第一印象非常重要。那么，初次入园，面对还不那么熟悉的一切，新教师可以这样做。

①注重教师形象。

第一次见面无论是孩子、还是家长，良好的教师形象尤为重要。好的第一印象不仅能获得孩子们的好感，还能为今后顺利开展家长工作进行良好的铺垫。穿着舒适、身姿挺拔、表情微笑、和蔼可亲是最基本的教师礼仪，尤其对小班幼儿来一个像妈妈、姐姐一样的温暖拥抱，一定会帮助新老师获得加分的。

②亲切地称呼幼儿的小名。

幼儿初次离开家庭，第一次接触社会性团体，非常容易产生分离焦虑。在家里，熟悉的亲人会亲切地呼唤孩子的小名，教师这样做，孩子也会觉得老师很亲切，感受到家的温暖，也愿意和老师亲近。因此，在幼儿来园前，可请父母为幼儿填写一张详细的情况调查问卷，帮助老师了解孩子的不同称呼，提前做好准备。

③蹲下来和幼儿说话。

教师的身高远远高于孩子的身高，站着说话，会给初来乍到的孩子一些无形的压迫感。只有蹲下来，让幼儿能看到教师的脸和表情，感受到老师的眼神交流，孩子们可以体会到自己和老师之间的平等，带来亲切感。同时，看到教师漂亮的容貌和微笑的表情，孩子们也会放下一些心里戒备，愿意亲近老师。

④亲亲抱抱之必要的肢体接触。

一个眼神，一个拥抱，一个亲吻，一个抚摸，都能让孩子感受到教师对他的关爱。因此，在一日生活中，教师要利用肢体语言表达对幼儿的关爱，多与孩子亲近，可以帮助幼儿与教师快速产生亲切感，甚至依赖感，愿意把教师当做在幼儿园里的另一个妈妈。因此，无论任何时间，只要是孩子在幼儿园的时候，都要多多地抱抱他、亲亲他、抚摸他。

在这一阶段，重点是从教师外貌、情感等多方面入手，尊重幼儿的年龄特点、发展需要和个性需求，通过第一印象进一步建立安全、信任的关系。

（3）陪伴孩子们的一日生活，感受"幼儿喜欢我"的幸福。

孩子们渐渐熟悉了幼儿园和老师，初步建立了安全、和谐的师幼关系后，新教师可以这样做，走入孩子们的内心，感受和孩子们在一起的快乐！

①使用拟人化的语言与幼儿交流。

3～4岁的幼儿大多属于直觉行动思维，他们觉得世界上所有的事物都是有生命的。如果在和他们讲话的时候，你变成"兔子妈妈""小熊老师"——赋予小动物的角色，并运用不同声调、可爱的拟人化语言，比如"小熊老师说，你们不把玩具放回自己的家，小玩具们会很伤心的"等。拟人化的语言会很有效地吸引孩子们的注意力，让他们愿意与你交流，倾听你的要求。

②创造两人的亲密时刻——关注幼儿感兴趣的事物。

小班幼儿刚来到一个陌生的新环境时，很容易排斥身边的同伴。此时，对于幼儿来说，你与孩子的亲密时刻就会显得尤为重要，给幼儿创造一种感觉——他与你，是他除了爸爸、妈妈之外可以依赖的最亲密关系。这个时候，可以多与幼儿创造彼此之间的亲密时刻，比如：当幼儿一个人坐在桌子旁边玩玩具的时候，可以轻轻地走近幼儿，聊一聊幼儿感兴趣的事情、人物、动画片等。

③耐心回答幼儿的每一个问题，细心满足他们的每一次需要。

幼儿园的幼儿都有着各种各样的稀奇问题："天空为什么是蓝色的？""小蜗牛有没有眼睛？"如果你想让小朋友喜欢你，就必须认真、真诚地回答他们的问题，让小朋友信任你。那么，这就需要教师不仅要有一颗真诚的心，而且还要有丰富的知识。同时，小班幼儿的需要都非常的琐碎，如小便提裤子、睡觉前后的穿脱衣服、什么东西打不开等，不要嫌这些事情太小而不帮助孩子，耐心地完成才是获得他们喜爱的重要过程。

④把"爱"贯穿于一日生活中。

富有爱心是对一名幼儿教师最起码的要求。教师应该有一颗爱心，走进孩子的心灵，用充满感情的语言和发自内心的微笑使幼儿真正感受到他置身于爱的环境中，从而产生愉快的心情，激发幼儿的求知欲望。同时，幼儿之间还存在着个体差异，对每个幼儿都要去关爱，及时表扬和鼓励，做到因材施教。对于性格内向、胆小怕事、不爱说话的幼儿，教师更不能忽视，对每一位幼儿都应该一视同仁。

⑤把自己也变成孩子，学会换位思考，了解幼儿的心思，体会幼儿的感受。

幼儿的心灵特别脆弱，有时候一点儿小事就会影响幼儿的成长，甚至会改变他们的心性。因此，作为幼儿园老师，一定要体察幼儿的心思，尤其是在他受到委屈的时候，更应该学会安抚他幼小的心灵。把自己也变成一个孩子，体会到孩子们的需要和想法，真正走进他们的世界，才能获得孩子们的喜爱与认可。因此，要学会站在孩子的角度想问题、看事情，寻求解决方法。

这一阶段重点是在日常工作中综合体现教师的儿童观和课程观，不断地倾听幼儿的想法、关注和解读幼儿的兴趣和需求，并用幼儿能接受、感兴趣的方式支持全体幼儿的共性发展，及个别幼儿的个性化发展，维护安全、信任的稳定和可持续发展的关系。

（4）反思与成长。

初入职场的初始阶段至关重要。新教师不仅要树立正确的职业价值观、儿童观和教育观，而且要提高自己的专业素质、素养。2014年教师节，习近平总书记提出了"好老师"的标准，让我们审视"什么样的老师是好老师"。对于新教师来说，做"幼儿喜欢的教师"是做"好老师"的基础，在此过程中逐步提高专业度。

北京市西城区教育研修学院学前部　　白　戈

二、做好保育工作，体验初为人师的快乐

2021年7月，我正式入职成了一名光荣的幼儿教师。带着对教育事业的憧憬和期待，我迎来了自己的第一个岗位——保育岗。虽然在校时，学习过幼儿卫生学、心理学、教育学等多门学科，有一定的理论积累，但当我在真实环

境中面对幼儿的突发问题时，仍然会感到手忙脚乱。还记得第一次处理幼儿呕吐物时的慌乱与不安，第一次与家长沟通时的紧张与无措，第一次照看午睡时与不睡觉的孩子们"斗智斗勇"……一切并非想象般的简单，充满了挑战和未知。虽然现实与理想存在差距，但我相信，这些都会成为我职业生涯中的宝贵经验和财富。于是，在努力做好本职工作的同时，坚持对每天遇到的问题进行总结和反思。日积月累，在行与思地不断反复中，明显感到自己的变化与成长，体验到作为幼儿教师的快乐和幸福，同时也对保育工作有了一些心得和体会。

1. "三巧"策略促进幼儿的合理膳食。

合理膳食是指一日三餐所提供的营养必须满足人体的生长、发育和各种生理、体力活动的需要。虽然保健老师和食堂师傅们会为幼儿制订和烹饪美味的菜肴，但由于幼儿家庭饮食习惯的不同，挑食问题依旧很普遍。我在观察中发现，幼儿挑食的原因多是对食物的味道、口感不适应，或对某些食物的颜色有厌恶感，如香菇、木耳、银耳等。因此，增进幼儿对食材的兴趣，萌发尝试各种食物的意愿是突破挑食问题的关键所在。

（1）巧用节日、节气帮助幼儿认可和接受食物。

节日、节气中都有一些相应的食物，利用节日、节气活动或区域游戏可以比较容易地帮助幼儿接受和认可他不喜欢的食物。如，恰逢立冬节气，我在美工区开展了节气美食制作活动，邀请幼儿用彩泥制作饺子、大白菜、萝卜、木耳、豆腐等节气养生食材。林林是一位不喜欢吃木耳的小朋友。于是，我邀请她和我一起制作木耳。在制作前，我们一起查阅了资料，了解了木耳的生长环境、特征及营养价值。之后，开始对照图片进行仿制。林林很快便捏出了木耳，样子非常逼真。活动后，她表现出了对木耳的兴趣，并且在当天的午餐时间尝试吃掉了一小片木耳。

（2）巧用报菜名环节来激发幼儿对食物的期待。

报菜名是班级中每个幼儿都想参与的活动，可以请幼儿提前一天与父母观看并记忆食谱，第二天的餐前环节鼓励他们用麦克风进行播报。考虑到幼儿的个体差异，可将播报内容按照难度划分为报日期（较易）和报菜名（较难）两种，幼儿自行选择和尝试，充分发挥自主性。通过该活动，不仅能够锻炼幼儿的语言能力，培养幼儿服务他人的意识，更重要的是能够帮助幼儿了解当日菜品，增强进餐兴趣，期待美味的菜肴。

（3）巧用"祖母法则"激励幼儿进食。

"祖母法则"又称普雷马克原理，是指用高频活动作为低频活动的强化物，我们可以理解为用幼儿喜欢的活动去强化不喜欢的活动。这个法则对于解决挑食问题非常适用，也很有效。如：心儿不喜欢吃香菇，我和她商量，如果她能吃掉盘子里的香菇，我就为她再添两块她喜欢吃的鸡肉。她欣然同意了，挑食问题也随之得到了有效解决。

2. 有效的方法助力幼儿增强时间观念。

在进餐、午睡、盥洗等诸多环节，教师经常会见到这样的幼儿：当班级中的大部分幼儿已经收拾完毕，准备去做下一件事情时，他们还在不紧不慢地做着自己的事情。在这种情况下，教师为了整体进度，往往会忍不住进行催促。但口头的提醒只能当做外部引导，且效果不一定显著。那么幼儿是否可以由内而外的增强时间观念呢？怎样才能激发他们的内部动机呢？或许可以试试下面的方法。

（1）墙面环境帮大忙。

在工作中，我通过张贴互动墙面，发挥物质环境的隐性教育价值。如：创设名为"时间小主人"的互动墙面，在其中设置记录表和钟表。幼儿可以在加餐、午餐、午点和晚餐4个时段观察钟表的走动，具体感受时间的流逝。当幼儿在规定时间内完成任务后，他们可以用自己喜欢的方式在表格中进行记录。以天为单位进行结算，以此鼓励幼儿形成良好的时间观念。此外，表格的形式也能让幼儿一目了然地看到全班任务的完成情况，进而形成同伴间的替代性强化。

（2）同伴帮助手拉手。

运用分组结队的方式，依靠同伴间的相互影响解决做事速度慢的问题。如：露露和小白是好朋友。小白的做事速度较慢，而露露的能力比较强，做事速度较快。于是，我将小白和露露的座位调到了一起。通过一段时间的观察，我发现露露经常会帮助小白，有时帮助她拿水壶，有时候为她系外套的扣子。而小白也在慢慢改变，为了能和露露一起玩玩具，她吃饭的速度有了明显的提升。可见，同伴的影响是一种促进幼儿改善行为的有效方法。

3. 把握生活活动中的教育契机。

《幼儿园工作规程》中明确指出："保中有教，教中有保，两者相互结合。"作为保育教师多数时间都在关注幼儿的生活活动，而忽略了生活中蕴含的教育契机。虽然教育契机是随机的，具有偶然性、突发性和不可预见性。但是留心观察，仔细发现、捕捉和总结，也能归纳出其中的规律。通过观察，教育契机通常会出现在以下3种情况中：

第一种，当幼儿有新发现时。如：某天早晨，班级盥洗室中一个男生厕斗的水管突然断裂，水洒了一地。萱萱看到后萌生了"放置标志来提醒其他幼儿不要使用"的想法。于是，我和她一起制订计划，并在当天的区域游戏时间开始了标志的制作。起初，萱萱并不知道"禁止"标志的样子。于是，我们用手机一起查阅了资料，了解到禁止标志的具体特征——用红圈和斜线来表示"不可以"。同时，在查看了"禁止吸烟""禁止骑行""禁止拍照"等多种禁止标志后，我们也开始为厕斗设计专属标志，并寻找到硬纸板和丝带等材料，将标志固定在厕斗上。"计划"完成后，萱萱特别高兴，还邀请班里的其他老师和小朋友前来观看。萱萱生活中偶然的新发现，保育教师一样可以支持她努力实现自己的设想，并促成她这次问题的解决，从而获得了成就感与责任心。

第二种，当幼儿出现问题时。如：早晨来园后，幼儿要将背包和水壶分类码放在户外的椅子上，之后再进行体育游戏和早操。但在学期中的某一天，我发现幼儿的背包摆放得十分凌乱，一些幼儿甚至忘记将水壶从背包里拿出来，导致背包被水浸湿。于是，我将这些场景拍摄下来，借助投影设备将其展示给全班幼儿，并与他们讨论背包的正确摆放方法。第二天，背包确实变得整齐多了，而且一名叫"阿润"的幼儿还主动承担起整理背包的任务。他的举动感染了班级里的其他幼儿，接下来的几天里，不断有新的"背包整理员"出现，班级的背包再也没有出现过乱放的情况。幼儿生活中出现问题，在保证他们安全的前提下，保育教师不用第一时间去给幼儿解决、帮助他们，可以给幼儿成长的空间，引发他们自己发现问题、解决问题，从而获得经验与良好习惯的养成。

第三种，当幼儿对某些特定事物感兴趣时。如：中秋节到了，幼儿园为小朋友们准备了美味的月饼。在为幼儿分发月饼的时候，我发现他们对月饼的制作特别感兴趣，尤其是一名叫"团团"的幼儿。他在当天下午一直询问我月饼的做法，表示想让妈妈也来学一学。故而，第二天的区域游戏时间，我向他发出了一起制作月饼的邀请。就这样，我们开始了对月饼的探索。从查阅月饼的制作方法，到用彩泥进行制作，再到用工具刻出月饼上的花纹，我们还用画画的方式对制作步骤进行了记录。我们的游戏也吸引了班里的其他幼儿。因此，后来我们在全班范围内又开展了一次制作月饼的活动，这使得孩子们对中秋节和月饼有了更进一步的了解。有时受思维固定模式的限制，认为保育教师的主要工作职责是照顾幼儿的生活，管理班级环境卫生等，但当幼儿表现出对某件事物产生兴趣，甚至寻求保育教师帮助时，千万别用去找×××老师为借口，将幼儿支走，这是初任教师与幼儿建立良好师幼关系的契机，同时也是获得幼儿信任的时机。同时，保育教师的主动作为也可以积累自身指导区域活动或个别教育的经验。

4. 小妙招帮助教师与幼儿形成默契。

在实际的保育工作中，保育教师除了要做开餐、消毒、清洁等常规工作外，有时也会承担一些班级的工作，如：整队、配课、组织过渡环节、照顾特殊需要儿童等。这些都是获得锻炼、提升能力的机会，值得好好把握。教师使用一些简单、易行的方法，不仅可以有效地管理好班级秩序，也可以和幼儿建立良好的默契。

（1）在整队时，用手势来代替语言。如：用双手前平举表示"站两路纵队"，用单手前平举表示"站一路纵队"，用拳头表示"男孩"，用五指张开表示"女孩"等。当孩子们看到我的手势后，便能理解我的用意，有序而快速地完成站队。

（2）当幼儿的说话声音很大，超过了教师的声音时，用降低自己音量的方式来吸引幼儿的注意。孩子们发现听不见教师的声音，自然会安静下来。

（3）和幼儿约定一些小暗号，当教师说出上半句时，他们要回答下半句。如："一二三——请安静""小眼睛——看老师""谁像解放军——我像解放军"等。通过一问一答，幼儿会迅速集中注意力，同时也进行了行为的自我纠正。

德国哲学家雅斯贝尔斯说过："教育的本质是一棵树摇动另一棵树，一朵云推动另一朵云，一个灵魂唤醒另一个灵魂。"这是对教育事业的深刻解读和赞颂，但同时，也是对刚刚步入教育生涯的职初期教师一种指引和勉励。教育无小事，保育工作更是如此。通过做好保育工作，我不仅体验到初为人师的快乐，还为幼儿的健康成长快乐，为自己的不断进步快乐，为能从事教育事业快乐。愿我们在日常工作中，都能"行力所能及之行，思力所不及之思"，真正成为孩子漫长生命伊始的那棵树、那朵云、那个灵魂。

北京市西城区三教寺幼儿园　刘妍菁

三、追随个体幼儿，助力持续游戏

在幼儿园每天的游戏中，教师应如何让个别游离于集体的幼儿找到感兴趣的游戏呢？又如何根据幼儿个体的游戏兴趣和水平，调整区域活动，提供支持性的材料，实现他的深度游戏呢？如何让个体幼儿的兴趣带动全班幼儿深入探索呢？

对于这些问题的解答，首先离不开的就是教师对个别幼儿地细致观察，在观察中看懂幼儿的兴趣；其次就是教师要满足和推动幼儿的兴趣需要，提供全方位的支持：从想法上支持、从材料上支持、从互动上支持。在支持的过程中，要不断观察新活动或新材料带给幼儿的发展变化，随时进行调整和完善，在游戏中及时与幼儿互动，并利用个体幼儿的兴趣和特长带动全班幼儿，实现全体幼儿乐于游戏的状态，喜欢、专注、持续地游戏……

本文将以班级的具体案例呈现教师如何追随幼儿，满足个体幼儿的兴趣和需要，并在活动的层层推进中带动全班幼儿自主学习。

1. 抓住对个体的兴趣和特长——发现"宝藏"。

每个班级基本上都会遇到"游离型"的幼儿，班里的明明就属于这类幼儿。教师需要给予这类幼儿足够的时间和空间，发现他们感兴趣的事或擅长的事。当教师能够找到幼儿心中的"宝藏"，就抓住了促进其个体成长的有效切入点。否则，教师再如何引导和提示，都无法让该类型的幼儿进入游戏活动，实现深度游戏。

升入大班后，明明对各种区域游戏都不感兴趣，每天游走在班级的各个角落。这天，明明在活动室的角落里找到了一个地球仪，他兴奋地跑到我面前，睁大眼睛，特别认真地说："老师，你看！一个地球仪！"他像抱着"宝藏"一样开心地坐在活动区里，边转动地球仪边用小手指来指去。我走到他身边，放了几张纸。不一会儿，他就拿着笔开始写了起来，字迹清晰地写出了许多国家的名字。从此，一个热衷于世界地理的小男孩诞生了。（图7-1）我发现以前对区域游戏不感兴趣的他，自从发现了地球仪，好几天都沉浸在这个"大宝藏"里，看到他找到地球仪时的开心，看到他玩地球仪时的专注，看到他抄写国家名称时一手漂亮的字。我知道，我发现了他心中的"宝藏"。

图 7-1

2. 关注新需求，持续游戏热情——开启看世界的"眼睛"。

当教师发现明明对"地理"感兴趣后，继续观察其在游戏中的新需要，及时调整材料，延续他的游戏活动，让他能够保持对地理相关游戏的热情，并利用他的游戏活动吸引和带动了全班幼儿对"地理"的兴趣。

这几天，明明开始拿着地球仪，满屋子溜达了。我问他"为什么不玩了"，他说没意思，他全会了……于是，我开始搜索各式各样的地图玩具并选中"插旗地图"玩具。当他看到我选的玩具时，凑到我身边说："老师，我喜欢这个插旗子的游戏，我可以玩吗？""当然可以。""插旗地图"玩具的到来，也吸引了不少小朋友。有些小朋友整个区域时间都在关注明明是怎么玩"插旗地图"玩具的。（图7-2）从此，明明开启了班里所有想去看世界小朋友的"眼睛"。

当教师发现地球仪已经不能满足明明的游戏水平和需求时，及时投放了

图 7-2

"插旗地图"玩具，让明明再次开始专注地游戏，并吸引更多的小朋友对新玩具的玩法产生好奇和想要尝试的欲望。

3. 发挥个体幼儿的特长，增强其自信心——"捣蛋大王"巧变"地理达人"。

随着喜爱地理游戏的幼儿不断增加，教师需要进一步丰富材料。于是，教师开始搜集各式各样的地理图书（图 7-3），一天一本新书的出现，激起全体幼儿主动学习、亲自操作、小组挑战的欲望。这样的活动让明明成了班里最忙碌、人见人爱的"地理小达人"，不管谁遇到地理方面的问题都会第一时间请他帮忙。这一切，都增强了明明的自信心。

每天这些"地理迷们"都要请明明讲一讲地理知识，明明像"地理小达人"一样忙碌地给大家讲述着每个国家的国旗什么样，分别在哪个大洲。《儿童地理百科全书》让孩子们发现世界七大洲和许多地区，各洲独立的地图、国家的国旗、好看好玩的人文趣事……孩子们每天都会在区域游戏、饭后的时间排队看这本书。明明总是那个喜欢帮助小朋友看国旗上的文字、找到它在地图上位置的小朋友。（图 7-4）这一天，浩宁拿着书，高兴地跑过来说："老师，你看，我找到了海地，这也太小了！"这时，明明跑过来说："浩宁，你也挺棒的！"

图 7-3   图 7-4

4. 个体兴趣带动全班游戏——地理集体挑战赛。

随着孩子们地理知识不断丰富，他们纷纷表示要相互比赛，班级瞬间出现了更多的"地理小达人"。教师准备抓住集体兴趣高涨的机会，巧妙利用挑战赛，促进幼儿多方面的学习和发展。

首先，让幼儿享受游戏的主导权。教师和幼儿一起商量并制订比赛规则、准备比赛材料，从而激发幼儿思考问题和解决问题的欲望。

首先，挑战赛要分小组进行，分别挑战各个大洲，可是分为几组呢？幼儿意见不一。有人说："七大洲分七组。"瑶瑶站起来反对："南极洲上没有国家，没法当成一组。"大家看了看地图，觉得十分有道理。"那就分六组！"又有小朋友提出了问题："南美洲、北美洲上国家少，亚洲国家最多！不公平！"最后，经过大家商量，把七大洲分成四组（"亚洲""欧洲""非洲""大洋洲、北美洲、南美洲"）。

活动分两次举行：第一次是预热赛：（以亚洲为例）小组幼儿自己计时，多长时间找完亚洲的国家，记录总数及时间，不分胜负；第二次小组挑战赛：在规定的5分钟内，看哪组找到的国家最多！

大家制订好规则后，开始准备材料（图7-5、图7-6）：计时要用秒表；记录要用挑战单和笔；比赛需要各个洲的国旗和地图。可我们没有呀！大家奇思妙想，最后决定巧用"热门书"变形"游戏卡"！待一切准备就绪，挑战赛即将开始……

图 7-5

图 7-6

接着，正式比赛阶段，教师要观察幼儿的比赛过程，并在分享环节有目的、有层次地提出建议、提出挑战性问题，引导幼儿思考和相互讨论，激发幼儿对数学的喜爱与自身的潜能。团队赛的方式也能促进幼儿的集体荣誉感，注重发挥团队或小组的力量，以多种形式、多种方法完成共同的任务、目标。

挑战赛开始啦！大家都在眼、脑、手、嘴相互配合着！（图 7-7）

图 7-7

当每组都完成两次记录单时：

教师：我们知道了亚洲总共 48 个国家，第二次游戏，我们用了 5 分钟，找到了 39 个国家，谁知道有多少个国家没找到呢？

有的孩子陷入了沉思，谢怀小朋友积极地举起手来，告诉我们有 9 个国家没找到。（图 7-8）

教师：你是怎么算出这个数字"9"的？

谢怀：48－39＝9！

教师：你用的什么方法，算得这么快？

谢怀：我用减法算出来的！

教师：你这个办法特别好！用的是计算的方法！

教师：哪组有和谢怀不一样的方法，也能知道有多少个国家没找到？

瑶瑶：我可以数数盒子里还有多少个国旗，就知道有多少个国家了。（图 7-9）

教师：谁能用出应用题的方法，说出欧洲还有多少个国家没有找到？

图 7-8　　　　　　　　　　　　　　　　　图 7-9

昊彧：欧洲总共有 44 个国家，找到了 36 个，还有多少个没找到？

教师：谁能解答这道题？

赫然：44－36＝8。

教师：赫然用的也是计算的方法。

最后，4 个组分别被评为"地理达人奖""合作互助奖""数学天才奖""快乐友谊奖"。

5. 深化全体幼儿的游戏——在地理角"看世界"。

挑战赛结束后，喜爱地理的小朋友越来越多，教师要为幼儿提供新材料，让幼儿持续性投入到游戏的推进中，将地理运用到实际生活中，促进幼儿自主学习。

一天，我往墙上贴了一张完整的世界地图……孩子们区域游戏时在玩、喝酸奶时也在讨论，垚垚的话吸引了我，"我妈妈去法国了。"她用手指着地图，生动地描述着，"妈妈先从北京飞往永恒之都罗马，然后在佛罗伦撒、威尼斯玩，然后还要去好多地方，最后再从巴黎飞回来。"就这样，班级开始了"看世界"的活动。（图 7-10、图 7-11）

图 7-10　　　　　　　　　　　　　　图 7-11

在整个活动过程中，教师善于发现游离型幼儿的兴趣和特长，根据观察和专业判断、分析，及时发现适合他的活动及游戏内容，不断进行材料的调整和补充，并将挑战的难度推到合适的位置。同时，让他的优点在全班幼儿面前不断放大，从"捣蛋大王"变成"地理达人"，获得足够的自信心和成就感，并且利用个体的兴趣和特长带动了全体幼儿的发展。

作为一个教育者，需要了解幼儿的需求、能力、兴趣和个体差异，利用环境、材料和活动支持幼儿的个体发展。同时，也要学会用个体带动全体，真正做到促进全班幼儿的发展。因此，教师要通过观察与支持逐步成为会解读幼儿、能支持幼儿发展的教育"营养师"。

北京市西城区槐柏幼儿园　张　媛

四、让"墙饰"成为儿童的环境

在大二班里，小朋友们围绕老师发起的问题"什么是英雄"展开了讨论。很多小朋友发表了自己的想法：

"英雄就是有特别厉害本领的人，别人都不如他。"

"英雄会用很多神奇的武器，特别酷。"

"我看过《八佰》《长津湖》，我爸爸说那些保卫中国的军人都是英雄。"

"英雄会保护别人，还会救人，好多英雄都死去了。"

"也有不打仗的英雄，新闻里说，治新冠病毒的医生们就是英雄。"

"古代有很多大英雄，我知道有黄飞鸿、李广、叶问。"

"外国人里也有英雄，我喜欢蜘蛛侠、蝙蝠侠。"

…………

老师请小朋友们把自己知道的英雄人物和认为的英雄标准，用绘画的方式表现出来。这些画贴在墙上，形成了"英雄"主题活动"我知道的英雄"墙饰。这样的环境不仅把孩子们对英雄的认知经验展现出来，实现共享，也持续引发了更多的关注和讨论。一个能够集合经验、共享认知、引发新知的墙饰，对于孩子们来说，会起到继续观察、理解、互动的作用，因此，我们也给这样的环境命名为"墙饰"。

大二班小朋友纷纷带来了自己喜欢的英雄图片，有雷锋、袁隆平、杨利伟，有孙悟空、蜘蛛侠，也有花木兰、岳飞、李广，还有刘翔、苏炳添、武大靖……小朋友们在一次分享会上高兴地讲着自己喜爱的英雄，也很快发现，有些英雄是被人们想象出来的，有些英雄是真人，有些是古代的，有些是现代的，有些是中国英雄，有些是外国英雄。于是，"英雄大分类"成了大二班主题墙饰的第二个内容。

当小朋友们和老师一起把自己喜欢的英雄按照分类展示在墙上时，一张英雄图片要不要贴在墙上，引起了老师和保教管理者的讨论。

这是二战时期美国海军密电码专家约瑟夫·罗切福特的照片。保教管理者和大二班教师一起布置主题环境时，针对"密电码专家的图片要不要贴在主题墙上"进行了讨论。此时，主题墙饰已经展示了主题活动的发展脉络"什么是英雄——我喜欢的英雄——英雄大分类"，如果把密电码专家的图片贴在这里，会非常吸引人，也正好充实英雄大分类中的军人英雄。但是，大二班老师表达了自己的想法："这张图片还是贴在卧室的积木区吧！"管理者非常好奇，询问："为什么？"老师说："因为卧室的积木区里，小朋友们正在搭建航母和海军基地，他们特别喜欢这张图片，要仿着密电码专家的方法编旗语、玩军舰出海的游戏。"

教师的表达让管理者非常惊喜，因为教师的视角是以幼儿为主体，以墙饰能最大限度与幼儿互动为目标，以墙饰能引发幼儿深入学习为标准的。作为管理者，需要鼓励教师放下所谓的"墙饰要体现活动的完整性""墙饰呈现学习探究的脉络"，尽可能地从支持幼儿主动学习出发，去设计墙饰。当教师努力实现墙饰是幼儿的，其有效性、互动性才可以实现。

这个有趣的案例也让教师思考，什么样的墙饰是被幼儿喜爱的、被幼儿需要的？我们常说"环境是第三位老师"，但如果这位"老师"只实现说教、展示陈列、叙述方法和结果的效果，就会远离幼儿，没有发挥聚集幼儿兴趣或问题、展现幼儿经验和认知的作用。教育环境的丰富性需要包含幼儿可参与、可使用、可改变、可创造的直接体验，能够和幼儿的探索、发展产生积极呼应的环境，才是儿童的环境。

墙饰作为环境创设中的一部分，起到展示、记录、激发、互动的作用。教师关于墙饰最多的问题是"什么内容可以上墙"如果把墙饰从班级环境中割裂出来、单独检视是不行的，它需要与游戏环境、学习环境、展示环境融为一体，没有游戏环境的激发、学习环境的梳理，就没有展示环境的记录。所以在这里，我们以环境创设为大范畴，从墙饰展示环境、区域游戏环境、互动学习环境三方面思考，为新手教师提供创设班级环境的策略和步骤。

策略一：遵守理念，体现班级环境的归属感。

1. 一个班级就像是幼儿与教师组成的大家庭。这里既要有大家庭共同关注、共同喜爱的事物，也要有幼儿和自己家庭的联系，所以用幼儿在家庭生活中熟悉的事物、喜爱的朋友、愿意讨论的话题，作为班级环境的元素，会让幼儿对班级形成归属感。

2. 具有归属感的班级环境，需要温暖、柔和、协调的色彩基调。在布置墙饰时，可以参考地面、家具、墙体颜色，尽量少使用对比、撞色等特别艳丽、扎眼的色彩，多选择与基础颜色同色系的色彩，这样，班级的整体环境会比较温和、明亮。

3. 尽量减少墙饰和环境中的文字量。在去小学化的原则下，幼儿园班级环境，尤其是墙饰中的文字量，应控制在幼儿能认识、能看懂的基础上，以图为主，配以简单的词句，用图文并茂的形式呈现。

策略二：保障基础，重视游戏环境的安全性。

1. 空间密度适宜。区域游戏环境及活动空间不宜太过紧密，如果班级面积较小，就不宜选择较高、较厚的玩具柜和较宽大的桌子，可以用通透、异形，像多宝格般的小家具，使环境灵动、开阔，不会给幼儿带来压迫感和密集感，也便于幼儿在班级中交往。

2. 区域适度划分。在划分游戏区、生活区、学习区、运动区时，需要在动静分开、易于互动、活动便捷的基础上，用展台、物品架、植物、艺术欣赏品做隔离物，避免遮挡视线和阻碍互动。

3. 区域保持通畅。班级室内以游戏区、生活区为主，在生活区进入活动室的地方，不要放置桌子、柜子等家具，尽量保持通畅，分餐的桌子周围需要留出两个以上的通道，便于幼儿取餐时不拥堵、不走往返路。班级的游戏区之间，尽可能地设置1~2个进出口，便于幼儿游戏时互动，也方便幼儿在自己的位置看到班级其他区域，获取材料或信息。

策略三：增强趣味，激发游戏、学习的好奇心。

1. 创设游戏、学习的环境时，可以提供能动、会发声、会变化、有更多拓展思考、激发操作探究欲望的物品，如生活中常见的自然物、工具、动物、植物、物品、玩具等，这些物品可以随主题活动、区域探究游戏或教师期待幼儿发现的学习目标进行阶段性创设与调整，以实现有目的地激发幼儿的好奇心和探究欲。

2. 如果教师期待幼儿探究发现某些事物，可以配合简单的问题、图标、材料、工具、说明书等辅助用品，以便幼儿观察、讨论、操作、探究时获得支持。

策略四：促进学习，环境创设可以分层次。

1. 如果以幼儿接触距离远近计算，可以分为游戏区（幼儿可以置身其中）、展示区（幼儿可以走动欣赏）、墙饰区（幼儿可以观看、互动）。这样的策略是以幼儿视角为中心，站在幼儿能融入、能参与、能观察的角度，设置更有层次的环境，起到促进其更多学习的作用。

2. 和幼儿共同创设游戏区。游戏区的创建可以由师幼双方共同实现。教师创设常规的、基础的（图书区、美工区、科学益智区、建筑区、表演区、自然角等）游戏环境后，先让幼儿游戏一段时间，教师通过观察了解幼儿游戏水平、兴趣和需求，利用游戏互动及分享环节，激发幼儿对材料、工具、图书等资源调整的意愿和想法。如和幼儿讨论，哪些事物可以由幼儿自己收集，哪些需要老师帮忙准备，哪些环境可以由幼儿调整，哪些材料由师幼共同丰富，这样把更多动手动脑、积极参与、主动承担的机会让给幼儿，让环境创设这件事成为幼儿学习的激发物。

3. 用幼儿的作品起到共享经验的作用。当幼儿游戏作品渐渐多起来时，可以请幼儿观察、讨论，发现作品的不同，然后按照完成时间顺序陈列，以帮助幼儿看到自己游戏水平的阶段性发展，也可以按幼儿讨论的类别分别展示，还可以进行个性化展示，如"某某幼儿汽车画展""某某幼儿火箭库"等，将个体学习与发展最大化呈现，促进个体经验向群体经验发展。此类环创需起到共享经验的作用。

4. 有规律创设展示区。墙饰不只是展示、装饰，如前文案例描述，高于幼儿身高位置的墙面展示内容尽量做到让幼儿看到、看懂、能有用。如游戏与学习初期，幼儿共同关注的事物图片、共同使用的工具、材料和做法、共同发现的问题或策略、共同向往的目标、共同好奇的话题等，可以用图片、实物、照片、简单标题的形式呈现。随着共性经验的逐渐形成，墙饰中，可以呈现幼儿共同梳理的步骤图、操作方法的照片、体现技巧和认知的作品等。当幼儿通过操作体验、分享讨论、判断总结后，形成一定的认识并有自己的表达时，墙饰中可以呈现幼儿命名的结论或道理。此类环境创设可以起到有规律地呈现探究过程，帮助幼儿把个体经验形成共同认知的效果。

策略五：找规律，环创不慌张。

1. 学期初有准备的环境。开学初期，教师都会忙于创设环境，可以遵循4个内容进行创设。一是建立规则的环境，如生活习惯养成类的标识、提示图。二是形成连接的环境，如幼儿喜爱的事物或作品，在家庭中常见的玩具、图书。三是激发学习的环境，一些新奇事物或动、植物，以及配套观察、记录、讨论的物品和环境。四是形成文化的环境，对幼儿观察与幼儿讨论后，达成共同的愿景、目标，以及教师、家长的期待，可以用简单易懂的图文在展示区呈现，起到影响、激励幼儿自律、主动学习的作用。

2. 学期中有学习的环境。与区域结合创设展示区，呈现幼儿作品、经验、问题、方法，为幼儿互相欣赏、发现规律、形成新认识提供可以呈现的环境。

3. 学期末有幼儿的环境。运用观察记录、评价标准、游戏能力评估量表等工具，对幼儿在游戏与学习环境中的使用、体验、表现、表达做记录和判断，从而对幼儿学习与发展水平做出评估，也起到环境创设支持幼儿主动学习的作用，以备进一步调整和再创设时提供基于幼儿能力、需求的影响和支持。

在《幼儿园教师专业标准》"专业能力"中明确要求"环境的创设与利用"，这里的环境指心理环境、物质环境。良好的师幼关系、有序的规则都为幼儿提供安全、舒适的良好班级氛围。创设有助于促进幼儿成长、学习、游戏的教育环境，需要合理利用资源，为幼儿提供和制作适合的玩教具和学习材料，引发和支持幼儿的主动活动。因此，不仅墙饰是幼儿的，能让幼儿观察、互动、获得支持，整个班级环境也要以激发幼儿思维和行为参与为主，真正做到幼儿是环境的主人。

北京市西城区三义里第一幼儿园　刘　婷

五、运用情境开展美术教学活动

目前，艺术教育越来越受到国家和社会的重视，它在提高人们对美的感受和理解过程中促进人的全面发展。教师在组织美术活动中容易重视幼儿的创作、绘画方法、操作步骤等环节与内容，而忽视幼儿在创作过程中引导情景的创设，不能用真实、有趣的情景引发幼儿的情感和创作欲望。如教师在组织撕贴"大树"活动中，运用语言或图片与幼儿讨论了大树的外形特征后，就向幼儿介绍创作材料，幼儿进行创作。没有给幼儿在真实环境中感受"树身高大、枝叶繁茂"的机会，忽视了美术活动中情景和情境的创设，从而不能很好地激发幼儿的创作热情，真切感受事物的美好。教师可以借助各种教学手段来创设相应教学主题的情境，让幼儿在其中经历与体验，相互影响、相互促进，从而获得对事物更加真切的、独特的理解与感受。

1. 教师可借助的情境种类。

心理学研究指出：幼儿的思维属于直觉行动思维和具体形象思维。幼儿需要借助具体的情境理解和提炼表象。幼儿的情绪也具有强烈的情景性，在生动的情景或情境能调动幼儿的兴趣，激发幼儿创作欲望。因此，在美术活动中，教师应善于运用情境开展教育教学活动。其实，在幼儿的身边有很多情境都可以借助。

（1）生活情境。

在幼儿的生活中，有很多美好的情境，如下雪天与小朋友堆雪人、打雪仗，过年时的放烟花、打灯笼，毕业时的集体合影毕业照、毕业典礼等这些生活情境，都能引发幼儿美好的情感体验和回忆。

（2）自然情境。

大自然中美丽的季节变化、自然景象或情境，如春天桃花花枝俏、夏季小荷露尖角、秋天黄叶飘飘落、冬季雪花飞漫天，都是非常美好的情境。而在这些情境中，幼儿可以真实感受季节的美、大自然的诗意。

（3）游戏情境。

游戏的快乐氛围和过程中的愉悦感受也是一种美好的情境体验，教师可以借助幼儿喜欢参与的游戏，如老鹰捉小鸡、木头人、娃娃家等情境营造美术活动氛围。

（4）故事情境。

指故事或绘本图书中的情节和情境。故事中的情境具有连续性、画面感、情节性。如下面《小猫捉小鸟》的故事，从小猫睡醒到小猫醒来，再到小猫追逐小鸟，这种富有戏剧性的情节，能让幼儿将自己完全沉浸在故事中，从而进行创意表达。

2. 情境在幼儿园美术教学活动中的运用。

在美术教学中需要从生动、具体、形象的情境入手，引起幼儿一定的情感、态度体验，诱发其表达动机。因此，借助情境开展教学活动过程中不能忽略幼儿的情感体验，情感随着情境的产生而产生，让幼儿置于浓浓的、富有情感的情境中，才能使幼儿自始至终地处于一种积极、主动的状态。

（1）情境营造活动氛围。

教师借助情境营造活动氛围，最好是借助真实的情境开展，如小班美术活动"葡萄多多"，就是利用真实生活中的情境，与幼儿一起坐在葡萄架下看葡萄、摘葡萄、吃葡萄，自然地调动起幼儿参与活动的积极性。在这种真实的情境下，幼儿自然地通过多种感官对葡萄进行"大体观察"与"细致观察"，从而引导幼儿观察发现葡萄的颜色、形状等特征。如果不能借助真实情境，教师可以利用材料、电教技术等多种手段在美术活动过程中营造出强烈的现场感，帮助幼儿感受情境中的意境，从而增加活动和创作的氛围。小班美术活动"雨滴与花朵"中，教师就是利用电灯一开一关制造出雨天打闪的天气现象，配合音效的风声、雨声在活动室内营造出打雷、下雨的自然景象，引发幼儿头脑中对雨天情境的回忆，再配合用毛笔将颜料滴落到纸上，颜料水滴顺着纸向下流的情境，唤醒幼儿头脑中雨滴从天上落下的生活感知经验。借助这种模拟的、强烈的情境，唤醒幼儿的感知和意象，使其一直存在幼儿的头脑中并延续到后面的创作中。

教师利用情境不仅是为了营造活动的浓厚氛围，激发幼儿参与兴趣，更重要的是通过情境唤醒幼儿潜意识中的原有感知，并将这种原有感知清晰化与深刻化，更好地通过情境帮助幼儿感受其中的意境，获得心理和情绪上的深层体验。因此，在创设情境时，一定要注意情境的真实性与感受性，营造的情景越真实，幼儿的感受越强烈。

（2）情境激发创作意图。

借助情境不仅可以营造活动氛围，引发幼儿兴趣，还可以激发其创作意图。如小班美术活动"水墨游戏"，教师利用《小蝌蚪找妈妈》的故事情境，引导幼儿将画纸当成大水塘，边随着情境的变化边与幼儿一起创作。"一天，池塘里下雨了"，与幼儿一起用喷壶将宣纸喷湿。"河里长出了一片片荷叶"，用滴管吸墨汁滴在宣纸上。墨滴落在宣纸上便会晕开成一片片，就像一个个圆圆的荷叶，有大有小。"池塘里的青蛙妈妈来了"，用滴管滴绿色的颜料在宣纸上，池塘里绿色墨迹在故事情境的引导下，看在小班幼儿的眼里就是青蛙妈妈。"小蝌蚪找来了"，用毛笔甩一些墨点在纸上，小小的黑点就像小蝌蚪。"青蛙妈妈的好朋友也来了"，教师引导幼儿使用其他颜色大胆想象，并在画纸上进行创作。有的小朋友说："池塘里有小鱼，有荷花。"还有的小朋友说："池塘里的好朋友在捉迷藏、做游戏。"整个创作过程，幼儿都融入在故事情境中，每一次的下笔都融入自己的想象，而创作意图也在故事的情境下不断激发与推进。

借用情境激发幼儿创作意图是将教学内容融入具体形象的情境之中。因此，教师选择的教学内容要基于幼儿的原有认知和能力，不能脱离幼儿的生活经验。

（3）情境丰富创作内容。

在美术教学活动中，借助情境还可以引发幼儿想象，拓展幼儿的想象空间。中班美术活动"毛毛虫去散步"、大班美术活动"小种子去旅行"同样是借助故事情境，但情境重在对故事的延伸与想象。小毛毛虫在散步的过程中先后遇到了甲虫、蜗牛、蝴蝶、小鸟等好朋友，引发幼儿想象毛毛虫在散步的过程中还会遇到谁，又发生了什么事儿呢？小种子在旅行的过程中又会发生什么有趣和新鲜的事情呢？不同的小种子会有什么不同的经历呢？故事中的情境启发了幼儿的想象，让幼儿在故事的情节下延伸了故事内容，从而丰富了创作内容。

借助故事情境可以延伸幼儿的想象创作外，还可以丰富幼儿的创作情境。如小班美术活动"小黄、小蓝"，就是在幼儿阅读绘本《小黄、小蓝》后，教师利用绘本中小黄和小蓝是一对好朋友、在一起玩游戏的故事情境，为幼儿在区域中提供黄、蓝两种颜料，为幼儿提供多样的创作工具（小刷子、小海棉、小汽车、滚珠等）、不同的创作背景材料（画纸、涂鸦墙、空白纸箱、小汽车异形涂鸦玩具）供幼儿进行创作。幼儿在不同的背景材料上自由创作，自然地将故事中的情境带入创作之中，想象着小黄、小蓝在不同的地方做游戏的样子，一会儿是黄色、蓝色，一会儿又变成绿色，好像时而是它们自己，时而又不是。

美术教学活动中情境的创设和引用符合了幼儿爱想象、爱幻想的特点，从而激发幼儿不断丰富创作内容和完善创作情境，促进了幼儿的表达和表现。

（4）情境助力幼儿感知。

运用情境开展美术教学活动，教师除了运用材料和电教等手段外，还可以运用戏剧表演营造具体的情境，帮助幼儿获得较为真实的体验感知，从而助力艺术创作。小班美术活动"种子宝宝快快长"就是运用情境表演的游戏方式开展的教学活动。

在第一阶段中，教师通过介绍为幼儿创设一种假想的"种子生长"表演情境，将幼儿的创作内容融入情境表演中。教师当农民伯伯，幼儿当种子。教师翻土，轻轻地抚摸幼儿的头，表示将种子种到了土里，然后浇水，引导幼儿模仿种子宝宝慢慢地从土里生长出来。教师运用情境性戏剧表演的方式隐性地帮助幼儿了解了创作内容及创作过程，使活动更加生动、有趣，也促进了幼儿对参与活动的兴趣。之后，教师又加入了不同的情境，供幼儿想象种子生长的不同状态，并在戏剧表演中鼓励幼儿用动作表现。而随着不同情境的加入，不仅增加了活动的趣味性，而且让幼儿在游戏中使用丰富的肢体动作大胆表现。在这个阶段中，教师有意地将幼儿原有经验（原有游戏经验、生活经验、知识经验）与新内容（不同情景）相结合，帮助幼儿拓展形成新的表象经验。通过不同的生长动作让幼儿用身体感受线的变化，如慢慢地长，线的不流畅；快快地长，线的流畅；扭着长，线的弯曲；遇到风，线的倾斜；遇到雨，线的停顿；遇到石头，线的力量。希望通过这种身体感受，让幼儿在游戏中感受小种子生长时的不同状态。幼儿在创作表达的过程也不再是单调的创作，而是一种动作戏剧表演的延伸和再表达。在动作戏剧表演中，种子生长的动态动作是肢体的线性表达，所以在创作中幼儿能够自然地将种子生长的动态用不同的线条来表达和表现。前一阶段的情境性戏剧表演为幼儿的创作游戏提供了丰富的感性经验与想象，也有效地助力了幼儿的创作表达。

通过创设各种生动、具体的美术教学情境，丰富幼儿的感性经验，启发他们用各种艺术手段表达自己的认知和情绪情感。利用情境开展教学活动，再现意象，把讲授变为感悟和体验。教师充分联系生活展现情境、运用场地营造情境、借助故事再现情境、播放音乐渲染情境、扮演角色体会情境、锤炼语言描绘情境助力幼儿美术教学活动。

北京市西城区三教寺幼儿园　韩　鸽

六、让幼儿计划真正支持他们的自主学习

随着国际化视野的发展，孩子们日常的活动也越来越丰富，视野不断拓展，需求也在变化。如今的区域活动已经不拘泥于常规性的平行区域游戏了，更多的是在一个主题下开展不同领域、促进幼儿发展的游戏，使活动室变成了孩子们游戏的乐园。而在这样的活动中，幼儿的计划又是如何体现和操作的呢？

对于大班幼儿而言，他们已经有了做计划的丰富经验，如何让计划真正地支持幼儿在活动中地自主学习，是我们一直在尝试和思考的，也做了一些探索。

1. 放手让幼儿尝试自主计划，并观察、分析幼儿的计划形式。

每个幼儿都有自己的发展路线和思维方式，并且对于计划这件事已经有了丰富的经验。班级进行了美食节和世界节活动，孩子们每天都在积极、主动地谈论着自己的想法。于是，班级尝试以此为契机，将幼儿固有的计划形式打破，将计划的权利真正交给幼儿，请幼儿选择自己喜欢的方式做计划。开始，大多数幼儿还是按照以前的计划方式做计划。慢慢的，很多幼儿选择没有纸质的计划，直接进区游戏，也有一些幼儿尝试着找朋友一起说一说，或者简单的记录一些小组计划。

（1）通过观察，发现幼儿有以下几种计划形式：个人周/日计划、同伴计划（两人）、小组计划、口头计划。

（2）同种计划形式对于幼儿活动的不同影响。

通过对幼儿的观察，教师发现不能片面地去看幼儿计划形式的选用，即使同一种计划形式，幼儿的思考和游戏方式也有着很大的差异，有可能支持幼儿活动，也有可能影响幼儿的活动。

例如同样是做个人计划，有的幼儿有自己的想法，希望在一段时间内持续并专注地完成。通过观察幼儿的游戏过程，发现个人计划更有助于其独立思考，坚持完成自己的活动。而对于相对性格较内向、不善于与同伴交往、经常独自游戏或单一游戏的幼儿，这种计划形式有时反而限制了此类幼儿的社会性交往，影响幼儿游戏。需要教师进一步观察幼儿在游戏中是否投入，是否是真实兴趣，以及在活动中与他人的社会性交往表现。

2. 尝试回归幼儿的游戏过程，通过计划——操作——回顾的学习环观察幼儿的计划特点。

在思考计划的支持作用之前，应当在活动中观察，结合幼儿已有经验、个性特点及对计划与活动关系的理解连贯地进行分析，了解幼儿的真实想法，才能知道他们的真需求，支持其发展。

（1）在计划——操作——回顾的学习环中观察幼儿的表现。

在区域游戏中，对幼儿进行连续性地观察与分析，教师在计划——操作——回顾的整个过程中进行观察，发现孩子们的表现有以下几种：

序号	幼儿表现	特点	发展分析
1. 有简单计划，未实施，未总结	计划：有简单的计划 操作：未按计划实施 回顾：活动总结时分享调整后的活动，没有提及自己的原计划	有计划意识，但缺乏实施计划的能力，活动中坚持性较弱	1. 幼儿对活动本身的兴趣不是很浓厚 2. 幼儿的主动性、坚持性不足

（续）

序号	幼儿表现	特点	发展分析
2. 有简单计划实施，但未围绕活动目标回顾	计划：有简单的计划 操作：在活动中能够基本按照计划执行，但有时会偏离目标 回顾：在分享活动中比较关注具体的活动内容（细节描述、问题解决、操作技能）活动结果与自己的活动目标没有过多的关联	有计划意识，有坚持性，但思维的连续性有待提高	1. 因为幼儿对活动很感兴趣，所以能坚持，并在遇到问题时尝试解决问题 2. 幼儿的思维由具体形象思维向逻辑思维过渡 3. 幼儿的社会性水平影响其计划的实施 4. 对于活动结果与活动目标联系不紧密
3. 有简单计划实施并围绕活动目标回顾	计划：有简单的计划 操作：在活动中能够按照计划坚持执行，自己可以根据需要调整 回顾：在分享活动中能够与计划相联系	有计划意识，有坚持性，思维灵活、连贯	1. 幼儿对活动很感兴趣，所以能坚持，并在遇到问题时尝试解决问题 2. 幼儿的思维具有逻辑性
4. 有详细计划，能够随活动调整并回顾	计划：有详细的计划 操作：活动中能够及时调整和延伸计划 回顾：在分享时能够主动将自己的计划与活动进程相关联，并且能尝试产生新的计划	有计划意识和做计划的能力，有坚持性，思维具有灵活性、连贯性、延展性	1. 因为幼儿对活动很感兴趣，所以能坚持，并在遇到问题时尝试解决问题 2. 幼儿思维的逻辑性较强

（解释说明：表格中"简单的计划"与"复杂的计划"不是单一地看孩子"画"出的计划简单与复杂，而是通过在计划——操作——回顾的整个过程中，观察幼儿连续性的表现与表达，多维度判断，如幼儿的活动、前期的准备、如何分工合作、活动的步骤、目标性等，分析幼儿计划的简单与复杂）

（2）在计划——操作——回顾的学习环中观察、分析幼儿，适宜支持。

①教师观察幼儿整个学习环表现，有利于更加细致地进行发展分析。

有的幼儿有简单的计划，但活动中未按计划实施，在总结、分享时也没有提及自己原先的计划。首先，我们要分析幼儿未按计划进行自己的游戏是偶尔为之，还是经常行为。如果是经常不按照自己的计划活动，那么这种现象产生的真正原因是什么？是幼儿对活动本身的兴趣不浓厚，还是幼儿的主动性、坚持性不足？

如：幼儿的计划是去图书区寻找适合搭建的世界建筑图，但是在寻找的过程中发现串吧的幼儿正在制作巴西风味烤串，于是，他立刻加入游戏，并且在自由分享时，也没有提及自己的活动和计划。在之前的活动中，他也经常会进行活动的改变和调整。这就需要教师通过观察、分析后，及时给予适宜地指导。可以和幼儿提前聊一聊他想做些什么、近期感兴趣的事等，帮助幼儿找到

真正的兴趣点。(图 7-12、图 7-13)

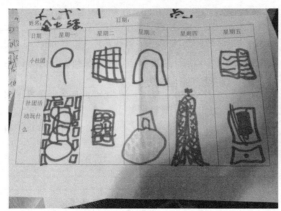

图 7-12   图 7-13

②观察幼儿整个学习环表现，能够更准确地区分幼儿对于计划理解，以及计划与目标的联系是否明确。

在"世界美食节"活动中，活动区中有两组幼儿，他们最初都接到红酒庄园的订单，计划为红酒庄园服务。第一组制作红酒架，另一组制作酒瓶，两组幼儿在过程中都完成了任务。但教师在幼儿的回顾中对比发现，制作红酒架一组的幼儿在分享活动中偏离了最初的目标，比较关注具体的搭建方法（细节描述、问题解决、操作技能），并未提及做酒架的目的是为红酒庄园服务，活动结果与自己的活动目标没有过多的关联。而制作酒瓶的幼儿却能够提出是由于酒庄的订单制作了相应的计划，并根据酒庄的要求制作了相应颜色和商标的酒瓶。(图 7-14、图 7-15)

图 7-14   图 7-15

这两组幼儿对于计划的理解并不相同，由于教师在计划——操作——回顾的整个过程中进行观察，才在最后的回顾环节发现了幼儿对计划与目标的理解存在差异，进而提供适宜的支持，请红酒庄园的幼儿帮助制作红酒架一组幼儿进行点评和回顾，帮助第一组幼儿将计划与最终的目标进行关联。

③观察幼儿整个学习环表现，能够更明确计划对幼儿的支持作用。

有详细计划能够随活动调整并回顾的幼儿，计划对于这类幼儿的自主游戏有着更多的影响。

A. 不断调整计划，支持幼儿兴趣和活动的延续。

随着主题活动的推进，幼儿把日常的经验迁移到整个活动当中，不断地调整、更新活动及他们自己的计划，计划的内容也更加多元化，思考的内容也更广，而通过计划的不断调整和细化，也更加主动地去发现、探索和思考，使活动内容更加丰富。他们在活动前期有详细的计划，在活动中能够及时调整和延伸计划，在分享时能够主动将自己的计划与活动进程相关联，并且能够尝试产生新的计划。

B. 不断调整计划，推进家园联动。

孩子们对于平日里接触不到的事物格外好奇，在每天谈论的话题和计划中，反映出孩子们不满足于现有的游戏，希望能够真正体验。活动中，孩子们了解到南美洲有各种各样的美食，他们对活动的期待影响到了家庭。于是，家长们纷纷加入到活动中来，有的带来了家里的咖啡豆、咖啡机，有的带来了红酒和醒酒器，还有相关书籍。在和爸爸、妈妈的交流中，孩子们对于世界文化中的饮食文化也有了一些了解和感受。

C. 不断调整计划，促进幼儿间的社会交往。

在活动的不断推进中，红酒庄园的孩子们也不满足于自己在班里的游戏，在筹备美食节的活动中，他们希望邀请更多的弟弟、妹妹来参与，并向他们介绍红酒文化。他们主动和小朋友们讨论计划，分工制作邀请卡片，布置小摊位，还邀请了平行班的小朋友进行免费试吃活动，请他们为小摊位提一些建议，还向老师请教有关咖啡、红酒的知识。

从计划、操作到回顾、再进行新计划、操作、回顾的整个过程，是孩子们主动学习的过程，每一个积极、自主、有趣的活动也都源于这个主动学习的过程。孩子是游戏的主体，每一个环节和游戏都是孩子们提起的，并且一步步地深入推进，在不同的计划中实现着自己的想法。教师在这样的活动中只是在激发孩子的每一个兴趣，鼓励孩子的每一个想法，把这些突发奇想都当做一件重要的事情去支持他们，让他们努力尝试实现，从而获得自信和成就感。同样，孩子们制订的计划在某种意义上也起到了这种推波助澜的作用。

计划——操作——回顾，不断循环，就是幼儿主动学习的过程，教师的观察、分析、支持也应当在这个过程中进行。计划的形式并不重要，重要的是教师应从幼儿自主、自发的计划中了解幼儿的活动，让计划真正成为幼儿主题活动和学习的一部分。

北京市北海幼儿园　程　然

七、"走心"家长会　锦囊小妙招

　　幼儿园班级家长会是幼儿教师进行班级管理工作中最常见一种家园沟通方式。因此，我们需要了解家长对孩子教育的需要，共同研讨有关幼儿保育和教育问题，指导家长育儿的正确理念及方法。有效的家长会有助于在家庭和幼儿园之间建立一种"理解、信任、目标一致"的合作关系。

1. 为什么要开班级家长会？

　　（1）帮助本班家长全面了解幼儿在园情况。

　　教师通过班级家长会，介绍班级近期的重点目标，让家长了解目标对孩子发展的重要性及当前孩子的年龄特点、身心发展水平，并向家长介绍班级重点活动，以及活动中对幼儿学习与发展的支持。

　　（2）为家长提供科学育儿方法。

　　目前，幼儿园中出现了很多高学历的家长，他们也许是某个领域的专家，但是他们未必懂得科学的教育理念和方法。教师利用班级家长会的平台，向家长宣传正确的教育思想，指导家长正确的、科学的育儿方法。

　　（3）展示教师的专业水平。

　　家长会是一个宣传、展示教师专业水平的方式之一。教师的师德、为人、气质等方面，从言谈话语中都能显现出来。因此，在开家长会前，教师务必做好相应准备，让家长通过家长会认识自己、了解自己、认可自己，并放心地把孩子托付给自己。

　　（4）对家长平时的支持表示感谢。

　　班级家长会是增进教师与家长沟通的方式之一。在班级家长会中，一定要向家长对班级工作的支持与配合道一声"感谢"，这样能有效激发更多家长参与到班级工作中，给予教师支持。

2. 怎样召开班级家长会？

　　（1）根据幼儿年龄特点、家长需求确定家长会的内容。

　　首先，把握家长的常规性需求。比如：

　　小班家长会——小班新生家长是家长会的主体。小班的家长会通常会在9月份开学之前召开。新入园幼儿的家长对幼儿园比较陌生，家长之间同样也是陌生的。为了在有限的时间里尽量消除彼此间的陌生感，达到彼此顺畅地沟通、彼此信任的目的，小班家长会主题要聚焦在园所文化介绍、幼儿园课程介绍、班级教师介绍以及缓解新生入园焦虑的方法等方面，同时强调幼儿生活自理能力、表达能力，对入园后幼儿适应力和自信心的形成都有着密切关系，提高家长对幼儿园办园理念、教师队伍的了解和认同。

中班家长会——中班幼儿年龄为4～5岁，这个阶段的幼儿喜欢与人交流、和同伴一起玩，在活动中逐渐学会了交往，会与同伴分享快乐，也会与同伴发生冲突。如，同伴之间争抢玩具、玩游戏时肢体的碰撞、遇到问题意见不合等。当幼儿与同伴之间发生冲突时，是幼儿很好的学习机会。同伴冲突可以让幼儿学会与同伴交往，学会沟通、协商，促进幼儿的社会化发展。作为老师，可以通过家长会为家长提供一些具体的指导策略和方法，引导家长正确看待幼儿间的矛盾，帮助幼儿及时解决同伴冲突。

大班家长会——"幼小衔接"是大班家长会中最重要的话题，如何帮助孩子走好幼升小的关键一步？如何帮助孩子完成从"小朋友"向"小学生"角色的转换？如何帮助孩子在学习、生活等诸多方面适应小学的节奏？面对这些问题，可以邀请专家进行专题讲座，如"孩子入学，您准备好了吗"，为家长深入剖析幼小衔接工作的重要性。在专家讲座后，班级结合幼儿的生活能力准备、学习能力准备、环境准备、人际交往能力准备等，通过小游戏和家长相互交流的方式，帮助家长认识幼小衔接过程中的重点与难点，形成家园共育合力。

（2）会议前的准备。

①思想方面的准备。首先，教师在思想上要树立开好家长会的信心和勇气。明确《纲要》提出的"家庭是幼儿园重要伙伴"的真正含义，让家长感受到尊重、平等的氛围，了解到需要合作的事项。只有教师在思想上厘清活动的目标、过程、方式、方法，才能做到心中有数、面面俱到。

②发言稿的准备。在确定主题后，教师要针对本班确定的主题搜集、准备大量的素材，拟定自己的讲话内容。如教育文献资料、本班幼儿案例、教学中采取的措施和方法、家长需要配合的工作及共同关注的问题。班内教师应共同探讨、交流并拟定讲话内容，多方面丰富发言稿内容，要条理清楚、分析透彻、去粗取精、言简意赅。

③物质材料的准备。为丰富家长会内容，让家长更为直观地了解幼儿园教育教学活动的情况，物质材料的准备必不可少。教师可以根据需要准备班级幼儿活动的照片、视频、纸杯、茶水、小点心、主题墙、手工制作及活动中的互动游戏、音乐等。

④人员准备。班级中无论任何岗位的教师，都应该参与到家长会中，一方面便于家长全方位地了解班级情况，了解每位教师。另一方面也便于老师们更好地展现自己，展现班级团结协作的状态，让家长感受到班级教师间彼此信

任、彼此合作的氛围。对于家长，教师应提前把会议时间、内容和议程告知家长，准备好请假条，协助他们有备而来。

（3）运用语言技巧，提升沟通效果。

在家长会上，教师要恰当地使用语言技巧，营造气氛，调动家长参与的积极性。如：在家长会上的 5 种开场白方式。

开场白之一【故事导入法】"各位家长，大家好！欢迎大家在百忙之中参加大×班班级家长会。时间过得可真快呀！转眼间，孩子们已经上大班了。孩子们小班入园第一天时的情景，依稀还浮现在眼前……"教师以故事开场时，具体的时间、地点、画面会让家长有很强的代入感，马上就会被你的话语深深吸引。

开场白之二【视频导入法】老师们可以准备一段上一学期孩子们班级活动的回顾视频，或一段引人深思的教育短片，用视频的方式来吸引家长们的注意力。使用影像记录的方式，带领家长们走进孩子们在幼儿园的学习和生活中。伴随着视频中美妙的音乐，看着孩子们一张张稚嫩的笑脸，家长不仅会感到孩子们在幼儿园生活中的点点滴滴，也会非常感动、感恩于老师们的用心付出。

开场白之三【说目的、给妙招】"亲爱的爸爸、妈妈们！根据前期的问卷调查，很多家长都反馈不知道如何在家里培养孩子的专注力。因此，本次家长会，我们准备了大量的案例和专注力培养的小妙招，相信通过今天的会议，您一定会有很多的收获。"说目的、给妙招，让家长从一开始就明确本次家长会一定会干货满满，家长也会马上进入状态，并专注聆听老师们的发言。

开场白之四【问题导入法】开场前，老师可以先抛给家长们一些问题，比如，"爸爸、妈妈们，大家是否一直有这样的困惑，孩子们到底在幼儿园里能学习到什么呢？"教师使用抛出问题的方式，容易与家长产生共鸣，是最快吸引家长注意力的好方法。

开场白之五【激发好奇心】开家长会之前，老师可以为家长准备好区角游戏中的玩具和材料。请家长先来体验一下，孩子们在幼儿园里是如何进行游戏的？这些游戏背后的意义和价值又是什么？这种方法，可以让家长有更多地参与，知道游戏背后的教育意义和教育价值，也能体现出教师们的专业性。

（4）运用各种方法引导家长发言。

对愿意发言的家长，教师应引导他们围绕话题积极表达。对不愿意发言的家长，教师可先了解其困惑，鼓励他们在会场上提出来。有的家长有想法，但不善于表达，教师可以建议他们事先准备好书面材料，在会场上结合材料发言。有了方向，家长们都愿意尝试、乐意表达了。

（5）及时给予家长反馈。

家长会后，教师及时给予家长必要的反馈，是十分重要的，这也是家长会后家园工作有效互动的关键。教师要善于倾听家长的发言，并围绕中心问题作简单小结，分析要有针对性。同时，教师要注意语速不要太快，语气要诚恳。教师必须指出孩子或家长的不足时，应尽量用婉转的方式，不要伤了家长的自尊心；当家长们的意见产生分歧时，教师要善于用调节性话语缓和气氛，本着"求同存异"的原则沟通、对话。

（6）家长会形式多样。

每个学期，幼儿园都会召开1～2次家长会，每次都会围绕幼儿年龄特点、班级本学期重点工作、家长配合事项进行。但如果家长会的形式一成不变，势必会使家长感觉枯燥、没有新意，影响家长参与的积极性，还会影响家长会的效果。教师可以通过向家长发放调查问卷、问题征集、个别交流等多种途径收集建议后，根据本班实际需求，灵活地选用适宜的家长会形式，让班级家长会更加多元化。如：

【问题聚焦式】根据近期国家、幼儿园的实事动态或家长关注的、孩子发展中出现的共性问题和热点问题、家长集中的育儿困惑等组织家长会。

【辩论会形式】有些家长反映孩子不会交往，教师便邀请交往能力强的幼儿家长交流经验，并召开辨析式讨论会，让家长在辩论和分享中分析问题，获得教育技能。

【专家讲座式】结合家长们在育儿中的困惑或聚焦中的共性问题，由幼儿园园长、老师或外聘的专家向家长传授先进的教育理念，转变育儿观念，改善家长的某种能力、心态，提高育儿水平。

【亲子活动式】邀请家长和幼儿共同参加活动（如春游、运动会、新年活动、义卖活动等）这种形式的目的是在共同的活动中增进彼此的交流和了解，促进家园之间的情感交流。

【家长沙龙式】可以由家委会组织，家长自愿参加活动，为家长提供宽松、畅所欲言的交流环境。

【体验参与式】体验式家长会借鉴了体验式培训的理念和方法，很好地调动了家长的主动性、积极性、凝聚力。通常家长会的第一个部分是游戏环节，一是可以活跃现场气氛、有助于家长开放心态和进入会议角色，二是通过玩游戏可以传递先进的教育理念，三是用游戏可以凝聚整个班级团队的力量；四是每个游戏背后有特定的教育价值和意义。

【线上交流形式】后疫情时代，家长无法入园，线上家长会就成了必不可少的一种方式。但线上家长会，也给老师们带来极大的挑战。需要老师突破场地的局限性、尬聊等实际问题。无论从内容、还是形式上的调整，都需要缜密思考。虽然，不能和家长面对面交流，但更要找到彼此的共情点。

（7）认真反思并总结经验。

家长会后，教师应及时了解家长对活动的想法、建议，认真记录、反思，将这次会议中的不足作为下次会议的注意事项。同时，教师还可以通过重新翻阅会议笔记和观看会议录像，了解家长的心理特点、教育观念和教育行为，进一步分析如何更好地通过家长会引发家长的共鸣，使他们最大程度地参与互动，进而拓展家长工作的思路，以增强家园教育的合力，促进幼儿更好地发展。

北京市西城区三教寺幼儿园　魏天骄

（本章由何桂香、韩鹄著）